Tilman Beitter arbeitete mehrere Jahre als Softwareentwickler im ERP-Bereich und ist seit 2010 mit großer Begeisterung für die B1 Systems GmbH als Linux Consultant und Trainer unterwegs. Seine Themenschwerpunkte sind Datenbanken und Cloud Computing, im Speziellen OpenStack und die darauf basierende SUSE-Cloud.

Thomas Kärgel ist seit 2012 Teil des B1-OpenStack-Teams. Der Open-Source-Enthusiast und Autodidakt beschäftigt sich seit mehr als 20 Jahren mit der Computerprogrammierung und Netzwerktechnik. Für die B1 Systems GmbH betreut er seit 2012 die SAP AG als Entwickler und Architekt für OpenStack.

André Nähring beschäftigt sich seit seinem Eintritt in die B1 Systems GmbH Anfang 2011 mit OpenStack. Davor sammelte er viele Jahre Erfahrungen als Administrator heterogener Netzwerke und kennt somit genügend Szenarien für Anforderungen und Integrationsmöglichkeiten von OpenStack. Heute ist er mit Begeisterung als Trainer und Solution Architect im Bereich OpenStack für die B1 Systems GmbH unterwegs.

Andreas Steil befasst sich neben Cloud Computing schwerpunktmäßig mit Netzwerktechnik und Virtualisierung. Er ist seit 2010 bei der B1 Systems GmbH als Linux Consultant und Trainer beschäftigt. Zuvor arbeitete er 16 Jahre freiberuflich als Netzwerkadministrator und Trainer.

Sebastian Zielenski ist seit 2008 bei der B1 Systems GmbH als Linux Consultant und Trainer beschäftigt. Davor arbeitete er viele Jahre als Unix-/Linux-Administrator und Trainer. Seine Spezialthemen, in denen er auch Kunden berät und schult, liegen im Bereich Virtualisierung und Storage. Seit 2011 beschäftigt sich Sebastian Zielenski mit OpenStack und hat auf diesem Gebiet diverse Kunden beraten und Kundenprojekte durchgeführt.

Tilman Beitter · Thomas Kärgel · André Nähring · Andreas Steil · Sebastian Zielenski

IaaS mit OpenStack

Cloud Computing in der Praxis

dpunkt.verlag

Tilman Beitter
Thomas Kärgel
André Nähring
Andreas Steil
Sebastian Zielenski
openstack-buch@b1-systems.de

Lektorat: Dr. Michael Barabas
Copy Editing: Ursula Zimpfer, Herrenberg
Satz: Da-TeX, Leipzig
Herstellung: Frank Heidt
Umschlaggestaltung: Helmut Kraus, www.exclam.de
Druck und Bindung: M.P. Media-Print Informationstechnologie GmbH, 33100 Paderborn

Bibliografische Information der Deutschen Nationalbibliothek
Die Deutsche Nationalbibliothek verzeichnet diese Publikation in der Deutschen Nationalbibliografie; detaillierte bibliografische Daten sind im Internet über http://dnb.d-nb.de abrufbar.

ISBN 978-3-86490-038-9

1. Auflage

Wieblinger Weg 17
69123 Heidelberg

5 4 3 2 1 0

Geleitwort

Seit dem ersten Release gewinnt OpenStack zunehmend an Bedeutung. Dank seiner offenen Architektur hat OpenStack schnell Enterprise-Kunden gefunden und damit bereits eine wachsende Community geschaffen.

B1 Systems war der erste OpenStack-Partner in Deutschland und hat schon sehr früh erfolgreiche Projekte durchgeführt. Da das Unternehmen mit den vielschichtigen Anforderungen seiner deutschen Enterprise-Kunden vertraut ist, konnte es einen aktiven Entwicklungsbeitrag zur Community leisten und sich nachhaltig in die Weiterentwicklung von OpenStack einbringen.

OpenStack ist heute vielseitig einsetzbar. Es umfasst ein Cloud-Management-Framework für IT-Abteilungen, das die Best Practices der anspruchsvollsten Cloud-Service-Provider beinhaltet. Darüber hinaus bietet es mit jedem Release weitere Features, die für eine gute Positionierung im Wettbewerb sorgen.

Dieses Buch ermöglicht dem Leser, von den Erfahrungen zu profitieren, die B1 Systems zusammen mit seinen Kunden sammeln konnte. Es vermittelt ein grundlegendes Verständnis über die Basisarchitektur von OpenStack, die Funktionsweise der einzelnen Module und erlaubt einen Einblick in die detaillierten Konfigurationsoptionen. Hinweise zum praktischen Einsatz, zu den Voraussetzungen für einen globalen Scale-out und ein Ausblick zu kommenden Releases runden das Thema ab.

Als Leiter einer strategischen Cloud-Initiative mit den herausfordernden Zielen eines globalen Unternehmens kann es manchmal recht hektisch werden. Oft gibt es mehr als einen Lösungsweg. Daher war es für mich immer beruhigend, B1 Systems als starken Lösungspartner an meiner Seite zu haben.

Ich hoffe, mit dem vorliegenden Buch ist es auch anderen Firmen möglich, einen Einstieg in das spannende Umfeld des Cloud Computing zu finden und in die Welt von OpenStack einzutauchen.

Claus-Henning Cappell, MBA
Senior Architect, Cloud Infrastructure Delivery, SAP AG

Vorwort

Zielgruppe

Dieses Buch richtet sich in erster Linie an Systemadministratoren, die vom Sammeln erster Erfahrungen über das Erarbeiten von Proof-of-Concepts bis hin zum produktiven Einsatz einer OpenStack-Umgebung gelangen wollen. Als Leser sollten Sie über fortgeschrittene Kenntnisse der System- und Netzwerkadministration unter Linux verfügen. Ein Grundverständnis der Virtualisierung – speziell Erfahrungen mit KVM und/oder Xen – sollte ebenfalls vorhanden sein.

Das Durcharbeiten des Buches versetzt Sie in die Lage, OpenStack und dessen Architektur zu verstehen und mögliche Einsatzszenarien für OpenStack zu identifizieren. Das Buch zeigt weiterhin, wie Sie die Kernkomponenten von OpenStack mit ihren Services installieren und konfigurieren, wie Sie Instanzen (= virtuelle Maschinen in der Cloud) anlegen und mit Storage und Netzwerk verbinden, wie Sie für Kunden Tenants, Benutzer, Rollen und ACLs einrichten und verwalten und vieles mehr. Was das Buch nicht leisten kann, ist, dass alle möglichen Setup-Szenarien durchgespielt und sämtliche Konfigurationsoptionen erklärt werden. Allein die zentrale Konfigurationsdatei der IAAS-Komponente Nova beispielsweise kennt mehrere Hundert Optionen, sodass nur die jeweils wichtigsten und gebräuchlichsten Einstellungen aufgeführt werden.

Entstehung

Das Interesse an OpenStack wächst seit Jahren. Fast überall in der IT-Welt ist »Cloud« zu einem zentralen Thema geworden. OpenStack ist die momentan einzige freie Softwarelösung für IaaS-Clouds, die den proprietären Cloud-Anbietern mit zunehmendem Erfolg ernsthafte Konkurrenz bietet. Bisher gab es noch kein deutschsprachiges Buch zu OpenStack.

Die B1 Systems setzt OpenStack seit 2011 erfolgreich bei Kunden ein, bietet Consulting, Support, Schulungen und Entwicklung für Open-

Stack an, stellt Pakete für OpenStack in Repositories bereit und arbeitet aktiv an der Entwicklung von OpenStack mit.[1] Wir profitieren von der Arbeit der Community und wollen selbst etwas beitragen. Mit diesem Buch geben wir gerne gesammelte Erfahrungen und erworbenes Wissen weiter und freuen uns, wenn wir Ihnen auf Ihrem Weg mit OpenStack behilflich sein können.

Aufbau

Nach einführenden Kapiteln zu Grundlagen des Cloud Computing und von OpenStack (Einführung, Infrastruktur) richtet sich der weitere Aufbau nach den einzelnen OpenStack-Kernkomponenten (Keystone, Glance, Nova, Cinder, Neutron, Horizon, Ceilometer, Heat, Swift), denen jeweils ein eigenes Kapitel gewidmet ist. Die Reihenfolge entspricht dabei im Wesentlichen der Reihenfolge, in der die Komponenten beim manuellen Aufbau einer OpenStack-Umgebung eingerichtet werden. Die Kapitel zu einzelnen Komponenten selbst gliedern sich meist in einen einleitenden Abschnitt, in dem Begriffe und Funktionsweise geklärt werden, gefolgt von jeweils einem Abschnitt zu Installation, Konfiguration und Administration der Komponente. Schließlich folgen noch ein Kapitel zu weiteren Komponenten von OpenStack, ein Kapitel, das sich konkreten Setups (Single-Node-Setups, Multi-Node-Setups) widmet und ein Anhang als Sammelbecken für weitere Informationen zum Nachschlagen (Openstackclient, Community, Configuration Management, Portliste, Abkürzungen).

Die Kapitel im Einzelnen:

Einführung (Kapitel 1, S. 1)
klärt den Begriff »Cloud« und ordnet OpenStack in den Wolkenhimmel ein. Es beschreibt die Ursprünge des Projekts und wie es eine solch rasante Entwicklung nahm.

Infrastruktur (Kapitel 2, S. 15)
stellt kurz die einzelnen OpenStack-Komponenten, deren Funktion und Zusammenarbeit vor, um einen Überblick über die anfänglich leicht verwirrende Vielzahl der beteiligten Komponenten zu bieten.

Identity Service – Keystone (Kapitel 3, S. 29)
zeigt die Einrichtung der Rechtestruktur für eine reibungslose Interaktion der Komponenten, die Verwaltung der Benutzer und deren Rechte, von Rollen und Tenants sowie die Anbindung an bestehende Benutzerverwaltungen – Stichwort *LDAP*.

[1] Weitere Informationen: http://www.b1-systems.de/en/solutions/openstack/

Image Service – Glance (Kapitel 4, S. 69)
beschäftigt sich mit den *Images*, die als Basis für die virtuellen Instanzen der Cloud dienen. Das Kapitel zeigt Installation, Konfiguration und Administration des Image Service Glance und wie Sie Images erstellen und in den OpenStack-Kontext einbinden.

Compute Service – Nova (Kapitel 5, S. 93)
zeigt den zentralen Compute Service, der mithilfe eines Hypervisors für die Bereitstellung und Verwaltung der Cloud-Gäste, der Computersysteme innerhalb der Cloud, sorgt. Nach Klärung von Begriffen, Funktionsweise und Konzepten werden Installation, Konfiguration und Administration von Nova vorgestellt. Auch die *Live-Migration* eines laufenden Cloud-Gastes von einem Host wird kurz gezeigt.

Block Storage – Cinder (Kapitel 6, S. 147)
beschäftigt sich nach einer kurzen Vorstellung der vielen Storage-Möglichkeiten bei OpenStack im Wesentlichen mit dem Einrichten von *Cinder*, der den Cloud-Gästen Block Storage auch zur dauerhaften Speicherung ihrer Daten bereitstellt.

Network Service – Neutron (Kapitel 7, S. 167)
beschäftigt sich mit Konzeption und Einrichtung der Netzwerkdienste auf Basis von Neutron. Es klärt Fragen, wie die Kommunikation der beteiligten Nodes untereinander und mit der Außenwelt stattfindet. Dazu gehört auch die sicherheitsrelevante Trennung der Kundennetze und das Anbieten weiterer Netzdienste wie Firewall as a Service (FWaaS) und Load Balancing as a Service (LBaaS). Ein Ausflug in die neue Welt der virtuellen Switches mit *Open vSwitch*, die die Möglichkeiten zur Netzanbindung der virtuellen Instanzen enorm erweitern, bleibt nicht ausgespart.

Dashboard – Horizon (Kapitel 8, S. 227)
Dashboard ist eine browsergestützte Oberfläche, die Anwendern und Endkunden eine einfache Bedienung und Verwaltung ihrer Cloud-Ressourcen ermöglicht – ohne tiefere Kenntnis von Konsolenbefehlen und deren Argumenten.

Telemetry – Ceilometer (Kapitel 9, S. 233)
Das Kapitel beschreibt die Möglichkeiten und den Einsatz der neuen Komponente Ceilometer für den Metering- und Monitoring-Service, mit dem die Nutzung der Cloud-Ressourcen erfasst und ausgewertet werden kann. Damit wird die Überwachung der genutzten Ressourcen und deren Abrechnung beim Kunden wesentlich erleichtert.

Orchestrierung – Heat (Kapitel 10, S. 259)
Heat ist eine ebenfalls noch recht neue Komponente, die es ermöglicht, mehrere Instanzen gleichzeitig bis hin zu ganzen »Serverfarmen« auszurollen. Das Kapitel zeigt das Werkzeug zur Orchestrierung von Cloud-Gästen bis hin zum Autoscaling, einer Funktion zur automatischen Skalierung von Ressourcen.

Object Storage – Swift (Kapitel 11, S. 285)
gibt eine Übersicht über Aufbau und Funktionsweise eines Object Storage und zeigt die grundlegende Installation, Konfiguration sowie Administration von Swift.

Weitere Komponenten (Kapitel 12, S. 299)
liefert Informationen zu Nicht-OpenStack-Komponenten und bietet einen Ausblick auf kommende Projekte: »Ironic« für die Bare-Metal-Provisionierung, den Message Queuing Service »Marconi« und »Trove«, das *Database as a Service* bietet.

Setup-Szenarien (Kapitel 13, S. 321)
stellt mögliche Setup-Szenarien vor. Von einfachen Single-Node-Setups, die sich zum Ausprobieren und Testen der meisten zuvor vorgestellten Komponenten und Funktionen eignen, bis hin zu komplexen, hochverfügbaren Multi-Node-Umgebungen werden hier mögliche Setup-Szenarien erarbeitet. Eine ausführliche Installationsbeschreibung auf Basis von SLES zeigt Schritt für Schritt alle Stufen zum Einrichten der Kernkomponenten. Wenn Sie schnell und einfach eine lauffähige OpenStack-Umgebung einrichten wollen, bieten sich automatisierte Installationen per Skript an (PackStack und *DevStack*, S. 343 ff.).

Anhang (Kapitel 14, S. 349)
Der Anhang beschreibt Komponenten, die entweder keine eigenen OpenStack-Projekte sind und/oder für die ein eigenes Kapitel den Rahmen des Buches gesprengt hätte. Dazu gehören der Messaging Service RabbitMQ, das Dateisystem Ceph und die Datenbank MySQL. Eine Liste mit den Services und Ports und eine Übersichtstabelle mit den neuen OpenStack-Client-Befehlen dient zum Nachschlagen. Abgerundet wird das Kapitel mit einem Abschnitt zur Community, der zeigt, wo Sie Hilfe bekommen und wie Sie sich an der Weiterentwicklung von OpenStack beteiligen können.

Typografische Konventionen

Folgende typografische Konventionen finden in diesem Buch Verwendung:

Kursivschrift
: für Eigennamen, Fachbegriffe und Hervorhebungen

`Nichtproportionalschrift`
: für Konsolenausgaben, Datei- & Paket- und Variablennamen, URLs

Marginalien
: für ergänzende Bemerkungen, Verweise auf weitere Informationen.

Neu eingeführte Begriffe werden bei ihrer ersten Nennung ebenfalls kursiv dargestellt.

Bei den Befehlseingaben werden die häufig vorkommenden IDs als Parameterwerte normalerweise entweder mit Variablen oder durch in spitze Klammern eingefasste Feldwerte abstrahiert. So wird beispielsweise aus einem:

```
# keystone user-password-update \
  --pass adminpw 3a4a01c6fd8b4bd1bba4eaf3209fc386
```

... ein:

```
# keystone user-password-update --pass adminpw <BENUTZER_ID>
```

... oder – in der Variablenversion – ein:

```
# keystone user-password-update --pass adminpw $benutzer-id
```

Auch die anderen umgebungsspezifischen Werte wurden im Regelfall durch einen allgemeinen Platzhalter in spitzen Klammern (`<WERT>`) ersetzt.

Ein Abkürzungsverzeichnis am Ende des Buches erleichtert das Nachschlagen.

Weitere Informationen

Ein so komplexes, hochdynamisches und weitreichendes Softwareprojekt wie OpenStack lässt sich in einem einzigen Buch unmöglich erschöpfend behandeln. Wir verweisen daher an einigen Stellen, meist am Ende eines Abschnitts, auf weiterführende Links für aktuelle und tiefergehende Informationen. Wichtigste Informationsquelle sind die Angebote der OpenStack-Community selbst (siehe auch 14.2 ab S. 351).

Danksagung

Wir danken allen Kollegen bei der B1 Systems, die zu diesem Buch direkt oder indirekt beigetragen und es dadurch ermöglicht haben.

Weiterhin bedanken wir uns beim dpunkt.verlag und Dr. Michael Barabas für die gute Zusammenarbeit und bei Ursula Zimpfer für das professionelle Lektorat.

Last but not least bedanken wir uns bei der Community, die freie Software wie GNU/Linux und OpenStack geschaffen hat.

Inhaltsverzeichnis

1 Einführung

1.1 Was ist Cloud Computing?

Seit einigen Jahren findet sich der Ausdruck *Cloud Computing* in der Fachwelt, die Verbreitung in den allgemeinen Sprachgebrauch wurde schließlich auch durch die Werbung großer Internet Service Provider vorangetrieben. Doch was bedeutet das genau?

Im IT-Umfeld meint eine *Cloud* oft zwei verschiedene Dinge:

- zum einen die oft beworbene Cloud zur Speicherung von Daten,
- zum anderen eine Cloud, die nicht nur Speicherplatz, sondern auch weitere Ressourcen (wie z. B. CPU-Zeit) bereitstellt.

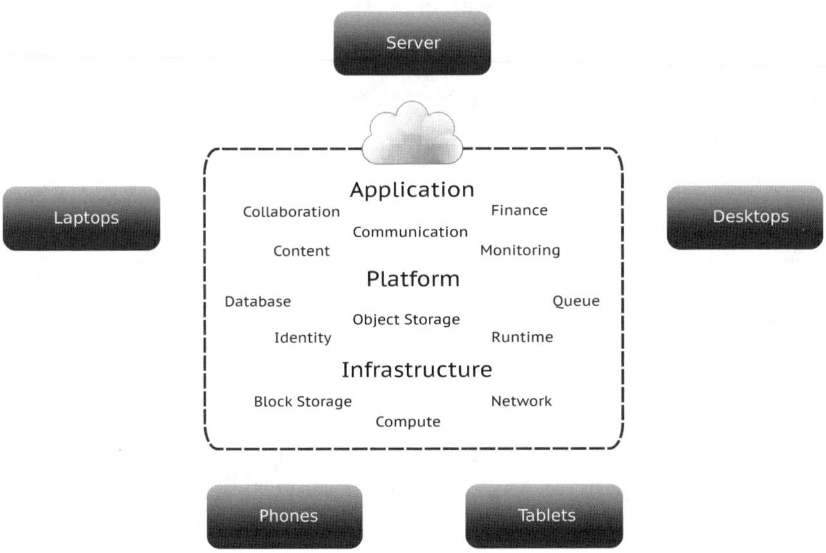

Abb. 1-1
Cloud Computing – Übersicht

1.1.1 Anwendungsfälle

Im Folgenden werden zwei gängige Anwendungsfälle der Cloud für Endanwender vorgestellt.

Datenspeicherung in der Cloud

Ein Kunde nutzt einen Webmail-Anbieter für seinen E-Mail-Zugang und somit den vom Anbieter bereitgestellten Speicherplatz. Ein Teil des Platzes ist dem Postfach des Kunden zugeordnet. Bei der Nutzung entstehen weitere Daten und belegen den Speicher, bis dieser ausgeschöpft ist. Der Anbieter stellt nun zusätzlichen Speicherplatz für den Kunden bereit. Dieser zusätzlich genutzte Speicherplatz wird protokolliert und dem Kunden unter Umständen in Rechnung gestellt.

Ein Kunde ist also ein Verbraucher, der sich an bereitgestellten Ressourcen bedient. Das Postfach läuft voll und der zur Verfügung stehende Speicherplatz wird automatisch erweitert. Dabei wird der neue, zusätzlich benötigte Speicherplatz aus einem Pool genommen. Solch ein Pool enthält Ressourcen, die von anderen Systemen zur Verfügung gestellt werden, und kann von unterschiedlichen Anbietern beansprucht werden. Wäre das Postfach eines anderen Kunden zuerst vollgelaufen, hätte dieser den entsprechenden Speicher bekommen. Es werden also gemeinsam genutzte Ressourcen verteilt. Dabei wird die Nutzung der Ressourcen, der eigentliche Verbrauch, automatisch überwacht und protokolliert. Selbstverständlich kann hier auch eine Kontrolle erfolgen (buchhalterisch ausgedrückt: Erst wenn die Rechnungen des Kunden bezahlt wurden, bekommt er neuen Speicherplatz).

Viele Hosting-Anbieter stellen ihren Kunden mittlerweile Lösungen dieser Art zur Verfügung. Auch große Service-Provider haben inzwischen ein entsprechendes Angebot.

Die Cloud hingegen, die nicht nur den Speicherplatz, sondern auch weitere Ressourcen zur Verfügung stellt, macht dies mit virtuellen Maschinen[1]. Diese virtuellen Maschinen können mit einer vollständigen Konfiguration eines Betriebssystems auf Anforderung gestartet werden. Hier besteht die Möglichkeit, dass lediglich ein Betriebssystem als Basis für eine virtuelle Maschine angeboten wird. Es können aber auch vollständig konfigurierte Anwendungen bereitgestellt werden.

[1] Bei virtuellen Maschinen handelt es sich um emulierte Systeme, die entweder vollständig emuliert (inkl. der Hardware) oder nur innerhalb eines Betriebssystems emuliert werden. Auch Speicher und Netzwerke können emuliert werden. Zusätzlich können vorhandene Serverressourcen zusammengefasst werden und den emulierten Systemen andere Umgebungen vorgegeben werden (z. B. weniger Speicher).

Nutzung virtueller Maschinen in der Cloud

Ein Onlinekaufhaus bietet in einer Werbeaktion ein sehr gefragtes Produkt günstig an. Daraufhin nehmen die Besuche auf der Plattform des Anbieters in kürzester Zeit rasant zu, die vorhandenen Webserver können die Anfragen nicht mehr abarbeiten. Genau für diese Auslastung startet der Betreiber nun virtuelle Maschinen in seiner Cloud, die über eine Anbindung ans Netzwerk verfügen, ein Betriebssystem starten und einen konfigurierten Webserver bereitstellen. Auf diese nun zusätzlich vorhandenen Webserver können die neuen Anfragen verteilt werden. Ist das Angebot nicht mehr gültig oder die Besucherzahlen flauen ab, beendet der Anbieter die virtuellen Maschinen wieder.

Ein alternatives Einsatzgebiet ist das Testen von Software auf unterschiedlichen Betriebssystemen. Mithilfe einer Cloud können verschiedene Betriebssystemabbilder vorgehalten werden. Auf Knopfdruck startet ein ausgewähltes Betriebssystem in einer virtuellen Maschine (VM). Dort finden nun Softwaretests statt. Nach deren Beendigung wird die Instanz beendet und ein anderes Betriebssystem gestartet. Je nach Anforderung der Testumgebung (z. B. Festplattenplatz, Hauptspeicher oder Anzahl der Netzwerkkarten) können diese Ressourcen angepasst werden. So können verschiedene Anforderungen kurzfristig erfüllt werden; die Hardware kann dadurch optimal ausgenutzt werden und es muss nicht für jede Möglichkeit passende Hardware vorgehalten werden.

1.1.2 Definition: Cloud Computing

Das *National Institute of Standards and Technology* (NIST) in den USA hat eine allgemeingültige Definition[2] von Cloud Computing vorgestellt. Diese wird auch vom deutschen BSI (*Bundesamt für Sicherheit in der Informationstechnik*) als Grundlage für seine Definition einer Cloud verwendet und auch die ENISA (*European Network and Information Security Agency*) nutzt die Formulierung des NIST.

Danach umschreibt Cloud Computing ein Modell, um auf einfache Art und Weise auf geteilte Ressourcen von Computern zuzugreifen. Hierbei kann es sich um Netzwerk, Speicher, Anwendungen oder sonstige Serverdienste handeln. Diese Ressourcen können schnell angefordert, genutzt und freigegeben werden. Der entsprechende Serviceanbieter wird, wenn überhaupt, nur minimalen Aufwand betreiben müssen, um die Ressourcen zu verwalten.

Außerdem definiert das NIST die wesentlichen Merkmale, Servicemodelle und Verwendungsmodelle von Cloud Computing.

---

[2] http://csrc.nist.gov/publications/nistpubs/800-145/SP800-145.pdf

Merkmale

Laut der NIST-Definition existieren fünf essenzielle Charaktermerkmale einer Cloud:

On-demand Self Service
: Ein Kunde kann die von ihm genutzten Ressourcen verwalten. Dies betrifft z. B. Speicherplatz. Eine manuelle Aktion des Service-Providers ist nicht notwendig, der Kunde kann rund um die Uhr, an allen Tagen, auf die Ressourcen zugreifen und diese per API-Zugriffen verwalten. »Verwalten« bedeutet in diesem Zusammenhang, dass der Kunde in der Lage ist, Ressourcen anzufordern, einzubinden und freizugeben.

Broad Network Access
: Ressourcen sind über ein Netzwerk erreichbar und können über Standardmechanismen über das Netzwerk verwaltet werden.

Resource Pooling
: Die verfügbaren Ressourcen eines Anbieters werden als gemeinsame Basis für mehrere Kunden genutzt. Physikalische und virtuelle Ressourcen können dynamisch erweitert oder verringert werden. Ein Kunde benötigt kein Wissen über den geografischen Standort seiner Ressourcen. Diese können über Landesgrenzen hinweg verteilt werden.

Rapid Elasticity
: Die zur Verfügung stehenden Ressourcen können je nach Anforderung hinzugefügt oder entfernt werden. Dies kann in einigen Fällen automatisch geschehen, sodass die Ressourcen automatisch reguliert und optimiert werden können. Durch diese Möglichkeiten erscheinen den Kunden die Ressourcen als unbegrenzt vorhanden.

Measured Service
: Die genutzten Ressourcen werden gemessen und können korrekt abgerechnet werden.

Servicemodelle

Die zur Verfügung stehenden Ressourcen können über unterschiedliche Servicemodelle genutzt werden.

Software as a Service (SaaS)
: Die vom Anbieter zur Verfügung gestellten Anwendungen stehen über ein schlankes Clientinterface bereit. Der Kunde nutzt die Anwendung eines Anbieters, also z. B. ein Wiki. Beispiele für solche

Anwendungen sind z. B. Google Apps, Web-Conferencing-Lösungen und Imaging/Printing-Lösungen.

Platform as a Service (PaaS)
Hier werden Kunden z. B. bestimmte Plattformen wie TomCat o.ä. zur Verfügung gestellt. Im Gegensatz zur SaaS-Cloud sind die Anwendungen eigentlich für Entwickler gedacht und nicht für Endanwender. Die Kunden kümmern sich nicht um die darunter befindlichen Ressourcen wie Netzwerk, Speicher etc. Anbieter für PaaS sind u. a. Microsoft mit Azure und die Google App Engine.

Infrastructure as a Service (IaaS)
Hier wird dem Kunden die benötigte Infrastruktur zur Verfügung gestellt; dies betrifft Netzwerk, Speicher, Rechenleistung etc. Als Beispiele seien Amazon Web Services oder OpenStack genannt.

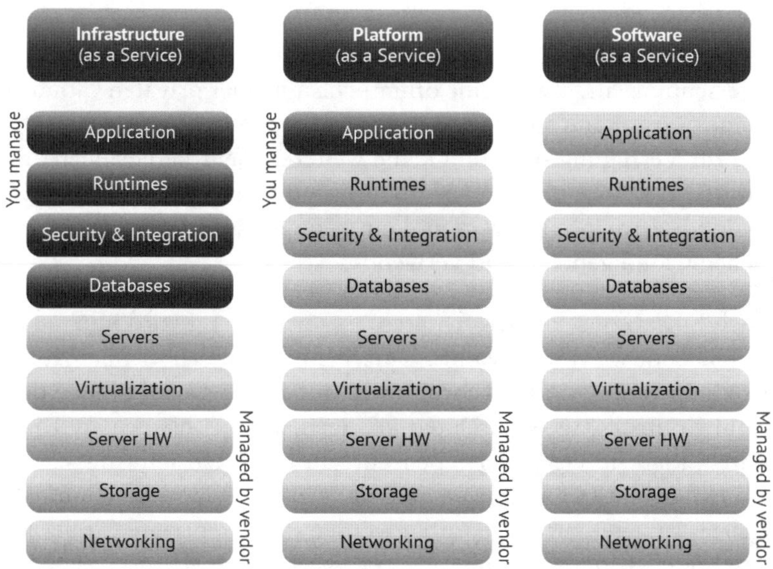

Abb. 1-2
Cloud Computing – Servicemodelle

Verwendungsmodelle

Zusätzlich zu den Servicemodellen werden unterschiedliche Verwendungsmodelle definiert. Diese unterscheiden sich je nach Einsatzgebiet:

Private Cloud
Die zur Verfügung gestellten Ressourcen werden exklusiv von einer Organisation genutzt. Hierbei kann es sich beispielsweise um die

Bereitstellung der Hardware (und somit der Ressourcen) im eigenen Rechenzentrum handeln. Die Ressourcen werden nicht öffentlich zugänglich gemacht, sie stehen exklusiv nur einer Firma zur Verfügung.

Community Cloud
Die Nutzung der Ressourcen ist für eine bestimmte Community gedacht, die als Kunde auftritt und somit die Ressourcen nutzt. Dabei kannn die Community aus mehreren Organisationen bestehen. Hier kann die Cloud einer Organisation gehören oder von ihr verwaltet werden.

Public Cloud
Eine Organisation kann die Ressourcen dieser Cloud nutzen. Einem Anwender ist nicht bekannt, mit wem er die Ressourcen gerade teilt (z. B. wessen virtuelle Maschinen auf demselben Host laufen, auf dem nun die eigenen VMs gestartet wurden).

Hybrid Cloud
Hierbei werden zwei der bereits erwähnten Verwendungsmodelle verschmolzen, so wird eine öffentliche mit einer privaten Cloud vereint. Somit kann eine private Cloud, die ihre Ressourcen bereits alle zur Verfügung stellt und keine weiteren mehr bereitstellen kann, durch die Anbindung einer öffentlichen Cloud zur einer hybriden Cloud werden. Hier werden dann neue Ressourcen in der öffentlichen Cloud gebucht und verwendet.

Je nach Einsatzzweck und gewünschter Verwendung wird nun aus den entsprechenden Typen gewählt. Unternehmen nutzen vielfach zur Bereitstellung interner Cloud-Strukturen nur eine private Cloud, damit sowohl Kontrolle als auch Daten im eigenen Haus bleiben. Wird eine private Cloud im eigenen Rechenzentrum betrieben und müssen z. B. zur Weihnachtszeit Lastspitzen aufgefangen werden, so kann auf einen externen Anbieter zurückgegriffen werden und die private Cloud zu einer hybriden Cloud erweitert werden. Ist die zusätzliche Last wieder verschwunden, wird nur noch die private Cloud genutzt.

Datensicherheit und Datenschutz spielen bei der Auswahl des korrekten Modells eine wichtige Rolle. Diese Kriterien müssen vor Nutzung einer Cloud berücksichtigt werden.

1.2 OpenStack

OpenStack ist eine Open-Source-Software zur Erstellung privater, öffentlicher und hybrider Clouds, mit der Infrastructure as a Service angeboten werden kann.

Dabei können große Pools von Ressourcen verwaltet werden. Die Verwaltung erfolgt über RESTful APIs. Diese können selbstverständlich auch per Weboberfläche angesprochen werden.

OpenStack sieht sich als Cloud Operating System, das aus unterschiedlichen Komponenten besteht, die verschiedene Aufgaben erfüllen. Allerdings sind die Komponenten so aufeinander abgestimmt, dass sie sehr gut miteinander arbeiten können. Eine detaillierte Aufstellung der einzelnen Komponenten und zugehöriger Abhängigkeiten findet sich im Kapitel 2.

Die Projektentwickler haben sich dazu entschlossen, alle Komponenten mithilfe von Python zu implementieren.

Die Quelltexte sind unter der Apache-2.0-Lizenz freigegeben.

1.2.1 Entstehung

Das heutige OpenStack-Projekt entstand ursprünglich durch eine Zusammenarbeit der NASA und der Firma Rackspace.

Interessant an der gesamten Historie ist, dass sowohl die NASA als auch Rackspace ohne Kenntnis voneinander begonnen hatten, Software zu entwickeln, die einzelne Dienste von Amazon nachbilden sollte. So wurde von der NASA der Teil entwickelt, der virtuelle Maschinen verwaltet, ähnlich zu Amazons EC2 (Elastic Compute Cloud). Rackspace hingegen hatte mit dem Teil begonnen, der Speicherplatz zur Verfügung stellen sollte.

Ende Mai 2010 veröffentlichte ein Mitarbeiter der NASA einen kurzen Blogpost, in dem die Veröffentlichung von Nova mit den Worten »It's live, it's buggy, it's beta. Check it out.«[3] beschrieben wurde. Diese Ankündigung wurde etwa eine Woche später einem Mitarbeiter von Rackspace bekannt. Dieser sah sich den Quelltext an und verfasste eine interne Mail, in der er beschrieb, dass die Entwicklung der NASA der von Rackspace um ca. drei Monate voraus war. Ein Treffen der beiden Entwicklerteams ergab, dass das jeweilige andere Team den Teil schrieb, der noch vor dem anderen Team lag. Nachdem die Details geklärt waren, wurden beide Projekte zusammen unter dem Namen OpenStack veröffentlicht. Somit setzt sich OpenStack aus mehreren Projekten zusammen, die ersten beiden waren Swift und Nova.

---

[3] http://web.archive.org/web/20100712013305/http://www.cognition.ca/2010/05/launched-nova-apache-licensed-cloud-computing-in-python.html

Der Quelltext stand von diesem Augenblick an vollkommen unter der Apache-2.0-Lizenz[4]. Von nun an nahm die Entwicklung des Projektes Fahrt auf. Wenige Monate später, am 21. Oktober 2010, erfolgte das erste offizielle Release von OpenStack unter dem Namen Austin.

Mittlerweile steht hinter dem Projekt die OpenStack Foundation, eine Organisation, unter deren Dach OpenStack entwickelt wird. Ziel der Foundation ist es, die Entwicklung des Projektes zu unterstützen und zu sichern. So werden z. B. gemeinsam genutzte Ressourcen durch die Beiträge finanziert, die von Firmen oder Personen investiert werden, damit diese einen bestimmten Rang in der Foundation erhalten. Jeder Interessierte kann Mitglied der Foundation werden. Details zur Foundation finden sich unter http://www.openstack.org/foundation/.

1.2.2 Versionshistorie

Die folgenden Erscheinungsdaten belegen die stetige Fortentwicklung des Projektes und seiner Komponenten:

Name	Erscheinungsdatum
Austin	21.10.2010
Bexar	03.02.2011
Cactus	15.04.2011
Diablo	22.09.2011
Essex	05.04.2012
Folsom	27.09.2012
Grizzly	04.04.2013
Havana	17.10.2013
Icehouse	17.04.2014

Eine Übersicht der Releases findet sich unter https://wiki.openstack.org/wiki/Releases.

Die Codenamen der Releases sind alphabetisch geordnet. Jeder Name steht für den Namen einer Stadt oder eines Bezirks in der Nähe des Ortes, an dem die Entwicklerkonferenz für das entsprechende Release stattfand, mit einer Ausnahme, die *Waldon Exception*[5]: Hierbei

[4] Die Apache-2.0-Lizenz gewährt das Recht, die Software zu verwenden und zu verteilen. Eventuelle Änderungen am Quellcode müssen nicht ins Projekt zurückgegeben werden. Der Wortlaut findet sich unter http://www.apache.org/licenses/LICENSE-2.0.html.

[5] https://lists.launchpad.net/openstack/msg14127.html

können interessant klingende Elemente der entsprechenden Flagge genutzt werden. Dies wurde bei der Benennung von Grizzly (Kalifornien) genutzt. Aber auch bei der Namenswahl für das I-Release wurden aufgrund von Übersetzungsproblemen mit der chinesischen Sprache wieder Ausnahmen gemacht. So lautet der Name für das I-Release *Icehouse*, benannt nach einer Straße in Hong Kong.

Offiziell wird ein nummeriertes Versionsschema mit dem Aufbau <JAHR>.<VERSION> verwendet. So bedeutet z. B. 2012.2 das zweite Release im Jahr 2012. Dabei handelte es sich um *Folsom*. Wird eine weitere, durch einen Punkt abgetrennte Nummer angehängt, so ist das die Nummer für das Maintenance-Release (bspw. 2012.2.3).

Die Komponente Swift verwendet eine eigene Versionierung. So trägt die zum Grizzly-Release gehörende Version von Swift die Nummer 1.7.6.

Zur Aktualisierung auf eine neue Version liefert das Projekt entsprechende Kommandos mit, die z. B. notwendige Änderungen im Datenbankschema vornehmen. Allerdings sind solche Versionsaktualisierungen bisher nicht trivial; die Entwickler arbeiten daran, diese Übergänge reibungsloser zu gestalten. Zusätzlich zu den Release Notes existieren auch Upgrade Notes, die für die einzelnen Komponenten die Änderungen zusammenfassen. Diese sollten vor einem Upgrade gelesen werden.

Mittlerweile wurden aus Bestandteilen einzelner Projekte eigene Projekte, wie z. B. das für das Netzwerk zuständige Neutron, das vorher direkt in Nova integriert war und lediglich einen Bruchteil der Funktionalität von Neutron leisten konnte.

1.2.3 Einordnung in das NIST-Modell

Nach dem NIST-Modell handelt es sich bei OpenStack um eine IaaS-Cloud.

Für jeden Nutzer können z. B. eigene Netzwerke definiert werden, die von den restlichen Nutzern abgegrenzt sind. Deren Verwaltung kann der Nutzer selbst übernehmen (*On-demand Self Service*). Die innerhalb der virtuellen Maschinen verwendeten Betriebssysteme und zusätzliche Software werden vom Kunden selbst ausgewählt und konfiguriert. Hier besteht von Nutzeranforderungen und -wünschen her völlige Flexibilität.

Kunden können über die API[6] oder eine webbasierte Benutzeroberfläche (das Dashboard) ihre ihnen zur Verfügung stehenden Res-

[6] `Application Programming Interface`, eine Schnittstelle zur Anbindung anderer Applikationen. Mithilfe bestimmter API-Befehle kann die Applikation *von außen* gesteuert werden.

sourcen selbst verwalten. Dies geschieht innerhalb von Projektgrenzen und Quotas. Selbstverständlich können alle verfügbaren Ressourcen als Basis für mehrere Nutzer genutzt werden (*Resource Pooling*). Die Ressourcen können über eine Netzwerkverbindung verwaltet und adressiert werden, z. B. durch die Nutzung der RESTful APIs (*Broad Network Access*). Selbstverständlich werden die bereitgestellten Ressourcen überwacht, sonst könnte u. a. kein Accounting implementiert werden (*Measured Service*). Auch die Anforderung, dass diese Ressourcen dynamisch verändert werden können, trifft zu (*Rapid Elasticity*).

Der Scheduler ist für die Auslastung der Ressourcen zuständig. Dabei wird je nach Typ des Schedulers die Arbeit auf unterschiedliche Art verteilt. Zum Beispiel ist es möglich, bestimmte Arten von virtuellen Maschinen anhand des gewählten Images nur auf ausgewählten Hosts zu starten oder für einen Kunden nur virtuelle Maschinen auf Intel-Hardware zu platzieren.

Man kann eine geschlossene Private Cloud innerhalb des eigenen Rechenzentrums bzw. der eigenen Rechenzentren betreiben oder eine Public Cloud für weitere Kunden anbieten.

1.2.4 Der Entwicklungsweg

Die Entwicklung von OpenStack findet offen über das Internet statt. Dazu nutzen die Entwickler frei zugängliche Dienste wie www.github.com und www.launchpad.net und kommunizieren über öffentliche Mailinglisten, die das Projekt anbietet, sowie den klassischen Internet Relay Chat (IRC)[7] miteinander.

Soll ein neues Feature in ein bestehendes Projekt integriert werden, reicht man einen sogenannten »Blueprint« ein, der eine Beschreibung der gewünschten Funktionalität enthält. Entweder kann dieses Feature nach dem Akzeptieren der Entwicker selbst eingebracht oder von einem bereits am Projekt beteiligten Programmierer umgesetzt werden. Der Einreicher des Vorschlags muss also nicht zwangsläufig auch der zuständige Programmierer sein. Eventuell handelt es sich bei dem gewünschten Feature um eine Erweiterung, von deren Nutzen ein Kernentwickler überzeugt ist und sie zeitnah integriert. Ähnlich funktioniert es mit Patches zur Erweiterung oder Fehlerbehebung. Ein Anwender meldet über ein Webformular einen Bug (möglichst detailreich) und dieser wird automatisch an eine Mailingliste geschickt. Dabei sind die entsprechenden Formulare auf dem Launchpad unterhalb des entsprechenden Projektes zu finden. Die Adresse für das Melden eines neu-

[7] Eine Übersicht bietet die Seite http://www.openstack.org/community/.

en Bugs im Dashboard z. B. lautet https://bugs.launchpad.net/horizon/+filebug. Ein Entwickler prüft diesen Bug auf Relevanz und Priorität. Der meldende Anwender verfügt über die Möglichkeit, einen passenden Patch bereits bei der Meldung des Bugs einzureichen. Andernfalls wird sich ein entsprechender Entwickler des Problems annehmen. Für die Registrierung und Aufnahme neuer Projekte existiert ein eigener Weg. Dabei wird eine Mail mit den Details zum Projekt, dem Ziel, Informationen über Teammitglieder usw. an das Technische Komitee gesendet. Dieses beschließt dann alles Weitere.

Jede Komponente wird von einem Team gepflegt, das über einen Leiter verfügt. Alle sechs Monate wird ein Teamleiter gewählt. Diese Teamleiter und weitere Personen sind in einem Technischen Komitee gebündelt, das die Entwickler vertritt. Zusätzlich wird die Einhaltung gewisser Projektideale gewährleistet (z. B. des Open-Source-Gedankens und der Qualitätssicherung). Für die Komponenten können je nach Aufgabengebiet weitere Teams gebildet werden. Beispielsweise nutzt Nova dies für die Entwicklung der unterschiedlichen Hypervisor-Anbindungen (xenapi, vmwareapi). Es existieren noch weitere Teams, unter anderem für die Dokumentation sowie für die Releaseplanung oder für die Betreuung der Community. Zusätzlich gibt es noch ein Team, das für die vollständige Internationalisierung des Projektes zuständig ist.

Der Entwicklungsvorgang als solcher ist sehr detailliert beschrieben und definiert[8]. Der vollständige Sourcecode wird auf www.github.com/openstack verwaltet. Entwickler checken ihre Änderungen am Quellcode in ein Git-Repository ein. Diese Änderungen werden sofort von Gerrit, einem Code-Review-System[9], als gewünschte Änderung am Projekt erkannt und es starten Testläufe mithilfe von Jenkins[10]. Jenkins führt definierte Integrations- und Funktionstests aus und gibt die Resultate zurück an Gerrit. Der Status für jede Änderung ist in Gerrit für alle Entwickler einsehbar und jeder Entwickler kann Kommentare zu Patches oder einzelnen Änderungen im Sourcecode abgeben. Die Kernentwickler der entsprechenden Komponente haben dann die Möglichkeit, den Patch zu akzeptieren oder mit Kommentaren (z. B. für gewünschte Korrekturen am Patch) zurückzustellen.

Zusätzlich wird die Dokumentation unter docs.openstack.org der einzelnen Projekte gepflegt und in mehreren Formaten zur Verfügung gestellt.

---

[8] https://wiki.openstack.org/wiki/How_To_Contribute

[9] https://code.google.com/p/gerrit/

[10] http://jenkins-ci.org/

Auch an der Dokumentation können Anwender oder Interessierte jederzeit durch Kommentare direkt auf den Webseiten des Projektes unterhalb der Dokumentation Tipps und Verbesserungsvorschläge veröffentlichen. Die Dokumentation wird ständig erweitert, verbessert und überarbeitet.

In regelmäßigen Abständen finden die Teammeetings statt, die sich mit der Entwicklung und dem weiteren Projektverlauf befassen. Hier trifft man die Entwickler und erfährt aus erster Hand, in welche Richtung sich das Projekt entwickeln wird. Hilfreich ist die Liste unter https://wiki.openstack.org/wiki/Meetings, unter der einsehbar ist, welches Team wann und in welchem Channel tagt.

Alle sechs Monate findet ein *Design Summit* statt, dort können sich alle Entwickler treffen. Viele Vorträge geben Einblick in die kommende Entwicklung der Projekte. Alle Details dazu finden sich im Wiki unter https://wiki.openstack.org/wiki/Summit. Der jeweils nächste Summit wird immer unter http://www.openstack.org/summit vorgestellt.

1.2.5 Die Gemeinschaft

Die Entwickler und Anwender von OpenStack finden sich mittlerweile um den gesamten Globus verteilt. Viele Firmen wie z. B. IBM, HP, SUSE, Rackspace, Red Hat, Cisco oder B1 Systems beteiligen sich aktiv am Projekt.

Über die IRC-Channel steht Anwendern und Entwicklern ein unkomplizierter und schneller Weg zur Verfügung, um mit anderen Kontakt aufzunehmen. Anwender erhalten meist schnell weitere Informationen zur Problemlösung aus der Gemeinschaft. Dabei existieren mittlerweile unterschiedliche Channel für die Projekte. Eine Übersicht findet sich im Wiki unter https://wiki.openstack.org/wiki/IRC.

Zeitverzögert werden viele Dinge über die Mailinglisten des Projektes diskutiert. Das rege Interesse am Projekt spiegelt sich im stetig zunehmenden Mailaufkommen und der eindrucksvoll wachsenden Teilnehmerzahl an den Diskussionen wider. Abonnements der unterschiedlichen Mailingslisten können über http://lists.openstack.org/cgi-bin/mailman/listinfo verwaltet werden.

Zusätzlich zu den Mailinglisten existiert unter ask.openstack.org eine Plattform zu Fragen und Antworten rund um Themen/Probleme mit OpenStack.

In der letzten Zeit finden immer öfter Treffen von Benutzern statt. Diese werden von lokalen Usergroups organisiert. Vielfach werden diese im wöchentlich erscheinenden Newsletter[11] angekündigt. Für das

---

[11] http://www.openstack.org/blog/category/newsletter/

Auffinden der nächsten Usergroup gibt es eine Aufstellung unter https://wiki.openstack.org/wiki/OpenStack_User_Groups.

Unter http://planet.openstack.org/ ist eine zentrale Adresse angegeben, unter der Einträge registrierter Blogs zusammengefasst werden. Ein Besuch hier ist immer interessant.

2 Infrastruktur

OpenStack setzt sich aus einer Reihe einzelner Komponenten zusammen, die zwar als eigenständige Projekte geführt werden, aber ineinander greifen und aufeinander abgestimmt sind.

Anfänglich verwirrend mag die Namensgebung der Komponenten sein: Zum einen gibt es einen Namen, der die Funktion beschreibt, und zum anderen einen Codenamen, den die Entwickler dem Projekt gaben – oft mit leicht spielerisch-ironischer Anspielung (z. B. »Ironic«, das sich doppeldeutig auf das eiserne »Bare Metal« bezieht, oder »Neutron«, das aus lizenzrechtlichen Gründen umbenannt werden musste). Zur Entwirrung eine kleine Übersichtstabelle:

Tab. 2-1
OpenStack – Übersicht der Komponenten und Codenamen

Komponente	Codename
Identity Service	Keystone
Image Service	Glance
Compute Service	Nova
Block Storage	Cinder
Object Storage	Swift
Network Service	Neutron (vormals Quantum)
Dashboard	Horizon
Metering	Ceilometer
Orchestration	Heat
Database Service	Trove
Bare Metal	Ironic
Queue Service	Marconi
Data Processing	Sahara
Common Libraries	Oslo

Die Codenamen spiegeln sich auch in den Konfigurationsdateien und den Kommandozeilenbefehlen der Komponenten wider; z. B. konfiguriert die Datei `nova.conf` den Compute Service.

Jede Komponente deckt einen bestimmten Bereich einer IaaS-Umgebung ab. Alle Komponenten im Zusammenspiel ergeben eine vollständige IaaS-Umgebung. Teilweise ist der Einsatz einer Komponente auch unabhängig von der OpenStack-Umgebung sinnvoll: So kann zum Beispiel der OpenStack Object Storage als performante und skalierbare Storage-Lösung dienen.

Unterschieden wird zwischen den eigentlichen OpenStack-Projekten, die von der OpenStack-Community aktiv entwickelt werden, und weiteren Projekten wie der Datenbank MySQL oder dem Messaging Service RabbitMQ, die zwar kein Teil von OpenStack selbst sind, die aber für den Betrieb einer OpenStack-Umgebung notwendig oder hilfreich sind und daher in der OpenStack-Umgebung Verwendung finden.

Neue Projekte werden, bevor sie in ein kommendes Release übernommen werden, zunächst im sogenannten *Incubator* aufgenommen, in dem sie für eine geweisse Zeit auf ihre Verwendbarkeit und Integrierbarkeit überprüft werden. Sie befinden sich so lange im Status *incubated*.[1]

Das Grizzly-Release besteht aus sieben »integrated« Projekten (Keystone, Nova, Glance, Cinder, Swift, Neutron und Horizon) und zwei »incubated« Projekten (Ceilometer und Heat). Mit dem aktuellen Havana-Release kommen weitere Inkubatoren-Projekte hinzu, wie *Database Service* (»Trove«), *Bare Metal* (»Ironic«), *Queue Service* (»Marconi«), *Data Processing* (»Sahara«) und die *Common Libraries* (»Oslo«). Die vielen neuen Projekte zeigen auch die enorme Dynamik, mit der sich OpenStack entwickelt ...

Abb. 2-1
OpenStack – Infrastruktur

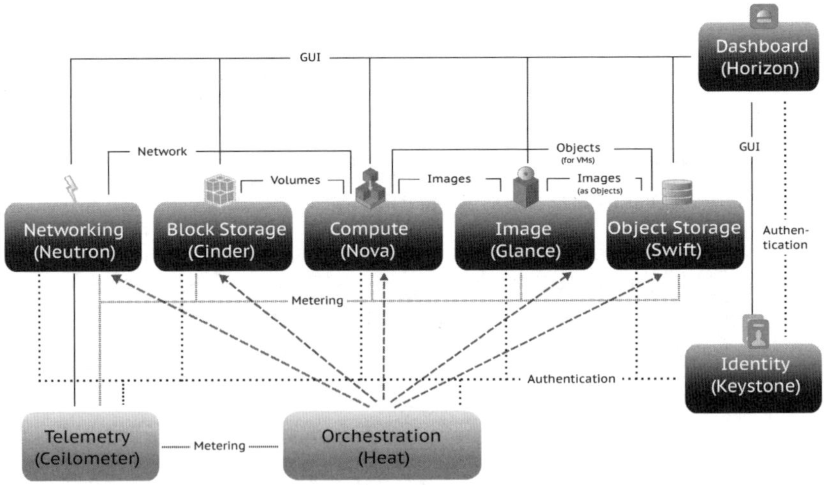

[1] Die offizielle Beschreibung dieses Prozesses ist im OpenStack-Wiki beschrieben: https://wiki.openstack.org/wiki/Governance/NewProjects.

Im Nachfolgenden werden die derzeit wichtigsten bzw. am häufigsten eingesetzten Projekte beschrieben.

2.1 Messaging Service

Ein *Messaging Service* sorgt für die Kommunikation zwischen einzelnen Diensten einer Komponente.[2] Ein eigener Messaging Service entlastet die einzelnen Dienste beim Umgang mit den Aufrufen, indem er sich um die Entgegennahme, die Aufbewahrung und die Weiterleitung von Nachrichten kümmert. Eine direkte Kommunikation zwischen den einzelnen Diensten und ihren Hosts ist somit nicht mehr unbedingt notwendig, da Jobs und Anfragen über diesen Messaging Service eingestellt und von anderen Komponenten zur Verarbeitung abgeholt werden können.

2.1.1 AMQP

Das *Advanced Message Queuing Protocol* (AMQP) ist ein offenes Protokoll der Anwendungsschicht für das zuverlässige Senden und Empfangen von Nachrichten. Es nutzt dazu das verbindungsorientierte Transmission Control Protocoll (TCP). Ursprünglich aus der Finanzwelt kommend, hat es sich zu einem Standard für Messaging Services entwickelt. So halten sich die in einer OpenStack-Umgebung einsetzbaren Messaging Services *RabbitMQ* und *Apache Qpid* an den AMQP-Standard. AMQP-Verbindungen nutzen eine Authentifizierung und können mittels Transport Layer Security (TLS) (vormals SSL) geschützt werden.

Der Server, »Broker« genannt, schickt Nachrichten in sogenannte »Channels«, wo sie gespeichert werden und von der Clientanwendung abgeholt werden können. Da eine AMQP-Verbindung normalerweise langlebig ist, werden mögliche Probleme, wie z. B. der Verlust einer Nachricht durch zu große Latenzzeiten, vermieden.

AMQP ist für mehrere gleichzeitige Verbindungen ausgelegt, die entweder mittels Multiplexing über eine einzige TCP-Verbindung hergestellt werden können, oder aber – meist üblich – über einen jeweils eigenen Channel mit jeweils eigener TCP-Verbindung für jeden Prozess/Thread. Zur Identifizierung wird jeder Channel nummeriert, sodass jede AMQP-Methode mit einer Channel-Nummer versehen wird.

Mehr zu AMQP finden Sie im Abschnitt 12.2 auf S. 305.

[2] Die Komponenten selbst kommunzieren untereinander über ihre APIs.

2.1.2 RabbitMQ

RabbitMQ ist eine vollständige Enterprise-taugliche Implementierung des AMQP-Standards. RabbitMQ wird wegen seiner Schnelligkeit, Stabilität und vielen Funktionen und Client Libraries (für Java, .NET und Erlang) in OpenStack bisher bevorzugt eingesetzt. Neue OpenStack-Projekte werden üblicherweise zuerst mit RabbitMQ getestet und auch die meisten Installationsleitungen in den offiziellen Dokumentationen arbeiten mit RabbitMQ.

Der RabbitMQ-Server ist in Erlang geschrieben und unter der *Mozilla Public License* veröffentlicht.

Mehr zu RabbitMQ finden Sie im Abschnitt 12.2.1 auf S. 307.

2.1.3 Apache Qpid

Qpid ist der Enterprise Messaging Service der *Apache Foundation*. Er ist ebenfalls eine vollständig kompatible Implementierung des AMQP-Standards und wird unter der *Apache License* entwickelt.

Homepage: https://qpid.apache.org

2.1.4 ZeroMQ

Im Unterschied zu den anderen Messaging Services ist *ZeroMQ* (auch: ØMQ) kein zentraler Dienst mit dediziertem Message Broker, sondern eine Library für verteilte Anwendungen, über deren API Sockets bereitgestellt und angesprochen werden.

ZeroMQ ist in C++ geschrieben und wird hauptsächlich unter dem *Collective Code Construction Contract* (C4) und der *Lesser General Public License* (LGPL) entwickelt.

Homepage: http://www.zeromq.org

2.1.5 Marconi

Zukünftig soll eine eigene OpenStack-Komponente als *Messaging as a Service* (Codename: »Marconi«), das Messaging in OpenStack-Umgebungen übernehmen. Diese Komponente ist derzeit im Inkubator.

Mehr zu Marconi finden Sie im Abschnitt 12.7 auf S. 319.

2.2 Datenbank

Die meisten OpenStack-Komponenten, unter anderem Keystone, Nova, Glance und Cinder, benötigen einen Ort, an dem sie für den Betrieb notwendige Daten ablegen können. Dies kann in flachen Dateien geschehen, besser ist jedoch die Nutzung eines zentralen Datenbankservers mit einem relationalen Datenbanksystem, da dies eine bessere Verwaltung der Daten ermöglicht. Auch Sicherheitsaspekte, Möglichkeiten zur Sicherung und Replikation sowie Geschwindigkeit spielen eine Rolle.

OpenStack wird im Wesentlichen mit drei Datenbanksystemen entwickelt:

- SQLite
- MySQL
- PostgreSQL

Auf alle diese Datenbanken kann mittels *SQL*[3] zugegriffen werden. SQL ist eine standardisierte Datenbanksprache in relationalen Datenbanken für das Definieren von Datenstrukturen sowie das Einfügen, Verändern, Löschen und Abfragen von Daten.

Eine Ausnahme bildet der Telemetry Service Ceilometer, der standardmäßig MongoDB einsetzt. Mehr zu MongoDB finden Sie im Abschnitt 12.1.4 auf S. 304.

2.2.1 SQLite

Zum Speicher der Daten einer OpenStack-Umgebung wird per Default *SQLite* eingesetzt. Der große Vorteil von SQLite ist seine Einfachheit: SQLite ist ein einfaches relationales Datenbanksystem, dessen Bibliothek nur wenige hundert Kilobyte groß ist. Durch das Einbinden der Bibliothek können Anwendungen um Datenbankfunktionalitäten erweitert werden, ohne dass eine weitere Server-Software installiert werden müsste. Es gibt ein einfaches Frontend, das in der Konsole und in Shell-Skripten eingesetzt werden kann sowie mit *sqlitebrowser* ein grafisches Frontend. Es gibt keine Client-Server-Architektur. Die gesamte Datenbank (Tabellen, Indizes, Views, Trigger usw.) wird in einer einzigen flachen Datei gespeichert.

Neben einigen für OpenStack irrelevanten Einschränkungen (beschränkte Änderungsmöglichkeiten von Tabellen, die Verwaltung von Benutzer- und Zugriffsberechtigungen auf Datenbankebene, u. a.) stößt SQLite in Multi-Node-Umgebungen jedoch schnell an seine Grenzen, etwa wenn mehrere Keystone-Zugriffe auf die gleiche Datenbank erfolgen sollen. Schreiboperationen unterschiedlicher Prozesse in derselben Datenbankdatei können bei SQLite nur nacheinander ausgeführt werden. Weiterhin bietet SQLite keine eingebauten Redundanz- und Replikationsmechanismen oder Hochverfügbarkeitsfunktionen.

[3] »SQL« wird oft als *Structured Query Language* verstanden, leitet sich aber von dem Vorgänger SEQUEL ab.

Deswegen wird für produktive OpenStack-Umgebungen MySQL/ MariaDB oder PostgreSQL empfohlen.

SQLite ist in den jeweiligen Konfigurationen als Standard gesetzt, da es wegen seiner Gemeinfreiheit, Leichtgewichtigkeit und Verfügbarkeit in kleinen Test-Setups am wenigsten Probleme mit sich bringt.

2.2.2 MySQL/MariaDB

In größeren Setups und Produktivumgebungen wird eine umfassendere Lösung bevorzugt. Aufgrund seiner Ausgereiftheit, des Funktionsumfangs und der hohen Verbreitung ist dies oftmals MySQL. Zunehmend werden aber auch andere Lösungen eingesetzt, nicht zuletzt wegen der (Lizenz-)Politik von Oracle, das MySQL 2010 aufgekauft hat. So haben etwa Fedora (seit Fedora 19), Red Hat (seit RHEL7), openSUSE (seit 12.3) und Arch Linux MySQL in der Standardinstallation durch MariaDB ersetzt.

MariaDB[4] ist kompatibel zu MySQL und kann als vollständiger Ersatz für MySQL verwendet werden.[5] Es finden bereits die ersten Anpassungen innerhalb des OpenStack-Projektes hin zu MariaDB statt.

Mehr zum MySQL/MariaDB finden Sie im Abschnitt 12.1.1 auf S. 299.

2.2.3 PostgreSQL

PostgreSQL[6] ist ein freies, objektrelationales Datenbankmanagementsystem (ORDBMS) und stellt eine interessante Alternative zu MySQL dar: Zum einen ist es weitgehend konform mit dem SQL-Standard ANSI-SQL, zum anderen sind wegen der freien PostgreSQL-Lizenz keine Probleme wie bei MySQL zu befürchten. PostgreSQL ersetzt in vielen Bereichen zunehmend MySQL-Datenbanksysteme.

2.3 Keystone – Identity Service

Keystone ist der Dienst, der für die Authentifizierung der Benutzer und das Rechtemanagement zuständig ist und damit eine der Kernaufgaben der OpenStack-Umgebung übernimmt.

---

[4] MariaDB (http://mariadb.org) ist ein Fork von MySQL, initiiert vom früheren MySQL-Hauptentwickler Ulf Michael Widenius und lizensiert unter der GPL/LGPL.

[5] http://kb.askmonty.org/en/mariadb-versus-mysql-compatibility/

[6] www.postgresql.org

Möchte ein Benutzer eine Aktion ausführen, beispielsweise alle laufenden Cloud-Instanzen auflisten, eine neue Instanz starten oder auch Netzwerke und Volumes anlegen, so muss er sich zuerst bei Keystone anmelden.

Diese Anmeldung übernimmt der jeweilige Client, mit dem der Benutzer arbeitet, sofern Anmeldeinformationen angegeben wurden. Dies kann über Umgebungsvariablen oder Übergabeparameter geschehen. War die Anmeldung erfolgreich, erhält der Benutzer einen zeitlich begrenzten Token, der für jede weitere Aktion für einen bestimmten Zeitraum gültig ist.

Neben reinen Logindaten bietet Keystone auch komplexere Zugriffsberechtigungen. So ist es möglich, Rollen zu definieren, die einzelnen Benutzern zugewiesen werden, um so beispielsweise Benutzer zu erstellen, die ausschließlich auf Volume-Dienste wie Cinder oder Swift Zugriff haben. Jede Aktion, die man als Anwender in OpenStack ausführen kann, kann so einer bestimmten Rolle gestattet oder verboten werden. Auf diesem Wege sind sehr fein konfigurierbare Benutzerberechtigungen möglich.

Neben Benutzern gibt es die sogenannten Tenants, mit deren Hilfe man einzelne Projekte innerhalb von OpenStack voneinander abgrenzen kann. Die Tenant-basierte Trennung erfolgt auf allen Ebenen, sodass Projekte nicht nur zwischen Benutzern, sondern auch netzwerk- oder speichertechnisch getrennt werden können.

Ein Benutzer kann Mitglied in einer beliebigen Anzahl von Projekten sein und dort jeweils andere Benutzerrechte haben. Aus diesem Grund ist bei einer Anmeldung am Identity Service stets die Angabe des Tenants notwendig. Ein Benutzer kann folglich so angelegt werden, dass er in einem eigenen Tenant die Erlaubnis hat, Instanzen zu starten und zu stoppen, während er in anderen Tenants lediglich verschiedene Leserechte besitzt, um sich über den aktuellen Zustand der dort laufenden Instanzen zu informieren. So kann beispielsweise eine Teamstruktur umgesetzt werden, in der man die Instanzen der Kollegen nicht stoppen, aber als Snapshot-Images für eigene Instanzen nutzen kann.

Eine ausführliche Beschreibung von Keystone folgt im Kapitel 3 ab S. 29.

2.4 Glance – Image Service

Glance ist der Projektname des *Image Service* von OpenStack. Ein *Image* ist in OpenStack die Basis einer virtuellen Instanz. Es enthält das Abbild eines fertig installierten Betriebssystems. Alle Images werden in Glance hochgeladen, dort registriert und verwaltet und innerhalb der OpenStack-Umgebung verfügbar gemacht. So kann der Compute Service Nova zum Starten neuer Instanzen auf diese Images zurückgreifen: Wird eine neue Cloud-Instanz gestartet, wird das Basis-Image von Nova durch einen Aufruf an die Glance-API auf den ausführenden Compute Node kopiert. Bei jedem weiteren Cloud-Gast, der mit demselben Image und auf demselben Compute Node gestartet wird, ist dieser Kopiervorgang dann nicht mehr notwendig, da auf die Kopie zurückgegriffen wird. Auf diesem Weg wird Zeit beim Booten neuer Instanzen gespart. Erst bei einer Änderung am Basis-Image ist eine erneute Übertragung auf die jeweiligen Compute Nodes nötig.

Die von Glance verwalteten Images können auf unterschiedlichen Speicherorten abgelegt werden, vom lokalen Dateisystem bis zum Object Storage von OpenStack (Swift). Amazons S3 Storage Backend kann ebenfalls eingebunden werden.

Mehr zum Image Service Glance finden Sie im Kapitel 4 ab S. 69.

2.5 Swift – Object Storage

Swift ist ein verteiltes, skalierbares und objektbasiertes Speichersystem zur redundanten Speicherung. 2009 initial von Rackspace entwickelt, war Swift 2010 eines der beiden Kernprojekte in der ersten OpenStack-Version.

In einem *Object Storage* werden Daten – anders als in einem File Storage – nicht hierarchisch, sondern innerhalb eines sogenannten *Storage Pool* auf nur einer Ebene abgelegt. Da jedem Objekt ein eindeutiger Identifikator (*Unique Identifier*) zugewiesen ist, ist es für einen Zugriff nicht notwendig, den physikalischen Standort des Objektes zu kennen. Diese Eigenschaft erleichtert den automatisierten Zugriff auf alle vorliegenden Daten und macht den Object Storage gerade für Cloud-Lösungen interessant. Der Object Storage Swift wird in OpenStack beispielsweise zur Speicherung der Images und Snapshots der Cloud-Instanzen genutzt. Dabei ist zu beachten, dass Objekte nach ihrer Erstellung nur gelesen oder gelöscht werden können; eine Änderung hingegen ist nicht möglich – vergleichbar einem Fotoalbum, in dem Bilder abgelegt, angesehen oder wieder entfernt werden können.

Der Storage Pool von Swift ist horizontal hochskalierbar aufgebaut und kann jederzeit durch das Hinzufügen weiterer Speichereinheiten erweitert werden. Das Fehlen einer zentralen Organisationseinheit und damit eines Single-Point-of-Failure bringt hohe Ausfallsicherheit und Geschwindigkeit mit sich. Fällt ein einzelner Server oder ein Datenspeicher aus, repliziert Swift die dort gespeicherten Daten auf andere Speicherorte.

In der Swift-Architektur unterscheidet man zwei Node-Typen. Zum einen gibt es *Storage Nodes*, Systeme, auf denen die Dienste zur Verwaltung des Speichers laufen und die den eigentlichen Speicher in Form von Speichermedien hosten, und zum anderen sogenannte *Proxy Nodes*, die Storage-Anfragen an die richtigen Storage Nodes weiterleiten.

Ein für Produktionssysteme empfohlenes Minimalsetup besteht aus zwei Proxy Nodes und fünf Storage Nodes. Da Swift die gespeicherten Informationen auf alle vorhandenen Storage Nodes verteilt, gewährleisten fünf eigenständige Systeme eine ausreichende Sicherheit vor Datenverlust, während zwei redundante Proxy Nodes die Ausfallsicherheit beim Lese- und Schreibzugriff erhöhen.

Mehr zum Object Storage Swift finden Sie im Abschnitt 11 ab S. 285.

2.6 Cinder – Block Storage

Cinder ist der Projektname des OpenStack *Block Storage Service*. Im Gegensatz zum Swift Object Storage stellt Cinder den virtuellen Maschinen blockbasierten Speicher als Volumes bereit.

Volumes können einer virtuellen Instanz beim Starten und im laufenden Betrieb zugewiesen werden. Dort eingehängt und mit einem Dateisystem versehen können sie der Instanz und den dort laufenden Applikationen als zusätzlicher Speicher, aber auch zur Wiederverwendung als persistenter Datenspeicher dienen. Der Block Storage ist somit als zentraler Lieferant von Speicherplatz für die Cloud-Gäste ein wichtiges Element einer OpenStack-Umgebung.

Neben lokalen Loop-Dateien, die aus Performancegründen für den produktiven Betrieb nicht zu empfehlen sind, kann Cinder auch mit Storage Backends wie etwa einer *NetApp*-Speicherlösung oder einem Ceph-Cluster arbeiten. Dazu wird lediglich der jeweilige Treiber in Cinder geladen und konfiguriert.

Mehr zum Block Storage Cinder finden Sie im Kapitel 6 ab S. 147.

2.7 Nova – Compute Service

Nova ist das Compute-Projekt in OpenStack, in dem alle Dienste zusammengefasst werden, die für die Verwaltung der Cloud-Instanzen zuständig sind. Dabei handelt es sich zum einen um die Organisationsdienste, die Aufgaben abarbeiten und neue Instanzen auf die vorhandenen Systeme verteilen, und zum anderen um die Dienste und Schnittstellen, die die Kommunikation mit dem Hypervisor, und damit die Virtualisierung, vornehmen.

2.7.1 Nova Compute

Die Virtualisierung der Instanzen findet in Hypervisoren auf physikalischen Systemen, den *Compute Nodes*, statt.[7]

Nova besitzt zur Ansteuerung eines Hypervisors einen Abstraction Layer, an den der Treiber für Compute angehängt wird. So wird die Nutzung unterschiedlicher Hypervisoren möglich. Tatsächlich werden die möglichen Hypervisoren zu einem unterschiedlichen Grad unterstützt und getestet:
Voll unterstützt werden *KVM* und *QEMU*, die über den *libvirt*-Treiber angesteuert werden. Etwas weniger getestet wird der *XenAPI*-Treiber, der auch einen etwas geringeren Funktionsumfang bietet (z. B. keine Unterstützung für Fibre Channel oder eine SPICE-Konsole). Ohne durchorganisierte, öffentliche Tests (in Gerrit) und mit noch etwas geringerem Funktionsumfang werden der libvirt-Treiber für *LXC* und *Xen*, Microsofts *Hyper-V*, VMwares *ESXi* und *powervm* unterstützt.

Ein Compute Node kann, je nach Ausstattung, eine Vielzahl solcher virtuellen Instanzen gleichzeitig betreiben. Es können dabei grundsätzlich beliebig viele Compute Nodes eingerichtet werden. Für die optimale Verteilung der Instanzen auf die vorhandenen Compute Nodes sorgt der *Nova Scheduler*.

Möchten Sie aus Redundanzgründen eine bestimmte Anzahl an virtuellen Maschinen auf verschiedene Teile des Rechenzentrums verteilen, dann können einzelne Compute Nodes in sogenannte »Availability Zones« eingeteilt werden, was sich auf die Verteilung des Nova Scheduler auswirkt. Eine manuelle Zuweisung des Compute Node oder eine spätere Migration auf einen anderen Host ist ebenfalls möglich.

Der für den Betrieb der virtuellen Maschinen benötigte Storage kann über verschiedene Technologien bereitgestellt werden. So kann man hier auf iSCSI oder den von OpenStack Swift bereitgestellten Object Storage zurückgreifen, über den die virtuellen Laufwerke dann redundant im Object Storage Cluster abgelegt werden können.

[7] Instanzen können auch direkt auf physikalische Hardwaresysteme (»Bare Metal«) ausgerollt werden. Das OpenStack-Projekt dazu ist – momentan noch im Inkubator – »Ironic«.

2.7.2 Nova-API

Die Schnittstelle zu Nova ist – wie bei OpenStack-Komponenten üblich – eine »RESTful API«.[8] Auf diese Weise ist die Verwaltung der Cloud-Instanzen außer über die Kommandozeile auch über das Dashboard (Horizon) oder externe Applikationen möglich.

2.7.3 Nova Conductor

Nova Conductor kümmert sich um die Datenbankanbindung. Es kann eine beliebige Anzahl von Nova-Conductor-Instanzen eingesetzt werden, was eine horizontale Skalierung und redundanten Betrieb ermöglicht.

Eine ausführliche Beschreibung des Compute Service Nova folgt im Kapitel 5 ab S. 93.

2.8 Neutron – Networking Service

Neutron bietet innerhalb der OpenStack-Umgebung *Network Connectivity as a Service* an. Es stellt das virtuelle Netzwerke auf Schicht 2 und 3 zur Verfügung, kümmert sich um die IP-Konfiguration der Gäste und die Erstellung der nötigen Routing-Regeln und sorgt damit für die Kommunikation der Instanzen untereinander sowie mit der Außenwelt.

Die Netzwerkanbindung war bis zum Essex-Release eine Nova-Subkomponente (`nova-network`). Aufgrund der damit verbundenen Beschränkungen, wie fehlende Kontrolle des Netzwerks für die Tenants (z. B. keine Kontrolle über die IP-Adressierung), Abgrenzung der Tenants nur über *Virtual Local Area Networks* (VLANs), mangelnde Flexibilität bei der L2-Anbindung (einzige Möglichkeit war eine Linux Bridge), keine erweiterten Netzwerkdienste wie *Firewall as a Service* (FWaaS), *Quality of Service* (QoS), *Intrusion Detection* oder die Implementierung von *Access Control Lists* (ACLs), sowie der Bedeutung der Netzwerkanbindung und wegen der neuen Herausforderungen durch die Virtualisierung wie dem *Software-defined Networking* (SDN) wurde die Netzwerkanbindung mit dem Folsom-Release in eine eigene

[8] »REST« steht für »Representational State Transfer«, dem das Konzept zugrunde liegt, dass Ressourcen auf Servern in verteilten Systemen über einheitliche Adressen und das *Hypertext Transfer Protocol* (HTTP) von einer Vielzahl von Clients mit unterschiedlichen Sprachen angesprochen werden können. Adressiert werden in dem Fall die Schnittstellen, die *Application Programming Interfaces* (APIs) der OpenStack-Dienste. REST hat sich in den letzten Jahren zum vorherrschenden Schnittstellendesign für Webdienste entwickelt.

Komponente überführt. Darüber hinaus war der *Network Controller* unter Nova ein *Single-Point-of-Failure.*

Neutron ist modular aufgebaut und über einen Plug-in-Mechanismus anpassbar (Plug-ins für Linux Bridge, Open vSwitch, Cisco UCS), sodass es sich gut in vorhandene Umgebungen einfügen kann und sich funktional erweitern lässt. Die unterschiedlichen Technologien können über eine zentrale API angesteuert werden.

Neutron wurde in mehrere Dienste aufgeteilt, die verschiedene Aufgaben erfüllen.

Single-Node-Setups

In Single-Node-Setups, wie sie gern zu Test- und Evaluierungszwecken eingerichtet werden, können alle Dienste auch auf einem einzigen Rechner laufen.

2.8.1 Neutron-Server

Der Neutron-Server, der in aller Regel auf dem Controller Node läuft, dient als zentrale Organisationseinheit und sorgt für die Verbindung zur Datenbank. Er stellt die API für den Zugriff der anderen Dienste bereit.

2.8.2 Neutron Network Node

Mit dem Neutron Network Node wurde in Folsom die Möglichkeit zu eigenständigen Netzwerkknoten für größere Umgebungen eingeführt. Auf ihm laufen je nach Setup der Neutron-DHCP-Agent, um die Cloud-Instanzen mit Netzwerkadressinformationen zu versorgen, ein Neutron-L2-Agent für die Anbindung der virtuellen Netzwerkkarten auf OSI-Schicht 2 mit dem im Einsatz befindlichen Plug-in und ein Neutron-L3-Agent für das Routing. Optional kann noch ein *Neutron-Metadata-Agent* für Hochverfügbarkeitsszenarien und ein *Neutron-LBaaS-Agent* für ein Loadbalancing zugeschaltet werden.

Da der Neutron Network Node für die Erreichbarkeit der Cloud-Instanzen zwingend notwendig ist, sollte er in Produktivumgebungen redundant betrieben werden.

Auf den Compute Nodes muss jeweils ein Neutron-L2-Plug-in-Agent für die Anbindung der virtuellen Netzwerkkarten laufen.

Eine ausführliche Beschreibung von Neutron folgt im Kapitel 7 ab S. 167.

2.9 Horizon – Dashboard

Horizon ist das zentrale Management-Dashboard von OpenStack. Alltägliche Arbeiten, z. B. die Verwaltung der Instanzen, der Netzwerke oder auch der Projekte und seiner Benutzer, können hiermit durchgeführt werden. Horizon wurde als Webinterface umgesetzt und läuft daher plattformunabhängig im Browser.

Horizon bietet mittlerweile Unterstützung für alle Kernprojekte in OpenStack.

Das offene Konzept und die API sorgen für Erweiterbarkeit für die Implementierung weiterer und eigener Komponenten. Auch das Design des Dashboards kann problemlos an die eigenen Vorstellungen, z. B. im Rahmen einer Corporate Identity, angepasst werden.

2.9.1 Administrator

Für den Administrator bietet Horizon die zentrale Schnittstelle zur Cloud-Verwaltung. Hier kann er jederzeit den momentanen Status der Umgebung einsehen und viele Einstellungen vornehmen, die für den Betrieb einer Private Cloud notwendig sind. Neben der Verwaltung von Cloud Images, die die Basis neuer Instanzen darstellen, können hier Projekte und Benutzer verwaltet werden. In Verbindung mit konfigurierbaren Quotas und Flavors hat man die Möglichkeit, die vorhandenen Ressourcen je nach Bedarf auf Projekte, und somit auf einzelne oder mehrere Benutzer, aufzuteilen. So wäre beispielsweise eine Aufteilung der Ressourcen auf verschiedene Kunden möglich, deren Benutzer dann jeweils die dem Projekt zugeteilten Ressourcen verwalten können.

2.9.2 Benutzer

Der Benutzer kann über das Dashboard Instanzen starten und stoppen und sich jederzeit einen Überblick über die von ihm genutzten und ihm zur Verfügung gestellten Ressourcen verschaffen. Auch der Zugriff auf die laufenden Instanzen ist möglich. Dazu bietet Horizon einen integrierten VNC-Client (Virtual Network Computing) und die Ausgabe des Kernel-Logs der jeweiligen Instanz.

Eine ausführliche Beschreibung von Horizon folgt im Kapitel 8 auf S. 227.

2.10 Ceilometer – Telemetry

Ceilometer ist das Messinstrument in der OpenStack-Umgebung: Es ermöglicht das Ermitteln und Sammeln von Daten über die Ressourcennutzung der einzelnen Benutzer und Kunden und wird daher auch als »Measurement Service« für das *Metering* und *Monitoring* bezeichnet. Diese Verbrauchszahlen sind hilfreich für eine spätere Bewertung und Abrechnung. Ceilometer sammelt lediglich Daten und liefert diese an eine Schnittstelle weiter; Auswertungen und Rechnungen sind Teil der Weiterverarbeitung. Daneben kann Ceilometer mit den Informationen über die OpenStack-Umgebung auch Monitoring-Aufgaben übernehmen.

Nachdem Ceilometer im April 2012 begonnen wurde und noch im Grizzly-Release »incubated« war, ist es seit dem Havana-Release offiziell integrierter Bestandteil von OpenStack.

Mehr zu Ceilometer finden Sie im Kapitel 9 ab S. 233.

2.11 Heat – Orchestration

Mit Heat als Werkzeug zur Orchestrierung, der Zusammenfassung verschiedener Services zu einzelnen Prozessen, ist es möglich, Cloud-Anwendungen auf Basis vordefinierter Templates zu starten und dynamisch anzupassen.

Dazu werden in Konfigurationsvorlagen, den sogenannten *Templates*, alle nötigen Informationen abgelegt, anhand derer Heat eine Reihe von Aufgaben abarbeitet. Werden bestimmte Anwendungsfälle regelmäßig benötigt, können diese in einzelnen Template-Dateien abgebildet und an Heat übergeben werden. So können Sie vordefinierte Setups, beispielsweise eine Kombination aus Netzwerken, Cloud-Instanzen und Benutzern, automatisiert aufbauen.

Heat wird stark in die vorhandenen OpenStack-Projekte integriert und kann über direkte API-Aufrufe komplett vordefinierte Setups aufbauen, was eine große Zeitersparnis für den Anwender mit sich bringt.

Die RESTful-API von Heat ist kompatibel zur CloudFormation-API der *Amazon Web Services* (AWS), das Template-Format ebenso.

Heat wurde im November 2012 zum Inkubatorprojekt erklärt und erreichte kurz nach dem Grizzly-Release den Status eines integrierten OpenStack-Projektes. Seit dem Havana-Release ist Heat offizieller Bestandteil von OpenStack.

Mehr zur Orchestrierung mit Heat finden Sie im Kapitel 10 ab S. 259.

3 Identity Service – Keystone

Name: Keystone
Aufgabe: Identitätsmanagement, Richtlinien, Servicekatalog
Core-Projekt seit: Essex

Keystone war das erste «Core-Projekt» von OpenStack. Keystone selbst stellt essenzielle Funktionalität für die anderen Projekte zur Verfügung. Keystone ist für die Authentifizierung von Benutzern zuständig. Die ersten Resultate der Entwicklung von Keystone waren im Diablo-Release von OpenStack zu finden, mit dem Essex-Release wurde Keystone bereits als Core-Projekt behandelt.

3.1 Funktionsweise

Benutzer melden sich mit ihrem Benutzernamen und einem Passwort bei Keystone an. Sind die Anmeldeinformationen korrekt, erhält der Benutzer ein sogenanntes Token. Dieses Token ist zeitlich befristet. Nach Ablauf der Frist muss sich der Benutzer neu authentifizieren. Für jeden weiteren Zugriff auf eine Funktion wird das Token an den entsprechenden Dienst gesendet. Dieser Dienst überprüft das Token und die gewünschte Funktion wird gewährt oder verweigert.

War die Anmeldung erfolgreich, werden dem Benutzer abhängig von seiner »Rollenzugehörigkeit« Zugriffe gestattet oder verweigert. Eine Rolle ist ein Objekt, das unterschiedliche Zugriffe repräsentieren kann. Zum Beispiel kann der Benutzer einer Rolle zugeordnet sein, die im Bereich Netzwerk administrative Zugriffe besitzt, allerdings im Abschnitt für die Verwaltung der virtuellen Maschinen nur die bereits laufenden ansehen darf (also z. B. nicht berechtigt ist, neue Maschinen zu starten). Rollen sind also, frei definiert, Bezeichnungen für Aufgaben.

Die Aufgabe von Keystone besteht darin, die Authentifizierung vorzunehmen und die Verwaltung der benötigten Objekte zu ermöglichen. Bei diesen Objekten handelt es sich um Benutzer, Projekte, Domänen und Rollen sowie deren Eigenschaften. Zusätzlich zu diesen bietet Keystone noch die Möglichkeit, *Services* sowie *Endpunkte* zu verwalten. Diese Fähigkeit wird *Servicekatalog* genannt. Auch die anderen OpenStack-Komponenten wie z. B. Glance nutzen Keystone, um sich zu authentifizieren, und müssen dementsprechend konfiguriert werden. All dies wird durch die Bereitstellung der OpenStack Identity API gewährleistet.

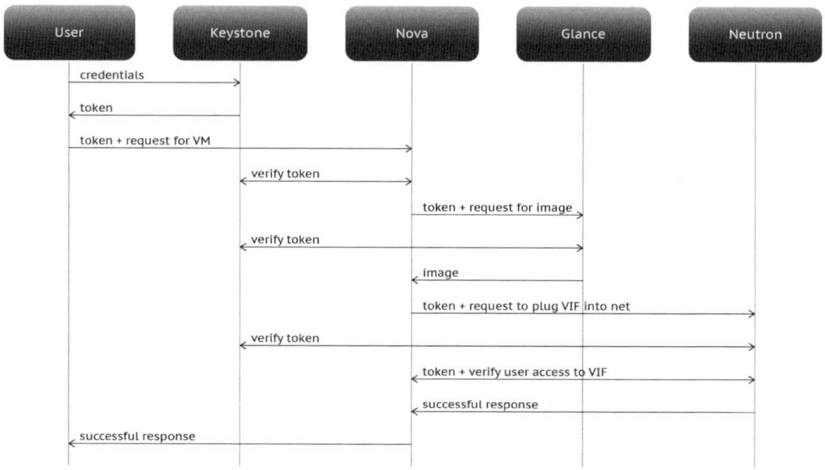

Abb. 3-1
Zusammenspiel der OpenStack-Komponenten bei der Authentifizierung (Quelle: http://docs.openstack.org/trunk/openstack-identity/admin/content/what-is.html)

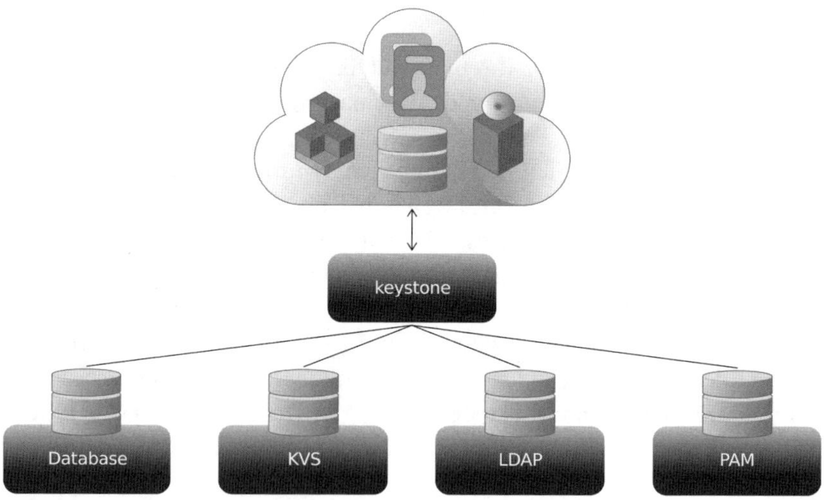

Abb. 3-2
Architektur von Keystone

3.1.1 Backends

Es besteht die Möglichkeit, unterschiedliche Backends an Keystone anzubinden und für die zentrale Datenhaltung zu nutzen. Dazu zählen aktuell folgende:

KVS Der Key-Value-Store ist ein einfaches Backend für eine Lösung, die mit Primärschlüsseln arbeitet.

SQL Eine vom SQLAlchemy-Toolkit[1] unterstützte SQL-Datenbank; hier können z. B. MySQL oder PostgreSQL genutzt werden.

PAM Eine einfache Nutzung der unter Linux verfügbaren Pluggable Authentication Modules.

Template ist eine Möglichkeit, Katalogdefinitionen in Textdateien, die mit Pythons Paste-Deploy Modul verarbeitet werden, zu nutzen.

LDAP Ein LDAP-Server (Lightweight Directory Access Protocol)

Active Directory Ein Microsoft Active Directory Server (dieser wird als LDAP-Server angesprochen)

Die entsprechenden Backends werden für die Datenspeicherung genutzt. Hierbei werden von Keystone CRUD-Operationen (Create, Read, Update, Delete) ausgeführt, die vom Backend bzw. dessen Treiber unterstützt werden müssen. Einige Backends unterstützen möglicherweise keine Speicheroperationen, so können z. B. Template-Definitionen nur gelesen werden. Wird in einem Unternehmen bereits ein LDAP-Server zur Authentifizierung eingesetzt, kann dieser auch von Keystone genutzt werden. Dabei werden alle Anmeldedaten an den LDAP-Server weitergereicht. So ist eine zentrale Benutzerverwaltung trotz oder gerade bei Einsatz von Keystone möglich.

> Mit dem Erscheinen von Grizzly stand die API in der Version 3 experimentell zur Verfügung. Diese Version bot neue Möglichkeiten, z. B. die Nutzung von Domänen. Auch in Havana sind die neuen Funktionalitäten noch als experimentell gekennzeichnet.

Durch die kommende Version 3 der API und die verfügbaren Domänen kann jeder konfigurierten Domäne ein eigenes Backend zugewiesen werden. So kann die Domäne A ihre Daten aus einem LDAP-Server beziehen und in Domäne B wird dafür ein SQL-Server genutzt.[2]

---

[1] http://www.sqlalchemy.org

[2] Der zugehörige Konfigurationsparameter in der Keystone-Konfigurationsdatei lautet `domain_specific_drivers_enabled`.

3.2 Begriffe

Zum besseren Verständnis der folgenden Abschnitte werden zunächst einige wichtige Begriffe im Umgang mit Keystone erklärt.

3.2.1 User

User (Benutzer) werden als Objekte repräsentiert. Unter anderem wird mit Angabe des Namens und weiterer Daten eine Authentifizierung vorgenommen. User identifizieren sich aktuell eindeutig über eine ID, es dürfen keine User mit demselben Namen existieren. Zu den Attributen, die einem User zugeordnet werden können, gehören Username, ID, E-Mail, Tenant-ID, Passwort sowie der Zustand des Kontos (aktiviert oder deaktiviert).

3.2.2 Project/Tenant

Projekte, auch *Tenants* oder *Mandanten* genannt, sind eine Art Container, mit denen in größeren OpenStack-Umgebungen eigene Infrastrukturen/Ressourcen für unterschiedliche Kunden bereitgestellt werden können. Ein Tenant beinhaltet u. a. Benutzer und deren Rechte, Definitionen für Images, Security Group Rules, VLANs usw.

In anderen OpenStack-Komponenten war ursprünglich von Projekten die Rede, dann erschien Keystone und griff diese Zuordnung nicht auf, sondern bezeichnete Projekte nun als Tenants. Bei Nutzung der API in Version 3 wird auch in Keystone wieder von Projekten als Bezeichnung Gebrauch gemacht.

Benutzer können mehreren Projekten zugeordnet sein und in jedem Projekt andere Berechtigungen besitzen. Diese Objekte besitzen Attribute für den Namen, ID, Beschreibung und den Zustand des Mandanten (aktiviert oder deaktiviert).

> Bei der Verwendung von Keystone und dessen Client wird in der aktuell genutzten Version 2 von Tenants gesprochen.

3.2.3 Domain

Domains (Domänen) stellen übergeordnete Container oberhalb der Projekte dar. Sie kommen mit der API in Version 3 von Keystone hinzu. Ohne Domänen ist es z. B. nicht möglich, Projekte untereinander zu verschachteln. So kann ein Anbieter keine neuen Projekte unterhalb seines eigenen Projektes erschaffen. Durch die Einführung von Domänen ergibt sich die Möglichkeit, als Betreiber einem Kunden eine Domäne zuzuweisen, sodass dieser selbstständig weitere Projekte, Benutzer und Rollen innerhalb seiner Domäne anlegen kann. Zusätzlich besteht die Möglichkeit, jeder Domäne ein eigenes Backend für die Datenhaltung zuzuweisen.

> Domänen stehen erst bei Verwendung der API v3 zur Verfügung. Jedoch wird bereits mit Grizzly eine Default-Domain in der Konfigurationsdatei angegeben, um künftige Migrationen zu erleichtern.

3.2.4 Groups

Mit der API v3 kommen auch Groups (Gruppen) hinzu. Diese dienen als Container für Benutzer. Aktuell können Gruppen allerdings lediglich über die API direkt oder das Webinterface (das die API nutzt) erzeugt oder modifiziert werden. Die CLI besitzen aktuell noch keine Möglichkeit, diesen Teil zu verwalten.

3.2.5 Roles

Keystone arbeitet mit einer sogenannten *Role-based Access Control* (RBAC). Roles (Rollen) definieren die Aktionen, die Benutzer ausführen dürfen, und werden als Zuordnungen von Benutzern zu Tenants eingerichtet. So kann z. B. eine Rolle für die Verwaltung von Volumes oder für bestimmte Zugriffsrechte (Security Groups Rule) erzeugt werden. Entsprechend zugeordnete Benutzer dürfen dann diese Aufgaben durchführen. Sollten andere Benutzer hingegen nicht in der entsprechenden Rolle definiert sein, wird der Zugriff verweigert. Benutzer können unterschiedlichen Rollen angehören. Rollen verfügen über eine Beschreibung, einen Status, eine ID und einen Namen.

Die verfügbaren Rollen werden von den einzelnen Komponenten in den Policy Files (`policy.json`) verwendet und können angepasst werden.

3.2.6 Service

Die von Keystone unterstützten Dienste müssen über eine Servicedefinition konfiguriert werden. Dazu zählen aktuell Nova, Swift, Glance, EC2, Cinder, Neutron und Keystone selbst. Auch die neu mit Havana hinzugekommenen Projekte Ceilometer und Heat müssen vor der Nutzung definiert sein. Diese eingetragenen Dienste müssen über einen konfigurierten Endpunkt verfügbar gemacht werden. Dienste besitzen eine Beschreibung, eine ID, einen Namen und einen entsprechenden Typ.

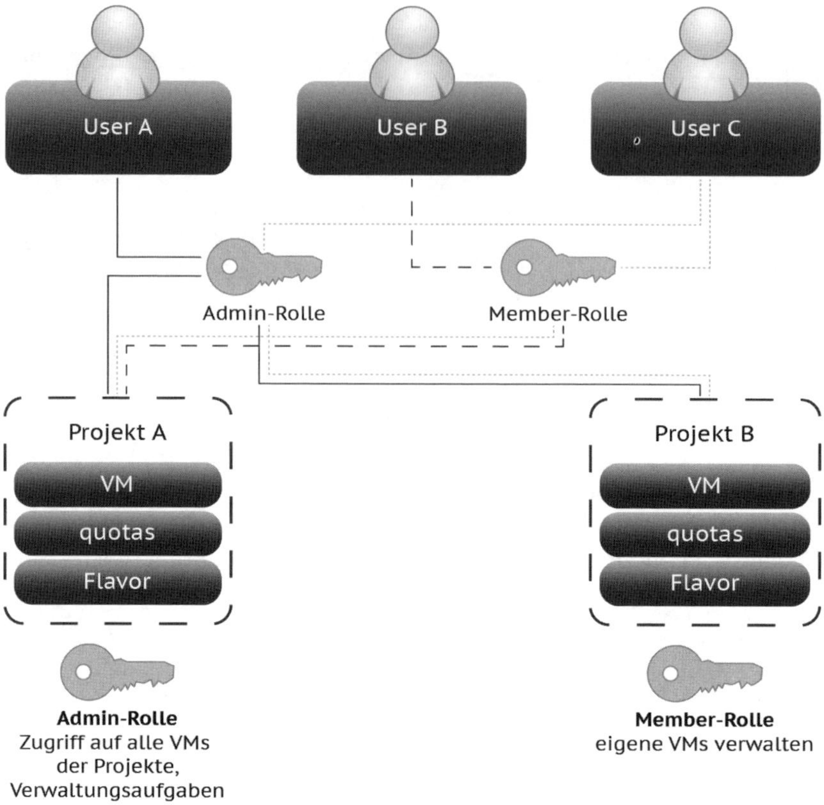

Abb. 3-3 *Benutzer, Rollen, Tenants*

3.2.7 Endpoint

Endpoints (Endpunkte) sind relevant für die Kommunikation der Dienste. Möchte ein Benutzer mit Nova agieren, muss ihm der Endpunkt bekannt sein, über den Compute erreichbar ist. Wird aber im Gegensatz dazu das Dashboard genutzt, benötigt der Benutzer nur das Wissen, unter welcher URL er das Dashboard erreichen kann. Alle vom Dashboard genutzten Dienste werden, vor dem Benutzer verborgen, über Keystone und die Endpoint-Liste abgefragt und letztendlich adressiert. Die Attribute eines Endpunktes sind: Region, Service-ID, öffentliche URL, administrative URL und interne URL. Ein Endpunkt muss immer mit einem entsprechenden Dienst verknüpft sein.

3.2.8 Catalog

Der Catalog (Katalog) gibt eine Liste von definierten Services und den zugehörigen Endpunkten aus.

3.2.9 Credentials

Bei den sogenannten Credentials handelt es sich um Daten, die zu einer bestimmten Person gehören und mit denen die Identität des Benutzers eindeutig festgestellt werden kann. Dazu zählen zum Beispiel die Kombination aus Benutzername und Passwort oder ein Token, das sonst niemand kennt.

3.2.10 Token

Das Token ist ein »Shared Secret«, das den übrigen OpenStack-Komponenten die Authentifizierung und die daraus folgende Kommunikation mit Keystone erlaubt. Wie Sie ein Token mit der REST-API erstellen und für den Gebrauch konfigurieren, wird im Abschnitt 3.2.10 auf Seite 35 erklärt. Wie Sie das *Admin-Token* verwenden, zeigt Abschnitt 3.4.7 auf Seite 49.

3.2.11 Public Key Infrastructure

Mithilfe einer Public Key Infrastructure (PKI) können die erzeugten Tokens per x509-Standard[3] signiert werden. Der Vorteil der Nutzung einer PKI liegt darin, dass sich der Client nur einmalig verifizieren muss und nicht – wie bei der Nutzung der UUID-Tokens – bei jedem Zugriff erneut die Echtheit des Tokens geprüft werden muss.

Dazu werden auf dem Keystone-Server ein privater und ein öffentlicher Schlüssel generiert und dort gespeichert. Der private Schlüssel darf nur von dem Benutzer lesbar sein, unter dessen Kennung Keystone ausgeführt wird. Bei dem ersten Zugriff eines Clients (z. B. `python-keystoneclient`) wird das öffentliche Zertifikat heruntergeladen und auf dem Client gespeichert. Nach der erfolgreichen Authentifizierung eines Benutzers wird Keystone das Token dieses Benutzers und die entsprechenden Daten verschlüsseln.

Die benötigten Dateien (Zertifikat, privater und öffentlicher Schlüssel) können entweder mit einem passenden Kommando von Keystone selbst erzeugt werden (siehe Abschnitt 3.4.4, S. 45) oder alternativ auch mittels externer Werkzeuge bereitgestellt werden.

[3] http://tools.ietf.org/html/rfc5280

3.2.12 Policy

Eine Policy (Richtlinie) weist einer Rolle ein bestimmtes Privileg zu. Bei einer Policy handelt es sich um eine Textdatei mit einfach verständlichem Aufbau. Pro OpenStack-Komponente (wie Nova, Glance etc.) existiert eine solche Datei, die sich jeweils in /etc/<SERVICE_CODENAME>/policy.json befindet. Hier ein kleiner Auszug aus /etc/nova/policy.json:

```
"compute_extension:admin_actions:pause": "rule:admin_or_owner",
```

Diese Zeile besagt, dass die Aktion pause in der compute extension nur von den in der Regel admin_or_owner definierten Rollen durchgeführt werden darf. Im Standard enthält diese Regel die Administratoren und den Besitzer der entsprechenden VM.

3.3 Installation

Für den Betrieb von Keystone müssen Sie einige Vorarbeit leisten:

1. Datenbank erzeugen
2. Berechtigungen setzen
3. Firewall konfigurieren

Danach kann die eigentliche Installation von Keystone beginnen, indem Sie die für Ihre Distribution zur Verfügung gestellten Pakete installieren.

3.3.1 Datenbank

Für die Speicherung von Daten muss in Keystone eine Datenbank konfiguriert werden. In der Standardkonfiguration ist dies eine lokale SQLite-Datenbank, die ohne eigenständigen Server betrieben werden kann. Allerdings sind damit keine Lösungen zur Ausfallsicherheit und Lastverteilung realisierbar. Deshalb wird MySQL als Datenbank empfohlen (siehe auch Abschnitt 12.1.1, S. 299). Details zur Einrichtung der hier genutzten Datenbank finden Sie im Abschnitt 13.1.1, S. 323.

3.3.2 Firewall

In einem aktiven Paketfilter, hier im Beispiel *iptables*, müssen Sie die von Keystone genutzten Ports freigegeben. Andernfalls können die Dienste nicht mit Keystone kommunizieren:

```
# iptables -A INPUT -p tcp --dport 5000 -j ACCEPT
# iptables -A INPUT -p tcp --dport 35357 -j ACCEPT
```

Die relevanten TCP-Ports sind 5000 sowie 35357. Diese können Sie selbstverständlich umkonfigurieren. Beachten Sie dann auch die notwendige Anpassung in der Firewall und allen abhängigen Diensten.

3.3.3 Paketinstallation

Es existieren mehrere Pakete für Keystone. Eins enthält lediglich die notwendigen Dateien, um Keystone als Server zu betreiben. Unter SLES ist der Server im Paket `openstack-keystone` enthalten. Allerdings benötigt man für den Zugriff auf Keystone auch den sogenannten »keystoneclient«, dieser findet sich im Paket `python-keystoneclient`. Dieses enthält die notwendigen Python-Module für die Kommunikation mit dem Server und bringt zusätzlich ein CLI mit. Weitere Pakete benötigen die Keystone-Module als Abhängigkeit, diese erhält man mit der Installation von `python-keystone`.

3.4 Konfiguration

Die Konfigurationsdateien von Keystone liegen üblicherweise im Verzeichnis `/etc/keystone/`. Allerdings wird Keystone beim Start des Servers folgende Orte nach einer Konfiguration durchsuchen:

`~/.keystone/`

`~/`

`/etc/keystone/`

`/etc/`

Wurde die Konfiguration verändert und funktioniert Keystone trotz eines Dienstneustarts nicht wie erwartet, sollten Sie kontrollieren, ob an anderer, vorher vom Keystone-Dienst untersuchten Stelle eine Konfiguration vorhanden ist, die für dieses unerwartete Verhalten von Keystone verantwortlich ist.

Die zentrale Konfigurationsdatei des Dienstes ist `/etc/keystone/keystone.conf`, die auf Paste[4] basiert. Nach der Installation müssen zumindest die SQL-Einträge für die Endpunkte angepasst und der `ADMIN`-Key durch den bei der Installation generierten ersetzt werden. Ob und welche Dateien zusätzlich eingelesen werden, regeln Einträge in der `keystone.conf`.

[4] Paste ist ein gängiges System zur Konfiguration von Python-WSGI-basierten Anwendungen (Webserver Gateway Interface).

Allgemeine und treiberspezifische Werte werden in den folgenden Sektionen abgelegt:

`DEFAULT` Globale Konfiguration

`sql` Optionale Konfiguration für das Storage Backend

`identity` Treiberkonfiguration für das Identity System

`credential` Konfiguration für das Credential Backend

`trust` Konfiguration für das Trust Backend

`os_inherit` Einstellungen für die Vererbung von Rollen

`catalog` Treiberkonfiguration für den Servicekatalog

`token` Token-Driver-Konfiguration

`policy` Policy-System-Driver-Konfiguration für RBAC

`ec2` Treiberkonfiguration für die Amazon-EC2-Authentifizierung

`ssl` SSL-Konfiguration

`signing` Konfiguration der Signierungseinstellungen

`ldap` LDAP-Anbindung (auch für Microsoft Active Directory)

`auth` Konfiguration der Authentifizierungsmethoden

`paste_deploy` Verweis auf die Datei für Filtereinstellungen

Globale Konfiguration im DEFAULT-Abschnitt

Im Abschnitt `DEFAULT` erfolgt die globale Konfiguration von Keystone. Dort werden neben der Konfiguration für die Richtliniendatei auch Hostadresse und die Ports für den Identity Service hinterlegt:

```
bind_host = 0.0.0.0
public_port = 5000
admin_port = 35357
compute_port = 8774
```

Die Bind-Host-Adresse `0.0.0.0` bedeutet, dass der Dienst auf allen konfigurierten IP-Adressen lauschen wird.

Weiterhin werden die Logging-Optionen definiert (Beispiel):

```
# === Logging Options ===
verbose = true
debug = false
log_file = keystone.log
log_dir = /var/log/keystone
#log_config = /etc/keystone/logging.conf
```

Die Boolean-Werte für verbose und debug steuern die »Gesprächigkeit« des Loggers.
Das Logging-Verhalten von Keystone kann auch in der Datei /etc/keystone/logging.conf konfiguriert werden. Dazu ist als Verweis in der Datei /etc/keystone/keystone.conf der Parameter log_config einzutragen:

```
log_config = /etc/keystone/logging.conf
```

Außerdem wird ein administratives Token in der globalen Konfiguration eingetragen, das zur Initialisierung der Daten genutzt wird:

```
admin_token = KEYSTONEADMINTOKEN
```

Keystone bringt einige Konfigurationsbeispiele mit, erkennbar an der Dateiendung .sample. Diese Dateien können Sie kopieren oder umbenennen und den eigenen Bedürfnissen anpassen.

Konfiguration der Rollen-Rechte-Zuordnung

Ein Benutzer kann mit unterschiedlichen Rollen in unterschiedlichen Tenants, aber auch mit unterschiedlichen Rollen im gleichen Tenant versehen werden. Die Berechtigungen für Rollen werden in eigenen Konfigurationsdateien wie /etc/[SERVICE_CODENAME]/policy.json (also z. B. /etc/keystone/policy.json für Keystone selbst) definiert. Sie legen die Rollen auf Funktionen der jeweiligen Dienste fest, definieren also grundsätzlich, welche Benutzer welche Aktion ausführen dürfen.

Über die Direktive

```
policy_default_rule = admin_required
```

in der /etc/keystone/keystone.conf wird die Rolle für administrative Zugriffe definiert. Lediglich Mitglieder dieser Rolle können administrative Aufgaben ausführen.

Per Default kennen die vorgegebenen policy.json-Dateien nur die admin-Rolle, sodass standardmäßig alle Benutzer als Administratoren fungieren:

```
{
    "admin_required": [["role:admin"], ["is_admin:1"]]
}
```

Alle Operationen, die keine admin-Rolle erfordern, können von jedem Benutzer mit beliebiger Rolle im Tenant ausgeführt werden. Um Benutzer in der Ausführung von Operationen zu beschränken, müssen Sie eine Rolle im Identity Service erstellen und die den Service betreffende policy.json-Datei so anpassen, dass eine darin definierte Rolle notwendig zur Ausführung ist.

So kann beispielsweise das Erstellen von Volumes in der /etc/nova/policy.json durch das Einfügen folgender Zeile auf die Rolle compute-user beschränkt werden:

```
"compute:create": ["role":"compute-user"],
```

Für ein voll funktionsfähiges Basis-Setup sind jedoch in keiner OpenStack-Komponente Anpassungen erforderlich.

3.4.1 SQL-Datenbank

Der Zugriff auf die SQL-Datenbank – in diesem Setup eine MySQL-Datenbank – wird durch den Abschnitt sql in der /etc/keystone/keystone.conf geregelt. Die Zeile mit der Verbindung zur Datenquelle setzt sich folgendermaßen zusammen:

```
[sql]
connection = <Typ>://<Username>:<Password>@<Host>/<Datenbank>
```

In einem Single-Node-Setup mit MySQL-Datenbank könnte sie also folgendes Aussehen haben:

```
[sql]
connection = mysql://keystone:keystoneSQLpw@localhost/keystone
```

In einem Multi-Node-Setup wird statt der lokalen Adresse der FQDN (Full Qualified Domain Name) oder die IP-Adresse des Datenbankservers angegeben, beispielsweise:

```
# connection =
  mysql://keystone:keystoneSQLpw@database.openstack.b1-systems.de/keystone
```

Wenn Sie statt mysql SQLite[5] als Datenbank einsetzen wollen, muss der Eintrag entsprechend angepasst auf eine lokale Datei zeigen:

```
connection = sqlite:///keystone.db
```

Mithilfe der Option

```
idle_timeout = 333
```

legen Sie eine Zeitobergrenze in Sekunden für den Verbindungsaufbau fest.

Für EC2-Verbindungen sind noch folgende Einträge nötig:

```
[ec2]
driver = keystone.contrib.ec2.backends.sql.Ec2

[token]
driver = keystone.contrib.ec2.backends.sql.Ec2
```

[5] http://www.sqlite.org/

Diese Backends dienen zur Erzeugung von EC2-Credentials. Ein Benutzer kann eins oder mehrere davon besitzen, für jeden Tenant eins. Mit diesen Credentials kann der EC2-kompatible Layer von OpenStack genutzt werden, sofern dieser aktiviert ist.

Um schließlich die neu erstellte Datenbank mit dem passenden Schema für Keystone zu füllen, rufen Sie das Keystone-CLI-Kommando `keystone-manage` auf:

```
# keystone-manage db_sync
```

Für die Anzeige der Versionsnummer des in der Datenbank befindlichen Schemas nutzen Sie den Parameter `db_version`:

```
# keystone-manage db_version
34
```

In diesem Beispiel ist die Version des Datenbankschemas 34. Bei einer Aktualisierung von Keystone wird eventuell eine Aktualisierung des Schemas notwendig sein (auch die Aktualisierung wird von `db_sync` übernommen). So können Sie vor und nach der Aktualisierung die Version kontrollieren.

3.4.2 LDAP als Backend

Zur Konfiguration einer LDAP-Verbindung dient die Sektion `[ldap]`:

```
[ldap]
url = ldap://dc.cloud.b1-systems.local:389
user = Administrator@cloud.b1-systems.local
password = geheim
suffix = dc=cloud,dc=b1-systems,dc=local
use_dumb_member = True
allow_subtree_delete = False
dumb_member = cn=Administrator,ou=Users,dc=cloud,dc=b1-systems,dc=local

# Maximum results per page; a value of zero ('0') disables paging
# (default) page_size = 0

# The LDAP dereferencing option for queries. This can be either 'never',
# 'searching', 'always', 'finding' or 'default'. The 'default' option
# falls back to using default dereferencing configured by your ldap.conf.
# alias_dereferencing = default

# The LDAP scope for queries, this can be either 'one'
# (onelevel/singleLevel) or 'sub' (subtree/wholeSubtree)
# query_scope = one

user_tree_dn = ou=Users,dc=cloud,dc=b1-systems,dc=local
user_objectclass = person
user_id_attribute = cn
user_name_attribute = cn
user_mail_attribute = mail
user_enabled_attribute = userAccountControl
```

```
user_enabled_mask = 2
user_enabled_default = 512
user_allow_update = False
user_allow_delete = False

tenant_tree_dn = ou=Tenants,dc=cloud,dc=b1-systems,dc=local
tenant_objectclass = groupOfNames
tenant_id_attribute = cn
tenant_member_attribute = member
tenant_name_attribute = ou
tenant_desc_attribute = description
tenant_enabled_attribute = extensionName
tenant_allow_create = True
tenant_allow_update = True
tenant_allow_delete = True

role_tree_dn = ou=Roles,dc=cloud,dc=b1-systems,dc=local
role_objectclass = organizationalRole
role_id_attribute = cn
role_name_attribute = ou
role_member_attribute = roleOccupant
role_allow_create = True
role_allow_update = True
role_allow_delete = True

# group_tree_dn =
# group_filter =
# group_objectclass = groupOfNames
# group_id_attribute = cn
# group_name_attribute = ou
# group_member_attribute = member
# group_desc_attribute = desc
# group_attribute_ignore =
# group_allow_create = True
# group_allow_update = True
# group_allow_delete = True

# ldap TLS options
# if both tls_cacertfile and tls_cacertdir are set then
# tls_cacertfile will be used and tls_cacertdir is ignored
# valid options for tls_req_cert are demand, never, and allow
# use_tls = False
# tls_cacertfile =
# tls_cacertdir =
# tls_req_cert = demand

# Additional attribute mappings can be used to map ldap attributes to
# internal keystone attributes. This allows keystone to fulfill ldap
# objectclass requirements. An example to map the description and gecos
# attributes to a user's name would be:
# user_additional_attribute_mapping = description:name, gecos:name
#
# domain_additional_attribute_mapping =
# group_additional_attribute_mapping =
# role_additional_attribute_mapping =
# project_additional_attribute_mapping =
# user_additional_attribute_mapping =
```

Hier werden je nach Schema gültige Werte eingetragen und nach einem Start des Keystone-Servers steht der Datenhaltung von Benutzern, Projekten und Rollen im LDAP nichts entgegen.

Dies funktioniert auch mit einem Microsoft Windows *Active Directory* (AD) Server (Domain Controller). Keystone kann hier einfach in bestehende Umgebungen integriert werden. Die Zugriffe und korrekten Anmeldedaten werden von einem Administrator des AD herausgegeben und können auf der Kommandozeile per ldapsearch verifiziert werden. Im obigen Beispiel enthalten einzelne OUs (Organizational Units) die entsprechenden Zuordnungen.

3.4.3 SSL-Verschlüsselung

Eine SSL-Verschlüsselung wird in der Sektion [ssl] eingerichtet:

```
[ssl]
enable = True
certfile = /etc/keystone/ssl/certs/keystone.pem
keyfile = /etc/keystone/ssl/private/keystonekey.pem
ca_certs = /etc/keystone/ssl/certs/ca.pem
cert_required = True
```

Diese Parameter betreffen die serverseitige Verschlüsselung. Dafür werden benötigt: ein Zertifikat, eine Schlüsseldatei sowie das Zertifikat einer entsprechenden Autorisierungsstelle. Diese müssen mit dem vollständigen Pfad konfiguriert werden.

Sollen nur einfache Tests vorgenommen werden, reicht die oben dargestellte Beispielkonfiguration aus. In den folgenden Schritten wird die eigene Erstellung der entsprechenden Dateien per *openssl* dargestellt.

Für die Nutzung von SSL muss ein privater Schlüssel erzeugt werden. Mit diesem wird ein Certificate Signing Request (CSR) erzeugt. Dieser CSR wird im Normalfall zu einer beglaubigten Certificate Authority (CA) gesendet, die den CSR unterzeichnet. Alternativ zum letzten Schritt kann das Zertifikat auch selbst signiert werden, zum Beispiel für Testzwecke.

Die Erzeugung der benötigten Dateien für SSL übernimmt das Kommando keystone-manage ssl_setup -keystone-user <username> -keystone-group <groupname>:

```
# keystone-manage ssl_setup --keystone-user openstack-keystone
                            --keystone-group openstack-keystone
2013-10-24 10:50:58.420 8208 INFO keystone.common.openssl [-]
openssl genrsa -out /etc/keystone/ssl/private/keystonekey.pem 1024
Generating RSA private key, 1024 bit long modulus
..............++++++
..............................................................++++++
e is 65537 (0x10001)
```

```
2013-10-24 10:50:58.466 8208 INFO keystone.common.openssl [-]
openssl req -key /etc/keystone/ssl/private/keystonekey.pem -new
-out /etc/keystone/ssl/certs/req.pem
-config /etc/keystone/ssl/certs/openssl.conf
-subj /C=US/ST=Unset/L=Unset/O=Unset/CN=localhost
2013-10-24 10:50:58.481 8208 INFO keystone.common.openssl [-]
openssl ca -batch -out /etc/keystone/ssl/certs/keystone.pem
-config /etc/keystone/ssl/certs/openssl.conf -days 3650d
-cert /etc/keystone/ssl/certs/ca.pem
-keyfile /etc/keystone/ssl/certs/cakey.pem
-infiles /etc/keystone/ssl/certs/req.pem
Using configuration from /etc/keystone/ssl/certs/openssl.conf
Check that the request matches the signature
Signature ok
The Subject's Distinguished Name is as follows
countryName :PRINTABLE:'US'
stateOrProvinceName :ASN.1 12:'Unset'
localityName :ASN.1 12:'Unset'
organizationName :ASN.1 12:'Unset'
commonName :ASN.1 12:'localhost'
Certificate is to be certified until Oct 22 08:50:58 2023 GMT (3650 days)

Write out database with 1 new entries
Data Base Updated
```

Die dabei erzeugten Dateien, die in der SSL-Konfiguration benötigt werden, sind:

- `/etc/keystone/ssl/certs/keystone.pem`
- `/etc/keystone/ssl/private/keystonekey.pem`
- `/etc/keystone/ssl/certs/ca.pem`
- `/etc/keystone/ssl/certs/cakey.pem`

Diese müssen nun korrekt in die Keystone-Konfiguration eingetragen werden:

```
[ssl]
enable = True
certfile = /etc/keystone/ssl/certs/keystone.pem
keyfile = /etc/keystone/ssl/private/keystonekey.pem
key_size = 1024
ca_certs = /etc/keystone/ssl/certs/ca.pem
ca_key = /etc/keystone/ssl/certs/cakey.pem
```

Nach dem Neustart von Keystone können Sie die SSL-Verfügbarkeit prüfen. Dies ermöglicht Ihnen beispielsweise das Kommando `openssl` (gekürzte Ausgabe):

```
# openssl s_client -connect 127.0.0.1:5000 -CAfile ca.pem
CONNECTED(00000003)
depth=1 C = US, ST = Unset, L = Unset, O = Unset, CN = www.example.com
verify return:1
```

```
depth=0 C = US, ST = Unset, O = Unset, CN = localhost
verify return:1
---
Certificate chain
 0 s:/C=US/ST=Unset/O=Unset/CN=localhost
   i:/C=US/ST=Unset/L=Unset/O=Unset/CN=www.example.com
---
Server certificate
-----BEGIN CERTIFICATE-----
[...]
-----END CERTIFICATE-----
subject=/C=US/ST=Unset/O=Unset/CN=localhost
issuer=/C=US/ST=Unset/L=Unset/O=Unset/CN=www.example.com
---
No client certificate CA names sent
---
SSL handshake has read 1052 bytes and written 507 bytes
---
New, TLSv1/SSLv3, Cipher is AES256-SHA
Server public key is 1024 bit
Secure Renegotiation IS supported
Compression: NONE
Expansion: NONE
SSL-Session:
[...]
    Timeout : 300 (sec)
    Verify return code: 0 (ok)
---
```

Das verwendete *CAfile* ist das von Keystone erzeugte. Andernfalls schlägt, aufgrund der Selbstsignierung, eine Verifikation der Zertifikatskette fehl.

Selbstverständlich sollten Sie in einem produktiven Setup nicht mit selbst signierten Zertifikaten arbeiten, sondern ein ordentlich signiertes Zertifikat nutzen.

3.4.4 PKI-Setup

Für das Signieren und Verschlüsseln der Tokens wird auch ein Public-Key-Verfahren verwendet. Die Nutzung von PKI für das Signieren von Tokens ist mittlerweile Standard. Für eventuelle Änderungen am Verfahren und der entsprechenden Konfiguration lesen Sie den folgenden Abschnitt.

Noch enthält die Sektion `signing` in der Konfigurationsdatei die entsprechenden Informationen, dieser Abschnitt wird voraussichtlich in der kommenden Version durch den Abschnitt *token* ersetzt:

```
[signing]
#token_format = PKI
#certfile = /etc/keystone/ssl/certs/signing_cert.pem
#keyfile = /etc/keystone/ssl/private/signing_key.pem
#ca_certs = /etc/keystone/ssl/certs/ca.pem
#key_size = 1024
#valid_days = 3650
#ca_password = None
```

Mit den entsprechenden Optionen kann das Signieren gesteuert werden. Die Standardwerte genügen zum Betrieb des Keystone-Servers. Sollte Ihre Distribution allerdings bei der Paketinstallation die entsprechenden Zertifikate nicht automatisch erstellt haben, so können Sie das mit dem Befehl `keystone-manage pki_setup` nachholen. Dazu werden auch Username und Gruppe des Benutzers angegeben, unter dessen Namen Keystone läuft. Dies sorgt für die Erstellung der Dateien mit den korrekten Berechtigungen:

```
# keystone-manage pki_setup --keystone-user openstack-keystone
                            --keystone-group openstack-keystone
Generating RSA private key, 1024 bit long modulus
..........................................++++++
..........++++++
e is 65537 (0x10001)
Generating RSA private key, 1024 bit long modulus
.++++++
......++++++
e is 65537 (0x10001)
Using configuration from /etc/keystone/ssl/certs/openssl.conf
Check that the request matches the signature
Signature ok
The Subject's Distinguished Name is as follows
countryName :PRINTABLE:'US'
stateOrProvinceName :PRINTABLE:'Unset'
localityName :PRINTABLE:'Unset'
organizationName :PRINTABLE:'Unset'
commonName :PRINTABLE:'www.example.com'
Certificate is to be certified until May 3 12:10:47 2014 GMT (365 days)

Write out database with 1 new entries
Data Base Updated
```

Die entsprechenden Werte können vor der Erstellung der Schlüssel in */etc/keystone/ssl/certs/openssl.conf* vorgegeben werden.

3.4.5 Service Catalog

Keystone fungiert auch als *Servicekatalog*, der andere OpenStack-Systeme wissen lässt, wo relevante API-Endpunkte für die OpenStack-Dienste existieren. Der Servicekatalog beschreibt also, welche Dienste wo auf welchem Host und in welcher Region angeboten werden. Insbesondere das OpenStack-Dashboard (Horizon) nutzt diesen Servicekatalog ausgiebig, weshalb dieser für eine fehlerfreie Funktion konfiguriert werden muss.

In den nachfolgenden Beispielen laufen alle Dienste auf einem Host. Wie die Dienste auf unterschiedliche Hosts verteilt werden und was dabei zu beachten ist, zeigt der Abschnitt 13.2 Multi-Node-Setups ab Seite 345.

Zur Konfiguration des Servicekatalogs gibt es grundsätzlich zwei Möglichkeiten:

- Template File
- Datenbank-Backend

3.4.6 Template File

Die Defaultkonfiguration nutzt ein Template File. Dazu wird durch den Parameter `driver` im Catalog-Abschnitt der `/etc/keystone/keystone.conf` auf die Datei `/etc/keystone/default_catalog.templates` verwiesen:

```
[catalog]
driver = keystone.catalog.backends.templated.TemplatedCatalog
template_file = /etc/keystone/default_catalog.templates
```

Im zugehörigen Template File `/etc/keystone/default_catalog.templates` werden die Service-Endpunkte der einzelnen Dienste in einer oder auch mehreren Regionen definiert.[6] Für jede Region und für jeden Dienst müssen die richtigen URLs der einzelnen Dienste gesetzt werden. Standardmäßig ist der Katalog für die vorgegebene Region, die `RegionOne` konfiguriert, was für ein einfaches Basis-Setup einfach übernommen werden kann. Ein Zugriff ist aber auch über (mit einem $-Zeichen deklarierte) Variablen möglich:

```
catalog.$NAME_OF_REGION.$NAME_OF_SERVICE.publicURL = \
http://$FQDN:$PORT/$PROTOCOL_VERSION/
catalog.$NAME_OF_REGION.$NAME_OF_SERVICE.adminURL = \
http://$FQDN:$PORT/$PROTOCOL_VERSION/
catalog.$NAME_OF_REGION.$NAME_OF_SERVICE.internalURL = \
http://$FQDN:$PORT/$PROTOCOL_VERSION/
catalog.$NAME_OF_REGION.$NAME_OF_SERVICE.name = $NAME
```

Für die API in der Region `RegionOne` etwa könnten die Einträge in der Datei `default_catalog.templates` wie folgt aussehen:

[6] Eine *Region* definiert einen Bereich, in dem Server, Serverfarmen usw., die sich normalerweise am gleichen Ort befinden, gebündelt werden (siehe Abschnitt 5.1.10, S. 101).

```
catalog.RegionOne.compute.publicURL = \
http://nova-api.openstack.b1-systems.de:$(compute_port)s/v1.1/$(tenant_id)s
catalog.RegionOne.compute.adminURL = \
http://nova-api.openstack.b1-systems.de:$(compute_port)s/v1.1/$(tenant_id)s
catalog.RegionOne.compute.internalURL = \
http://nova-api.openstack.b1-systems.de:$(compute_port)s/v1.1/$(tenant_id)s
catalog.RegionOne.compute.name = Compute Service
```

Die Variablen am Ende der Zeile greifen dabei auf Werte aus `/etc/keystone/keystone.conf` oder auf Werte, die sich aus Anfragen an Keystone ergeben, zurück. So wird z. B. `$(tenant_id)s` durch die Kunden-ID der aktuellen Anfrage ersetzt oder `$(public_port)s` durch den Parameter `public_port` aus der Sektion `DEFAULT` aus `/etc/keystone/keystone.conf`.

Laufen alle Dienste auf demselben Host, reicht die unveränderte Standardkonfiguration in der Datei `default_catalog.templates`.

Obwohl die Verwendung eines *Template File* auf den ersten Blick einfacher ist, wird sie – außer für Entwicklungsumgebungen wie z. B. *DevStack* – nicht empfohlen. Grund dafür ist, dass sie über `keystone`-Kommandos keine CRUD-Operationen[7] auf den Servicekatalog ermöglicht.

Ein »echtes« Datenbank-Backend wie MySQL bietet eine größere Flexibilität sowie darüber hinaus eine potenziell höhere Zuverlässigkeit, Verfügbarkeit und auf Wunsch auch die Sicherheit einer Datenredundanz durch Replikationsmechanismen. Dies geschieht mithilfe des genutzten Datenbankservers.

Service Endpoints

Ein *Service-Endpunkt* ist die Kombination aus URL und Port, unter der ein Service erreichbar ist. Dabei benötigt jeder Endpunkt eine *Public*-, eine *Admin*- und eine *interne* URL. Auch hier erleichtert die Definition von Bash-Variablen die Arbeit. Das folgende Beispiel definiert Endpunkte für Identity (Keystone), Image (Glance-API), Compute (Nova-API) und Storage (Swift) als Bash-Variablen:

```
GLANCE_PUBLIC_URL="http://$GLANCE_IP:9292/v1"
GLANCE_ADMIN_URL=$GLANCE_PUBLIC_URL
GLANCE_INTERNAL_URL=$GLANCE_PUBLIC_URL
KEYSTONE_PUBLIC_URL="http://$KEYSTONE_IP:5000/v2.0"
KEYSTONE_ADMIN_URL="http://$KEYSTONE_IP:35357/v2.0"
KEYSTONE_INTERNAL_URL=$KEYSTONE_PUBLIC_URL
NOVA_PUBLIC_URL="http://$NOVA_IP:8774/v1.1/%(tenant_id)s"
NOVA_ADMIN_URL=$NOVA_PUBLIC_URL
NOVA_INTERNAL_URL=$NOVA_PUBLIC_URL
```

[7] CRUD-Operationen sind die grundlegenden Datenbankoperationen `Create` (Datensatz anlegen), `Read/Retrieve` (Datensatz lesen), `Update` (Datensatz aktualisieren) und `Delete/Destroy` (Datensatz löschen).

```
SWIFT_PUBLIC_URL="https://$SWIFT_IP:443/v1/AUTH_%(tenant_id)s"
SWIFT_ADMIN_URL="https://$SWIFT_IP:443/v1"
SWIFT_INTERNAL_URL=$SWIFT_PUBLIC_URL
```

Zum Aufnehmen eines neuen Service in den *Keystone Servicekatalog* müssen zwei Operationen ausgeführt werden: ein Datenbankeintrag für den eigentlichen Service und ein Eintrag für den Endpunkt, über den sich die Clients mit dem Service verbinden können. (Das Erstellen und Bearbeiten von Einträgen zeigen die Abschnitte 3.5.6 und 3.5.7 ab Seite 59.)

Die Konfiguration der Service-Endpunkte kann stattdessen auch direkt in der Datenbank hinterlegt und über die Keystone-CLI verwaltet werden. Um den *Keystone Service Catalog* für ein Datenbank-Backend zu konfigurieren (*SQL-based Service Catalog*), ersetzen Sie den Treiber in der Sektion `catalog`:

```
[catalog]
driver = keystone.catalog.backends.sql.Catalog
```

Der Parameter `template_file` ist dann nicht mehr erforderlich und kann deaktiviert (oder gelöscht) werden.

Damit steht der vollständige Satz der CLI-Befehle zur Administration (z. B. `keystone endpoint-create`) zur Verfügung. Im nächsten Schritt werden dann die *Service-Endpunkte* konfiguriert.

3.4.7 Admin-Token

Das sogenannte »Admin-Token« ist als »Shared Secret« der Identifizierungsnachweis der verschiedenen OpenStack-Dienste. Es dient der Authentifizierung der Services zur Nutzung der REST-API und ist Voraussetzung zum initialen Erstellen von Benutzern, Rollen, Tenants etc. Das »Admin-Token« wird in der `keystone.conf` in der `[DEFAULT]`-Sektion konfiguriert:

```
[DEFAULT]
admin_token = KEYSTONEADMINTOKEN
```

3.4.8 Initiale Daten

Damit Keystone ordnungsgemäß genutzt werden kann, werden einige initiale Daten benötigt. Nach der Erzeugung des Datenbankschemas und des administrativen Tokens müssen Endpunkte und Servicekatalog konfiguriert werden. Diese benötigten Daten können mittlerweile auf bequeme Art und Weise mit Skripten erzeugt werden.

Sample Data

Unter der GitHub-Adresse https://github.com/openstack/keystone/blob/master/tools/sample_data.sh gibt es ein Skript, das initiale Daten für eine OpenStack-Umgebung erzeugt.

Automatisierte Konfiguration per Skript

Alternativ existiert ein Python-Skript, dessen Verwendung vielfach einfacher ist.

Die vielen Einzelschritte zur Konfiguration von Benutzern, Rollen und Services sind etwas mühselig und fehleranfällig. Aus diesem Grund hält das GitHub das Shellskript `keystone-init` bereit, das die Befehle, so wie sie im *OpenStack Install and Deploy Manual*[8] beschrieben sind, automatisiert und somit der automatisierten Konfiguration dient.

Einen Zipball des Shellskripts laden Sie mit `wget`:

```
# wget https://github.com/b1-systems/keystone-init/archive/2013.2.zip
```

Den Zipball können Sie nun entpacken, wobei das Verzeichnis `keystone-init` angelegt wird. Als Nächstes gilt es, in der korrespondierenden YaML-Datei die Namen, Passwörter und Adressen zu berichtigen.

```
# vi keystone-init-2013.2/config.yaml
```

Dort können Sie beispielsweise Namen und Passwort von `default tenant` und `default user` Ihren Wünschen anpassen (Beispiel):

```
default tenant:
    name: B1Systems
    description: Default Tenant

# This is the admin user
default user:
    name: admin
    password: b1s
```

Wichtig sind dabei die richtigen URLs für die Service-Endpunkte. Der Service-Endpunkt für Keystone selbst wird beispielsweise durch folgenden Abschnitt definiert:

```
    - name: keystone
      type: identity
      description: Keystone Identity Service
      region: RegionOne
      publicurl: http://localhost:5000/v2.0
      internalurl: http://localhost:5000/v2.0
      adminurl: http://localhost:35357/v2.0
```

[8] http://docs.openstack.org/trunk/openstack-compute/install/content/install-keystone.html

Für ein einfaches, lokales Basis-Setup der Services auf einem Host können Sie die vorgegebenen Hostnamen ersetzen.

Schließlich müssen Sie nur noch das Skript ausführen:

```
# cd keystone-init-2013.2
# ./keystone-init.py config.yaml
```

und das Ergebnis sicherheitshalber mit `keystone service-list` und `keystone endpoint-list` überprüfen.

3.5 Administration

3.5.1 Allgemeines

Keystone bringt eine eigene Schnittstelle für die Verwaltung des Identity Service auf der Kommandozeile mit: das CLI-Tool *Keystone-Client* aus dem Paket `python-keystoneclient`. Um den Keystone-Client zu nutzen, benötigen Sie zur Authentifizierung Admin Credentials. Dazu gibt es zwei Wege:

- Token-Authentifizierung
- Passwort-Authentifizierung

Token-Authentifizierung

Die Methode mittels Token (*Token Auth Method*) benötigt die folgenden Flags:

- `--endpoint SERVICE_ENDPOINT` gibt den Endpunkt an (Default: http://localhost:35357/v2.0)
- `--token SERVICE_TOKEN` ist das administrative Service-Token (siehe auch Abschnitt 3.4.7, S. 49)

Für die initiale Datenerstellung benötigen Sie das administrative Token (im Default: *ADMIN*).

Zur Ausgabe der aktuell vorhandenen Endpunkte mit der Token-Authentifizierung kann folgendes Kommando genutzt werden:

```
# keystone --os-token <ADMINTOKEN> \
  --os-endpoint http://127.0.0.1:35357/v2.0 endpoint-list
```

Dasselbe für die Nutzung eines SSL-Endpunkts ohne Kontrolle der Zertifikatskette (`-insecure`):

```
# keystone --insecure --os-token ADMINTOKEN \
  --os-endpoint https://127.0.0.1:35357/v2.0 endpoint-list
```

Zur vereinfachten Nutzung von Keystone und vor allem zur initialen Datenerstellung empfiehlt es sich, die beiden Werte als Umgebungsvariablen zu exportieren und somit bereitzustellen:

```
# export OS_SERVICE_TOKEN="ADMINTOKEN"
# export OS_SERVICE_ENDPOINT="http://localhost:35357/v2.0"
```

Aus Gründen der Sicherheit sollten Sie sich davor hüten, diesen Export auf produktiven Systemen vorzunehmen. Jeder Eindringling, dem diese Datei in die Hände fällt, hat ohne Probleme Kontrolle über die in Keystone hinterlegten Benutzer.

Passwort-Authentifizierung

Die Passwortmethode (*Password Auth Method*) benötigt die folgenden Flags:

- `--username OS_USERNAME` Benutzername des Administrators
- `--password OS_PASSWORD` für das Administratorkennwort
- `--tenant_name OS_TENANT_NAME` gibt den Tenant an
- `--auth_url OS_AUTH_URL` adressiert die URL des Keystone-Servers (Default: http://localhost:5000/v2.0)

Zur Anzeige der Endpunkte mittels Passwort-Authentifizierung kann auf der Kommandozeile folgendes Kommando genutzt werden:

```
# keystone --os-username admin --os-password geheim
  --os-tenant-name B1Systems
  --os-auth-url http://127.0.0.1:35357/v2.0 endpoint-list
```

Die dafür notwendigen Angaben können zur einfacheren Handhabung in Umgebungsvariablen ausgelagert werden. Diese können dann bei Bedarf einmalig gelesen werden. Die Datei `/keystone_creds` definiert die notwendigen Daten, sodass für den Keystone-Client nur noch die Parameter angegeben werden müssen:

```
export OS_TENANT_NAME="B1Systems"
export OS_USERNAME="admin"
export OS_AUTH_URL="http://localhost:5000/v2.0"
```

Auch das Passwort könnte übergeben werden, unterlässt man dies allerdings und liest die Datei ein, um danach Keystone zu nutzen, wird Keystone nach dem Passwort fragen:

```
# source ~/keystone_creds
# keystone user-list
OS Password:
+----------------------------------+------------+---------+-------+
|                id                |    name    | enabled | email |
+----------------------------------+------------+---------+-------+
| 16b0ff2b72fd4798ac9b9fe8b9c9a2e3 |   admin    |   True  |  None |
| b38fe0f9973a4f5c95616ee20c174624 | ceilometer |   True  |  None |
| a0a137469e16473f88a7e4a06ba83bd8 |   cinder   |   True  |  None |
| 8773b1e82a6b48219d48c1f349c157de |    ec2     |   True  |  None |
| 5a91d8adacdc43d2ad498cd6615bc6ad |   glance   |   True  |  None |
| fe4792d28a2f43f4b07cabb5613af016 |    heat    |   True  |  None |
| 5b4007499193425697e1f2a87d4843b9 |  neutron   |   True  |  None |
| a80f0934f47d4ee28b42f0c8a51ccb9c |    nova    |   True  |  None |
| 32e95a4a13fc49258706d421efee7f06 |   swift    |   True  |  None |
+----------------------------------+------------+---------+-------+
```

Token

Nach erfolgreicher Kommunikation mit Keystone erhält der nun authentifizierte Benutzer ein Token, das für alle weiteren Dienste genutzt werden kann (siehe auch Abb. 3-1 auf S. 30).

Mittlerweile ist Keystone als Authentifizierungsdienst in allen CLIs der Komponenten enthalten und die Credentials (Kunde/Projekt, Benutzer, Passwort) können direkt beim Aufruf der entsprechenden CLI mit angegeben werden.

Ein Token ist jedoch nur zeitlich begrenzt gültig (Default: 24 Stunden). Deshalb muss nach Ablauf der Frist ein neues Token angefordert werden.

Um sich das ständige Neubeziehen eines Tokens zu ersparen, können Sie der Einfachheit halber in eine Datei (z. B. ~/token) die Definition einer Variablen für das Token schreiben (Beispiel mit einem für SSL konfigurierten Keystone):

```
export TOKEN=$(curl -k -D -X 'POST' -v https://localhost:5000/v2.0/tokens
        -d '{"auth":{"passwordCredentials":{"username": "admin",
                                            "password": "password"},
                                            "tenantName": "b1systems"}}'
        -H 'Content-type: application/json' | python -mjson.tool)
```

Zur Kontrolle des bezogenen Tokens nutzen Sie einfach echo:

```
# echo $TOKEN
```

Hier eine gekürzte Ausgabe:


```
{ "access": { "metadata": { "is_admin": 0, "roles": [ "9
    fe2ff9ee4384b1894a90878d3e92bab", "b442f249188e4c23b208c2b8e1d1e05a"
    ] }, "serviceCatalog": [ { "endpoints": [ { "adminURL": "http://heat
    :8000/v1", "id": "180de98f74bb4ea4a05f7322145bac76", "internalURL": "
    http://heat:8000/v1", "publicURL": "http://heat:8000/v1", "region": "
    RegionOne" } ], "endpoints_links": [], "name": "heat-cfn", "type": "
```

```
    heat-cfn" }, { "endpoints": [ { "adminURL": "http://nova-api:8774/v2/
    d939621cad874f17ba77015ac72bc57f", "id": "
    a14e1a1919d544a8bdb762e14e651661", "internalURL": "http://nova-api
    :8774/v2/d939621cad874f17ba77015ac72bc57f", "publicURL": "http://nova
    -api:8774/v2/d939621cad874f17ba77015ac72bc57f", "region": "RegionOne"
     } ], "endpoints_links": [], "name": "nova", "type": "compute" }, { "
    endpoints": [ { "adminURL": "http://neutron:9696", "id": "516639187
    a88456abcba5a7d6d05847c", "internalURL": "http://neutron:9696", "
    publicURL": "http://neutron:9696", "region": "RegionOne" } ], "
    endpoints_links": [], "name": "quantum", "type": "network" }, { "
    endpoints": [ { "adminURL": "http://glance-api:9292/v1", "id": "1
    af89ffbaa3c4883bcc11ca73f1b39d9", "internalURL": "http://glance-api
    :9292/v1", "publicURL": "http://glance-api:9292/v1", "region": "
    RegionOne" } ], "endpoints_links": [], "name": "glance", "type": "
    image" }, { "endpoints": [ { "adminURL": "http://ceilometer:8777", "
    id": "03902577afc14450ad40132f89aae3b1", "internalURL": "http://
    ceilometer:8777", "publicURL": "http://ceilometer:8777", "region": "
    RegionOne" } ], "endpoints_links": [], "name": "ceilometer", "type":
    "metering" }, { "endpoints": [ { "adminURL": "http://cinder-api:8776/
    v1/d939621cad874f17ba77015ac72bc57f", "id": "436
    e373af03e437ab53068e98e8286ae", "internalURL": "http://cinder-api
    :8776/v1/d939621cad874f17ba77015ac72bc57f", "publicURL": "http://
    cinder-api:8776/v1/d939621cad874f17ba77015ac72bc57f", "region": "
    RegionOne" } ], "endpoints_links": [], "name": "cinder", "type": "
    volume" }, { "endpoints": [ { "adminURL": "http://heat:8004/v1/
    d939621cad874f17ba77015ac72bc57f", "id": "70
    a88afdb4c944fdaf1b47a641534c2d", "internalURL": "http://heat:8004/v1/
    d939621cad874f17ba77015ac72bc57f", "publicURL": "http://heat:8004/v1/
    d939621cad874f17ba77015ac72bc57f", "region": "RegionOne" } ], "
    endpoints_links": [], "name": "heat", "type": "heat" }, { "endpoints
    ": [ { "adminURL": "http://nova-api:8773/services/Admin", "id": "167
    c9af6d9eb40bcaab06710c6d9140a", "internalURL": "http://nova-api:8773/
    services/Cloud", "publicURL": "http://nova-api:8773/services/Cloud",
    "region": "RegionOne" } ], "endpoints_links": [], "name": "ec2", "
    type": "ec2" }, { "endpoints": [ { "adminURL": "http://keystone
    :35357/v2.0", "id": "05b10c1b9b8c41cc835b3dffc57a8d95", "internalURL
    ": "http://keystone:5000/v2.0", "publicURL": "http://keystone:5000/v2
    .0", "region": "RegionOne" } ], "endpoints_links": [], "name": "
    keystone", "type": "identity" } ], "token": { "expires": "2013-10-25
    T12:54:25Z", "id": "MII
[...]
```


Nach Ablauf der Gültigkeitsdauer können Sie durch einfaches Einlesen der Datei ein neues Token beziehen:

```
# source ~/token
```

3.5.2 Der Keystone-Client

Der Client zur direkten Kommunikation mit Keystone selbst ist der Keystone-Client. Dieser wird über Subkommandos und Parameter gesteuert.

Die allgemeine Syntax für Kommandos des Keystone-Clients hat die Form:

```
keystone <command> [options] [args]
```

Keystone-CLI-Kommandos (Auswahl):

`help` zeigt eine detaillierte Hilfe zu einem Kommando.

`tenant-create` erstellt einen Tenant.

`tenant-list` zeigt Tenants an.

`tenant-get` zeigt Tenant-Details an.

`user-create` erstellt einen Benutzer.

`user-list` zeigt Benutzer an.

`user-role-add` vergibt Rollen an Benutzer.

`discover` zeigt Service-Endpunkte an.

`role-create` erstellt eine Rolle.

`service-create` erstellt einen Service.

`service-list` zeigt Services an.

`service-get` gibt Servicedetails aus.

Hilfreich kann das Subkommando `discover` zum Ermitteln der Eckdaten sein:

```
# keystone discover
Keystone found at http://localhost:35357
    - supports version v3.0 (stable) here http://localhost:35357/v3/
    - supports version v2.0 (stable) here http://localhost:35357/v2.0/
```

Hier werden zwei Keystone-Anbieter gefunden, einmal die v3 und einmal die gängige Version 2.

3.5.3 Tenants verwalten

Beginnend mit diesem Abschnitt werden Sie das Erzeugen, Aktualisieren und Löschen von Objekten in Keystone kennenlernen.

Tenant anlegen:

```
# keystone tenant-create --name B1Systems
                         --description "Default Tenant"
+-------------+----------------------------------+
|  Property   |              Value               |
+-------------+----------------------------------+
| description |          Default Tenant          |
|   enabled   |               True               |
|     id      | 087bfd6cbb3c4755b822a85c0fbe65b5 |
|    name     |            B1Systems             |
+-------------+----------------------------------+
```

Der Parameter name definiert den Namen, den der Tenant erhält; eine genauere Beschreibung wird per description übergeben. Als Ausgabe erhalten Sie die Information, dass der Tenant aktiviert ist und eine eindeutige ID erhalten hat.

Die vorhandenen Tenants können Sie sich mit tenant-list anzeigen lassen:

```
# keystone tenant-list
+----------------------------------+-----------+---------+
|                id                |   name    | enabled |
+----------------------------------+-----------+---------+
| 087bfd6cbb3c4755b822a85c0fbe65b5 | B1Systems |   True  |
+----------------------------------+-----------+---------+
```

Details zu einem Tenant werden mit tenant-list, gefolgt von der Tenant-ID, abgefragt:

```
# keystone tenant-get <tenant-id>
+-------------+----------------------------------+
|   Property  |              Value               |
+-------------+----------------------------------+
| description |          Default Tenant          |
|   enabled   |               True               |
|      id     | 087bfd6cbb3c4755b822a85c0fbe65b5 |
|     name    |            B1Systems             |
+-------------+----------------------------------+
```

Zur klaren Unterscheidung empfiehlt es sich, für die Servicefunktionen (keystone, glance, nova, ...) einen eigenen »Service«-Tenant zu erstellen:

```
# keystone tenant-create --name service
                         --description "Service Tenant"
+-------------+----------------------------------+
|   Property  |              Value               |
+-------------+----------------------------------+
| description |          Service Tenant          |
|   enabled   |               True               |
|      id     | fe2d1f6bba724b34aff7f3b8f47408c0 |
|     name    |             service              |
+-------------+----------------------------------+
```

Ein Tenant kann natürlich auch gelöscht werden, doch hier ist Vorsicht geboten. Es erfolgt keinerlei Sicherheitsabfrage, der Tenant wird sofort gelöscht:

```
# keystone tenant-delete <tenant-id>
```

Auch können einzelne Felder aktualisiert werden, so zum Beispiel die Beschreibung eines Tenants:

```
# keystone tenant-update --description "Besitzerwechsel" <tenant-id>
```

3.5.4 Benutzer verwalten

Die allgemeine Syntax zum Anlegen eines Benutzers lautet:

```
# keystone user-create --name <name> --tenant_id <tenant-id> \
  --email
```

Zum Erstellen eines administrativen Benutzers für den vorher erzeugten Tenant übergeben Sie die ID des Tenants:

```
# keystone user-create --name admin \
  --tenant-id <tenant-id> \
  --pass b1systems --email "admin@openstack.b1-systems.de"
+----------+----------------------------------+
| Property |              Value               |
+----------+----------------------------------+
|  email   |    admin@cloud.b1-systems.de     |
| enabled  |               True               |
|    id    | 3a4a01c6fd8b4bd1bba4eaf3209fc386 |
|   name   |              admin               |
| tenantId | fe2d1f6bba724b34aff7f3b8f47408c0 |
+----------+----------------------------------+
```

Wie Sie sehen, können Sie direkt bei der Erstellung des Benutzers ein Passwort übergeben. Ist dies nicht gewollt oder muss das Passwort aktualisiert werden, dient dazu das Subkommando user-password-update:

```
# keystone user-password-update --pass adminpw <benutzer-id>
```

Die Benutzer – auch der eben erstellte – kann mit dem `keystone`-Subkommando `user-list` angezeigt werden:

```
# keystone user-list
+----------------------------------+-------+---------+---------------------------+
|                id                |  name | enabled |           email           |
+----------------------------------+-------+---------+---------------------------+
| 3a4a01c6fd8b4bd1bba4eaf3209fc386 | admin |   True  | admin@cloud.b1-systems.de |
+----------------------------------+-------+---------+---------------------------+
```

Wollen Sie einen Benutzer wieder löschen, so geschieht das unter Angabe der User-ID mit dem Subkommando `user-delete`. Allerdings existiert auch hier keine Sicherheitsabfrage:

```
# keystone user-delete 3a4a01c6fd8b4bd1bba4eaf3209fc386
```

3.5.5 Rollen verwalten

Über Rollen können die Aktionen kontrolliert werden, die einem Benutzer erlaubt sind. Die allgemeine Syntax, um eine Rolle anzulegen, lautet:

```
# keystone role-create --name <Rollenbezeichnung>
```

Aktuell werden Berechtigungen von Rollen für einzelne Dienste in `/etc/<dienst>/policy.json` konfiguriert.

Im folgenden Beispiel werden zwei Rollen angelegt, eine für die Administratoren und eine für Standardbenutzer:

```
# keystone role-create --name adminRole
+----------+----------------------------------+
| Property |              Value               |
+----------+----------------------------------+
|    id    | 211a112d3d844228af2c464bd52de262 |
|   name   |            adminRole             |
+----------+----------------------------------+

# keystone role-create --name memberRole
+----------+----------------------------------+
| Property |              Value               |
+----------+----------------------------------+
|    id    | a4cc2fda65614a87843b63003697cc03 |
|   name   |            memberRole            |
+----------+----------------------------------+
```

Eine Übersicht über die vorhandenen Rollen verschaffen Sie sich mit dem `keystone`-Subkommando `role-list`:

```
# keystone role-list
+----------------------------------+------------+
|                id                |    name    |
+----------------------------------+------------+
| 9fe2ff9ee4384b1894a90878d3e92bab |  _member_  |
| 211a112d3d844228af2c464bd52de262 | adminRole  |
| a4cc2fda65614a87843b63003697cc03 | memberRole |
+----------------------------------+------------+
```

Den Benutzern können nun mit dem `keystone`-Subkommando `user-role-add` Rollen zugewiesen werden:

```
# keystone user-role-add
usage: keystone user-role-add --user <user> --role <role>
                              [--tenant <tenant>]
keystone user-role-add: error:
  argument --user/--user-id/--user_id is required
```

Der folgende Befehl etwa fügt den Benutzer `admin` passenderweise der Rolle `adminRole` hinzu:

```
# keystone user-role-add --tenant B1Systems --user admin \
  --role adminRole
```

Benutzer können auch wieder von Rollen entfernt werden, hierzu existiert das Subkommando `user-role-remove`:

```
# keystone user-role-remove --user admin --role adminRole \
  --tenant B1Systems
```

Vollständige Rollen können unter Angabe ihrer ID wieder entfernt werden:

```
# keystone role-delete 8fc5ffcf836d4742b2acafff271e38b3
```

3.5.6 Services verwalten

Den Datenbankeintrag für einen Service erstellen Sie mit `keystone service-create`, gefolgt von den folgenden Attributen:

- `--name`
  Name des Service (`keystone`, `glance`, `nova`, ...)
- `--type`
  Typ des Service (`image`, `identity`, `compute`, ...)
- `--description`
  Beschreibung des Service (z. B. »Glance Image Service«)

Das folgende Beispiel definiert einen Service für Cinder:

```
# keystone service-create --name cinder --type volume \
  --description "Cinder Volume Service"
+-------------+----------------------------------+
|  Property   |              Value               |
+-------------+----------------------------------+
| description |      Cinder Volume Service       |
|     id      | 39b83eeb60f7490dabeb47ce8eef7abd |
|    name     |              cinder              |
|    type     |              volume              |
+-------------+----------------------------------+
```

Für die umfassende Nutzung von Keystone sind weitere Serviceeinträge zur Anbindung der anderen Komponenten notwendig. Zum Beispiel existieren noch folgende Typen: identity, compute, network, image und object-store.

Für jeden genutzten Dienst, der über Keystone abfragbar sein soll, muss selbstverständlich ein entsprechender Eintrag erzeugt werden. Für das hier zugrunde liegende Setup sind das die Dienste identity, compute, network und image.

Eine Liste aller konfigurierten Dienste gibt folgendes Kommando aus:

```
# keystone service-list
+----------------------------------+--------+--------+-----------------------+
|                id                |  name  |  type  |      description      |
+----------------------------------+--------+--------+-----------------------+
| 39b83eeb60f7490dabeb47ce8eef7abd | cinder | volume | Cinder Volume Service |
+----------------------------------+--------+--------+-----------------------+
```

Details zu einem Service erhalten Sie durch den Aufruf von:

```
# keystone service-get 39b83eeb60f7490dabeb47ce8eef7abd
+-------------+----------------------------------+
|  Property   |              Value               |
+-------------+----------------------------------+
| description |      Cinder Volume Service       |
|     id      | 39b83eeb60f7490dabeb47ce8eef7abd |
|    name     |              cinder              |
|    type     |              volume              |
+-------------+----------------------------------+
```

Einen Dienst können Sie ohne Sicherheitsabfrage wie folgt löschen:

```
# keystone service-delete  39b83eeb60f7490dabeb47ce8eef7abd
```

3.5.7 Endpunkte verwalten

Einen Endpunkt definiert der Befehl `keystone endpoint-create` mit den folgenden Parametern:

- `--region`
  Name der Region Ihrer OpenStack-Cloud (z. B. »`RegionOne`«)
- `--service-id`
  UUID des Service (wird beim Erstellen mit `keystone service-create` erzeugt und ausgegeben, z. B. »`6bbc2da17a434a94b815c6edec956096`«)
- `--publicurl`
  öffentliche Service-URL (z. B. »`http://192.168.1.251:9292`«)
- `--internalurl`
  interne Service-URL (typischerweise die gleiche Adresse wie für die öffentliche Service-URL)
- `--adminurl`
  administrative Service-URL; auch hier kann die gleiche URL wie `publicurl` eingesetzt werden – mit Ausnahme von Keystone- und EC2-Services, die unterschiedliche Endpunkte für `adminurl` und `publicurl` verwenden.

Beispiel:

```
# keystone endpoint-create --region RegionOne \
--service-id 39b83eeb60f7490dabeb47ce8eef7abd \
--publicurl "http://127.0.0.1:8776/v1/%(tenant_id)s" \
--internalurl "http://127.0.0.1:8776/v1/%(tenant_id)s" \
--adminurl "http://127.0.0.1:8776/v1/%(tenant_id)s"
```

```
+-------------+---------------------------------------+
|   Property  |                 Value                 |
+-------------+---------------------------------------+
|   adminurl  | http://127.0.0.1:8776/v1/%(tenant_id)s |
|      id     |    2678d65e96ec48db8a1e1825e1101d50    |
| internalurl | http://127.0.0.1:8776/v1/%(tenant_id)s |
|  publicurl  | http://127.0.0.1:8776/v1/%(tenant_id)s |
|    region   |               RegionOne               |
|  service_id |    39b83eeb60f7490dabeb47ce8eef7abd    |
+-------------+---------------------------------------+
```

In manchen URLs können Variablen verwendet werden, die dann zur Laufzeit automatisch durch den entsprechenden Wert ersetzt werden. Variablen werden entweder mit dem %-Zeichen (`%(varname)`) oder dem $-Zeichen (`$(varname)`) maskiert. So kann beispielsweise die Tenant-ID für den Volume- und Computeservice als Variable mitgegeben werden: `http://192.168.1.251:8774/v2/%(tenant_id)s`.

Alle existierenden Endpunkte erhalten Sie durch Aufruf von:

```
# keystone endpoint-list
+----------------------------------+-----------+-
|                id                |   region  |
+----------------------------------+-----------+-
| 2678d65e96ec48db8a1e1825e1101d50 | RegionOne |
+----------------------------------+-----------+-

---------------------------------------+---------------------------------------+-
               publicurl               |              internalurl              |
---------------------------------------+---------------------------------------+-
 http://127.0.0.1:8776/v1/%(tenant_id)s | http://127.0.0.1:8776/v1/%(tenant_id)s |
---------------------------------------+---------------------------------------+-

---------------------------------------+----------------------------------+
               adminurl                |            service_id            |
---------------------------------------+----------------------------------+
http://127.0.0.1:8776/v1/%(tenant_id)s | 39b83eeb60f7490dabeb47ce8eef7abd |
---------------------------------------+----------------------------------+
```

Einen Endpunkt können Sie mit:

```
# keystone endpoint-delete a2678d65e96ec48db8a1e1825e1101d50
```

wieder entfernen.

3.5.8 Anwendungsbeispiel API

Die API von Keystone ist *RESTful*[9]. Die API nutzt zur Kommunikation die Programmbibliothek `libcurl`[10].

Einen Link zur gültigen API-Dokumentation erhalten Sie, wenn Sie in einem Browser die PublicURL Ihres Keystone-Servers adressieren, also zum Beispiel: http://keystone:5000. Im Abschnitt Links erhalten Sie die gewünschten Informationen:

```
<link href="http://docs.openstack.org/api/openstack-identity-service/2.0/
          identity-dev-guide-2.0.pdf"
      type="application/pdf" rel="describedby"/>
```

Hier einige Beispiele der verfügbaren Operationen:

***Tab. 3-1** RESTful-Operationen bei OpenStack (Beispiele)*

Operation	Anwendung
GET /extensions	listet die vorhandenen Erweiterungen
GET /services	listet die verfügbaren Dienste
GET /tenants	listet die vorhandenen Tenants
POST /v2.0/tenants	erzeugt einen Tenant
POST /v2.0/tenants/tenantId	aktualisiert einen Tenant
DELETE /v2.0/tenants/tenantId	löscht einen Tenant
...	...

Die Admin-API horcht vorgabemäßig auf den Port 35357:

```
$ curl http://0.0.0.0:35357
```

... oder für Keystone-Version 2:

```
$ curl http://0.0.0.0:35357/v2.0/
```

[9] *Representational State Transfer* (REST) bezeichnet ein Programmierparadigma für Webanwendungen. Ein REST-Dienst wird durch fünf Eigenschaften gekennzeichnet: Adressierbarkeit, unterschiedliche Repräsentationen, Zustandslosigkeit, Operationen (GET, POST, PUT, DELETE, ...) und die Verwendung von Hypermedia. REST stellt somit eine auf grundlegenden Webtechnologien basierende Richtlinie für die Nutzung von Webstandards dar. Damit soll die Implementierung verteilter webbasierter Systeme vereinfacht werden.

[10] *Client for URLs* (CURL) ist ein Kommandozeilen-Werkzeug zum Übertragen von Dateien. Es kann nicht nur wie Wget Dateien herunterladen, sondern auch hochladen. CURL unterstützt dabei u. a. die Protokolle HTTP, HTTPS, FTP, FTPS und LDAP. Auch POST-Übertragungen sind möglich. CURL steht unter der offenen MIT-Lizenz und ist Bestandteil der gängigen Linux-Distributionen.

Im folgenden Beispiel wird per `curl` ein gültiges Token bezogen (gegen Keystone als SSL):

```
curl -k -D -X 'POST' -v https://localhost:5000/v2.0/tokens \
-d '{"auth":{"passwordCredentials":{"username": "admin",
                                    "password": "geheim"}, \
                                    "tenantName": "B1Systems"}}' \
-H 'Content-type: application/json' | python -mjson.tool
```

Die Ausgabe von `curl` selbst wird noch an `python` übergeben, genauer an das Modul `json.tool`. Dies bereitet die Ausgabe leserlich auf (gekürzte Ausgabe):

```
[...]
{
 "access": {
  "metadata": {
   "is_admin": 0,
   "roles": [
    "9fe2ff9ee4384b1894a90878d3e92bab",
    "b442f249188e4c23b208c2b8e1d1e05a"
   ]
  },
  "serviceCatalog": [
  [...]
   {
    "endpoints": [
     {
      "adminURL":
        "http://nova-api:8774/v2/d939621cad874f17ba77015ac72bc57f",
      "id": "a14e1a1919d544a8bdb762e14e651661",
      "internalURL":
        "http://nova-api:8774/v2/d939621cad874f17ba77015ac72bc57f",
      "publicURL":
        "http://nova-api:8774/v2/d939621cad874f17ba77015ac72bc57f",
      "region": "RegionOne"
     }
    ],
    "endpoints_links": [],
    "name": "nova",
    "type": "compute"
   },
   {
    "endpoints": [
     {
      "adminURL": "http://neutron:9696",
      "id": "516639187a88456abcba5a7d6d05847c",
      "internalURL": "http://neutron:9696",
      "publicURL": "http://neutron:9696",
      "region": "RegionOne"
     }
    ],
    "endpoints_links": [],
    "name": "quantum",
    "type": "network"
   }
```

```
  ],
  "token": {
   "expires": "2013-10-25T13:25:37Z",
   "id": "<<<<<< TOKEN >>>>>>",
   "issued_at": "2013-10-24T13:25:37.554481",
   "tenant": {
    "description": "Default Tenant",
    "enabled": true,
    "id": "d939621cad874f17ba77015ac72bc57f",
    "name": "b1systems"
   }
  },
  "user": {
   "id": "16b0ff2b72fd4798ac9b9fe8b9c9a2e3",
   "name": "admin",
   "roles": [
    {
     "name": "_member_"
    },
    {
     "name": "admin"
    }
   ],
   "roles_links": [],
   "username": "admin"
  }
 }
}
```

Die ID des Tokens ist notwendig, um die weiteren Abfragen durchzuführen:

```
curl -k -H "X-Auth-Token:<<<<< ID >>>>>" \
https://localhost:5000/v2.0/tenants | python -mjson.tool
```

gibt eine Liste der Tenants aus.

Um alle Endpunkte eines Tokens auszugeben, verwenden Sie den Aufruf `GET /tokens/token_id/endpoints` über `libcurl` (gekürzte Ausgabe):

```
$ curl -k -H "X-Auth-Token:<token_id>" \
  https://localhost:35357/v2.0/tokens/<token_id>/endpoints
{
    "endpoints": [
        {
            "adminURL":
              "http://127.0.0.1:8774/v2/5ff71a311da14ce2a950bbf3fee2f0b2",
            "id": "b1664ddbc9554e609bf814bd187bb8ef",
            "internalURL":
              "http://127.0.0.1:8774/v2/5ff71a311da14ce2a950bbf3fee2f0b2",
            "name": "nova",
            "publicURL":
              "http://127.0.0.1:8774/v2/5ff71a311da14ce2a950bbf3fee2f0b2",
            "region": "RegionOne",
            "type": "compute"
        },
```

```
        [...]
        {
            "adminURL": "http://127.0.0.1:35357/v2.0",
            "id": "490a14457711400694a6f16fc32d9e08",
            "internalURL": "http://127.0.0.1:5000/v2.0",
            "name": "keystone",
            "publicURL": "http://127.0.0.1:5000/v2.0",
            "region": "RegionOne",
            "type": "identity"
        }
    ],
    "endpoints_links": []
}
```

Weitere Beispiele und eine vollständige Dokumentation für die API-Aufrufe finden Sie unter http://docs.openstack.org/api/.

3.5.9 Anwendungsbeispiele API v3

Wollen Sie mit der Version 3 der API kommunizieren, finden Sie im Folgenden einige kleine Beispiele.

Der Bezug eines Tokens erfolgt hier ähnlich. Erzeugen Sie der Einfachheit halber eine neue Datei mit dem Namen `token_data.json` und diesem Inhalt:

```
{
    "auth": {
        "identity": {
            "methods": [
                "password"
            ],
            "password": {
                "user": {
                    "domain": {
                        "name": "Default"
                    },
                    "name": "admin",
                    "password": "geheim"
                }
            }
        },
        "scope": {
            "project": {
                "domain": {
                    "name": "Default"
                },
                "name": "B1Systems"
            }
        }
    }
}
```

Beachten Sie die neuen Werte für die Domäne. Diese Datei übergeben Sie nun an einen `curl`-Aufruf zum Bezug eines Tokens:

```
# curl -k -v -si -d @token_data.json \
-H "Content-type: application/json" https://localhost:35357/v3/auth/tokens
```

Damit erhalten Sie die vollständige Antwort der API. Um nun lediglich das gewünschte Token zu beziehen und auch direkt in eine Umgebungsvariable mit dem Namen *TOKEN* zu exportieren, verknüpfen Sie die vorherige Ausgabe mit einem Aufruf von `awk`:

```
export TOKEN=$(curl -k -si -d @token_data.json \
  -H "Content-type: application/json" \
  https://localhost:35357/v3/auth/tokens |
  awk '/X-Subject-Token/ {print $2}')
```

Jetzt sollte `TOKEN` den gewünschten Wert enthalten. Dies können Sie per `echo $TOKEN` prüfen (Ausgabe gekürzt):

```
# echo $TOKEN
MIIbS[...]
```

Zur Abfrage aller Benutzer verwenden Sie (gekürzte Ausgabe):

```
# curl -k -s -H"X-Auth-Token:$TOKEN" -H "Content-type: application/json" \
https://localhost:35357/v3/users | python -mjson.tool
{
 "links": {
  "next": null,
  "previous": null,
  "self": "https://localhost:5000/v3/users"
 },
 "users": [
  {
   "default_project_id": "d939621cad874f17ba77015ac72bc57f",
   "domain_id": "default",
   "email": "None",
   "enabled": true,
   "id": "16b0ff2b72fd4798ac9b9fe8b9c9a2e3",
   "links": {
    "self":
     "https://localhost:5000/v3/users/16b0ff2b72fd4798ac9b9fe8b9c9a2e3"
   },
   "name": "admin"
  },
    [...]
    {
   "default_project_id": "19cb46af5abb400d9c5fac2ce3ba4f06",
   "domain_id": "default",
   "email": "None",
   "enabled": true,
   "id": "a80f0934f47d4ee28b42f0c8a51ccb9c",
   "links": {
    "self":
     "https://localhost:5000/v3/users/a80f0934f47d4ee28b42f0c8a51ccb9c"
   },
   "name": "nova"
  },
```

```
  {
   "default_project_id": "19cb46af5abb400d9c5fac2ce3ba4f06",
   "domain_id": "default",
   "email": "None",
   "enabled": true,
   "id": "b38fe0f9973a4f5c95616ee20c174624",
   "links": {
    "self":
      "https://localhost:5000/v3/users/b38fe0f9973a4f5c95616ee20c174624"
   },
   "name": "ceilometer"
  },
  {
   "default_project_id": "19cb46af5abb400d9c5fac2ce3ba4f06",
   "domain_id": "default",
   "email": "None",
   "enabled": true,
   "id": "fe4792d28a2f43f4b07cabb5613af016",
   "links": {
     "self":
       "https://localhost:5000/v3/users/fe4792d28a2f43f4b07cabb5613af016"
   },
   "name": "heat"
  }
 ]
}
```

Möchten Sie eine neue Gruppe erzeugen, so können Sie das bequem per `curl` erledigen:

```
# curl -k -s -H"X-Auth-Token:$TOKEN" \
  -H "Content-type: application/json" \
  -d '{"group": {"description": "Ein kleiner Test",
                 "name": "OneLineTestGroup"}}' \
  https://localhost:35357/v3/groups
```

Der hier verwendete Name der Gruppe lautet `OneLineTestGroup`, die Beschreibung `Ein kleiner Test`.

Alternativ dazu können Sie die notwendigen Daten selbstverständlich, wie beim Beispiel des Tokens, in eine eigene Datei schreiben und diese an `curl` übergeben. Hier zuerst der Inhalt der Datei `add_group.json`:

```
# cat add_group.json
{
    "group": {
        "name": "meine_erste_gruppe",
        "description": "nur eine kleine beschreibung",
        "enabled": true
    }
}
```

Diese übergeben Sie an `curl`:

```
# curl -k -si -H"X-Auth-Token:$TOKEN" -H "Content-type: application/json"\
  -d @add_group.json https://localhost:35357/v3/groups
```

Die existierenden Gruppen fragen Sie nun mit folgendem Kommando ab:

```
# curl -k -s -H"X-Auth-Token:$TOKEN" -H "Content-type: application/json" \
https://localhost:35357/v3/groups | python -mjson.tool
{
 "groups": [
  {
   "description": "nur eine kleine beschreibung",
   "domain_id": "default",
   "enabled": true,
   "id": "43896cf6e80d47d7980029be5eb8a094",
   "links": {
    "self":
      "http://localhost:5000/v3/groups/43896cf6e80d47d7980029be5eb8a094"
   },
   "name": "meine_erste_gruppe"
  }
 ],
 "links": {
  "next": null,
  "previous": null,
  "self": "http://localhost:5000/v3/groups"
 }
}
```

Eine Gruppe mit einer bestimmten ID können Sie per `curl` auch direkt löschen:

```
# curl -k -s -H "X-Auth-Token:$TOKEN" \
  -X DELETE -H "Content-type: application/json" \
  https://localhost:35357/v3/groups/43896cf6e80d47d7980029be5eb8a094
```

Dabei handelt es sich im letzten Teil `43896cf6e80d47d7980029be5eb8a094` um die ID der Gruppe.

4 Image Service – Glance

Name: Glance
Aufgabe: Image Service
Core-Projekt seit: Bexar

Alle Instanzen, die in einer OpenStack-Umgebung mit Nova Compute gestartet werden, basieren auf einem Image – dem *Disk Image* oder auch *Basis-Image*.

Dieses Image beinhaltet das Festplattenabbild eines vorinstallierten Betriebssystems und dient als Vorlage für den Inhalt einer Festplatte der Instanz. Aber auch um neue Volumes zu erstellen, können Images genutzt werden.

Der OpenStack *Image Service* stellt solche Images innerhalb der OpenStack-Umgebung zur Verfügung. Er kann Images registrieren, verwalten, Informationen abfragen und vor allem beim Starten einer Instanz im Zusammenspiel mit dem Compute Service dem ausführenden Compute Node ein Image zum Download bereitstellen.

Glance beherrscht dabei den Umgang mit unterschiedlichen Image- und Container-Formaten sowie die Anbindung verschiedener Storage Backends.

Daneben gibt es mit dem sogenannten »Golden Image« die Möglichkeit zu Hypervisor-unabhängigen Images, die in beliebigen Cloud-Umgebungen funktionieren. Als Image-Format verwenden sie das nicht spezifische Raw-Format, da sie dann leicht zu erstellen, zu lesen und zu verändern sind.

Das Vorhalten verschiedener »Image Templates« wiederum, auf denen ein bestimmter Satz von Applikationen installiert ist, ermöglicht ein schnelles Provisionieren von Softwareumgebungen, ein *Software-on-Demand*.

Zunächst stellt dieses Kapitel in einer Übersicht mögliche Speicherorte (Storage Backends) und Image-Formate vor.

Nach Hinweisen zu Quellen für fertige Images folgt eine Erklärung zur Funktionsweise des Image Service.

Anschließend geht es in die Praxis: Im Hauptteil widmet sich das Kapitel der Installation, Konfiguration und Administration von Glance. Der Abschnitt 4.5 schließlich stellt Werkzeuge zum Erzeugen von Images sowie zum Übertragen von Dateien in die Images (*File Injection*) vor.

4.1 Begriffe und Funktionsweise

4.1.1 Speicherorte für Imagedateien

Glance wurde als Abstraktionsschicht zwischen den Storage Backends und der restlichen OpenStack-Umgebung entworfen und ist so in der Lage, eine Vielzahl von Storage Backends anzusteuern. Derzeit unterstützt Glance folgende Storage Backends:

- Traditionelle Dateisysteme, in denen die Images auf herkömmliche Art in Dateien gespeichert werden (*Local Storage*)
- OpenStack Object Storage (Swift), der Images als Objekte behandelt (siehe auch Abschnitt 11.1, S. 285)
- Amazon S3, das das Laden der Images von einem Amazon *Simple Storage Service* (S3) Storage ermöglicht
- HTTP, das das Laden der Images von einem Webserver erlaubt; auch hier ist nur ein lesender Zugriff möglich
- Ceph (RBD), ein verteiltes Dateisystem, das auf Standardhardware läuft und das vor allem wegen seiner Ausfallsicherheit, Skalierbarkeit und hohen Performance gewünscht wird. (Etwas mehr zu Ceph folgt im Abschnitt 12.3, S. 311 im Anhang).

In Havana wurde zusätzlich noch Cinder als Storage Backend für Glance mit aufgenommen.

Per Default wird der lokale Treiber genutzt und neue Images werden lokal im Verzeichnis `/var/lib/glance/images/` abgelegt. Die Konfiguration der Storage Backends zeigt Abschnitt 4.3 ab Seite 77.

4.1.2 Image-Formate

Glance unterstützt die folgenden Image-Formate:

`Raw`
: ist ein Rohdatenformat ohne spezielle Struktur oder Metadaten.

`VHD`
: ist ein geläufiges Format (VHD = *Virtual Hard Disk*), das von verschiedenen Virtualisierungslösungen wie VMWare, Xen, Microsoft, VirtualBox eingesetzt wird.

`VMDK`
: ist ebenfalls ein gängiges Format (VMDK = *Virtual Machine Disk*). Ursprünglich von VMware für virtuelle Appliances entwickelt, ist es mittlerweile ein offenes Format, das von mehreren Virtualisierungslösungen unterstützt wird (u. a. VMware Workstation oder VirtualBox); wird auch von QEMU unterstützt.

`VDI`
: ist das Format von VirtualBox (VDI = *Virtual Disk Image*); wird ebenfalls von QEMU unterstützt.

`ISO`
: ist ein Archivierungsformat für CDs und andere optische Datenspeicher.

`QCOW`
: ist ein QEMU/KVM-Format (QCOW = *QEMU Copy-on-Write*, genauer: QCOW2), das dynamisch erweitert werden kann und Copy-on-Write unterstützt.

`QED`
: ist ein weiteres QEMU/KVM-Format (QED = *QEMU Enhanced Disk Format*), das sehr schnell ist und Backing Files und Sparse Images unterstützt, jedoch im Gegensatz zu QCOW2 (noch) keine Verschlüsselung und Kompression bietet.

`OVF`
: ist ein von der *Distributed Management Task Force* (DMTF) entwickeltes, offenes Standardformat (OVF = *Open Virtualization Format*) zum Verpacken und Verteilen von Software für Virtual Appliances.

`AKI`
: ist ein Kernel-Image, das vom Amazon-EC2-Boot-Loader geladen wird (AKI = *Amazon Kernel Image*).

`ARI`
: ist ein Disk Image, das vom Amazon-EC2-Boot-Loader während des Kernel Loads verwendet wird (ARI = *Amazon Ramdisk Image*).

`AMI`
: liefert die Informationen, die nötig sind, um eine Instanz inbetriebzunehmen (AMI = *Amazon Machine Image*). Dazu gehören ein Template für das Root Volume der Instanz (mit Angaben zum Betriebssystem, den Anwendungen, o. Ä.), die Rechte, die festlegen, welche AWS-Konten das AMI verwenden dürfen sowie ein *Block Device Mapping*, das die Volumes definiert, die der Instanz nach der Inbetriebnahme zugewiesen werden. Beim Starten einer Instanz von einem AMI-Image kann ein AKI- und ARI-Image zugewiesen werden.

Die genannten Formate können vom Glance-Client-Tool (siehe Abschnitt 4.4.1, S. 82) als Parameterwerte verarbeitet werden.

4.1.3 Container-Formate

Container-Formate speichern zusätzlich Metadaten zur virtuellen Maschine der Imagedatei wie beispielsweise Informationen zum verwendeten Betriebssystem. Als mögliche Werte für das Container-Format kommen infrage:

`Bare`
: `Bare` bedeutet, dass keine Metadaten eines Container-Formats vordefiniert werden (*unrecognized*).

`OVF`
: Das Open Virtualization Format (OVF) ist ein offener Standard für Virtual Appliances.

`AKI` / `ARI` / `AMI`
: Amazon EC2 setzt ebenfalls Metadaten zum Umgang mit den Images ein. Das AMI-Format ist letztlich ein Template, das u. a. auch Informationen zur Softwarekonfiguration enthält.

Auch die Container-Formate werden als Parameterwerte vom Glance-Client verarbeitet (siehe Abschnitt 4.4.1, S. 82).

4.1.4 Metadaten

Zur Verwaltung der Images werden diesen eine Reihe von Metadaten in Form von Key-Value-Paaren zugeordnet, die Glance in einer eigenen Datenbank speichert. Sie spielen unter anderem bei der Auswahl eines geeigneten Compute Node eine Rolle: Solange der *ImageProperties-Filter* auf dem Scheduler aktiv ist (Default), wird der Scheduler die in den Metadaten gespeicherten Werte berücksichtigen. Relevant sind hier die folgenden Werte:

`architecture` gibt die CPU-Architektur an, die vom Hypervisor unterstützt werden muss. (Sie können die Architektur mit `uname -m` ermitteln.)

`hypervisor_type` gibt den Hypervisor an. Mögliche Werte sind: `kvm`, `xen`, `qemu`, `lxc`, `uml`, `vmware`, `hyperv`, `powervm`.

`vm_mode` gibt den `Virtual Machine Mode` an, entsprechend der Host-/Gast-Schnittstelle ABI (*Application Binary Interface*). Mögliche Werte sind: `hvm` für Vollvirtualisierung wie bei QEMU und KVM, `xen` für ein paravirtualisiertes Xen, `uml` für ein paravirtualisiertes User Mode Linux sowie `exe` für Executables in LXC (Linux Container).

Speziell für den XenAPI-Treiber von OpenStack Compute gibt es darüber hinaus noch folgende Werte:

`auto_disk_config` erlaubt das Partitionieren und Resizing des Dateisystems.

`os_type` gibt das Betriebssystem an.

Weiterhin gibt es spezifische Konfigurationen für den VMware-API-Treiber von OpenStack Compute.

Wie Sie die Metadaten eines Image auslesen und bearbeiten sowie eigene Metadaten zuordnen, zeigt der Abschnitt 4.4.3 (S. 85).

4.1.5 Virtual Machine Images

Virtual Machine Images enthalten das Betriebssystem der virtuellen Maschinen. Zum Neuerstellen von Imagedateien gibt es eine Reihe von Tools (siehe Abschnitt 4.5, S. 87). Abhängig vom Hypervisor[1] können Sie bereits vorhandene Images in eine OpenStack-Umgebung einbinden. Hierbei können Sie auch auf fertige Images zurückgreifen, die zum Download angeboten werden. Herausgegriffen seien die folgenden Angebote:

[1] Für QEMU- oder KVM-virtualisierte Umgebungen empfehlen sich Images in den QEMU-Formaten QCOW2 oder QED.

CirrOS Test-Images

Die CirrOS Test-Images werden von Scott Moser bereitgestellt und sind sehr kleine (< 15 MB Downloadgröße), speziell zum Testen entwickelte Linux-Images mit minimaler Funktionalität (z. B. SSH-Anmeldung, Unterstützung für `config-drive-v2` und `ec2 metadata source`, ACPI-Unterstützung[2]). Mit einem CirrOS-Image kann beim Einrichten einer OpenStack-Umgebung schnell und einfach die Möglichkeit zum Booten von Instanzen getestet werden. Zur Anmeldung gibt es einen Login-User namens `cirros` mit dem Kennwort `cubswin:)`. https://launchpad.net/cirros

Red Hat

Mit einer gültigen RHEL-6-Subskription können Sie ein offizielles KVM Guest Image von Red Hat beziehen: https://rhn.redhat.com/rhn/software/channel/downloads/Download.do?cid=16952 (Version: RHEL 6.5) Außerdem wird ein `boot.iso`-Image, ein minimales Image für die Netzwerkinstallation, das der `boot.iso`-Datei auf der RHEL-Installations-DVD entspricht, zur Verfügung gestellt.

Fedora

Aus dem Fedora-Projekt stammen vorgefertigte *Fedora JeOS (Just enough OS) Images*. Die Images enthalten bereits das Werkzeug `cloud-init` für die Injection von SSH-Key und Benutzerdaten. Per Default gibt es einen Benutzer namens `fedora`.
http://cloud.fedoraproject.org/

openSUSE/ SLES

SUSE bietet keine fertigen Images an, stattdessen können Sie über *SUSE Studio* recht schnell und einfach Images für openSUSE und SLES erstellen. Der besondere Vorteil ist hier die Möglichkeit, selbst die Softwareauswahl, die Konfiguration, das Format u. a. zu bestimmen. https://susestudio.com/

Ubuntu

Auch Canonical stellt einen Satz offizieller Ubuntu-Images bereit. Zur Anmeldung ist jeweils ein Benutzer namens `ubuntu` angelegt.
http://cloud-images.ubuntu.com

Microsoft Windows

Die Firma Cloudbase Solutions bietet ein Image mit einer *Windows Server 2012 Standard Evaluation* an, das auf Hyper-V, KVM und XenServer/XCP läuft. http://www.cloudbase.it/ws2012/

---

[2] *Advanced Configuration and Power Interface* (ACPI) ist ein offener Industriestandard, der Schnittstellen zur Energieverwaltung, Hardwareerkennung und Gerätekonfiguration bereitstellt.

Eine aktuelle Liste der OpenStack-Community für verfügbare Images gibt es unter folgender Adresse: http://docs.openstack.org/image-guide/content/ch_obtaining_images.html

Unter der Adresse http://docs.openstack.org/image-guide/content/windows-image.html ist dokumentiert, wie Windows-Images erstellt werden.

Um eine so heruntergeladene Imagedatei in die OpenStack-Umgebung zu integrieren, müssen Sie das Image auf Glance hochladen und registrieren (siehe Abschnitt 4.4.2, S. 82). Durch den Upload-Prozess wird es auf das definierte Storage Backend abgelegt. In einer fertig eingerichteten OpenStack-Umgebung bietet auch das Dashboard die Möglichkeit, Images einzubinden.

Aktuelle Informationen zu Images können Sie auch im »Virtual Machine Image Guide« (http://docs.openstack.org/image-guide/image-guide.pdf) nachlesen.

Beim Start einer Instanz lädt der Compute Service zuerst einmal das Basis-Image vom Glance-Server auf Cinder, sodass der Compute Node darauf zugreifen kann.

Jede weitere Cloud-Instanz, die mit demselben Image und auf demselben Compute Node gestartet wird, kann in der Folge auf diese Kopie des Basis-Image zurückgreifen: Nova überprüft zunächst, ob das angeforderte Image schon (durch einen früheren Aufruf) lokal auf dem Compute Node vorhanden ist. Wird eine Kopie des Image gefunden, prüft Nova anhand eines Prüfsummenvergleichs, ob ein Unterschied zum Original besteht. Wird ein Unterschied festgestellt, dann kopiert Nova das Basis-Image erneut. Ansonsten nutzt Nova die lokal vorhandene Kopie. Dieses Verfahren soll ressourcenfressende Kopiervorgänge beim Übertragen der Images – speziell im Netzwerk – auf ein Minimum reduzieren. Nur bei Änderungen am Basis-Image ist eine erneute Übertragung auf die beteiligten Compute Nodes nötig.

Der *Glance-API-Server* übernimmt die Kommunikation mit den Storage Backends und der übrigen OpenStack-Umgebung. Er ermöglicht den Kunden, neue Images zu registrieren und Informationen zu Images abzufragen. Seine wesentlichste Aufgabe ist es jedoch, den Stream zum jeweils benötigten Image auf dem Storage Backend für den Compute Service herzustellen, damit dieser das Image auf den Compute Node laden kann.

Die Glance-API wird über eine RESTful-Schnittstelle angesteuert.

Die *Glance-Registry* pflegt die zur Verwaltung der Images nötigen Informationen in Form von Metadaten in einer Datenbank. Die Metadaten enthalten etwa Optionen zur Nutzung der einzelnen Images. So können Images beispielsweise als öffentlich (`public`) gekennzeichnet werden, wodurch jeder Benutzer das Image als Grundlage für eine neue Instanz abrufen kann.

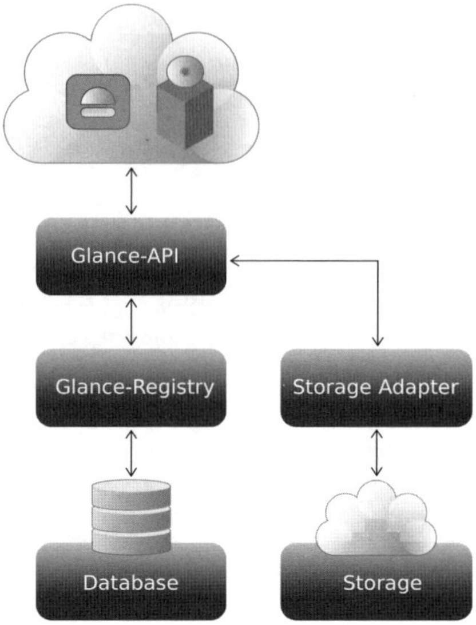

Abb. 4-1
Der OpenStack Image Service Glance

Der *Glance-Client* schließlich ermöglicht den Zugriff auf die API für die Verwaltung der Images und stellt die dazu erforderlichen Kommandozeilenbefehle bereit.

Direkter Zugriff von Nova auf die Storage Backends bei Havana

Seit dem Havana-Release kann Nova die Storage Backends auch direkt ansprechen, ohne den Download über Glance in Anspruch zu nehmen.

4.2 Installation

Der OpenStack *Image Catalog* und *Delivery Service* (Glance) besteht aus drei Teilen, die je nach Distribution unterschiedlich paketiert werden:

- *Glance-API*
- *Glance-Registry*
- *Glance-Client*

Die Glance-API ist zuständig für die Bereitstellung der Images. Die Compute Nodes laden mithilfe der Glance-API die benötigten Images der Instanzen vom Storage Backend.

Die Glance-Registry sorgt für die Verwaltung der Images in einer eigenen Datenbank.

Der Glance-Client schließlich bildet die Schnittstelle für die Verwaltungsbefehle.

Hinweis: Glance-Registry mit Glance-API v2 nicht mehr nötig

Mit der Version 2 der Glance-API ist die Glance-Registry nicht mehr nötig, da die API direkt auf die Datenbank zurückgreift. Möchten Sie die Glance-Registry weiter einsetzen und die Verwendung der Glance-API v1 erzwingen, können Sie dies mit folgendem Eintrag in der Konfigurationsdatei `/etc/glance/glance-api.conf` erreichen:

```
enable_v2_api=False
```

4.3 Konfiguration

Die Konfigurationsdateien von Glance befinden unterhalb von `/etc/glance/`. Bei der Installation werden distributionsabhängige Vorgabedateien angelegt, die Sie Ihrer Umgebung entsprechend abändern.

4.3.1 Glance-API

Die Glance-API wird über die Dateien `/etc/glance/glance-api.conf` und `/etc/glance/glance-api-paste.ini` konfiguriert. In der `glance-api.conf` sind der Registry-Host einzutragen (in einem Single-Node-Setup einfach `127.0.0.1` oder `localhost`) und das Passwort für den RabbitMQ:

```
registry_host = <host>
rabbit_password = <rabbitpw>
```

In der Datei `glance-api-paste.ini` werden im Abschnitt `[filter:authtoken]` Adressen und Ports des Identity-Servers vermerkt und die Credentials für die spätere Authentifizierung eingetragen:

```
[filter:authtoken]
paste.filter_factory = keystone.middleware.auth_token:filter_factory
service_protocol = http
service_host = <host>
service_port = 5000
auth_host = <host>
auth_port = 35357
auth_protocol = http
auth_uri = http://<host>:5000/
# Credentials
admin_tenant_name = %SERVICE_TENANT_NAME%
admin_user = %SERVICE_USER%
admin_password = %SERVICE_PASSWORD%
```

(Für die Credentials sind die passenden Werte einzutragen, siehe auch Abschnitt 3.2.9, S. 35. Ein konkretes Beispiel finden Sie im Setup-Kapitel im Abschnitt 13.1.1 auf S. 330.)

Bei der Installation aller Dienste auf einem einzigen Rechner können Sie auch hier die Werte für `service_host` und `auth_host` einfach auf `localhost` (oder `127.0.0.1`) setzen. Alle anderen Einträge können Sie aus der Vorgabedatei übernehmen.

Statt der Credentials können Sie auch ein Token einsetzen:

```
admin_token = ADMINTOKEN
```

Das Verzeichnis für die Images wird durch den Parameter `filesystem_store_datadir` festgelegt. Standardmäßig wird dazu das Verzeichnis `/var/lib/glance/images/` im lokalen Dateisystem verwendet:

```
filesystem_store_datadir = /var/lib/glance/images/
```

Damit die Glance-Registry zur Authentifizierung Keystone verwendet, müssen die Zeilen:

```
[paste_deploy]
flavor = keystone
```

am Ende der Datei stehen.

Außerdem sollte der Wert für das RabbitMQ-Passwort angepasst werden:

```
rabbit_password = rabbitpw
```

Schließlich muss noch der Host mit der Glance-Registry eingetragen werden:

```
registry_host = <host>
```

Bei einem Single-Node-Setup reicht hier die IP-Adresse `0.0.0.0`.

Eines der möglichen weiteren Flags ist `delayed_delete`, das per Default nicht bzw. auf `False` gesetzt ist. Es erlaubt eine Verzögerung beim Löschen von Images, bevor ein Image tatsächlich vom Backend gelöscht wird, auch wenn es aus Benutzersicht gleich nach Ausführen des Löschaufrufs entfernt wurde. Wurde der Wert auf `True` gesetzt, wird mit dem Flag `scrub_time` die Verzögerungszeit in Sekunden gesetzt:

```
delayed_delete = True
scrub_time = 43200
```

Wenn Sie die Verzögerung aktiviert haben, konfigurieren Sie dazu passend den *Scrubber* (siehe auch Abschnitt 4.4.5, S. 86).

Sorgen Sie schließlich dafür, dass der Dienst `openstack-glance-api` beim Start des Servers initialisiert wird:

```
# chkconfig glance-api on
```

... und starten Sie dann für die aktuelle Sitzung den openstack-glance-api-Dienst:

```
# service openstack-glance-api start
```

Mithilfe von netstat können Sie den Status überprüfen:

```
# netstat -tulpen | grep 9292
tcp 0 0 0.0.0.0:9292 0.0.0.0:* LISTEN 0 19011 19848/python
```

Die Ausgabe zeigt, dass der Host (hier: 0.0.0.0 = localhost) auf dem Port 9292, dem Defaultport für die Glance-API, auf Anfragen hört.

Konfiguration des Storage Backends

Das Storage Backend für Glance-Images wird in der glance-api.conf in der Sektion [DEFAULT] über den Wert des (optionalen) Eintrags default_store bestimmt. Standardmäßig ist das Speichern auf dem lokalen Dateisystem eingestellt:

```
default_store=file
```

Andere mögliche Werte sind: cinder für OpenStack Block Storage, rbd für RADOS Block Devices (RBD) mit Ceph, swift für OpenStack Object Storage, s3 für Amazon S3 Object Storage, sheepdog für Sheepdog und vsphere für VMware-Backends. Abhängig vom gewählten Backend sind in der Folge der Wert von filesystem_store_datadir und weitere Parameter anzupassen. Die grundlegende Konfiguration für Swift als Storage Backend für Glance zeigt Abschnitt 11.6, S. 295.
Desweiteren muss die jeweils korrespondierende Konfigurationsdatei des entsprechenden Backends eingerichtet werden (für Swift z. B. die Datei /etc/swift/swift.conf). Für weitere Konfigurationsmöglichkeiten – auch die Möglichkeit, mehrere Storage Backends parallel zu verwenden – sei aus Platzgründen auf die Online-Dokumentationen verwiesen, z. B. unter der Adresse:
http://docs.openstack.org/developer/glance/configuring.html.

4.3.2 Glance-Registry

Die zentralen Konfigurationsdateien von glance-registry sind glance-registry-paste.ini und glance-registry.conf im Verzeichnis /etc/glance/.

Bei der Anpassung der /etc/glance/glance-api-paste.ini muss, wie schon bei der API, auf den Abschnitt filter:authtoken geachtet werden:

```
[filter:authtoken]
paste.filter_factory = keystone.middleware.auth_token:filter_factory
service_protocol = http
service_host = <host>
service_port = 5000
auth_host = <host>
auth_port = 35357
auth_protocol = http
auth_uri = http://<host>:5000/
admin_tenant_name = %SERVICE_TENANT_NAME%
admin_user = %SERVICE_USER%
admin_password = %SERVICE_PASSWORD%
```

Hier müssen die korrekten Hostadressen eingetragen werden. Bei einer Installation aller Dienste auf einem einzigen Rechner können Sie die Werte für service_host und auth_host und die Adresse im FQDN der connection-Zeile einfach auf localhost (oder 127.0.0.1) setzen.

Die /etc/glance/glance-registry.conf hingegen bekommt die für die Datenbankanbindung benötigten Werte:

```
connection = mysql://glance:glancepw@<db-host>/glance
```

Um die Glance-Registry für eine Keystone-Authentifizierung zu konfigurieren, sind die beiden folgenden Zeilen in der glance-registry.conf notwendig:

```
[paste_deploy]
flavor = keystone
```

Nach den erfolgten Anpassungen initialisieren Sie zunächst die Datenbank mit dem Befehl glance-manage:

```
# glance-manage db_sync
```

Auch dieser Dienst wird für den automatischen Start beim Hochfahren des Servers eingestellt und anschließend gestartet:

```
# chkconfig openstack-glance-registry on
# service openstack-glance-registry start
```

Überprüfen Sie den Status mittels netstat:

```
# netstat -tulpen | grep 9191
tcp 0 0 0.0.0.0:9191 0.0.0.0:* LISTEN 0 19012 19885/python
```

Die Ausgabe zeigt, dass der Host (hier: 0.0.0.0) auch auf dem Port 9191 lauscht, dem Defaultport für die Glance-Registry.

4.3.3 Richtlinien (Policies)

Eine Richtlinie ist ein Satz von Regeln, der festlegt, ob ein Kunde (Tenant) autorisiert ist, eine bestimmte Aktion auszuführen. Jede Regel beschreibt genau eine Methode, die in der Glance-API aufgerufen werden kann. Die Richtlinien werden als einfaches JSON-Objekt in einer Richtliniendatei (engl. *policy configuration file*) abgelegt. Für Glance ist das die Datei `/etc/glance/policy.json`.

Die folgenden Aktionen können über Regeln eingeschränkt werden:

`get_images` Auflisten der Images

`get_image` Auflisten eines bestimmten Image

`download_image` Download der binären Image-Daten

`add_image` Erstellen eines Image

`modify_image` Ändern eines Image

`publicize_image` Veröffentlichen eines Image (bestehend oder neu)

`delete_image` Image (einschl. der binären Image-Daten) löschen

`manage_image_cache` Image Cache Management API nutzen

In der Standardkonfiguration dürfen alle Benutzer alle Methoden der Glance-API aufrufen, was durch eine leere JSON-Liste ausgedrückt wird:

```
{
  "default": []
}
```

Um eine Aktion an eine oder mehrere Rollen zu binden, werden die einzelnen Rollen einfach nach der Aktion aufgelistet. Der folgende Eintrag beschränkt beispielsweise das Löschen von Images auf die Rollen `admin` und `b1systems`:

```
{
  "delete_image": ["role:admin", "role:b1systems"]
}
```

Wollten Sie alle Veränderungen an den Images nur auf einen Administrator beschränken, sähe die Konfigurationsdatei so aus:

```
{
   "default": [],
   "add_image": ["role:admin"],
   "modify_image": ["role:admin"],
   "delete_image": ["role:admin"]
}
```

4.4 Administration

4.4.1 Der Glance-Client

Auch Glance bringt mit dem Paket `python-glanceclient` eine eigene Schnittstelle für die Kommandozeile mit, die Abfragen und die Verwaltung der Images unterstützt. Die allgemeine Syntax für Glance-Befehle hat die Form:

```
# glance <command> [options] [args]
```

Subkommandos der Glance-CLI (Auswahl):

`help` zeigt eine detaillierte Hilfe zu einem Kommando.

`image-create` fügt ein Image hinzu.

`image-download` lädt ein bestimmtes Image herunter.

`image-update` aktualisiert ein Image mit Metadaten.

`image-delete` entfernt ein oder mehrere Image(s) wieder.

`image-list` listet kurze Informationen zu allen Images, auf die Zugriff besteht.

`image-show` zeigt detaillierte Beschreibungen zu einem bestimmten Image.

`member-create` gibt Zugriffsrechte auf ein Image für einen bestimmten Tenant.

`member-delete` entfernt die Zugriffsrechte eines Tenants auf ein Image.

`member-list` zeigt Zugriffsrechte, bezogen auf ein Image oder einen Tenant.

4.4.2 Images registrieren

Damit der Compute Service Images für die Erzeugung von Instanzen nutzen kann, müssen diese zunächst in Glance registriert werden. Dabei wird das Image in die Datenbank eingetragen und auf das konfigurierte Storage Backend geladen. Ab diesem Zeitpunkt kann das Image genutzt werden.

Um ein Image[3] in die OpenStack-Cloud einzubinden (zu »registrieren«), nutzen Sie den Befehl `glance image-create`:

[3] Haben Sie für Ihr Setup keine Images zur Hand, können Sie auch bereits fertige Images aus dem Internet laden (siehe auch Abschnitt 4.1.5, S. 73).

```
# glance image-create name=<name> \
  container-format=bare disk-format=<imageformat> \
  < <pfad_zum_image>
```

Statt der Eingabeumlenkung können Sie die Image-Quelle auch über die Parameter `--file <file>` und `--location <url>` definieren.

Im konkreten Fall sähe der vollständige Befehl zum Registrieren eines CirrOS-Image z. B. so aus:

```
# glance image-create
  --os-username glance \
  --os-password glancepw \
  --os-tenant-name service \
  --os-auth-url http://localhost:35357/v2.0/ \
  --name Cirros-0.3.0 --is-public true \
  --container-format bare --disk-format qcow2 \
  < cirros-0.3.0-x86_64-disk.img
+------------------+--------------------------------------+
| Property         | Value                                |
+------------------+--------------------------------------+
| checksum         | 50bdc35edb03a38d91b1b071afb20a3c     |
| container-format | bare                                 |
| created_at       | 2013-06-22T10:55:13                  |
| deleted          | False                                |
| deleted_at       | None                                 |
| disk_format      | qcow2                                |
| id               | 0196644b-a41f-460d-88d2-d486284c1b04 |
| is_public        | True                                 |
| min_disk         | 0                                    |
| min_ram          | 0                                    |
| name             | Cirros-0.3.0                         |
| owner            | 959c7c1eaaaa4e03af972c8f82e13153     |
| protected        | False                                |
| size             | 9761280                              |
| status           | active                               |
| updated_at       | 2013-06-22T10:55:13                  |
+------------------+--------------------------------------+
```

Die Imagedateien werden dabei von Glance mit jeweils eindeutigen UUIDs versehen, die auch als Identifier der späteren Verwaltung dienen.

Bisher werden keine Metadaten[4] von Glance oder anderen OpenStack-Komponenten genutzt, sodass als Wert für `container-format` immer `bare` eingesetzt werden kann.

Das Image-Format spezifizieren Sie über den Parameter `disk-format`. (Wie Sie eine Imagedatei identifizieren, zeigt der Abschnitt 4.4.4, S. 86.) Für Raw-Images muss also zum Beispiel `disk-format=raw` angegeben werden, wie das nachfolgende Beispiel für ein KVM-Image zeigt:

[4] Metainformationen könnten beispielsweise beim OVF (Open Virtualization Format) mitgegeben werden.

```
# glance image-create
  --name=vm01 \
  --container-format=bare \
  --disk-format=raw \
  < /vm-images/vm01.raw
```

Eine Liste aller derzeit unterstützten Image- und Container-Formate finden Sie in den Abschnitten 4.1.2 und 4.1.3 auf S. 71.

Wird mit mehreren Projekten (= »Tenants«; siehe Abschnitt 3.5.3 auf S. 55) gearbeitet, ist unter Umständen das Metadatenfeld `is_public` interessant (siehe auch Abschnitt 4.4.3, S. 85), ein Boolean-Wert, der zusätzlich mit angegeben werden kann und festlegt, dass das Image »öffentlich« ist, d. h., dass es von allen Tenants genutzt werden kann:

```
# glance image-create [...] is-public=true [...]
```

Mit dem Wert `false` wird umgekehrt das Image für alle anderen Tenants gesperrt. Möchten Sie vermeiden, dass ein öffentliches Image von jedermann gelöscht werden kann, dann setzen Sie zusätzlich den Parameter `-is-protected=true`.

Mit `glance image-list` erhalten Sie eine Übersichtsliste der registrierten Images:

```
# glance image-list
ID                                   Name       Disk Format  Container Format Size
------------------------------------ ---------- ------------ --------- -----------
1b3d3d26-fca4-4ee4-b512-b13b45d14694 sles11sp3  raw          bare      8589934592
f31724d0-7b59-46ca-966a-c016685fdfd0 cirros     qcow2        bare      9761280
```

Um sich detaillierte Informationen eines bestimmten Image anzeigen zu lassen, geben Sie `glance image-show` unter Angabe der UUID oder des Image-Namens ein:

```
# glance image-show <IMAGE_ID>
URI: http://localhost:9292/v1/images/f31724d0-7b59-46ca-966a-c016685fdfd0
Id: f31724d0-7b59-46ca-966a-c016685fdfd0
Public: Yes
Protected: No
Name: Cirros-0.3.0
Status: active
Size: 9761280
Disk format: qcow2
Container format: bare
Minimum Ram Required (MB): 0
Minimum Disk Required (GB): 0
Owner: 1f6a900f6c80431e9cd2a454c15fe62e
Created at: 2013-07-25T12:25:40
Updated at: 2013-07-25T12:25:41
```

Möchten Sie ein fehlerhaftes oder nicht mehr genutztes Image aus Glance entfernen, so erreichen Sie dies mit dem Befehl `glance image-delete` unter Angabe der UUID des Image:

```
# glance image-delete <IMAGE_ID>
```

4.4.3 Metadaten für Images

Glance unterstützt vorgabemäßig die Verwaltung der folgenden Felder für Metadaten:

`name` ein Image-Name

`location` externer Ort, von dem das Image geladen wird

`copy-from` externer Ort, von dem das Image kopiert wird (HTTP, S3 oder Swift-URI)

`is-public` Boolean-Wert für die öffentliche Verfügbarkeit

`protected` Boolean-Wert für Löschschutz

`disk-format` Format des Disk Image

`container-format` Format des Containers

Alle anderen Feldnamen werden als kundenspezifisch betrachtet.

Wollen Sie die Metadaten bearbeiten, nutzen Sie den Befehl `glance image-update`. Dessen allgemeine Syntax lautet:

```
# glance image-update [options] <ID> <field1=value1 field2=value2 ...>
```

Der Befehl, um den Namen eines Image zu ändern und es gleichzeitig zu veröffentlichen, könnte so aussehen:

```
# glance image-update <IMAGE_ID> name=vm03-apache is-public=true
```

Die Felder für die Metadaten werden wie Argumente eingegeben.

Sie können auch selbst definierte Felder hinzufügen:

```
# glance image-update <IMAGE_ID> special_information=irgendwas
```

Mit `image-show` können Sie sich die Felder eines Image ausgeben lassen:

```
# glance image-show <IMAGE_ID>
[...]
Property 'special_information': irgendwas
[...]
```

Update von Metadaten

Beachten Sie, dass selbst definierte Metadatenfelder, die Sie bei einem Update-Kommando nicht mit angeben, gelöscht werden!

4.4.4 Imagedateien identifizieren

Falls Sie den Typ einer vorhandenen Imagedatei zur korrekten Weiterverarbeitung nicht zuordnen können – etwa weil Sie das Image aus dem Internet heruntergeladen haben –, ist es hilfreich, Befehle zur Identifizierung einer Imagedatei zu kennen.

Von den GNU/Linux-Bordmitteln bietet sich der Befehl `file` an, der den Dateityp und das Format zurückgibt:

```
# file /images/cirros.img
/images/cirros.img: Qemu Image, Format: Qcow , Version: 2
```

Mit dem Subkommando `info` des QEMU-Tools `qemu-img` können Sie zusätzliche Informationen zur Größe des Image ermitteln:

```
# qemu-img info /images/cirros.img
image: /images/cirros.img
file format: qcow2
virtual size: 39M (41126400 bytes)
disk size: 9.3M
cluster_size: 65536
```

Da es sich im Beispiel um ein sogenanntes »Sparse«-Image – ein Feature des QEMU-Dateisystems `qcow2` – handelt, das zunächst nur Platz für die tatsächlich vorhandenen Daten belegt und mit neuen Daten dynamisch anwächst, wird für die aktuelle Größe im Dateisystem (engl. *disk size*) und die maximale Größe des virtuellen Dateisystems (engl. *virtual size*) ein unterschiedlicher Wert angezeigt.

4.4.5 Images aufräumen

Image Cache säubern

Mit der Zeit kann es passieren, dass sich der Cache mit abgebrochenen oder ungültigen Images füllt. Daher sollten Sie den Image Cache von Zeit zu Zeit aufräumen. Der Konsolenbefehl dazu lautet:

```
# glance-cache-cleaner
```

Bequemer wird es, wenn Sie die regelmäßige Ausführung dieses Befehls einem Cronjob übergeben.

Scrubber

Weiterhin gibt es das Tool `glance-scrubber` für das Entfernen von Images, die gelöscht wurden, weil das Flag `delayed_delete` in der Konfigurationsdatei der Glance-API eingeschaltet war. (Auf solche Art gelöschte Images nennt man *soft-deleted*.)

Die Default-Konfigurationsdatei für den Scrubber von Glance ist `/etc/glance/glance-scrubber.conf`:

```
[DEFAULT]
log_file = /var/log/glance/scrubber.log
daemon = False
wakeup_time = 300
scrubber_datadir = /var/lib/glance/scrubber
cleanup_scrubber = False
cleanup_scrubber_time = 86400
registry_host = 0.0.0.0
registry_port = 9191
```

Interessant ist hier neben den Logging-Einstellungen noch Folgendes:

Das Flag `daemon` legt fest, ob die eigene Verzögerungsschleife genutzt wird oder Cron bzw. der Scheduler herangezogen werden soll. Das Flag `wakeup_time` definiert einen Wert in Sekunden für die Verzögerungsschleife, nach der die Datenbank auf neue Elemente zum Löschen überprüft wird. Der Wert bei `scrubber_datadir`, der angibt, wo Scrubber seine Informationen speichert, muss genau so in der `glance-api.conf` gesetzt werden. Der Wert bei `cleanup_scrubber_time` gibt die Zeit in Sekunden an, in der ein Image nicht mehr verändert worden sein darf, bevor es gelöscht werden kann. Die Wartezeit schließlich, bis ein Löschvorgang ausgelöst wird, bestimmen Sie mit einem Sekundenwert im Flag `scrub_time`, also etwa:

```
scrub_time = 43200
```

Nur ein *Cleanup Host* in einer OpenStack-Umgebung möglich !

Achten Sie darauf, dass nur ein Server in Ihrer Umgebung zum säubernden *Cleanup Host* auserkoren wird, da sich mehrere in die Quere kommen könnten.

4.5 Werkzeuge für Images

Da Images mit ihrem Betriebssystem, ihrer Konfiguration und der Auswahl an Software als Basis für die Instanzen eine zentrale Bedeutung haben, werden eine Reihe von Werkzeugen entwickelt, die den Umgang mit Images erleichtern. Da sind zum einen Tools, die bei der Image-Erstellung helfen. Zum anderen besteht oft Bedarf, auch noch nachträglich Daten in fertige Images einzufügen, etwa für Konfigurationsänderungen. Dies ermöglicht die sogenannte »File Injection«.

4.5.1 Tools zum Erstellen von Images

Neben der Möglichkeit, bestehende Images in eine OpenStack-Cloud einzubinden, existieren viele Tools zum Erstellen von Images, unter anderem:

- Oz (KVM)
- VMBuilder (KVM, Xen)
- BoxGrinder (KVM, Xen, VMWare)
- VeeWee (KVM)
- Imagefactory

Images erstellen mit Oz

Oz ist ein Teilprojekt des freien Aeolus-Projektes (www.aeolusproject.org), einer Sammlung von Open-Source-Tools für Cloud Deployments. Es ermöglicht mit minimalen Angaben, JeOS-Gäste (JeOS = *Just Enough Operating System*) zu erstellen. Solche Angaben sind etwa der Name des Gastes, Betriebssysteminformationen, wie Architektur, Version und URL der Installationsquelle, sowie das Root-Passwort. All diese Attribute werden in einfachen XML-Dateien mithilfe einer so genannten *Template Definition Language* (TDL) gespeichert. Dabei nutzt Oz die bereits vorhandenen Infrastrukturkomponenten wie KVM/QEMU, `libvirt` und `libguestfs`.

Tipp: Appliances bauen mit SUSE Studio

SUSE Studio ist ein Tool, das über eine komfortable browsergestützte Oberfläche das einfache und schnelle Erstellen fertiger Appliance Images ermöglicht. Gerade in größeren Umgebungen kann dies sehr hilfreich sein. SUSE stellt SUSE Studio kostenlos zur Verfügung. Mehr dazu auf http://de.opensuse.org/Portal:SUSE_Studio.

4.5.2 File Injection

File Injection meint das Einfügen von einzelnen Dateien in eine Imagedatei. Aktuell werden als Hypervisoren derzeit jedoch nur KVM, QEMU und XenServer offiziell unterstützt.

Beim Starten einer Instanz (siehe auch Abschnitt 5.5.6, S. 133) kann Nova[5] direkt beim Booten verschiedene Dateien injizieren. So kann eine File Injection bei folgenden Setup-Operationen nützlich sein:

- Hinzufügen eines autorisierten SSH-Keys für den Root-Zugriff
- Entfernen von SELinux-Beschränkungen auf `/root/.ssh`
- Setzen eines Passworts für den Root-Account
- Kopieren von Daten in bestimmte Benutzerdateien
- Konfiguration von Netzwerkschnittstellen im Gast

Es gibt grundsätzlich drei Methoden für eine File Injection:

- Loopback Mount
- `qemu-nbd`
- `libguestfs`

Ein Injizieren von Dateien in ein Image funktioniert jedoch nur, wenn das Dateisystem des Image unterstützt wird, was wiederum vom verwendeten Tool abhängt.

Auf (Nova-)Kommandozeilenebene wird die Injection mit der Option `--injected-files` umgesetzt.

Andere Wege, wie die *Config Drive Extension*[6] (Option `--config-drive`), die das Anhängen eines separaten Laufwerks an das Gastsystem beim Starten einer Instanz erlaubt und somit das Übertragen von Konfigurationsdaten auch auf Gäste, bei denen sich die mitgebrachten Dateisysteme nicht mounten lassen, sind in Entwicklung.

Hinweis: File Injection bei Ubuntu mit `cloud-init`

Das Paket `cloud-init`, das für die Initialisierung einer Instanz entwickelt wurde, unterstützt auch eine File Injection. `cloud-init` kann von den offiziellen Ubuntu-Images auf EC2 bezogen werden und ist in den *Ubuntu Cloud Images* installiert.

[5] Intern wird die File Injection durch Code im Modul `nova.virt.disk.api` gehandhabt. Bei der Entwicklung des Codes wurde davon ausgegangen, dass das Dateisystem des Gast-Image in ein Verzeichnis des Host-Dateisystems eingehängt werden kann. Für die verschiedenen Möglichkeiten hat Nova eine »pluggable« API zum Mounten der Gast-Image, die im Modul `nova.virt.disk.api` realisiert wurde.

[6] Die *Config Drive*-Erweiterung funktioniert nur für Compute mit `libvirt` oder Xen auf einem lokalen Dateisystem.

File Injection via Loop-Mount

Eine einfache Methode ist die File Injection via Loop-Mount. Das Loop-Modul unterstützt jedoch nur Images im Raw-Format.

Dabei nutzen Sie `losetup`, um ein *Loop Device* zu erstellen. Anschließend mappen Sie mithilfe von `kpartx` die Partitionen innerhalb des Device und mounten schließlich die gewünschte(n) Partition(en). Bei neueren Kernels können Sie statt `kpartx` den eingebauten Partitionssupport des Loop Device verwenden.

File Injection mit NBD

Ein *Network Block Device* (NBD) ist ein Blockgerät, auf das über das Netzwerk unter Verwendung des NBD-Protokolls zugegriffen wird. Das Netzwerk-Blockgerät kann eine Festplatte, eine Festplattenpartition oder eine Datei sein, die von einem NBD-Server bereitgestellt wird. NBD-Clients auf anderen (oder auch dem gleichen) Rechner verbinden sich über eine TCP-Verbindung mit dem NBD-Server und können anschließend das NBD wie eine lokale Festplatte nutzen. Das NBD-Modul kann mit allen Image-Formaten umgehen, die von QEMU unterstützt werden (also auch QCOW), wird jedoch nicht von RHEL-Kernels unterstützt.

Wenn ein Linux-Rechner ein NBD nutzen soll, muss die NBD-Unterstützung im Kernel aktiviert sein oder das Kernelmodul `nbd.ko` geladen werden. Ein Userspace-Hilfsprogramm namens `nbd-client` kann dann die TCP-Verbindung zum NBD-Server herstellen, die Verbindung an den Kernel weitergeben und sich dann beenden.

Das Programm zum Exportieren von QEMU-Imagedateien ist `qemu-nbd`, das im Paket `qemu` enthalten ist. Mit `qemu-nbd` können Raw- und QCOW-Images eingehängt werden. Für eine File Injection mit `qemu-nbd` ist das Modul `nbd` notwendig.

Um zu überprüfen, ob das NBD-Modul aktiv ist, können Sie `lsmod` nutzen:

```
# lsmod | grep nbd
nbd 17635 1
```

Falls die NBD-Unterstützung nicht im Kernel enthalten ist, laden Sie das NBD-Modul mit `modprobe` manuell nach:

```
# modprobe nbd max_part=8
```

Der Parameter `max_part=8` bezieht sich auf die Anzahl der möglichen Partitionen, die maximal eingebunden werden können.

Um das Modul bei jedem Start des Systems automatisch zu laden, tragen Sie `nbd` in die Liste der zu ladenden Module in der Datei `/etc/sysconfig/kernel` ein:

```
MODULES_LOADED_ON_BOOT="nbd"
```

Dann können Sie sich mit dem NBD-Device – im folgenden Beispiel ein Raw-Image – verbinden:

```
# qemu-nbd --connect=/dev/nbd1 /vm-images/opensuse12.3-base.raw
```

Das Gerät `/dev/nbd1` entspricht dabei der (virtuellen) Festplatte, deren Partitionen nun eingehängt werden können:

```
# mount /dev/nbd1p2 /mnt/
```

Das `p2` in diesem Beispiel bezieht sich auf die zweite Partition der Imagedatei. Die erste Partition ist oft eine Swap-Partition.

Nach dem Aushängen beenden Sie den Export wieder mit der Option `-d`:

```
# umount /mnt && nbd-client -d /dev/nbd1
```

File Injection mit libguestfs

libguestfs ist ein Satz von Werkzeugen, um auf Disk Images virtueller Maschinen zuzugreifen, etwa um Dateien innerhalb der Gastsysteme einzusehen und zu verändern, die Nutzung zu überwachen oder automatisiert Änderungen auf VMs zu übertragen.

Die Tools helfen beim Klonen von VMs, beim Erstellen partieller Backups und bei der Migration sowohl von vorhandenen physischen Servern in virtuelle (»P2V« bzw. »Virtualisieren«) als auch von vorhandenen VMs von einer Virtualisierungslösung auf eine andere (»2V2«).

`libguestfs` unterstützt nahezu alle gängigen Dateisysteme, so die bekannten Linux-Dateisysteme (u. a. ext2/3/4, XFS, Btrfs), Dateisysteme für Windows (VFAT und NTFS), Mac OS X und BSD. Darüber hinaus werden das LVM2, MBR und GPT-Partitionen, SD-Cards, CD- und DVD-ISOs sowie die Formate Raw, QCOW2, VirtualBox VDI und VMWare VMDK unterstützt.

`libguestfs` benötigt für den Zugriff keine Root-Rechte. Es kann auf der Kommandozeile und in Shellskripten eingesetzt werden. Die Kommandozeilenfunktionalität wird über eine interaktive Shell namens `guestfish` bereitgestellt.

Darüber hinaus gibt es noch eine ganze Reihe weiterer Tools, die das Handling von Images erleichtern. So bietet das Tool `virt-rescue` eine Rescue-Shell, um Probleme beim Booten virtueller Maschinen zu beheben. Mehr dazu finden Sie auf der Projekt-Homepage unter http://libguestfs.org/.

Als Bibliothek kann `libguestfs` an C- und C++-Management-Programme geknüpft werden und stellt Bindings für Perl, Python, Ruby, Java, OCaml, PHP, Haskell, Erlang und Lua sowie C# zur Verfügung.

Neben OpenStack nutzen auch andere Projekte `libguestfs`, u. a. das Aeolus Cloud Project, JBoss BoxGrinder, Oz sowie die `virt-tools` und `virt-v2v`.

5 Compute Service – Nova

Name: Nova
Aufgabe: Virtualisierung, Verwaltung
Core-Projekt seit: Austin

Der *Compute Service* sorgt für die Bereitstellung und Verwaltung der Computersysteme innerhalb der Cloud, der sogenannten »Instanzen«. Er ist damit gewissermaßen das Herz einer IaaS-Cloud – wie auch aus der Übersichtsgrafik (Abb. 2-1 auf S. 16) zu ersehen ist.

Das OpenStack-Projekt für den Compute Service trägt den Codenamen »Nova« und entstammt ursprünglich aus einem Projekt des *NASA Ames Research Laboratory*.

Nova wurde mit folgenden Designzielen entwickelt:

Komponentenbasierte Architektur
Eine komponentenbasierte Architektur ermöglicht das einfache und schnelle Hinzufügen neuer Funktionen.

Skalierbarkeit
Nova soll auch sehr großen Arbeitslasten standhalten können.

Fehlertoleranz
Voneinander isolierte Prozesse helfen, kaskadierende Fehler zu vermeiden.

Offene Standards
Nova ist eine Referenzimplementierung einer communitybetriebenen API.

Kompatibilität der API
Nova versucht eine Kompatibilität der API zu gängigen Systemen wie *Amazon EC2* zu bieten.

Transparenz
Fehler sollen leicht zu erkennen und zu beheben sein.

5.1 Begriffe und Funktionsweise

5.1.1 Bestandteile von Nova

Nova besteht aus mehreren Komponenten:

`nova-api`
: ist die zentrale Instanz der Compute Services; verarbeitet alle Anfragen, reicht sie entsprechend weiter und stellt die Schnittstelle für die anderen Services bereit.

`nova-cert`
: verwaltet die Zertifikate (*Certificate Manager*).

`nova-compute`
: verwaltet die virtuellen Instanzen im Zusammenspiel mit dem Hypervisor; sorgt weiterhin für die Pflege des Status einer Instanz in der Datenbank.

`nova-consoleauth`
: sorgt für die Authentifizierung an der Konsole (*Console Authentication*).

`nova-network`
: sorgt für die Netzwerkanbindung der virtuellen Instanzen einschließlich der Einhaltung der *Security Group Rules*; wird seit dem Folsom-Release zunehmend durch die eigene Netzwerkkomponente Neutron ersetzt und gilt voraussichtlich mit Erscheinen des Icehouse-Release als »deprecated«.

`nova-conductor`
: kümmert sich um den Datenbankzugriff für die Compute Nodes und sorgt so für eine Reduzierung der Sicherheitsrisiken.

`nova-novncproxy`
: ist der VNC-Proxy für Browser und ermöglicht so VNC-Konsolen den Zugriff auf die virtuellen Maschinen.

`nova-scheduler`
: kümmert sich um die Zuweisung von Anfragen nach neuen virtuellen Instanzen an die verfügbaren Compute Nodes.

`nova-api-metadata`
: wird dann eingesetzt, wenn die API des Metadata Service in Multi-Node-Umgebungen erreichbar sein soll.

`nova-cells`
: sorgt in Multi-Cell-Umgebungen für die Kommunikation der Zellen untereinander.

Das frühere *Nova Volume* wurde durch die neue Block-Storage-Komponente Cinder ersetzt (siehe Kapitel 6, S. 147), die Netzwerkdienste von *Nova Network* wurden nach Neutron ausgelagert (siehe Kapitel 7, S. 167). Außerdem nutzt Nova noch weitere Dienste:

Datenbank
: speichert den Status der Instanzen; meist MySQL/MariaDB oder PostgreSQL (siehe Abschnitt 2.2 auf S. 18).

AMQP Messaging Service
: überträgt die Meldungen an die korrespondierenden Komponenten; oftmals RabbitMQ, aber auch ZeroMQ oder ein Apache Qpid Server sind möglich (siehe Abschnitt 2.1, S. 17).

Hypervisor
: sorgt für die Bereitstellung der virtuellen Maschinen; üblicherweise KVM (siehe Abschnitt 5.2.1 auf S. 109)

Treiber für den Hypervisor
: stellt die Verbindung zum Hypervisor her und hilft beim Erstellen von virtuellen Maschinen; üblicherweise `libvirtd` bei KVM oder XenAPI und VMwareAPI (siehe Abschnitt 5.2.1, S. 109).

Nova Compute arbeitet mit dem Identity Service (Keystone) für die Authentifizierung, dem Image Service (Glance) für die Images und dem Dashboard Service (Horizon) für die Verwaltung durch Benutzer und Administratoren zusammen (siehe Abb. 5-1).

5.1.2 API

Die Kommunikation mit dem Compute Service erfolgt über dessen API, die durch den Dienst `nova-api` repräsentiert wird.

Nach einem API-Aufruf kommuniziert die Nova-API über die internen Message Queues mit den anderen OpenStack-Komponenten und arbeitet die angeforderten Aufgaben ab. Neben der eigenen OpenStack-API gibt es eine EC2-API-konforme Schnittstellenkonfiguration, sodass sie auch von bereits existierenden EC2-kompatiblen Anwendungen angesprochen werden kann.

Der *API-Server* ist die zentrale Instanz, die Compute-Aufrufe vom Benutzer (CLI, Dashboard oder direkte API-Aufrufe) oder anderen OpenStack-Diensten entgegennimmt, und bildet so die Schnittstelle der Compute Services zur Außenwelt.

Über diese zentrale Schnittstelle können auch externe Anwendungen mit der Cloud-Infrastuktur kommunizieren. So ist es leichter möglich, die OpenStack-Umgebung in bereits bestehende Umgebungen und Prozesse einzubinden und Abläufe zu automatisieren.

Abb. 5-1 *Die OpenStack-Komponente* Nova *(ohne* Conductor*)*

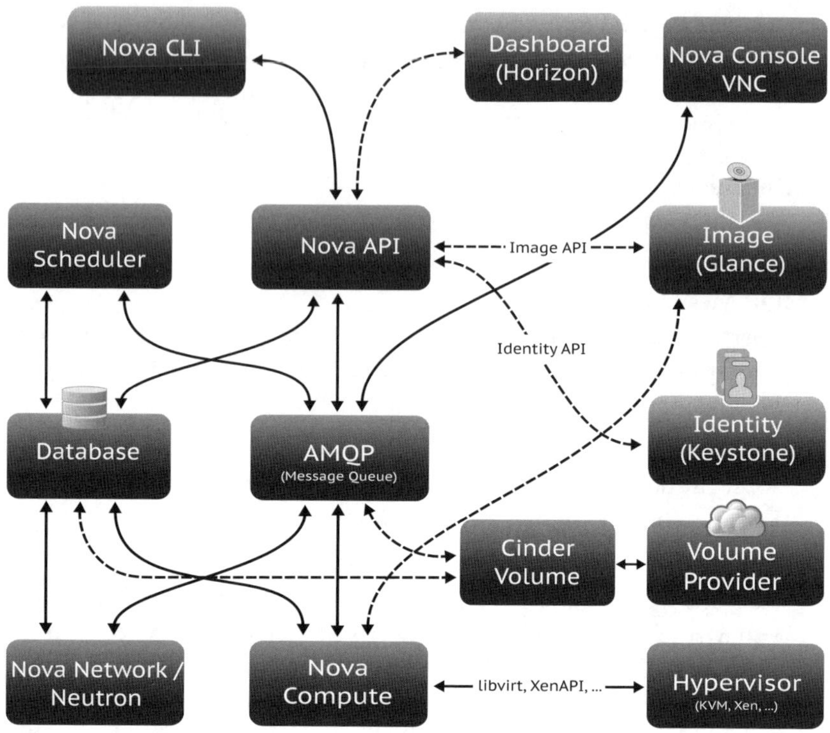

Die Interaktion mit dem API-Server erfolgt über *Amazon-EC2-API*-Aufrufe oder die eigene RESTful-*OpenStack-API*. Der API-Server wiederum kommuniziert die Aufrufe an die betroffenen Komponenten über die *Message Queue* weiter (siehe auch Abb. 5-1).

5.1.3 Cloud Controller

Der sogenannte »Cloud Controller« ist die zentrale Instanz einer OpenStack-Cloud. Er reicht alle Anfragen an die zugehörigen Dienste weiter und koordiniert die Kommunikation zwischen *API-Server*, *Scheduler* sowie weiteren *Compute Nodes* und *Network Controllern.*

Der Cloud Controller ist nicht einem einzelnen physikalischen Host gleichzusetzen, auf dem eine bestimmte Komponente ausgeführt wird – auch wenn die beteiligten Dienste vorzugsweise auf einem Rechner (dem *Control Node* oder auch *Controller Node*) vereint werden. Der Cloud Controller repräsentiert vielmehr das interaktive System, das sicherstellt, dass die verschiedenen Komponenten richtig zusammenarbeiten und sich dazu mittels eines geeigneten Messaging-Systems austauschen. Auf dem Cloud Controller läuft mindestens der Service Nova-API.

5.1.4 Compute Service und Compute Nodes

Auf jedem Host, auf dem Instanzen laufen sollen, muss der *Nova Compute Service* (`nova-compute`) eingerichtet werden. Er sorgt für das Starten und Beenden, das Ein- und Aushängen von Volumes und die Anbindung ans Netzwerk. Ein solcher Rechner wird dadurch zu einem *Compute Node* (in der OpenStack-Terminologie auch »Host«, oder auch *Compute Worker*), der zuständig ist für das Lifecycle Management von Instanzen. Compute Nodes bringen die Image-Instanzen (in der OpenStack-Terminologie auch »Server«) zur Ausführung (»Launching«).

Der Begriff »Instanz« bezeichnet eine laufende virtuelle Maschine, die über einen Hypervisor auf einem Hostrechner – dem *Compute Node* – läuft. Der Ablauf beim Starten einer Instanz (»*Launching an Instance*«) wird in Abschnitt 5.1.15 auf S. 107 beschrieben.

Compute Nodes erhalten die Aufträge vom Scheduler über die Message Queue und führen sie dementsprechend aus.

Zusätzliche Compute Nodes helfen, die Last bei der Ausführung der Instanzen zu verteilen. Compute Nodes sollten dementsprechend über genug Rechenleistung in Form virtueller CPUs und über ausreichend Arbeitsspeicher verfügen, um immer den Bedarf der auf ihnen laufenden Instanzen befriedigen zu können.

Die Ausführung der Instanzen wird durch den Compute Service (`nova-compute`) gesteuert, der auf jedem Compute Node laufen muss. Die Auswahl eines geeigneten Compute Node erfolgt durch den Scheduler.

Nova wurde dafür ausgelegt, dass es leicht horizontal skaliert werden kann (*Scaling out*), indem einfach weitere Compute Nodes hinzugefügt werden. In einer typischen Produktionsumgebung einer OpenStack-Cloud laufen es mehrere Compute Nodes, um die Last zu verteilen. Die Einrichtung zusätzlicher Compute Nodes zeigt Abschnitt 13.2.1, S. 347.

Je nach Größe und Anforderung an die Umgebung können die Compute Nodes in Zellen (*Cells*), Verfügbarkeitszonen (*Availability Zones*) und Host-Aggregate(*Host Aggregates*) gruppiert werden.

Eine Instanz kann grundsätzlich auf jedem Compute Node ausgeführt werden, die konkrete Auswahl eines Compute Node wird von einem *Scheduler* und dem darauf wirksamen *Filter-Scheduler* getroffen (siehe auch Abschnitt 5.1.5, S. 98).

Overcommitment

Durch das Verfahren des *Overcommitting* kann ein Compute Node den Instanzen mehr CPUs und RAM anbieten, als tatsächlich vorhanden sind. Dies ermöglicht es, mehr Instanzen auf einem Host laufen zu lassen – allerdings auf Kosten der Performance.

Per Default bietet ein Compute Node den Instanzen bis zu 16 virtuelle Cores pro tatsächlich vorhandenem physikalischem Core und das bis zu 1,5-fache an Arbeitsspeicher.

Wenn also der physikalische Host beispielsweise 16 Cores hat und jede virtuelle Maschine 4 Cores benötigt, dann können auf den 256 virtuellen Cores bis zu 64 Instanzen ausgestattet werden. Entsprechend kann durch Overcommitment auch mehr Arbeitsspeicher angeboten werden.

Die Konfiguration des Overcommitment zeigt Abschnitt 5.4.3, S. 119.

5.1.5 Scheduler

Aufgabe des *Nova Scheduler* ist das Weiterverteilen der Anfragen der Nova-API. Der `nova-scheduler`-Daemon wählt aus dem Pool verfügbarer Ressourcen einen geeigneten Compute Node aus, an den er die Nova-API-Aufrufe weitergibt und dort zur Ausführung bringt. Diese Wahl ist dabei vom verwendeten Treiber für den Scheduler abhängig. Die unterschiedlich dimensionierten Instanzen (mit unterschiedlichen Flavors) müssen dabei möglichst optimal auf unterschiedlich dimensionierte Compute Nodes verteilt werden. Diese Aufgabe der Auswahl eines geeigneten Hosts ist komplexer, als es vielleicht auf den ersten Blick scheint, denn es gibt dazu verschiedene Methoden.[1] Die Wahl ist abhängig von verschiedenen Faktoren wie beispielsweise CPU-Architektur, Speicher, Load, Entfernung der Availability Zone sowie dem Scheduler-Treiber, der diese Informationen verwertet. Zunächst werden aus dem Pool verfügbarer Ressourcen alle passenden Compute Nodes gefiltert und diese dann entsprechend gewichtet.

Nova kennt u. a. die folgenden Treiber für Scheduler:

- *Filter Scheduler* ist der Standardscheduler (Default) für Nova Compute und unterstützt das Filtern und Gewichten bei seiner Entscheidung, auf welchem Compute Node eine neue virtuelle Instanz ausgeführt wird. Der Filter Scheduler kann durch verschiedene Einstellungen konfiguriert werden und beachtet bei der Auswahl auch die aktuelle Auslastung der Compute Nodes. Er unterstützt keine Storage-Anfragen (Volume Requests).
- *Chance Scheduler* wählt einen Host zufällig aus den gefilterten Ergebnissen aus und ist der Standardscheduler für Nova Volume.

---

[1] Dieses Problem wird in den Computerwissenschaften auch als das »*Packing Problem*« beschrieben.

- *Availability Zone* wählt wie *Chance* den Compute-Server zufällig, aber nur innerhalb einer Availability Zone.
- *Simple Scheduler* kann als Scheduler für Nova Compute und Nova Volume dienen und wählt den zuletzt geladenen Host aus.
- *Multi Scheduler* startet jeweils einen eigenen Scheduler für Nova Volume und Nova Compute.

Eine Liste der aktuell verfügbaren Filter findet sich unter folgender URL: http://docs.openstack.org/trunk/config-reference/content// scheduler-filters.html.

Zur internen Kommunikation nutzt der Nova Scheduler den Messaging Service der OpenStack-Umgebung, sodass kein spezieller *Loadbalancer* erforderlich ist.

In größeren Umgebungen oder für den Parallelbetrieb unterschiedlicher Hypervisoren empfiehlt sich die Einrichtung von Availability Zones für die Compute Nodes.

Die Konfiguration des Schedulers zeigt Abschnitt 5.4.3, S. 117 und der Filter Abschnitt 5.4.3, S. 118.

5.1.6 Network Controller

Der *Network Controller* stellt die Netzwerkressourcen bereit: Er ordnet die IP-Adressen zu, konfiguriert VLANs und die benötigten Routen. Seit dem Folsom-Release werden Netzwerkaufgaben zunehmend auf den neuen Service Neutron ausgelagert, der im Kapitel 7 auf Seite 167 vorgestellt wird.

5.1.7 Conductor

Während es in OpenStack Folsom noch notwendig war, dass die Compute Nodes eine direkte Verbindung zum Datenbankserver haben, wurde mit dem Grizzly-Release ein neuer Service, *Nova Conductor* (engl. »Schaffner«, »Zugführer«), eingeführt. Er kann nun (optional) als Vermittler zwischen Nova- Compute und der Datenbank, die in verteilten Setups meist auf dem Controller Node läuft, zwischengeschaltet werden.

Vor Einführung dieses Dienstes musste jeder Nova-Compute-Dienst die Datenbank direkt auslesen und updaten. Dies konnte zu zwei Problemen führen:

Performance
: Bei zu vielen gleichzeitigen Zugriffen auf die Datenbank, sowohl beim Lesen als auch beim Schreiben, konnte die Performance rapide sinken.

Sicherheit
Jeder Compute Node war in der Lage, Informationen in der Datenbank zu lesen und zu manipulieren.

Mit dem (optionalen) Einsatz des Conductor-Dienstes können diese Probleme nun vermieden werden. Ist der als Zwischenschicht konzipierte Nova-Conductor-Dienst eingerichtet, verbindet sich Nova Compute mit dem Nova Conductor und übergibt ihm die anstehenden Datenbankanfragen. Der Conductor fungiert dann als Proxy und kümmert sich selbstständig um die Weitervermittlung der Anfragen zur Datenbank einschließlich der eventuell anfallenden Fehlerbehandlung. Der Ablauf auch komplexer, langandauernder Operationen wird damit sichergestellt.

Dabei wird die Gefahr, die von einem kompromittierten Compute Node ausgeht, durch den nun fehlenden direkten Datenbankzugriff verringert. Der `nova-conductor`-Service kann wie die anderen Nova-Dienste (`nova-api`, `nova-scheduler`) problemlos horizontal skaliert werden. Um den gewonnenen Sicherheitsvorteil möglichst groß zu halten, sollte er jedoch nicht auf den Compute Nodes eingerichtet werden.

Ein weiterer Vorteil des Einsatzes von Nova Conductor besteht darin, dass es nun einfacher ist, Updates am Nova-Datenbankschema vorzunehmen. Denn dadurch, dass es keine direkte Beziehung mehr zwischen Nova Compute und der Datenbank gibt, ist es nicht mehr nötig, die Compute Nodes upzudaten, solange der Conductor und die Nova-API kompatibel sind.

5.1.8 Rollenbasierte Zugriffsrechte (RBAC)

Nova unterstützt rollenbasierte Zugriffsrechte (engl. *Role Based Access Control*, RBAC) für die Ausführung der Nova-Kommandos, d. h. der Kommandos, die einem Benutzer zugewiesene Rollen definieren und damit festlegen, welche API-Befehle er ausführen darf. Jeder Nutzer kann prinzipiell beliebig viele Rollen innehaben, wobei zwischen nutzerbezogenen (auch *Global Roles*) und projektbezogenen Rollen unterschieden wird. Die letztendlichen Ausführungsrechte eines Benutzers setzen sich dabei aus der Schnittmenge aus beiden zusammen, es muss also sowohl die nutzer- als auch die projektbezogene Rolle für die Ausführung eines Kommandos gegeben sein (siehe auch Abschnitt 3.2.5, S. 33).

5.1.9 Security Groups

Eine *Security Group* ist ein benannter Container für Netzwerkzugriffsrechte auf Instanzen. Die Rechte werden aus einzelnen Regeln, den sogenannten »Security Group Rules«, gebildet. Diese ähneln im Wesentlichen den Regeln einer Firewall (*Firewall Policies*), was auch damit zu tun hat, dass sich Nova zur Umsetzung der Rechte der Iptables-Regeln aus dem Linux-Netzwerkstack bedient.

Die Security Group Rules der Security Groups bei Nova betreffen nur den eingehenden Verkehr der Protokolle ICMP, TCP und UDP. Die einzelnen Regeln können den dabei definierten Verkehr erlauben, alles andere wird vorgegebenermaßen blockiert. Der von einer Instanz ausgehende Verkehr sowie andere Protokolle – bisher aber auch IPv6-Pakete – werden generell erlaubt.

Der Geltungsbereich solch eines Regelsatzes umfasst alle Instanzen, die einer Security Group zugeordnet wurden.

Security Groups werden einer Instanz beim Start vom ausführenden Compute Node zugewiesen. Der Compute Node wiederum bezieht die Security Groups und deren Regeln vom Cloud Controller. Zur Laufzeit einer Instanz kann die Zuweisung von Security Groups nicht mehr geändert werden – im Unterschied zu Security Groups bei Neutron, die immer nur für bestimmte Ports einer Instanz gültig sind und daher auch im laufenden Betrieb geändert werden können.

Die Regeln einer Gruppe können jederzeit geändert werden. Die Änderungen werden automatisch auf alle bereits laufenden Instanzen angewandt.

Wie Sie Security Groups und Security Group Rules einrichten, zeigt Abschnitt 5.5.10 auf Seite 138.

Wenn Sie Neutron für die Vernetzung einsetzen, haben Sie weiter gehende Möglichkeiten bei der Einrichtung der Security Groups, wie die Abschnitte 7.1.6, S. 179 und 7.5.9, S. 218 näher erläutern.

5.1.10 Regions

Regionen (engl. *Regions*) bilden abgegrenzte Bereiche innerhalb einer OpenStack-Umgebung, die gemeinsam Teile der OpenStack-Infrastruktur nutzen. Eine *Region* ist im Grunde ein vollständiges OpenStack-Deployment mit eigenem API-Server (Service `nova-api`) und eigenen API-Endpunkten) sowie eigenen Compute-, Netzwerk- und Storage-Ressourcen. Unterschiedliche Regionen können jedoch die Services von Keystone und Horizon, d. h. Zugriffsystem und Webportal, gemeinsam nutzen.

Regionen bilden voneinander abgegrenzte Container für *Availability Zones* (s.u.) und *Zellen* (s.u.). Damit kann eine OpenStack-Umgebung in unterschiedliche, voneinander getrennte Compute-Umgebungen aufgeteilt werden. In diesem Fall nutzen die diskreten Compute-

Infrastruktur dann meist auch weitere Ressourcen wie Netzwerk und Storage.

Neben einer höheren Fehlertoleranz und einer manchmal erwünschten, weitreichenden Abtrennung einer Compute-Umgebung erleichtert die Aufteilung in Regionen auch den Parallelbetrieb unterschiedlicher Hypervisoren (in Zonen oder Zellen) sowie die Gruppierung bestimmter Hardware (in Host Aggregates).

5.1.11 Availability Zones

Availability Zones (Verfügbarkeitszonen) bieten innerhalb einer OpenStack-Umgebung eine Methode zur logischen Gruppierung von Nodes anhand bestimmter Kriterien, z. B. Hardwareausstattung, physischer Standort oder Aufgabenbezeichnung. Sie können damit innerhalb einer Region Segmente aus Compute Nodes (für Compute Services) oder Block Storage Nodes (für Volume Services) bilden, die die Ausführung von Instanzen in definierten Umgebungen ermöglichen. Verfügbarkeitszonen für Compute Services werden auf der Ebene der Hostkonfiguration definiert.

Dies ist unter anderem für die Partitionierung heterogener Hardwarelandschaften interessant. Dabei sind zwei Availability Zones möglich: zum einen eine *Instance Availability Zone* für Compute Services zur Platzierung von virtuellen Maschinen und zum anderen eine *Volume Availability Zone* für Volume Services zur Platzierung von Block Storage Devices.

Zonen für Compute Services sind in sich abgeschlossene Nova-Umgebungen und teilen untereinander weder Datenbank noch Message Queue noch Benutzer oder Projekte. In jeder Zone gibt es einen API-Server, einen Scheduler, eine Datenbank und eine Message Queue (RabbitMQ).

Ein möglicher Verwendungszweck für *Availability Zones* ist die Aufteilung der OpenStack-Umgebung in verschiedene Brandabschnitte und/oder Stromkreisläufe. Weitere Einsatzmöglichkeiten sind das Aufteilen der Umgebung für ein Loadbalancing. Durch das Einwirken auf den Nova Scheduler beim Start der Instanzen (siehe Abschnitt 5.5.7, S. 135) können die VMs auf verschiedene Zonen verteilt werden, wodurch von dieser Seite eine gewisse Ausfallsicherheit erzielt wird.

Das Konzept der Zonen soll auf Dauer durch das neuere Konzept der *Compute Cells* ersetzt werden.[2]

[2] https://wiki.openstack.org/wiki/Blueprint-nova-compute-cells

Availability Zones können durch die Benutzer einer OpenStack-Umgebung verwaltet werden. Wie diese Zonen konfiguriert und eingesetzt werden, zeigen die Abschnitte 5.4.3, S. 120 und 5.5.7, S. 135.

5.1.12 Compute Cells

Ein neuer Mechanismus, um eine OpenStack-Umgebung zu skalieren und einzuteilen, ist die Gruppierung von Compute Nodes in so genannten »Zellen« (*Nova Compute Cells*). Die Zellen werden baumartig in »Trees« organisiert. Auf der obersten Ebene, der »Top Cell«Top Cell oder auch »API Cell«, läuft der Nova-API-Service – jedoch keine Nova Compute Services. In den untergeordneten Zellen, den »Child Cells« oder auch »Compute Cells«, laufen dann die anderen Nova-Dienste – mit Ausnahme des Nova-API-Service. Zellen können auch weiter geschachtelt werden und eine Child Cell einer anderen Child Cell, die dadurch zu einer Parent Cell wird, untergeordnet werden (siehe Abb. 5-2). Eine Parent Cell ist wegen der fehlenden API nicht zu verwechseln mit der Top Cell.

Child Cells verfügen neben einer beliebigen Anzahl von Compute Nodes über eigene Datenbanken und Messaging Services sowie alle Nova Services mit Ausnahme von Nova-API. Zur Abstimmung zwischen den Zellen dient der Service `nova-cells`, der sowohl auf der API Cell als auch allen Child Cells laufen muss. Die Kommunikation zwischen den Zellen läuft über den AMQP-Bus und ist abgesichert. Auch aus diesem Grund soll das Zellkonzept das alte Zonenkonzept ablösen.

Ein spezieller *Cell Scheduler* mit einem *CellsFilter* wählt beim Start einer neuen Instanz eine Zelle aus und übergibt dieser den Task. Der dortige Scheduler (`nova-scheduler`) wählt dann für die Instanz einen geeigneten Compute Node innerhalb der Zelle aus. Der API-Server der Top Cell sorgt so für die Verteilung auf viele Compute-Installationen. Komplizierte Datenbank-Cluster oder Messaging Services sind dabei nicht nötig. Mit dem Scheduling auf *Cell Level* (gegenüber dem Host Scheduling) wird eine größere Flexibilität bei der Kontrolle über die Verteilung der Instanzen auf die Compute Nodes erreicht.

Mit dem Zellkonzept können innerhalb einer einmal eingerichteten Nova-Umgebung (mit einer zentralen API) viele unabhängige Unterstrukturen geschaffen werden. Dadurch können beliebig viele Compute Nodes in großen, weiter wachsenden Umgebungen oder geografisch verteilten Installationen eingerichtet und verwaltet werden.[3] Aus Benutzerperspektive wird so eine unendliche Skalierbarkeit von Nova

[3] Begrenzt wird dieses Konzept derzeit (Stand: März 2014) noch durch die noch fehlende Unterstützung der Zellfunktionalität durch die übrigen Komponenten, v.a. durch Neutron.

erreicht. Ist eine Zelle an der Lastgrenze oder kaputt, kann einfach eine neue gebaut und eingebunden werden, ohne dass der Kunde etwas davon merkt.

Die Konfiguration von Nova Cells zeigt Abschnitt 5.4.3, S. 121.

Abb. 5-2
Das Zellkonzept bei OpenStack

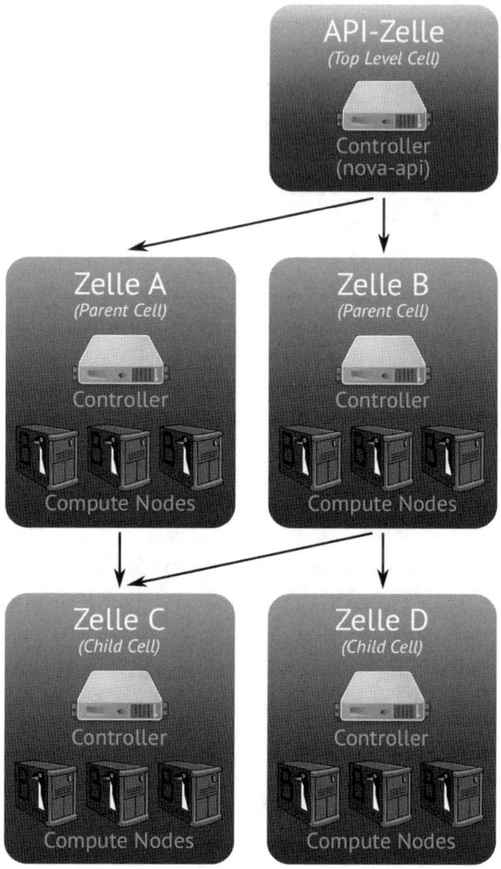

5.1.13 Host Aggregates

Host Aggregates (Host-Aggregate) bieten eine weitere Möglichkeit zur logischen Gruppierung von Compute Nodes. In Aggregaten werden Hosts (Compute Nodes) in einem Host-Subset vereint, die gleiche Eigenschaften (wie z. B. eine bestimmte Hardware oder technische Zertifizierung) haben oder die gemeinsame Ressourcen (wie Storage und Netzwerk) teilen.

Die einzelnen Aggregate werden über Metadaten getagt (z. B. Gruppierung in Nodes mit 10-Gigabit-NICs, Nodes mit SSD, ...). Aggregate können Verfügbarkeitszonen (*Availability Zones*) oder Zellen (*Cells*) weiter logisch aufteilen. Ein Compute Node kann gleichzeitig in einem Host-Aggregat und einer Availability Zone bzw. Zelle sein. Zwischen Host Aggregates und Availability Zones bzw. Zellen gibt es keine Konflikte. Innerhalb einer Zone oder Zelle können viele Aggregate mit jeweils vielen Hosts existieren und die einzelnen Hosts dürfen dabei gleichzeitig Teil mehrerer Aggregate sein (siehe Abb. 5-3). Ein Compute Node kann sich gleichzeitig in mehreren Host Aggregates befinden.

Nur Administratoren der Cloud dürfen Host-Aggregate einrichten oder darauf zugreifen. Host-Aggregate sind auch nur für Administratoren sichtbar. Einem Benutzern kann ein Host-Aggregat jedoch als Availability Zone erscheinen, da sich mit dem Aggregat, durch Vergabe eines Namens, gleichzeitig eine Availability Zone einrichten lässt, die also solche dann vom Benutzer angefordert werden kann. Für Endnutzer werden angepasste (customized) Flavors erstellt, die mit den Host Aggregates über Metadaten verknüpft sind.

Ein Beispiel für den Einsatz von Host Aggregates ist die Ressourcenverteilung durch den Nova Scheduler. So kann etwa der Zugriff von einem Host auf bestimmte Flavors oder Images beschränkt werden. Für den Parallelbetrieb mehrerer Hypervisoren innerhalb einer OpenStack-Umgebung können Compute Nodes mit gleichen Hypervisortypen in Host Aggregates gruppiert werden. (Das Einrichten von Host Aggregates zeigt Abschnitt 5.5.7 auf Seite 134.) Der Nova Scheduler kann dann mithilfe der Metadaten die passenden Compute Nodes filtern. Mehr zum Parallelbetrieb mehrerer Hypervisoren finden Sie im Abschnitt 5.2.2 auf S. 111.

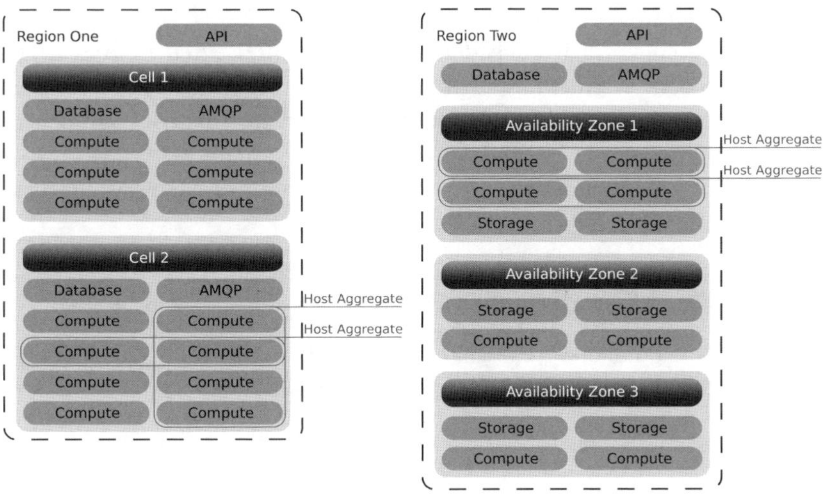

Abb. 5-3
Aufteilung einer OpenStack-Umgebung in Regionen, Zonen, Zellen und Aggregate

5.1.14 Metadata Service

Der Compute Service kann optional einen eigenen *Metadata Service* nutzen, um die Instanzen beim Booten mit instanzspezifischen Daten wie Hostnamen, Funktion, Flavor, Schlüssel u.ä. zu versorgen. So können Instanzen etwa den öffentlichen SSH-Schlüssel eines Benutzers beziehen (Injektion eines Public SSH-Keys), wenn dieser eine neue Instanz anfordert.

Der Metadata Service ist ein eigener Nova-Daemon. Er unterstützt zwei APIs: die OpenStack-Metadata-API und eine EC2-kompatible API, die beide über das Datum versioniert werden. Die Metadaten werden im JSON-Format über eine HTTP-Schnittstelle vom Compute Service verteilt.

Wurde der Metadata Service konfiguriert, erstellt der Nova-API-Server bei seinem Start eine `iptables`-Regel, die Anfragen von Instanzen an den Metadaten-Server (= an die generische IP-Adresse `169.254.169.254`) mittels DNAT (Dynamic Network Address Translation) an die tatsächliche IP-Adresse des API-Servers umleitet. Außerdem wird eine Filterregel erstellt, die die Anfragen der Instanzen durchlässt.

Bei einem einzigen Nova-Server innerhalb der OpenStack-Umgebung kann der Metadata-API-Service einfach in die Nova-API selbst eingehängt werden. Die Konfiguration des Metadata Service auf einem API-Server zeigt Abschnitt 5.4.10 auf Seite 126. In Multi-Node-Umgebungen kann der Metadata Service auch als eigenständiger Dienst (`nova-api-metadata`) eingerichtet werden. Die Anfragen der Instanzen werden vom Netzwerk Service, der als Proxy fungiert, abgefangen und zentral bedient (siehe Abschnitt 7.4.7, S. 201).

Metadaten können auch den in Glance hinterlegten Images zugewiesen werden. Wird z. B. die zu nutzende Architektur vermerkt, kann der *Filter Scheduler* mithilfe dieser Information zur Inbetriebnahme der Instanz eine passende Verfügbarkeitszone auswählen.

Näheres zur Konfiguration und zum Einsatz des Metadata Service erfahren Sie im Abschnitt 5.4.10, S. 126.

Hinweis: IP-Adresse bei der Konfiguration von `metadata_host`

Bei der Konfiguration von `metadata_host` muss eine IP-Adresse angegeben werden, kein Hostname.

5.1.15 Start einer Instanz

Zur Inbetriebnahme einer neuen Instanz (*Launching an Instance*; der Vorgang wird auch »Spawning« genannt) greifen mehrere dieser Komponenten innerhalb von Nova Hand in Hand:

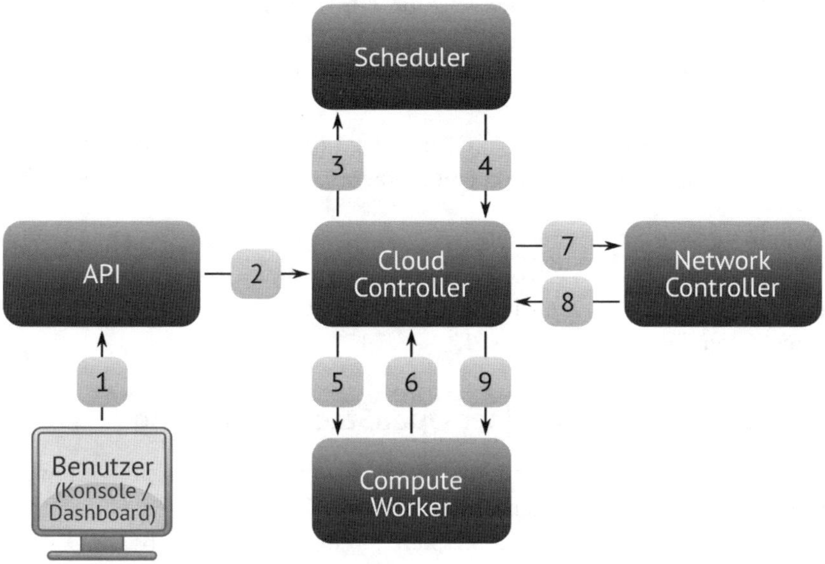

Abb. 5-4
Nova – Vorgang beim Starten einer Instanz

In der Abbildung und der nachfolgenden Beschreibung werden die Compute Services von Nova, die die Instanz bereitstellen, als »Compute Worker« bezeichnet. Die Nova-Compute-Dienste können sich auf dem gleichen Rechner wie der Controller befinden oder auch verteilt auf einem oder mehreren zusätzlichen Hosts, den Compute Nodes.

1. *Nova-API* empfängt vom Benutzer (per CLI-Client, API oder Dashboard) den Befehl zum Starten einer neuen Instanz (`run_instance`).
2. Nach erfolgreicher Authentifizierung gibt *Nova-API* den erhaltenen Befehl an den *Cloud Controller* weiter.
3. Der *Cloud Controller* weist nun den *Nova Scheduler* an, einen geeigneten Compute Node als Host für die VM zu ermitteln.
4. Der *Nova Scheduler* ermittelt nun anhand des eingesetzten Scheduler-Treibers einen geeigneten *Compute Node* (Compute Worker) für die neue Instanz und schickt an diesen einen Request zum Starten einer Instanz.
5. Im nächsten Schritt wird die Anfrage vom Compute Worker entgegengenommen und zur Ausführung gebracht.
6. Der ausgewählte Compute Node holt sich das Basis-Image der Instanz mithilfe des Image Service Glance nach `$instances_path/_base`,

wo eine Kopie des Image gespeichert wird und davon dann das Instanz-Image in `$instances_path/<instance-id>/disk` erzeugt wird.

7. Zum Starten der Instanz benötigt *Nova Compute*, je nach Setup, eine oder mehrere IP-Adressen, die er beim *Network Controller* erfragt.
8. Der *Network Controller* vergibt nun die benötigten IP-Adressen und meldet diese an den *Cloud Controller*.
9. Der *Cloud Controller* gibt die IP-Adressinformationen an den *Compute Node*.
10. Der *Compute Worker* hat nun alle notwendigen Informationen: Der Hypervisor erzeugt die neue Instanz.[4]

Weitere Nova-Komponenten wie *Authentication Manager*, *Object Store* und *Volume Controller* spielen beim Starten einer Instanz zunächst keine Rolle. Den vielen Möglichkeiten der Storage-Anbindung zeigt Kapitel 6 ab Seite 147 auf.

5.1.16 Erweiterung einer OpenStack-Umgebung

Zur Erweiterung von OpenStack-Umgebungen können jederzeit weitere Nodes mit Nova-Diensten, speziell weitere Compute Nodes, als Worker zur Lastverteilung und Sicherstellung des Betriebs eingerichtet werden, was der Anforderung nach massiver Skalierbarkeit gerecht wird.

Wie zusätzliche Nodes, etwa ein *Compute Node* als *Compute Worker*, eingerichtet werden, zeigt der Abschnitt 13.2 auf Seite 345.

5.2 Virtualisierung

Die Rechenleistung der Cloud-Gäste einer IaaS-Cloud wird durch Instanzen in Form virtueller Maschinen angeboten. Dazu läuft auf den Compute Nodes ein Hypervisor, der für die virtuellen Maschinen sorgt. Durch die modulare Architektur der OpenStack Compute Services können unterschiedliche Hypervisoren eingesetzt werden.

Neben der Provisionierung virtueller Instanzen ist es mit der neuen OpenStack-Komponente *Ironic* möglich, auch Bare-Metal-Systeme als Instanzen bereitzustellen (siehe auch Abschnitt 12.4, S. 316).

---

[4] Im Falle der über `libvirt` angebundenen Hypervisoren bedeutet das, dass `libvirt` eine neue Beschreibungsdatei (`libvirt.xml`) für die virtuelle Maschine erstellt, sie mit `virsh define` registriert und schließlich mit `virsh start` bootet.

5.2.1 Hypervisoren

OpenStack unterstützt eine Vielzahl von Virtualisierungslösungen mit den dazugehörigen Hypervisoren:

KVM
: Die *Kernel-based Virtual Machine* ist eine performante, weiträumig unterstützte und stabile Virtualisierungsplattform, die wie OpenStack vollständig Open-Source-Software ist. KVM ist die bevorzugte Virtualisierungsplattform der OpenStack-Community. Zu den von KVM unterstützten Disk-Formaten gehören Raw- und QCOW2-Images sowie VMware-Formate.[5]
http://www.linux-kvm.org/page/Main_Page

QEMU
: Der *Quick EMUlator* wird meist nur zu Entwicklungszwecken genutzt, da seine Performance wegen der fehlenden Hardwareunterstützung eher gering ist.
http://wiki.qemu.org/

UML
: *User Mode Linux* wird ebenfalls meist nur für Entwicklungsumgebungen eingesetzt.
http://user-mode-linux.sourceforge.net/

VMware ESXi/vSphere
: Es können *VMware*-basierte Linux- und Windows-Images in Verbindung mit dem vCenter Server oder direkt auf einem ESXi-Host eingebunden werden. Mit der *vSphere OpenStack Virtual Appliance* (VOVA) wurde eine Appliance speziell für das Deployment in OpenStack-Umgebungen entwickelt. Bei VOVA laufen alle nötigen OpenStack-Services (Nova, Glance, Cinder, Neutron, Keystone, Horizon) in einer einzigen Appliance auf Basis von Ubuntu.
http://www.vmware.com/products/vsphere-hypervisor/

Xen
: *XenServer* bzw. *Xen Cloud Platform* (XCP) wird zum Betrieb von Linux oder WindowsVMs eingesetzt. Der Nova Compute Service muss dabei in einer paravirtualisierten VM laufen. Xen kann auch in OpenStack auf zwei Arten verwaltet werden: über die XenAPI oder über die Libvirt.
http://www.xen.org/

[5] Da KVM eine modifiziertes QEMU nutzt, sind das genau die Formate, die QEMU unterstützt.

PowerVM

PowerVM ist eine Servervirtualisierung von IBM, um AIX, IBM i- und Linux-Umgebungen auf IBM Power Technology zu betreiben. Seit im April 2012 auch IBM OpenStack beigetreten ist und im März 2013 verkündete, seine Cloud-Services zukünftig auf Open-Source-Software basieren zu lassen, ist hier eine verstärkte Entwicklung zu erwarten.
http://www-03.ibm.com/systems/power/software/virtualization/

Hyper-V

Microsofts *Hyper-V Virtualization Platform* kann neben Windows auch Linux und FreeBSD als virtuelle Maschinen betreiben. Nova Compute läuft dabei direkt auf der Windows Virtualisierungsplattform.
http://www.microsoft.com/en-us/server-cloud/windows-server/server-virtualization-features.aspx

LXC

Linux Containers werden von Compute über libvirt gesteuert und sind eine schlanke Lösung für Linux-basierte virtuelle Maschinen, die gern zum Betrieb von Webservern – speziell Apache – eingesetzt wird.
http://lxc.sourceforge.net/

Docker

Docker ist eine Open-Source-Engine, die das Bereitstellen von Anwendungen unabhängig von Hardware, Framework, Packaging-System und Hosting Provider als eigenständige, portable Container ermöglicht. Der Hypervisor-Treiber von Docker für Nova Compute wurde entwickelt, um mit den Fähigkeiten von LXC und dem AUFS-Dateisystem dort, wo eine generische Libvirt-Umgebung dies nicht unterstützt, eine Umgebung für schlanke, unabhängige Anwendungscontainer zu schaffen.
https://www.docker.io/

KVM ist innerhalb der OpenStack-Community der am häufigsten eingesetzte Hypervisor.[6] Daneben sind Deployments basierend auf Xen, LXC, VMware und Hyper-V gängig, jedoch unterstützen diese nicht immer alle vorhandenen Features und auch die Dokumentation ist nicht immer auf dem neuesten Stand. KVM und Xen sind die bei OpenStack am meisten getesteten Virtualisierungslösungen. Bei der Auswahl des Hypervisors sollten Sie dies immer mit berücksichtigen.

---

[6] Siehe hierzu das ebenfalls im dpunkt.verlag erschienene Buch »KVM Best Practices« von Christoph Arnold et al.

Aktuelle Informationen zu Features und Unterstützung von Hypervisoren finden Sie im OpenStack-Wiki unter der Adresse http://wiki.openstack.org/HypervisorSupportMatrix.

In den weiteren Ausführungen in diesem Buch beschränken wir uns im Wesentlichen auf KVM.

5.2.2 Parallelbetrieb mehrerer Hypervisoren

Die Architektur des Cloud Controllers ist unabhängig von der Architektur der genutzten Hypervisoren.

Auf einem Compute Node kann nur ein Hypervisor laufen.[7] Da der Nova Scheduler bei der Verteilung der Instanzen auf die verfügbaren Compute Nodes nicht den jeweiligen Hypervisor des Hosts prüft, ist eine Möglichkeit, die OpenStack-Umgebung in verschiedene Host Aggregates einzuteilen. In diesen werden dann die Hosts mit den entsprechenden Hypervisortypen gruppiert. Die Host Aggregates werden mit einem passenden Metadaten-Flag versehen und dazu jeweils Flavors mit dem gleichen Metadaten-Flag erstellt. Anschließend werden die Hosts entsprechend ihres Hypervisors den Host Aggregates hinzugefügt und der Scheduler Filter `AggregateInstanceExtraSpecsFilter` aktiviert. Nova wertet die Metadaten bei der Erstellung einer Instanz aus und bringt sie dann auf einem passenden Host zur Ausführung. Metadaten können auch bei den in Glance eingestellten Images hinterlegt werden (z. B. `XEN=true`) und der Scheduler Filter (z. B. berücksichtigt der *ImagePropertiesFilter* Image-Metadaten) kann dann auf dieser Basis das zu nutzende Host Aggregate auswählen. Wie Sie solche Host Aggregates einrichten zeigt der Abschnitt 5.5.7 auf S. 134.

Eine andere Möglichkeit ist die Aufteilung der OpenStack-Umgebung in verschiedene Zellen (siehe Abb. 5-5).

So können Sie unterschiedliche Hypervisor-Technologien wie beispielsweise KVM-, Xen- und/oder LXC- innerhalb einer einzigen OpenStack-Umgebung gleichzeitig betreiben. Auch eine etwa vorhandene vSphere-Umgebung können Sie mit einbinden.

5.2.3 Verschachtelte Virtualisierung (Nested Virtualization)

Wenn man in der `nova.conf`

```
libvirt_cpu_mode=host-passthrough
```

setzt, wird exakt das CPU-Modell des Hosts verwendet.

[7] Der zu verwendende Hypervisor wird auf einem Compute Node durch den Eintrag `computer_driver` in der Datei `nova.conf` festgelegt.

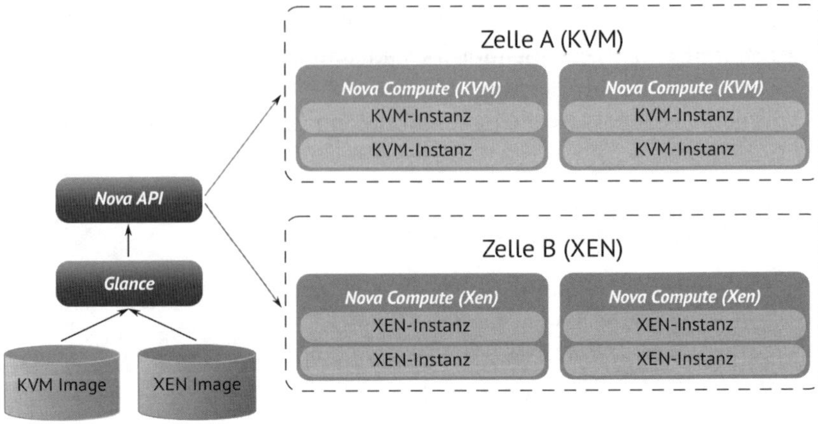

Abb. 5-5 *Parallelbetrieb mehrerer Hypervisoren in verschiedenen Zellen*

In der `libvirt`-Konfiguration lautet der korrespondierende Eintrag:

```
<cpu mode='host-passthrough'> </cpu>
```

Jetzt wird das Kernelmodul auch in der Instanz korrekt geladen:

```
# lsmod | grep kvm
kvm_intel 71872 0
kvm 411176 1 kvm_intel
```

Die korrekte Funktion des geladenen Moduls können Sie mit `dmesg` überprüfen:

```
# dmesg | grep kvm
[ 1.585709] systemd[1]: Detected virtualization 'kvm'.
[ 5.856891] kvm: Nested Virtualization enabled
[ 5.856891] kvm: Nested Paging enabled
```

5.3 Installation

Die Installation der Compute Services kann auf einem einzelnen Host erfolgen (siehe auch Abschnitt 13.1, S. 321) oder auch verteilt auf verschiedene Systeme geschehen.

Nachfolgend sind die für die OpenStack Compute Services relevanten Pakete aufgeführt:

`openstack-nova-api`
: API-Server als zentrale Schnittstelle

`openstack-nova-cert`
: *Certificate Manager* zum Verwalten von X509-Zertifikaten

`openstack-nova-compute`
: Compute-Dienst, verwaltet die Instanzen im Zusammenspiel mit dem Hypervisor

`openstack-nova-conductor`
: Conductor für die Datenbankanbindung (optional)

`openstack-nova-network`
: Netzwerkanbindung der virtuellen Instanzen[8]

`openstack-nova-scheduler`
: Scheduler für die Verteilung der Instanzen auf die Compute Nodes

`python-nova`
: Schnittstelle zum Python-Interpreter

`python-novaclient`
: Client-Befehle (CLI-Tool)[9]

Für den Konsolenzugriff (*Console Interface*) auf die Instanzen werden außerdem folgende Pakete eingesetzt:

`openstack-nova-consoleauth`
: sorgt für das Authorisieren der Benutzer-Token durch die *Console Proxies*; der Service muss laufen, damit ein Proxy Anfragen entgegennehmen kann.

`openstack-nova-novncproxy`
: ist ein Proxy für den Zugriff auf laufende Instanzen über eine VNC-Verbindung, der `novnc`-Clients im Browser unterstützt.

`openstack-nova-xvpnvncproxy`
: ist ebenfalls ein Proxy für den Zugriff auf laufende Instanzen, jedoch für einen speziell für OpenStack entwickelten Java-Client.

Vergessen Sie nicht, nach der Installation jeweils für den (automatischen) Start der Daemons aus den Paketen zu sorgen!

---

[8] Das Paket `openstack-nova-network` für die Netzwerkanbindung der virtuellen Instanzen gilt mit Erscheinen des Icehouse-Release als *deprecated*, weshalb hier nicht mehr näher darauf eingegangen wird. Für die Pakete zur Netzwerkeinrichtung mit Neutron siehe Abschnitt 7.3, S. 187.

[9] Mit dem Kommandozeileninterpreter `euca2ools client` kann eine EC2-kompatible Schnittstelle installiert werden, die eine Reihe von EC2-Befehlen zur Verwaltung der Cloud-Ressourcen für OpenStack zugänglich macht, sofern `nova-api` dafür konfiguriert wird. Mit `nova-objectstore` gibt es ein *S3 Interface*, mit dem Sie Images registrieren können und das in erster Linie für die `euca2ools` geschrieben wurde, da es deren *S3 Requests* in *Image Service Requests* übersetzt.

5.3.1 Controller Node

Zuerst wird immer der *Controller Node* (oder auch: *Cloud Controller*) als zentraler Zugangspunkt zu den Compute Services mit `nova-api` als zentralem Service eingerichtet. Ein NTP-Server sorgt für die nötige Zeitsynchronisierung bei verteilten Systemen.

5.3.2 Compute Node

Instanzen einer OpenStack-Umgebung laufen mittels des Service `nova-compute` (bzw. `openstack-nova-compute`), der auf jedem *Compute Node* installiert werden muss (siehe auch Abschnitt 5.1.4, S. 97).

Damit Nova Compute virtuelle Instanzen starten kann, ist es zunächst notwendig, die gewünschte Virtualisierungslösung zu installieren. Da OpenStack standardmäßig KVM nutzt, wird in diesem Kapitel auf die Installation und Konfiguration dieses Hypervisors eingegangen.

Hardwarevoraussetzungen

Bevor Sie den Hypervisor KVM installieren, sollten Sie sichergehen, dass alle notwendigen Hardwarevoraussetzungen auf dem Compute Node erfüllt sind. Ob Ihre CPU die notwendigen Features aufweist, prüfen Sie mit dem folgenden Befehl. Gibt es hier keine Ausgabe, unterstützt die CPU auch keine Hardwarevirtualisierung.

```
# egrep '(vmx|svm)' /proc/cpuinfo
flags : fpu vme de pse tsc <snip>
flags : fpu vme de pse tsc <snip>
flags : fpu vme de pse tsc <snip>
```

KVM

Installieren Sie distributionsabhängig KVM als Hypervisor und `libvirt` mit allen abhängigen Paketen.

Laden Sie, je nach CPU-Modell, das richtige Kernelmodul und starten Sie `libvirtd` neu:

```
# modprobe vhost-net
# modprobe kvm-intel # (auf Intel-Systemen)
# modprobe kvm-amd # (auf AMD-Systemen)
# service libvirtd restart
```

Ob die Module korrekt geladen wurden, können Sie mit der folgenden Eingabe prüfen:

```
# lsmod | egrep -e 'kvm|vhost'
vhost_net 37548 0
macvtap 17980 1 vhost_net
tun 22941 9 vhost_net
kvm_amd 71872 12
kvm 411176 1 kvm_amd
```

Wenn die Installation erfolgreich war, gibt Ihnen der Befehl `virsh list` eine leere Liste aus, da derzeit noch keine Instanzen gestartet sind.

Pakete

Nach der Installation des Hypervisors und von `libvirt` folgen die Pakete für Nova Compute:

`openstack-nova-compute` zentraler Compute-Dienst, verwaltet die Instanzen im Zusammenspiel mit dem Hypervisor

`iscsitarget` für iSCSI-Storage-Anbindung

`open-iscsi` für iSCSI-Storage-Anbindung

`ntp` zur Zeitsynchronisierung mit dem Controller Node

5.4 Konfiguration

Nachdem im letzten Abschnitt alle Pakete installiert wurden, folgt nun die Konfiguration, die global in der Datei `/etc/nova/nova.conf` für alle Komponenten vorgenommen wird. Lediglich die API-Konfiguration und die Filtereinstellungen wurden in die Datei `/etc/nova/api-paste.ini` ausgelagert. Dieser Abschnitt beschreibt die wichtigsten Optionen; ein vollständiges Beispiel-Setup finden Sie im Abschnitt 13.1.1 auf Seite 321.

Die `nova.conf` ist in folgende Sektionen aufgeteilt:

`[DEFAULT]` für fast alle Konfigurationsoptionen

`[cells]` Optionen zur Konfiguration von Zellen

`[baremetal]` Optionen zur Verbindung mit dem BareMetal-Hypervisor-Treiber

`[conductor]` Optionen zur Konfiguration des `nova-conductor`-Service

`[trusted_computing]` Optionen für *Trusted Computer Pools*

Eine aktuelle Auflistung aller Konfigurationsoptionen von Nova finden Sie in der offiziellen Dokumentation unter http://docs.openstack.org/trunk/config-reference/content//list-of-compute-config-options.html.

Kopieren der `nova.conf` in Multi-Node-Setups

Um das Fehlerpotenzial möglichst klein zu halten, kann eine identische `nova.conf` auf allen Nodes, Controller wie Compute, eingesetzt werden. Sollen Compute Nodes in verschiedene Verfügbarkeitszonen eingeteilt oder mit unterschiedlichen Hypervisoren betrieben werden, müssen nur diese Einstellungen auf den betroffenen Hosts angepasst werden. Nicht benötigte Parameter werden von den Komponenten ignoriert.

5.4.1 Nova-API

Die Konfiguration des API-Dienstes von Nova findet in den Dateien `/etc/nova/nova.conf` und `/etc/nova/api-paste.ini` statt. In der `/etc/nova/nova.conf` werden globale Einstellungen vorgenommen, wie die Anbindung der Datenbank, des Glance-API-Servers und der Message Queue (hier: RabbitMQ):

Listing 5-1
Abschnitt [DEFAULT] in '/etc/nova/nova.conf'

```
[DEFAULT]
api_paste_config=/etc/nova/api-paste.ini
sql_connection=mysql://nova:novapw@database.openstack.b1-systems.de/nova
rabbit_host=rabbitmq.openstack.b1-systems.de
rabbit_password=rabbitpw
image_service=nova.image.glance.GlanceImageService
glance_api_servers=glance-api.openstack.b1-systems.de:9292
auth_strategy=keystone
dhcpbridge=/usr/bin/nova-dhcpbridge
...
```

In der Datei `/etc/nova/api-paste.ini` ist auf die korrekte Anbindung an die Keystone-API im Abschnitt `filter:authtoken` zu achten:

Listing 5-2
Abschnitt [filter:authtoken] in '/etc/nova/api-paste.ini'

```
[filter:authtoken]
paste.filter_factory = keystone.middleware.auth_token:filter_factory
service_protocol = http
service_host = keystone.openstack.b1-systems.de
service_port = 5000
auth_host = keystone.openstack.b1-systems.de
auth_port = 35357
auth_protocol = http
auth_uri = http://keystone.openstack.b1-systems.de:5000/
admin_tenant_name = service
admin_user = nova
admin_password = novapw
```

Rechte werden in der Datei `/etc/nova/policy.json` definiert, wobei die vom Paket mitgelieferte Datei für den normalen Betrieb ohne Änderungen ausreicht.

Setzen Sie nun die Start-Links für das automatische Starten der API beim Start des Servers und starten Sie den Dienst:

```
# chkconfig openstack-nova-api on
# service openstack-nova-api start
```

Nach der initialen Konfiguration kann das Schema in der Datenbank `nova` installiert werden. Dies erledigt ein Aufruf von:

```
# nova-manage db sync
```

5.4.2 Nova Compute

Zur Konfiguration des Dienstes `nova-compute` bearbeiten Sie je nach Bedarf Einträge in der zentralen Konfigurationsdatei `/etc/nova/nova.conf`. Dort werden die Einstellungen gesetzt, die die Kommunikation mit dem Hypervisor (KVM, Xen, VMware ESXi, ...) und dem zugehörigen Toolkit (`libvirt`, XenAPI, VMwareAPI, ...) regeln.

Nachfolgender Beispielauszug zeigt die Konfiguration für KVM als Hypervisor mit `libvirt`:

```
compute_driver=libvirt.LibvirtDriver
connection_type=libvirt
libvirt_type=kvm
```

Diese Einstellungen sind lediglich auf den Compute Nodes relevant und werden von Hosts, auf denen andere Nova-Dienste (außer `nova-compute`) laufen, ignoriert.

Den Speicherort für die Instanzdaten, per Default `/var/lib/nova/instances`, wird im Parameter `instances_path` festgelegt:

```
instances_path=/var/lib/nova/instances
```

Zugriffsrechte auf das Instanzverzeichnis

Besteht auf das bei `instances_path` angegebene Verzeichnis kein Zugriff, kann der Compute Service nicht starten!

Schließlich aktivieren Sie den automatischen Start von Nova Compute und starten den Dienst für die aktuelle Sitzung:

```
# chkconfig openstack-nova-compute on
# service openstack-nova-compute start
```

5.4.3 Nova Scheduler

OpenStack Compute unterstützt mehrere Scheduling-Treiber für die Verteilung der Instanzen auf die Compute Nodes (siehe Abschnitt 5.1.5, S. 98).

Der Scheduler wird wie die Nova-API über die `/etc/nova/nova.conf` konfiguriert. Zur normalen Nutzung des Schedulers sind keine Änderungen an der Standardkonfiguration erforderlich, da die Standardwerte für Scheduler- und Filtereinstellungen in den meisten Umgebungen problemlos arbeiten. Der folgende Abschnitt zeigt den relevanten Ausschnitt einer Standardkonfiguration:

```
scheduler_driver=nova.scheduler.multi.MultiScheduler
volume_scheduler_driver=nova.scheduler.chance.ChanceScheduler
compute_scheduler_driver=nova.scheduler.filter_scheduler.FilterScheduler
scheduler_available_filters=nova.scheduler.filters.all_filters
scheduler_default_filters=AvailabilityZoneFilter,RamFilter,ComputeFilter
least_cost_functions=nova.scheduler.least_cost.compute_fill_first_cost_fn
compute_fill_first_cost_fn_weight=-1.0
```

In größeren oder verteilten Umgebungen kann es notwendig sein, diese Konfiguration weiter anzupassen und den Einsatz mehrerer physikalisch getrennter Nova Scheduler zu planen, um eine stete Verfügbarkeit sicherzustellen. Dazu gehört eine Einteilung in Zellen und Zonen.

Die Option `scheduler_available_filters` definiert die Liste der Filter, die vom Scheduler überhaupt genutzt werden können. Mit dem Default-Wert `nova.scheduler.filters.all_filters` werden alle eingebauten Filter des Compute Service ermöglicht. Diese Option kann auch mehrfach hintereinander konfiguriert werden. Haben Sie beispielsweise einen eigenen Filter namens `myfilter.MyFilter` entwickelt und möchten diesen neben den eingebauten Filtern nutzen, so genügt es, einfach eine Zeile mit dem Verweis auf Ihren Filter anzuhängen:

```
[...]
scheduler_available_filters=nova.scheduler.filters.all_filters
scheduler_available_filters=myfilter.MyFilter
[...]
```

Die Option `scheduler_default_filters` definiert die Liste der Filter, die vom Nova-Scheduler-Service per Default angewendet wird. Die Liste der Filter wird der Reihe nach abgearbeitet: Zuerst sorgt der als Standardwert gesetzte `AvailabilityZoneFilter` dafür, dass eine Aufteilung in Verfügbarkeitszonen (siehe Abschnitt 5.1.11, S. 102) bei der Vergabe der Instanzen berücksichtigt wird. Der `RamFilter` überprüft anschließend, ob der Host über genügend Arbeitsspeicher verfügt und der `ComputeFilter` schließlich testet, ob ein Host die Anfrage überhaupt übernehmen kann.

Filter-Scheduler

Mithilfe einzelner Filter-Scheduler von Nova kann aus einem Pool möglicher Compute Worker ein optimaler Host für eine neue Instanz ermittelt oder auch erzwungen werden.

So sorgt beispielsweise der `DifferentHostFilter` dafür, dass eine Instanz nicht auf einem Host ausgeführt wird, auf dem eine oder mehrere bestimmte andere Instanz(en) laufen. Ist er gesetzt, wird auf ihn durch Angabe des Hinweis-Flags `different_host` beim Launchen einer Instanz mit `nova boot` Bezug genommen. Umgekehrt kann mittels des `SameHostFilter` und dem `hint`-Flag `same_host` das Launchen einer Instanz auf dem gleichen Host, auf dem bereits eine vorhandene Instanz residiert, erreicht (siehe auch Abschnitt 5.5.6, S. 134).

Damit der Scheduler *Host Aggregates* berücksichtigt, muss unter `scheduler_default_filters` neben den anderen Filtern der `AggregateInstanceExtraSpecsFilter` aufgeführt sein.

Overcommitment

Ist der `CoreFilter` aktiv, werden Instanzen nur auf Hosts in Betrieb genommen, die genügend CPU-Cores anbieten. Ohne diesen Filter besteht die Gefahr einer Überprovisionierung, d. h. dass die tatsächlich vorhandenen Prozessorkerne nicht für die virtuellen Prozessorkerne einer Instanz ausreichen. Der Filter kann aber auch so konfiguriert werden, dass er ein gewisses Maß an *Overcommitment* zulässt (siehe auch Abschnitt 5.1.4, S. 97). Dieses Maß wird durch den Eintrag bei `cpu_allocation_ratio` in der `nova.conf` auf den Compute Nodes festgelegt und definiert den Faktor des möglichen Overcommitment:

```
cpu_allocation_ratio=16
```

Der Defaultwert von 16 würde beispielsweise auf einem Host mit 8 vCPUs die Ausführung von Instanzen mit bis zu 128 vCPUs erlauben. Um ein Overcommitment zu unterbinden, wird der Wert einfach auf den Faktor 1 reduziert:

```
cpu_allocation_ratio=1.0
```

Entsprechend steuert der Wert bei `ram_allocation_ratio` das Overcommitment des Arbeitsspeichers (hier mit Defaultwert):

```
ram_allocation_ratio=1.5
```

Eine Liste der verfügbaren Filter mit Beschreibung wird auf http://docs.openstack.org/havana/config-reference/content/scheduler-filters.html angeboten. Derzeit (Stand: April 2014) sind dies etwa 20 Stück.

Eine anschließend vom Filter-Scheduler vorgenommene Gewichtung (engl. *weighting*) wählt aus den gefilterten Hosts nach einer kumulativen Kostenstrategie den optimalsten aus und startet dort dann die angeforderte Instanz. Es gibt verschiedene Möglichkeiten zur Gewichtung, die mit einem Faktor bewertet werden und dementsprechend in die Kosten eingehen. So gewichtet der `RamWeigher` Hosts nach ihrem freien Arbeitsspeicher. Ein negative Wert für den Gewichtungsfaktor sorgt umgekehrt dafür, dass der Host mit dem geringsten Speicher gewählt wird. Dies ist etwa bei einer Konsolidierung hilfreich, wenn Instanzen auf möglichst wenige Hosts gestackt werden sollen, statt sie möglichst zu verteilen.

Availability Zones

Innerhalb einer Region können Compute Nodes logisch in Verfügbarkeitszonen (Availability Zones) gruppiert werden (siehe Abschnitt 5.1.11, S. 102). Die (optionale) Zuteilung eines Compute Node zu einer bestimmten Verfügbarkeitszone erfolgt in der `nova.conf`, die Zuweisung eines Zonennamens mit `node_availability_zone`:

```
node_availability_zone=<ZONE>
default_schedule_zone=None
internal_service_availability_zone=internal
```

`node_availability_zone` legt die gewünschte Verfügbarkeitszone für den Compute Node fest, `default_schedule_zone` die Zone, die der Scheduler verwendet, wenn der Benutzer beim Erstellen der Instanz keine Zone angibt, und `internal_service_availability_zone` die Zone, unter der die internen Services firmieren.

Nachdem so jeder Compute Node einer Zone zugeordnet wurde, müssen Nova-API und Nova Compute neu gestartet werden, um die Änderungen wirksam zu machen:

```
# service openstack-nova-api restart
# service openstack-nova-compute restart
```

Stellen Sie vorher sicher, dass auf dem Compute Node keine virtuelle Maschine ausgeführt wird.
Löschen können Sie die Verfügbarkeitszone, indem Sie auf jedem in der Verfügbarkeitszone enthaltenen Node zuerst in der `nova.conf` die Zeile auskommentieren oder löschen:

```
node_availability_zone=<ZONE>
```

Anschließend starten Sie wieder Nova-API und Nova Compute neu, damit die Änderung übernommen wird.
Die administrative Einrichtung von Zonen mit der `nova`-CLI zeigt Abschnitt 5.5.7, S. 135.

Zellen (Cells)

Bei der Konfiguration von Zellen spielen die folgenden Optionen eine Rolle, nachfolgend mit dem jeweiligen Defaultwert dargestellt:

`enable=False` Zellfunktionalität ermöglichen

`name=nova` Name der Zelle

`call_timeout=60` Anzahl der Sekunden, die maximal auf eine Antwort bei einer Anforderung (*Call*) an eine Zelle gewartet wird

`capabilities=hypervisor=xenserver;kvm,os=linux;windows` Liste mit den Möglichkeiten einer Zelle (Key/Multi-Value-Liste)

`cell_type` Typ der Zelle (`API` oder `Compute`)

`cells_config=None` eine optionale Konfigurationsdatei, aus der eine Zellkonfiguration geladen werden kann, und die, falls vorhanden, das Lesen der Zellkonfiguration aus der Datenbank unterdrückt

`driver=nova.virt.baremetal.pxe.PXE` Backend-Treiber für BareMetal (`PXE` oder `Tilera`)

`driver=nova.cells.rpc_driver.CellsRPCDriver` Treiber für die Kommunikation der Zellen untereinander

`instance_update_num_instances=1` Anzahl der Instanzen, die beim periodischen *Task Run* aktualisiert werden

`instance_updated_at_threshold=3600` Anzahl der Sekunden, nach denen nach einem Instanz-Update die Zelle aktualisiert wird

`manager=nova.cells.manager.CellsManager` Name des Managers für Cells

`manager=nova.conductor.manager.ConductorManager` vollklassifizierender Name des Managers für Conductor

`max_hop_count=10` maximale Anzahl der Hops beim Routing

`mute_child_interval=300` Anzahl der Sekunden, nach denen bei fehlender Kapazität oder Fähigkeit Signale an die Child Cell gesendet werden, sie als stumm zu behandeln

`mute_weight_multiplier=-10.0` Faktor für die Gewichtung der Child Cells (negativer Wert)

`mute_weight_value=1000.0` Gewichtung für die Child Cells (positiver Wert)

`reserve_percent=10.0` Prozentsatz an Speicher- und Festplattenkapazität einer Zelle, die als Reserve vorgehalten wird

`topic=cells` Topic, auf das die Cell Nodes hören

`topic=conductor` Topic, auf das die Conductor Nodes hören

5.4.4 Storage-Anbindung

Für die Anbindung von Nova an den Storage wird der Zugriff für zwei verschiedene Dienste konfiguriert: zum einen auf Glance, um beim Start neuer Instanzen Zugriff auf die Basis-Images zu bekommen, und zum anderen auf die von Cinder bereitgestellten Volumes. Da die angebundenen Storages (wie z. B. LVM, Netapp, Ceph) direkt in Cinder konfiguriert werden, beschränkt sich die Konfiguration in Nova auf die Auswahl der richtigen Volume-API. Nova leitet dann alle entsprechenden Anfragen an Cinder weiter.

```
image_service=nova.image.glance.GlanceImageService
glance_api_insecure=false
glance_api_servers=$GLANCE_HOST:9292
glance_host=$my_ip
glance_num_retries=0
glance_port=9292
volume_api_class=nova.volume.cinder.API
```

5.4.5 Netzwerkanbindung

Damit Nova bei der Verwaltung der Instanzen weiß, welches Netzwerkmodell in der Umgebung genutzt wird, müssen einige Parameter entsprechend gesetzt werden.

Im ersten Block der folgenden Beispielkonfiguration wird definiert, wie Nova Zugang zu Neutron erhält, um so alle notwendigen Netzwerkinformationen, wie z. B. existente Netze, IP-Ranges und freie Adressen, zu ermitteln. Die Authentifizierung übernimmt wie immer Keystone.

```
neutron_url = http://$NETWORK_NODE:9696
neutron_auth_strategy = keystone
neutron_admin_tenant_name = service
neutron_admin_username = neutron
neutron_admin_password = neutronpw
neutron_admin_auth_url = http://$KEYSTONE_HOST:35357/v2.0
```

Im zweiten Block werden die zu nutzenden Treiber für die API, das Netzwerk, die Firewall und das von Neutron geladene Netzwerk-Plug-in für die Verbindung zum virtuellen Netzwerk festgelegt; im vorliegenden Beispiel kommen die Neutron-API und `iptables` für die Firewall zum Einsatz sowie *Linux Bridge* als Netzwerk-Plug-in:

```
network_api_class = nova.network.neutronv2.api.API
firewall_driver = nova.virt.firewall.NoopFirewallDriver
linuxnet_interface_driver =
  nova.network.linux_net.NeutronLinuxBridgeInterfaceDriver
```

Die verschiedenen Netzwerkmodelle werden im Kapitel 7 ab Seite 167 vorgestellt, die Konfigurationen dazu im Abschnitt 7.4 ab Seite 188 aufgezeigt.

5.4.6 Conductor

Der folgende Auszug zeigt die nova-conductor-relevanten Parameter in der nova.conf mit ihren Defaultwerten:

```
manager=nova.cells.manager.CellsManager
manager=nova.conductor.manager.ConductorManager
topic=cells
topic=conductor
use_local=False
workers=None
```

Der erste Parameter bestimmt den *Cells Manager*, dann folgen der volle Klassenname für den *Conductor Manager* und jeweils der *Topic*, auf den die beiden (*Cells Node* und *Conductor Node*) fixiert sind. use_local gibt an, ob nova-conductor auf dem Host überhaupt gestartet werden soll, und das Flag workers legt schließlich die Anzahl der Workers für den Nova Conductor Service fest.

5.4.7 Remote-Konsolen

VNC-Konsole

Das *Virtual Network Computing* (VNC) ist ein plattformunabhängiges Remote-Zugriffsverfahren, basierend auf dem *Remote Frame Buffer Protocol* (RFB), das häufig eingesetzt wird (u. a. bei X11, Windows und Macintosh). Es erlaubt einen komfortablen Zugriff auf die Gastsysteme, auch aus einem Browser heraus.

Es besteht die Möglichkeit, sich per VNC in die Konsole der Instanz einzuloggen und dann dort zu arbeiten. Für eine VNC-Konsolenverbindung müssen die Pakete nova-consoleauth und nova-novncproxy installiert werden.

Anschließend aktivieren Sie den automatischen Start des Authentifizierungsdienstes:

```
# chkconfig openstack-nova-consoleauth on
```

Einmalig starten Sie den Dienst:

```
# service openstack-nova-consoleauth start
```

Nachfolgend zeigt ein Auszug die VNC-relevanten Flags in der /etc/nova/nova.conf mit den Defaultwerten, wie sie eine VNC-Verbindung ermöglichen:

```
novncproxy_base_url=http://127.0.0.1:6080/vnc_auto.html
vnc_enabled=True
vnc_keymap=de-de
vnc_password=None
vnc_port=5900
vnc_port_total=10000
vncserver_listen=127.0.0.1
vncserver_proxyclient_address=127.0.0.1
```

SPICE-Konsole

Das *Simple Protocol for Independent Computing Environments* (SPICE) ist ein noch recht neues Protokoll für den Fernzugriff, das die Beschränkungen von VNC (beim Videostreaming, fehlende bidirektionale Audioschnittstelle, Unterstützung mehrerer Monitore) aufhebt.

Während der Mechanismus, der angibt, wie OpenStack Compute SPICE einbindet, der Implementation von VNC weitgehend ähnelt, muss für das Dashboard das Widget `SPICE-HTML5` eingerichtet sein, um mit dem Service `nova-spicehtml5proxy` via *SPICE-over-Websockets* kommunizieren zu können. Der wiederum kann direkt mit dem Hypervisor-Prozess kommunizieren, falls der entsprechend eingerichtet wurde.

Die relevanten Optionen mit Defaultwerten, um SPICE als Konsole für OpenStack Compute zu konfigurieren, sind:

```
agent_enabled=True
enabled=False
html5proxy_base_url=http://127.0.0.1:6080/spice_auto.html
keymap=de-de
server_listen=127.0.0.1
server_proxyclient_address=127.0.0.1
```

Während `agent_enabled=True` die Unterstützung für den passenden Agenten (*SPICE Guest Agent*) aktiviert, öffnet `enabled=True` die Nutzung weiterer Features. Der Port für den Proxy ist wie bei VNC `6080`.

5.4.8 Logging

Das *Logging*-Verhalten von Nova wird im `[DEFAULT]`-Abschnitt mit folgenden Zeilen konfiguriert, die für den Standardbetrieb meist ausreichen:

```
verbose=True
logdir=/var/log/nova
```

Dadurch werden die Meldungen nach `/var/log/nova/nova.log` geschrieben. Zur Fehlersuche kann mit `debug=True` wie üblich eine vertiefte Protokollierung erreicht werden.

Protokollierung einer Gastkonsole

Damit auch die Konsole einer Instanz protokolliert wird und damit `$instances_path/<instance-id>/console.log` gefüttert werden kann, muss die Installation auf dem zugrunde liegende Image für die Nutzung der seriellen Konsole konfiguriert worden sein.

5.4.9 Quotas

Quotas beschränken die Ausführungsmöglichkeiten der Compute Services für einen Tenant. Die globalen Werte für Quotas werden in der `nova.conf` gesetzt. Die nachfolgende Liste enthält diese globalen Konfigurationsoptionen (mit dem jeweiligen Defaultwert):

`quota_cores=20` maximale Anzahl der Instanz-Cores

`quota_floating_ips=10` maximale Anzahl der *Floating IPs*

`quota_gigabytes=1000` maximale Größe der nutzbaren Volumes in Gigabyte

`quota_injected_file_content_bytes=10240` maximale Größe für ein *Injected File* in Byte

`quota_injected_file_path_bytes=255` maximale Größe für eine Pfadangabe bei einem *Injected File* in Byte

`quota_injected_files=5` maximal erlaubte Anzahl für *Injected Files*

`quota_instances=10` maximale Anzahl der Instanzen

`quota_metadata_items=128` maximale Anzahl für Metadaten pro Instanz

`quota_ram=51200` Maximalgröße des Arbeitsspeichers für eine Instanz

`quota_security_group_rules` maximale Anzahl der *Security Rules* je *Secuity Group*

`quota_security_groups=10` maximale Anzahl der *Security Groups*

`quota_volumes=10` maximale Anzahl für *Volumes*

Soweit nicht anders angegeben, sind die Werte projektbezogen (= pro Tenant). Mit den `nova quota-*`-Befehlen können Sie diese globalen Werte mit individuellen, tenantbezogenen Werte überschreiben (siehe auch Abschnitt 5.5.9, S. 137).

5.4.10 Metadata Service

Bei einem einzigen Nova-(API-)Server innerhalb eines OpenStack-Deployments kann der Metadata-API-Service auf diesem mitlaufen und wird dann direkt über den Service `nova-api` angesprochen. Dazu wird einfach der Eintrag `metadata` an die Liste der erlaubten APIs in der `/etc/nova/nova.conf` auf dem Nova-Server angehängt, was defaultmäßig der Fall ist:

```
enabled_apis=ec2,osapi_compute,<...>,metadata
```

In der `nova.conf` stehen auch die weiteren Optionen zur Konfiguration des Metadata Service (hier wieder mit den Defaultwerten):

`metadata_host=$my_ip` IP-Adresse des Metadata-API-Servers
: Hier muss eine IP-Adresse angegeben werden, Hostnamen werden nicht akzeptiert!

`metadata_listen=0.0.0.0` IP-Adresse, auf die die API hört

`metadata_listen_port=8775` Port, auf dem die API lauscht

`metadata_manager=nova.api.manager.MetadataManager` OpenStack Metadata Service Manager

`metadata_port=8775` Metadata-API-Port

`metadata_workers=None` Anzahl der Worker des Metadata Service

`vendordata_driver=`
: `nova.api.metadata.vendordata_json.JsonFileVendor-Data` Treiber für Vendor-Daten

`vendordata_jsonfile_path=None` Datei, von der die json-formatierten Vendor-Daten geladen werden

Die Defaulteinstellungen gehen von einem Single-Node-Setup aus, bei dem alle Services auf dem gleichen Host laufen. Ist dies nicht der Fall, muss die Konfiguration von `metadata_host` auf die IP-Adresse zeigen, auf der der Metadata Service der `nova-api` läuft. Sie wird genutzt, um die `iptables`-Regeln zu erstellen, die für die Weiterleitung der Instanzanfragen gebraucht werden. Der Nova-API-Server erzeugt damit beim Start eine Regel in der NAT-Tabelle, die alle Anfragen an den Metadaten-Server (= an die IP-Adresse `169.254.169.254`) an die bei `metadata_host` angegebene IP-Adresse per DNAT umleitet. Außerdem wird eine Filterregel erstellt, die die Anfragen der Instanzen durchlässt.

Router für Metadata Service

Für das Funktionieren des Metadaten-Dienstes muss ein Router an das (virtuelle) Netzwerk angeschlossen sein. Eine weitere Konfiguration des Routers ist nicht erforderlich.

Die Konfiguration des Neutron-Proxy-Dienstes für den Metadata Service zeigt Abschnitt 7.4.7 auf Seite 201.

5.5 Administration

5.5.1 Der Nova-Client

Wie alle Komponenten bringt auch Nova ein CLI-Tool mit, das die Verwaltung der Instanzen und die Durchführung damit verbundener Aufgaben per Kommandozeile ermöglicht. Die allgemeine Syntax für Kommandos der Nova-CLI hat folgende Form:

```
nova <command> [options] [args]
```

5.5.2 Statusausgaben

Zur Überprüfung der Nova-Umgebung gibt es das Subkommando `service-list`, das den Status aller Nova-Dienste ausgibt:

```
$ nova service-list
+------------------+-----------+----------+---------+-------+
| Binary           | Host      | Zone     | Status  | State |
+------------------+-----------+----------+---------+-------+
| nova-consoleauth | controller | internal | enabled | up    |
| nova-scheduler   | controller | internal | enabled | up    |
| nova-conductor   | controller | internal | enabled | up    |
| nova-compute     | controller | nova     | enabled | up    |
+------------------+-----------+----------+---------+-------+

---------------------------+-----------------+
 Updated_at                | Disabled Reason |
---------------------------+-----------------+
 2013-10-25T12:03:14.000000 | None            |
 2013-10-25T12:03:16.000000 | None            |
 2013-10-25T12:03:14.000000 | None            |
 2013-10-25T12:03:14.000000 | None            |
---------------------------+-----------------+
```

Wie man am angegebenen Host sieht, handelt es sich in dieser Beispielausgabe um ein Single-Node-Setup, Compute- und Controller-Dienste laufen also auf derselben Maschine. Standardmäßig befinden sich alle Dienste in der Zone *nova*, in größeren Umgebungen sind hier viele

Nova-Compute-Dienste in verschiedensten Zonen sowie redundant angelegte Dienste wie Nova Scheduler auf verschiedenen Hosts denkbar.

Eine Liste der verfügbaren Compute Nodes erhält man mit dem Subkommando `hypervisor-list`:

```
$ nova hypervisor-list
+----+---------------------+
| ID | Hypervisor hostname |
+----+---------------------+
| 1  | compute-node_1      |
| 2  | compute-node_2      |
| 3  | compute-node_3      |
+----+---------------------+
```

Die Instanzen eines bestimmten Hypervisors zeigt `hypervisor-servers`, die Details `hypervisor-show`, Hypervisor-Statistiken aller Compute Nodes liefert `hypervisor-stats` und die Laufzeit eines Hypervisors gibt `hypervisor-uptime` aus.

5.5.3 Umgang mit Images

Nach einer korrekten Installation und Konfiguration kann Nova Compute auf die im Image Service *Glance* registrierten Images zugreifen. Zur Kontrolle, ob *Nova* die in Glance verfügbaren Images auch erkennt, kann mit `nova image-list` eine Liste aller verfügbaren Images abgefragt und somit die Funktionstüchtigkeit der Integration von Glance und Nova getestet werden. Im Hintergrund leitet `nova` diese Anfrage an *Glance* weiter.

```
$ nova image-list
+--------------------------------------+---------+--------+--------+
| ID                                   | Name    | Status | Server |
+--------------------------------------+---------+--------+--------+
| d3910135-147b-467d-b8f4-bfd48019009e | sles11  | ACTIVE |        |
| 9bb388ef-c0ef-489e-8af3-d8186a285c31 | cirros  | ACTIVE |        |
| 1b3d3d26-fca4-4ee4-b512-b13b45d14694 | rhel    | ACTIVE |        |
+--------------------------------------+---------+--------+--------+
```

Während Basis-Images von Glance zur Verfügung gestellt werden, bietet Nova die Möglichkeit, Images von laufenden Instanzen zu erstellen (Snapshotting). In diesem Fall werden von bereits existierenden Instanzen Snapshots erzeugt, die dann im Image Service abgelegt werden und künftig als weitere Basis für neue Instanzen dienen können. So ist es beispielsweise möglich, Systeme in einem fertigen Konfigurationzustand abzusichern und später neue Maschinen in diesem Zustand zu booten. Ein doppelter Konfigurationsaufwand wird vermieden. Wurde ein Image als Snapshot einer Instanz erstellt, wird die Ursprungsinstanz in der Spalte *Server* vermerkt.

Ein neues Snapshot-Image erzeugt das Subkommando `image-create`:

```
$ nova image-create <server> <name>
```

Im folgenden Beispiel wird von der fertig konfigurierten Instanz `database-01` ein Snapshot-Image namens `database-01_preconfigured` erstellt:

```
$ nova image-create database-01 database-01_preconfigured
```

Eindeutige IDs

In großen Umgebungen mit vielen Instanzen ist es immer ratsam, sich auf die eindeutige Instanz-ID zu beziehen, da Instanznamen mehrfach vergeben werden können.

5.5.4 Flavors verwalten

Die in Nova definierten Flavors können mit dem Nova-Subkommando `flavor-list` abgefragt werden:

```
$ nova flavor-list
+----+-----------+-----------+------+-----------+------+-
| ID | Name      | Memory_MB | Disk | Ephemeral | Swap |
+----+-----------+-----------+------+-----------+------+-
| 1  | m1.tiny   | 512       | 0    | 0         |      |
| 2  | m1.small  | 2048      | 10   | 20        |      |
| 3  | m1.medium | 4096      | 10   | 40        |      |
| 4  | m1.large  | 8192      | 10   | 80        |      |
| 5  | m1.xlarge | 16384     | 10   | 160       |      |
+----+-----------+-----------+------+-----------+------+-

------+-------------+-----------+------------+
VCPUs | RXTX_Factor | Is_Public | extra_specs |
------+-------------+-----------+------------+
1     | 1.0         | True      | {}          |
1     | 1.0         | True      | {}          |
2     | 1.0         | True      | {}          |
4     | 1.0         | True      | {}          |
8     | 1.0         | True      | {}          |
------+-------------+-----------+------------+
```

Obige Ausgabe zeigt die bereits vordefinierten Flavors in tabellarischer Form.

Um einen Flavor selbst zu definieren, nutzen Sie das nova-Subkommando flavor-create mit folgenden Argumenten:

```
$ nova flavor-create <name> <id> <ram> <disk> <vcpus>
```

<name> Name des Flavors

<id> eindeutige Flavor-ID

<ram> Memory in MB

<disk> Disk Size in GB

<vcpus> Anzahl der vCPUs

Optional können mit folgenden Argumenten weitere Eigenschaften eingestellt werden:

--ephemeral <ephemeral> Größenangabe in GB für flüchtigen Speicher der temporären Imagekopie auf dem ausführenden Nova Compute Node (Default: 0)

--swap <swap> Größenangabe für Swap-Space in MB (Default: 0)

--is-public <is-public> Boolean-Wert für allgemeinen Zugriff (Default: true)

--rxtx-factor <factor> Faktor für das Verhältnis Empfangs-/Sendeleistung (Default: 1)

Das folgende Kommando erstellt beispielsweise einen Instanztyp namens gross mit der Flavor-ID 6, 32 GB Arbeitsspeicher, 160 GB Storage und 8 vCPUs:

```
$ nova flavor-create gross 6 32768 160 8
+----+-------+-----------+------+-----------+------+-------+-
| ID | Name  | Memory_MB | Disk | Ephemeral | Swap | VCPUs |
+----+-------+-----------+------+-----------+------+-------+-
| 6  | gross | 32768     | 160  | 0         |      | 8     |
+----+-------+-----------+------+-----------+------+-------+-

------------+-----------+-------------+
RXTX_Factor | Is_Public | extra_specs |
------------+-----------+-------------+
1           | True      | {}          |
------------+-----------+-------------+
```

Mit dem Subkommando flavor-key können Sie einem Flavor zusätzliche Eigenschaften (extra_specs) zuordnen:

```
$ nova flavor-key <id> <action> <key=value>
$ nova flavor-key 6 set function=apache
```

Keys werden hierbei gesetzt (set) oder gelöscht (unset), der jeweilige Key und sein Wert sind frei wählbar.

Die Eigenschaften eines einzelnen Flavors zeigt das Subkommando flavor-show bei Angabe der Flavor-ID:

```
$ nova flavor-show 6
+----------------------------+---------------------------+
| Property                   | Value                     |
+----------------------------+---------------------------+
| OS-FLV-DISABLED:disabled   | False                     |
| OS-FLV-EXT-DATA:ephemeral  | 0                         |
| disk                       | 160                       |
| extra_specs                | {u'function': u'apache'}  |
| id                         | 6                         |
| name                       | gross                     |
| os-flavor-access:is_public | True                      |
| ram                        | 32768                     |
| rxtx_factor                | 1.0                       |
| swap                       |                           |
| vcpus                      | 8                         |
+----------------------------+---------------------------+
```

Sollen Flavors einer bestimmten Größe nur für einen eingeschränkten Benutzerkreis verfügbar sein, so gibt es die Möglichkeit, mit Zugriffsrechten zu arbeiten. Voraussetzung ist, dass der betroffene Flavor nicht public gesetzt ist. Dafür erstellen Sie den Flavor mit dem Parameter --is-public false:

```
$ nova flavor-create gross 6 32768 160 8 --is-public false
+----+-------+-----------+------+-----------+------+-------+-
| ID | Name  | Memory_MB | Disk | Ephemeral | Swap | VCPUs |
+----+-------+-----------+------+-----------+------+-------+-
| 6  | gross | 32768     | 160  | 0         |      | 8     |
+----+-------+-----------+------+-----------+------+-------+-

-----------+-----------+-------------+
RXTX_Factor | Is_Public | extra_specs |
-----------+-----------+-------------+
1           | False     | {}          |
-----------+-----------+-------------+
```

Der soeben angelegte Flavor 6 ist nicht öffentlich verfügbar und somit nur von einem Admin nutzbar. Zur Verwaltung der Zugriffsrechte stellt Nova die Kommandos flavor-access-add, flavor-access-list und flavor-access-remove zur Verfügung. Mit folgendem Befehl wird beispielsweilse dem Projekt *b1systems* Zugriff auf den neu angelegten Flavor erteilt:

```
$ nova flavor-access-add 6 b1systems
+-----------+-----------+
| Flavor_ID | Tenant_ID |
+-----------+-----------+
| 6         | b1systems |
+-----------+-----------+
```

Benutzer des Projektes *b1systems* haben nun die Berechtigung, neue Instanzen mit dem Flavor 6 zu starten.

Mit `nova flavor-delete` und Angabe der Flavor-ID löschen Sie einen Flavor:

```
$ nova flavor-delete 6
```

Ändern von Flavor-Eigenschaften

Noch gibt es keinen Befehl zur Änderung von Flavors. Es bleibt also nur die Möglichkeit, Änderungen über das Löschen und Neuerstellen des Flavors einzupflegen.

5.5.5 Hinterlegen eines SSH-Keys

Die File Injection (siehe Abschnitt 4.5.2, S. 88) kann dazu genutzt werden, vor dem Start einer virtuellen Maschine einen (oder mehrere) SSH-Key(s) für den Benutzer *root* zu hinterlegen. Dadurch können Sie sich nach dem Start der VM ohne Kennwortabfrage mit dieser verbinden. Dazu wird der entsprechende SSH-Key an die korrekte Stelle in die VM kopiert.

Dazu muss ein entsprechender SSH-Key hinterlegt werden. Es können mehrere SSH-Keys erstellt und zugeordnet werden.

```
$ nova keypair-add --pub_key ~/.ssh/id_rsa.pub sesam
```

Haben Sie bislang keinen SSH-Key zur Verfügung, können Sie diesen über das Kommando `ssh-keygen` mit entsprechenden Optionen erzeugen:

```
# ssh-keygen -f ~/.ssh/id_rsa -t rsa -N ''
```

Auf die Schnelle können Sie einen Key etwas einfacher im aktuellen Verzeichnis erzeugen:

```
$ nova keypair-add sesam > sesam.pem
# chmod 600 sesam.pem
```

Mit dem Subkommando `keypair-list` können Sie sich die erstellten Schlüsselpaare ausgeben lassen:

```
$ nova keypair-list
+-------+-------------------------------------------------+
| Name  | Fingerprint                                     |
+-------+-------------------------------------------------+
| sesam | 72:b9:79:a3:b4:bc:ed:4f:36:05:68:f4:3b:d4:a4:b9 |
+-------+-------------------------------------------------+
```

Hinweis: Schlüssel in Datei sichern

Schreiben Sie die Ausgabe des Befehls per Ausgabeumleitung direkt in eine Datei, er wird sonst nur in der Konsole ausgegeben und nicht weiter gesichert!

Eine andere Möglichkeit, einen Schlüssel zu erzeugen, bietet das Dashboard.

5.5.6 Instanzen verwalten mit Nova

Die Syntax des Befehls, um eine virtuelle Maschine zu starten (»Launching an Instance«), lautet wie folgt:

```
$ nova boot --image <IMAGE> --flavor <FLAVOR> \
  --key_name <KEY_NAME> [<Name>]
```

Dabei müssen Sie neben dem Namen der Instanz einen Flavor (ID bzw. Name) sowie das Image (UUID bzw. Name), auf dem die Instanz basieren soll, angeben. Weiterhin kann ein in die VM zu kopierender SSH-Key angegeben werden. Im folgenden Beispiel wird eine VM namens vm-01 von einem Cirros-Image mit dem Flavor m1.small gestartet und dabei der SSH-Schlüssel sesam in die VM kopiert:

```
$ nova boot --image cirros --flavor m1.small --key_name sesam vm-01
```

Mithilfe des Nova-Subkommandos `list` können Sie alle aktuellen virtuellen Maschinen einschließlich ihres Status auflisten lassen:

```
$ nova list
+--------------------------------------+--------------+-
| ID                                   | Name         |
+--------------------------------------+--------------+-
| 82381198-1361-4d43-99c1-bedcf13e0c26 | database-01  |
| bf1d90d7-55dc-4fba-9d7b-9a8a74b643d1 | vm-01        |
| 02da47ff-c64b-4a14-9aab-801d98ea84b5 | webserver-01 |
| ac5cc9b9-f36d-453a-ab1b-d0236c653945 | webserver-02 |
+--------------------------------------+--------------+-

-------+---------------------+
Status | Networks            |
-------+---------------------+
ACTIVE | b1-internal=10.1.20.5 |
ACTIVE | b1-internal=10.1.20.6 |
ACTIVE | b1-internal=10.1.20.7 |
ACTIVE | b1-internal=10.1.20.8 |
-------+---------------------+
```

Um eine laufende virtuelle Maschine wieder zu beenden, geben Sie `nova delete` mit der UUID der Instanz ein:

```
$ nova delete <FLAVOR>
```

Wie Sie eine Instanz in einer bestimmten Availability Zone und dort auf einem bestimmten Host starten zeigt Abschnitt 5.5.7 auf S. 135.

Das hint-Flag

Nova bietet mit dem `hint`-Flag eine weitere Möglichkeit, die Parameter für den Start zu beeinflussen.

Möchten Sie beispielsweise die erste (freie) IP-Adresse in einem Subnetz (hier: `192.168.42.0/24`) zuweisen, gelingt dies mit dem folgenden `hint`-Flag:

```
$ nova boot --image <IMAGE> --flavor <FLAVOR> \
--hint build_near_host_ip=192.168.42.1 --hint cidr=/24 <NEUE_INSTANZ>
```

Auch bei der Zuweisung der Instanz an einen bestimmten Host kann in Abhängigkeit vom eingesetzten Scheduler-Filter das `hint`-Flag genutzt werden. So können Sie etwa eine Instanz auf dem gleichen Host wie eine andere platzieren. Dazu dient der Hint `same_host` mit Angabe der UUID der Instanz, mit der die neue den Host teilen soll:

```
$ nova boot --image <IMAGE> --flavor <FLAVOR> \
--hint same_host=<UUID-INSTANZ-01> <NEUE_INSTANZ>
```

Das Booten einer Instanz auf einem anderen Host erzwingt entsprechend `--hint different_host=$UUID`:

```
$ nova boot --image <IMAGE> --flavor <FLAVOR> \
--hint different_host=<UUID-INSTANZ-01> \
--hint different_host=<UUID-INSTANZ-02> [...] <NEUE_INSTANZ>
```

Dabei können beliebig viele Instanzen angegeben werden.

In beiden Fällen muss der passende Scheduler-Filter aktiv sein, bei `--hint same_host` der `SameHostFilter`, bei `--hint different_host` der `DifferentHostFilter`. Mehr zu Scheduler-Filtern finden Sie im Abschnitt 5.1.5, S. 98, die Konfiguration zeigt Abschnitt 5.4.3, S. 118.

5.5.7 Host Aggregate

Ein (noch leeres) Host Aggregat erstellen Sie mit dem `nova`-Subkommando `aggregate-create`:

```
$ nova aggregate-create <AGGREGATE>
```

Soll dieses Host Aggregat auch als *Availability Zone* für die Benutzer erscheinen, erweitern Sie den Befehl einfach um einen Namen für die Zone:

```
$ nova aggregate-create <AGGREGATE> <ZONE>
```

Einen Host fügen Sie einem Aggregat mit dem Subkommando `aggregate-add-host` hinzu:

```
$ nova aggregate-add-host <AGGREGATE> <HOST>
```

Da das Host Aggregat gleichzeitig die Availability Zone definiert, wird der Host damit gleichzeitig Teil der Availability Zone.

```
$ nova aggregate-add-host 1 compute-01
Aggregate 1 has been successfully updated.
+----+-----------------+-------------------+-
| Id | Name            | Availability Zone |
+----+-----------------+-------------------+-
| 1  | AG-01           | AZ-01             |
+----+-----------------+-------------------+-

----------------+------------------------------------+
Hosts           | Metadata                           |
----------------+------------------------------------+
[u'compute-01'] | {u'availability_zone': u'AZ-01'}   |
----------------+------------------------------------+
```

Um eine Instanz in einer bestimmten Verfügbarkeitszone (*Availability Zone*) zu starten, wird der Parameter `--availability_zone` eingesetzt:

```
$ nova boot --image <IMAGE> --flavor <FLAVOR> \
  --availability_zone <ZONE> <FLAVOR>
```

Um die Instanz innerhalb einer bestimmten Verfügbarkeitszone auf einem bestimmten Host zu starten, ergänzen Sie den Zonennamen nach einem Doppelpunkt um den Hostnamen:

```
$ nova boot --image <IMAGE> --flavor <FLAVOR> \
  --availability_zone <ZONE>:<HOST> <FLAVOR>
```

Sie können auch die Ausführung einer Instanz in einem bestimmten Host Aggregate über die Angabe eines Flavors anweisen. Dazu weisen Sie einem Host Aggregat – das nicht gleichzeitig Availabilty Zone sein darf – beliebige Metadaten zu, im folgenden Beispiel etwa die passende Baureihe `HAL`:

```
$ nova aggregate-set-metadata 1 HAL=true
```

Anschließend erstellen Sie einen zugehörigen Flavor (Beispiel):

```
$ nova flavor-create --is-public true m1.HAL 100 2048 10 4
```

Das folgende Beispiel weist dem Flavor die Information zu, dass Instanzen nur in den richtigen – extra dafür geschaffenen – Host Aggregaten (hier die mit den HAL-Rechnern) laufen sollen:

```
$ nova flavor-key <FLAVOR-ID> set HAL=true
```

Auch für die Nutzung eines bestimmten Hypervisors kann ein Flag gesetzt werden, das dann mit einem entsprechenden Metadaten-Flag in einem passenden Flavor korrespondieren muss (im nachfolgenden Beispiel für Xen):

```
$ nova aggregate-set-metadata 1 XEN=true
$ nova flavor-key <FLAVOR-ID> set XEN=true
```

Booten Sie nun eine neue Instanz mit diesem Flavor, so wird sie automatisch auf einem Host in dem passenden Host Aggregat landen. Obige Befehle setzen voraus, dass der Benutzer über genügende Rechte verfügt.

Eine Zone erstellen Sie über ein zugehöriges Aggregate:

```
# nova aggregate-create aggregat-01 zone-01
+----+-------------+-------------------+-------+-----------------------------------+
| Id | Name        | Availability Zone | Hosts | Metadata                          |
+----+-------------+-------------------+-------+-----------------------------------+
| 2  | aggregat-01 | zone-01           | []    | {u'availability_zone': u'zone-01'} |
+----+-------------+-------------------+-------+-----------------------------------+
```

Die Aggregate listet das Subkommando `availability-zone-list` auf:

```
# nova aggregate-list
+----+-----------------+------------------+
| Id | Name            | Availability Zone |
+----+-----------------+------------------+
| 2  | aggregat-01     | zone-01          |
| 3  | aggregat-02     | zone-sata        |
| 4  | aggregat-03     | zone-ssd         |
+----+-----------------+------------------+
```

Die vorhanden Zonen gibt das Subkommando `availability-zone-list` aus:

```
$ nova availability-zone-list
+-----------------------+-------------------------------------+
| Name                  | Status                              |
+-----------------------+-------------------------------------+
| internal001           | available                           |
| |- controller         |                                     |
| | |- nova-conductor   | enabled :-) 2014-04-15T16:33:43.000000 |
| | |- nova-scheduler   | enabled :-) 2014-04-15T16:33:36.000000 |
| | |- nova-consoleauth | enabled :-) 2014-04-15T16:33:35.000000 |
| zone-01               | available                           |
| |- compute01          |                                     |
| | |- nova-compute     | enabled :-) 2014-04-15T16:33:43.000000 |
+-----------------------+-------------------------------------+
```

Scheduler-Eintrag für Host Aggregates

Bei der Konfiguration der Scheduler-Filter unter `scheduler_default_filters` muss zusätzlich zu den anderen Filtern der `AggregateInstance-ExtraSpecsFilter` enthalten sein.

5.5.8 VNC-Konsole

Vorausgesetzt, Sie haben Nova für den VNC-Zugriff konfiguriert (siehe Abschnitt 5.4.7, S. 123, können Sie eine Verbindung zu einer Instanz herstellen, indem Sie die URL der Instanz ermitteln und diese dann im Browser aufrufen:

```
$ nova get-vnc-console 33fe01a6-d87c-4e9f-8317-2c2591487b05 novnc
+-------+------------------------------------------------------------------------
| Type  |                                              Url
+-------+------------------------------------------------------------------------
| novnc | http://nova-api.openstack.b1-systems.de:6080/vnc_auto.html?token=...
+-------+------------------------------------------------------------------------
```

Auch ein direkter Zugriff aus dem Dashboard ist mittlerweile möglich.

5.5.9 Quotas

Quotas beschränken die Ausführungsmöglichkeiten der Compute Services für einen Tenant. Globale Quota-Werte können in der `nova.conf` gesetzt werden, individuelle, tenantbezogene Werte mit den `nova quota-*`-Befehlen.

Die Quota-Defaultwerte eines Tenants ermitteln Sie mit dem Subkommando `quota-defaults`:

```
$ nova quota-defaults --tenant <TENANT-ID>
```

Die Quotas eines Tenants zeigt das Subkommando `quota-show`:

```
$ nova quota-show --tenant <TENANT-ID>
```

Möchten Sie bestehende Quota-Einstellungen eines Tenants ändern, nutzen Sie `quota-update`:

```
$ nova quota-update --instances 200 <TENANT-ID>
```

Eine Beschränkung komplett aufheben (= unbegrenzte Werte) können Sie durch Zuweisung des Wertes `-1`. Die globalen Konfigurationsoptionen in der `nova.conf` zeigt Abschnitt 5.4.9, S. 125.

5.5.10 Security Groups

Es wird unterschieden zwischen Security Groups und Security Group Rules von Nova und denen von Neutron. Security Group Rules bei Nova gelten für bestimmte Rechner der Umgebung, Security Group Rules bei Neutron für bestimmte Ports (nicht TCP-/UDP-Ports, sondern Netzwerkschnittstellen) einer Instanz.

Security Groups bei Nova nur für den eingehenden Verkehr!

Security Group Rules können bei Nova nur für den eingehenden Verkehr der IPv4-Protokolle ICMP, TCP und UDP definiert werden. Der von einer Instanz ausgehende Verkehr kann durch Security Groups nicht weiter beschränkt werden! Um ausgehende Pakete, Pakete von anderen Protokollen oder IPv6-Pakete zu kontrollieren, muss eine klassische Firewall-Lösung eingesetzt werden.

Bei der Installation von Nova wird eine Security Group `default` eingerichtet. Diese kann nicht gelöscht werden. Werden beim Launchen einer Instanz keine Security Groups angegeben, wird die Instanz automatisch der Defaultgruppe zugewiesen. Diese erlaubt den eingehenden Verkehr von anderen Mitgliedern der Gruppe, nicht jedoch von anderen Gruppen und IP-Adressen. Wenn Ihnen dieses Verhalten nicht passt, können Sie die Regeln der Defaultgruppe Ihren Bedürfnissen entsprechend anpassen.

Das rollenbasierte Konzept der Security Groups vereinfacht den Umgang für die Zugriffsregeln der Instanzen: Statt einen Rechner einzeln mit Zugriffsregeln zu versehen, können Rollen (etwa eine Security Group »Web-Server« mit den Zugriffports 80, 443, 8080, ...) definiert werden, die dann einer Instanz gemäß ihrer Funktion zugewiesen werden.

Eine neue (zusätzliche) Security Group erstellt folgender Befehl:

```
$ nova secgroup-create <SECURITY_GROUP> <BESCHREIBUNG>
```

Dementsprechend kann eine Security Group auch wieder gelöscht werden, allerdings nur, wenn sie gerade keiner laufenden Instanz zugeordnet ist:

```
$ nova secgroup-delete <SECURITY_GROUP>
```

Eine Liste der Security Groups des aktuellen Projektes erhalten Sie mit dem `nova`-Subkommando `secgroup-list`.

```
$ nova secgroup-list
```

Security Group Rules

Eine Security Group Rule ist eine Richtlinie, die den bei einer Instanz eingehenden Verkehr aufgrund Quelladresse, Protokoll und Zielport erlauben kann. Demzufolge benötigt die Definition einer Regel die folgenden Argumente:

`<SECURITY_GROUP>` ID oder Name

`<IP-PROTOKOLL>` IP-Protokoll (`icmp`, `tcp` oder `udp`)

`<ANFANGSPORT>` TCP-/UDP-Portangabe der ersten Ports eines Bereichs

`<ENDPORT>` TCP-/UDP-Portangabe der letzten Ports eines Bereichs (Soll nur ein Port freigegeben werden, werden Anfangs- und Endport gleich gesetzt.)

`<QUELLE>` Quelle der erlaubten Pakete; entweder eine Netzwerkadresse in CIDR-Notation (`0.0.0./0` steht für das gesamte Netz ohne Einschränkung) oder eine andere Security Group

Bei Angabe des IP-Protokolls `icmp` (u. a. nötig für einen Erreichbarkeitstest mit `ping`) müssen statt Anfangs- und Endport ICMP-Code und ICMP-Typ spezifiziert werden.

Die allgemeine Syntax zum Erstellen einer Security Group Rule lautet:

```
$ nova secgroup-add-rule <SECURITY_GROUP> <IP-PROTOKOLL> \
  <ANFANGSPORT> <ENDPORT> <QUELLE>
```

Die Netzadresse bei der Quellangabe wird dabei in der CIDR-Notation erwartet.
Möchten Sie beispielsweise für die Security Group `default` einrichten, dass der SSH-Zugriff von allen Rechnern aus dem Subnetz `192.168.42.0/27` erlaubt wird, hilft Ihnen die folgende Security Rule:

```
$ nova secgroup-add-rule default tcp 22 22 192.168.42.0/27
+-------------+-----------+---------+-----------------+--------------+
| IP Protocol | From Port | To Port |    IP Range     | Source Group |
+-------------+-----------+---------+-----------------+--------------+
| tcp         | 22        | 22      | 192.168.42.0/27 |              |
+-------------+-----------+---------+-----------------+--------------+
```

Möchten Sie analog zu obigem Beispiel eine eigene Security Group erstellen, die den SSH-Zugriff von allen Rechnern aus dem Subnetz `192.168.42.0/27` erlaubt, ermöglichen das die folgenden Befehle:

```
$ nova secgroup-create ssh_42 erlaubt_SSH-Zugriff_aus_dem_Netz_192.168.42.0/27
+--------------------------------------+--------+-
| Id                                   | Name   |
+--------------------------------------+--------+-
| 7c1fcb98-a836-46e6-8a32-7511d96ebbb5 | ssh_42 |
+--------------------------------------+--------+-

-------------------------------------------------+
Description                                      |
-------------------------------------------------+
erlaubt_SSH-Zugriff_aus_dem_Netz_192.168.42.0/27 |
-------------------------------------------------+

$ nova secgroup-add-rule ssh_42 tcp 22 22 192.168.42.0/27
+-------------+-----------+---------+-----------------+--------------+
| IP Protocol | From Port | To Port | IP Range        | Source Group |
+-------------+-----------+---------+-----------------+--------------+
| tcp         | 22        | 22      | 192.168.42.0/27 |              |
+-------------+-----------+---------+-----------------+--------------+
```

Portfreigaben mit Wildcard-Einträgen

Zu Testzwecken können Sie auch alle Ports auf einmal mit der Portangabe -1 freischalten. Den Zugriff von allen Rechnern erlaubt die genullte CIDR-Adressangabe 0.0.0.0/0. Einen Ping – und auch alle anderen ICMP-Operationen – von allen Rechnern z. B. erlaubt demgemäß:

```
$ nova secgroup-add-rule default icmp -1 -1 0.0.0.0/0
```

Um etwa Zugriff von allen Rechnern auf den UDP-Port eines in einer Instanz laufenden DNS-Servers zu erhalten, erzeugen Sie folgende Regel:

```
$ nova secgroup-add-rule <SECURITY_GROUP> udp 53 53 0.0.0.0/0
```

Da alle Regeln in einer Security Group jeweils eine Zugriffsmöglichkeit (entsprechend ACCEPT-Policies in Firewalls) hinzufügen, ist deren Kombination trivial.

Löschen können Sie eine Regel mit dem Subkommando secgroup-delete-rule, für den oben erstellten SSH-Zugriff etwa:

```
$ nova secgroup-delete-rule <SECURITY_GROUP> tcp 22 22 192.168.42.0/27
```

Um die Security Group Rules einer Gruppe zu überprüfen, nutzen Sie das nova-Subkommando secgroup-list-rules, gefolgt vom Identifier der Security Group:

```
$ nova secgroup-list-rules <SECURITY_GROUP>
```

Statt mit IP-Adressangaben für die Quelle des Zugriffs können Sie auch mit anderen (Nutzer-)Gruppen als Quelle arbeiten. Das hat den Vorteil, dass die Regeln auch bei dynamischer IP-Adressierung angewendet werden können, was die Arbeit speziell in sehr elastischen Umgebungen, die oft hoch- und runterskalieren, erleichtert. Wenn Sie den Zugriff von allen IP-Adressen aus einer anderen Gruppe (hier: `QUELL_SECURITY_GROUP`) erlauben, dann verwenden Sie das Subkommando `secgroup-add-group-rule`:

```
$ nova secgroup-add-group-rule --ip_proto udp --from_port <ANFANGSPORT> \
      --to_port <ENDPORT> <SECURITY_GROUP> <QUELL_SECURITY_GROUP>
```

Eine solche Gruppenregel entfernen Sie entsprechend mit `secgroup-delete-group-rule`:

```
$ nova secgroup-delete-group-rule --ip_proto tcp --from_port 22 \
    --to_port 22 <SECURITY_GROUP> <QUELL_SECURITY_GROUP>
```

Änderungen bei den Regeln einer Security Group werden automatisch auf alle bereits laufenden Instanzen, die Mitglied der Security Group sind, angewandt.

Möchten Sie den Namen und/oder die Beschreibung einer bestehenden Security Group ändern, so hilft `secgroup-update`:

```
$ nova secgroup-update <SECURITY_GROUP> <NAME> <BESCHREIBUNG>
```

5.5.11 Weitere Nova-Befehle

Der Nova-Client bietet noch eine Fülle von weiteren Verwaltungsbefehlen, die mit der wachsenden OpenStack-Funktionalität ständig erweitert wird. Die vollständige Liste der möglichen Subkommandos der jeweils aktuellen Version erhalten Sie am einfachsten mit `nova help`. Eine Auswahl nützlicher Befehle wird im Folgenden vorgestellt.

Die gültigen Credentials für den Nova-Service ermitteln Sie mit `nova credentials`:

```
$ nova credentials
+------------------+----------------------------------+
| User Credentials | Value                            |
+------------------+----------------------------------+
| id               | e3c8314046234b4eae13374fbbd05c11 |
| name             | admin                            |
| roles            | [{u'name': u'admin'}]            |
| roles_links      | []                               |
| username         | admin                            |
+------------------+----------------------------------+
```

```
+---------+--------------------------------------------------------------
| Token   | Value
+---------+--------------------------------------------------------------
| expires | 2013-03-29T12:24:53Z
| id      | 44ab660a9abb4efea7eef39ec3808c5e
| tenant  | {u'enabled': True, u'id': u'860bf8cb0c0a4ee4902db0cfbdfbc17b',
+---------+--------------------------------------------------------------

-----------------------------------------------------------------+
                                                                 |
-----------------------------------------------------------------+
                                                                 |
                                                                 |
u'name': u'b1systems', u'description': u'Default Tenant'}       |
-----------------------------------------------------------------+
```

Ein Überprüfung des Loggings der Instanz ermöglicht `nova console-log`:

```
$ nova console-log <INSTANZ>
```

5.5.12 Metadata Service

Der Compute Service nutzt einen eigenen Metadata Service, um die zu erzeugenden virtuellen Maschinen mit instanzspezifischen Daten zu versorgen. Vorausgesetzt, der Metadata Service wurde passend konfiguriert (siehe Abschnitt 5.4.10, S. 126), kann die API über den Port 80 unter der IP-Adresse `169.254.169.254` erreicht werden.[10] Anfragen der Instanzen an den Metadata-Port (Default: `8775`) des Compute Node werden vom Netzwerkservice via NAT an den Port 80 dieser IP-Adresse weitergeleitet. Dazu wird der L3-Router genutzt, der die passenden NAT-Regeln mittels `iptables` setzt und so das virtuelle Metadatennetz anbindet.

Der Metadata Service kann über zwei APIs angesteuert werden, eine OpenStack-eigene und eine EC2-kompatible API. Die Version der OpenStack-API kann mit einem `GET`-Request ermittelt werden:[11]

```
# curl http://169.254.169.254/openstack
```

Um die EC2-kompatible API abzufragen, lassen Sie den Pfad weg, also nur `curl http://169.254.169.254`.

[10] Die Adresse `169.254.169.254` wird auch bei Amazon EC2 und anderen Cloud-Computing-Plattformen zum Verteilen von Metadaten an Cloud-Instanzen verwendet. Der Adressbereich `169.254.0.0/16` ist von der Internet Assigned Numbers Authority (IANA) genau für solche Zwecke vorgesehen und wird prinzipiell nicht über das lokale Netz hinaus geroutet.

[11] Diese APIs werden über ihr Datum versioniert.

Die Metadaten werden im JSON-Format verteilt. So liefert etwa ein:

```
# curl http://169.254.169.254/openstack/2012-08-10/meta_data.json
```

folgende Rückgabe:[12]

```
{"uuid": "[...]", "availability_zone": "nova", "hostname": "instanz-01",
 "launch_index": 0, "meta": {"priority": "low", "role": "webserver"},
 "public_keys": {"mykey": "ssh-rsa [...]"}, "name": "instanz-01"}
```

Damit die Instanzen selbst dazu konditioniert werden, beim Booten automatisch Metadaten anzufordern, wird innerhalb der Instanz `cloud-init` ausgeführt. *Cloud-init* (siehe auch https://launchpad.net/cloud-init/) ist ein Tool, das in mehreren Cloud-Lösungen für das initiale Setup genutzt wird, um in Cloud-Gästen Netzwerk, SSH-Keys, Zeitzonen usw. innerhalb der Cloud-Instanzen zu konfigurieren und Daten mitzugeben (*Config Injection*). *Cloud-init* gibt es für alle gängigen Linux-Distributionen und wird einfach als Paket in das Image installiert.

5.6 Migration und Rootwrap

5.6.1 Live-Migration

Eine *Live-Migration* bezeichnet den Umzug einer laufenden Instanz von einem (physikalischen) Host auf einen anderen. Sie ist zum Beispiel notwendig, wenn ein Upgrade eines Compute Node durchgeführt werden soll, der eines Neustarts bedarf.

Eine Live-Migration setzt zum einen als Hypervisor KVM mit `libvirt` voraus und zum anderen, dass die Volumes auf iSCSI basieren und das Verzeichnis für die Nova-Instanzen auf einem *Shared Storage* gemountet ist.[13] Das Nova-Instanzverzeichnis wird in der Datei `nova.conf` mit den Direktiven `state_path` und `instances_path` definiert. Als mögliche Dateisysteme für den Shared Storage kommen infrage:

- NFS (Default bei Linux)
- GlusterFS
- MooseFS
- Lustre

[12] Die Ausgaben können Sie mit einem *Pretty Printer* übersichtlicher gestalten.

[13] Bei KVM gibt es auch die Möglichkeit, mithilfe der sogenannten »KVM Live Block Migration« eine Live-Migration auch ohne Shared Storage durchzuführen; doch gilt diese als nicht sicher und ausgereift genug, um sie für den Produktiveinsatz zu empfehlen.

Eine Live-Migration auf Basis von Ceph ist noch im Entwicklungsstadium.

Durchgeführt wird die Migration mit dem Befehl nova-manage. Sie ist daher dem Cloud-Administrator vorbehalten. In der nova.conf sind zuvor die folgenden Optionen zu definieren:

```
live_migration_uri=qemu+tcp://$ZIELHOST/system
live_migration_bandwidth=0
live_migration_flag=VIR_MIGRATE_UNDEFINE_SOURCE,VIR_MIGRATE_PEER2PEER
live_retry_count=30
```

Im URI wird der Hostname des Zielsystems angegeben. Eine Beschränkung der maximalen Bandbreite (in MBit/s) wird durch den Wert 0 aufgehoben.

Stellen Sie außerdem sicher, dass für den Shared Storage in der nova.conf die folgende Option gesetzt ist:

```
image_cache_manager_interval=0
```

Außerdem muss die Adresse für den VNC-Server für eine Live-Migration auf die Metaadresse 0.0.0.0 zeigen:

```
vncserver_listen=0.0.0.0
```

Außerdem ist zu prüfen, ob der Zielhost die nötigen Ressourcen bereithält.

Wenn alle Voraussetzungen erfüllt sind, kann die Migration gestartet werden:

```
# nova live-migration $INSTANZ $ZIELHOST
```

Hinweis: Live-Migration mithilfe von libvirt

Vorgabemäßig nutzt der Compute Service nicht die Live-Migration-Funktion von libvirt, da damit die Gefahr besteht, dass das Gastsystem die Blöcke schneller beschreibt, als sie migriert werden können, und der Migrationsprozess unter diesen Umständen nicht beendet werden kann. Ist diese Gefahr nicht gegeben, kann die libvirt-Unterstützung für die Live-Migration mit folgendem Eintrag aktiviert werden:

```
live_migration_flag=VIR_MIGRATE_UNDEFINE_SOURCE,
VIR_MIGRATE_PEER2PEER,VIR_MIGRATE_LIVE
```

5.6.2 Rootwrap

Das Einbinden des *Rootwrap* (auch: *Root Wrapper*) in Nova dient dazu, nichtprivilegierten servicespezifischen Benutzern die Ausführung bestimmter Aktionen als Root-Benutzer in möglichst sicherer Form zu ermöglichen. Ursprünglich nutzte Nova dazu `sudo` mit einer eigenen `sudoers`-Datei, was jedoch wegen der Schwierigkeiten bei der Paketierung – mit den dabei auftretenden unterschiedlichen Formatierungen – und der mangelnden Möglichkeit fortgeschrittener Filterung der Parameter fallengelassen wurde und durch den Rootwrap ersetzt wurde.[14]

Ein generischer `sudoers`-Eintrag erlaubt dem Benutzer `nova`, den Befehl `nova-rootwrap` als `root` auszuführen. Die eigentlichen Befehlsaufrufe erfolgen dann über `sudo nova-rootwrap /etc/nova/rootwrap.conf <BEFEHL>`. `nova-rootwrap` prüft dann die in der Konfigurationsdatei `/etc/nova/rootwrap.conf` angegebenen Verzeichnisse auf Filterdefinitionen und wendet diese an. Dabei wird getestet, ob der aufgerufene Befehl von einem Filter erfasst wird. Ist das der Fall, führt `nova-rootwrap` ihn dann als `root` aus. Passt kein Filter auf den Befehl, wird er zurückgewiesen.

Rootwrap und Performance

Das Durchlaufen des Rootwrap-Mechanismus kostet einiges an Performance. Für hochperformante Umgebungen kann eine Deaktivierung von Rootwrap einigen Gewinn bringen. Dies geht jedoch auf Kosten der Sicherheit, was mit den dann erweiterten Root-Rechten verbunden ist.

Konfiguration des Rootwrap

Damit Nova den Rootwrap als seinen `root_helper` nutzt, muss in der `nova.conf` der folgende Eintrag stehen:

```
root_helper=sudo nova-rootwrap /etc/nova/rootwrap.conf
```

Der Root Wrapper selbst wird in der Datei `/etc/nova/rootwrap.conf` konfiguriert, auf die nur der Benutzer `root` Schreibrechte haben sollte. Nachfolgende Ausgabe zeigt eine minimale Standardform der Datei:

```
[DEFAULT]
filters_path=/etc/nova/rootwrap.d,/usr/share/nova/rootwrap
exec_dirs=/sbin,/usr/sbin,/bin,/usr/bin
use_syslog=False
syslog_log_facility=syslog
syslog_log_level=ERROR
```

[14] Der Rootwrap ist nun Teil des Oslo-Incubator-Projektes.

Bei `filters_path` werden die Verzeichnisse angegeben, aus denen die Filterdefinitionen geladen werden. Auf diese Verzeichnisse darf nur der Benutzer `root` Schreibrechte haben. Die Pfadangaben für die ausführbaren Dateien werden unter `exec_dirs` definiert. Auch auf diese Verzeichnisse darf nur der Benutzer `root` Schreibrechte haben. Die übrigen Zeilen beschreiben das Logging-Verhalten.

```
nova ALL = (root) NOPASSWD: /usr/bin/nova-rootwrap /etc/nova/rootwrap.conf *
```

Wichtig sind außerdem die beiden Variablen `env_reset` und `env_keep` in der Datei `/etc/sudoers`.

Eine ausführliche Beschreibung des Rootwrap gibt es unter https://wiki.openstack.org/wiki/Rootwrap.

6 Block Storage – Cinder

Name: Cinder
Aufgabe: Block Storage
Core-Projekt seit: Folsom

Cinder ist der Projektname des OpenStack *Block Storage Service*, der mit dem Folsom-Release eingeführt wurde. Als eigenständige Komponente ist es ein Ersatz für *Nova Volume* und nimmt die Verwaltung der Blockgeräte aus Nova heraus. So wird dessen Komplexität verringert und gleichzeitig die Flexibilität erhöht. [1]

Im Gegensatz zum Swift Object Storage stellt Cinder blockbasierten Speicher zur Verfügung. Dieser wird den virtuellen Maschinen in Form von Volumes bereitgestellt. Cinder Volumes können den virtuellen Instanzen sowohl vor dem ersten Start als auch im laufenden Betrieb zugewiesen werden. Dort können die zugewiesenen Volumes als zusätzliche Platten eingehängt und mit einem Dateisystem versehen werden.

Cinder bietet *Block Storage as a Service* mit folgenden Eigenschaften:

- Komponentenbasierte Architektur
- Fehlertoleranz
- Wiederherstellbarkeit
- Offene Standards
- Kompatibilität zur API

[1] Um den Umstieg von Nova Volume auf das eigenständige Cinder zu erleichtern, wurden die bekannten Client-Befehle und auch das Datenbankschema übernommen.

6.1 Begriffe und Funktionsweise

Zum besseren Verständnis, wie Cinder funktioniert und was es bietet, werden vorab drei unterschiedliche Varianten von Storage betrachtet: *File Storage*, *Object Storage* und *Block Storage*.

6.1.1 File Storage

Bei einem *File Storage* (auch: *File-Level Storage*) werden Daten über die Dateisystemschnittstelle des Betriebssystems zugänglich gemacht. Dies geschieht über ein verteiltes Netzwerkdateisystem (*Distributed File System*). Die Clients greifen mittels des Betriebssystems auf Dateisystemebene zu, was gleichbedeutend mit dem Einhängen eines entfernten Dateisystems ist. File Storage entspricht daher in der gängigen Nomenklatur einem *Network Attached Storage* (NAS), wie beispielsweise dem *Network File System* (NFS), GlusterFS oder – in der Windows-Welt – dem *Common Internet File System* (CIFS); das frühere Server Message Block (SMB). Der Client muss dazu jeweils über die passende Software verfügen, um auf das entfernte Dateisystem zugreifen zu können.

6.1.2 Object Storage

Object Storage ist eine Lösung zur Bereitstellung von redundantem, skalierbarem Data Storage für die Langzeitspeicherung großer Datenmengen. Object Storage setzt dabei auf eine verteilte Architektur ohne zentralen Controller. So wird eine höhere Skalierbarkeit, einfachere Redundanz und größere Nachhaltigkeit erreicht. Auf Object Storage kann von überall her zugegriffen werden, also nicht nur aus einer Instanz heraus.

Beispiele für Object Storage sind: das OpenStack-eigene Swift, *Amazon S3*, *Rackspace Cloud Files* und *Ceph*.

Dateien werden über eine HTTP-Schnittstelle, üblicherweise eine RESTful API, dargeboten. Der Zugriff der Clients auf des entfernte Dateisystem erfolgt auf Benutzerebene.

So kann der OpenStack Image Service Glance dahingehend konfiguriert werden, den OpenStack Object Storage Service als Backend zu nutzen.

Bei OpenStack sorgt der Object Storage Swift für den Zugriff, indem die Benutzer mittels HTTP-Requests Dateien lesen und schreiben.

Dadurch, dass die Replizierung und Verteilung auf die beteiligten Geräte softwarebasiert stattfindet, können, anstatt teurer Storage-Hardware, gebräuchliche Festplatten und Server verwendet werden.

Ein Storage Cluster skaliert durch Hinzufügen neuer Nodes horizontal. Sollte ein Node ausfallen, sorgt Swift dafür, dass seine Daten durch die übrigen aktiven Nodes repliziert werden.

Object Storage eignet sich eher für statische Daten, bei denen die Zugriffsgeschwindigkeit keine entscheidende Rolle spielt. Anwendungsfälle für Object Storage sind:

- Speicherung von Server-Images zur Integration in OpenStack Compute
- Serviceprovider, die eine IaaS-Storage-Plattform anbieten wollen
- Enterprise Document Storage (Speicher für SharePoint-Dateien)
- kostensparender Langzeitspeicher für Logdateien, Webimages, Benutzerdaten etc.

Zu Swift finden Sie mehr in Kapitel 11 ab Seite 285.

6.1.3 Block Storage

Block Storage wird von Nova Compute genutzt, um Instanzen zusätzlichen Speicher als virtuelle Festplatten zur Verfügung zu stellen. Seit dem Folsom-Release wird der *Block Storage Service* als eigenes OpenStack-Projekt unter dem Namen »Cinder« geführt. Er verwaltet die Erstellung und Zuteilung solcher Blockgeräte an die Instanzen.

Nach dem Beenden einer Instanz werden die verwendeten Disk Images der Instanz gelöscht. In diesen Images sollten Sie daher keine Daten ablegen, die später noch benötigt werden. Stattdessen sollten Sie mittels Cinder ein neues Volume erzeugen und dieses als Block Storage einer Instanz zu weisen. Auch wenn das Disk Image der Instanz nicht groß genug ist, kann zusätzlicher Block Storage aushelfen. Dem Betriebssystem der Instanz erscheint das durchgereichte Volume wie eine zusätzliche lokale physische Festplatte, die Sie partitionieren, formatieren und schließlich mit Ihren Daten beschreiben können. Die Instanz greift also auf das Volume wie auf ein Block Device über eine Low-Level-Busschnittstelle zu. Nach dem Beenden der Instanz wird das Volume nicht zwangsweise gelöscht und kann bei Bedarf wieder einer anderen Instanz zugewiesen werden.

Block Storage eignet sich somit vor allem für performancesensitive Daten, wie sie Anwendungen (z. B. Datenbanken) im laufenden Betrieb schreiben, oder für Anwendungen, die einen direkten Zugriff auf Blockgeräte benötigen.

OpenStack Block Storage nutzt als Backend für die Volumes standardmäßig den Logical Volume Manager (LVM). Alternativ können für das Ablegen der Volumes mithilfe von herstellerspezifischen Treibern auch proprietäre Storage Backends wie *IBM Storwize*, *NetApp*,

Nexenta, *Solidfire* sowie weitere Storage-Lösungen (z. B. *Ceph*) eingesetzt werden.

Der OpenStack Block Storage eignet sich jedoch *nicht* als Shared-Storage-Lösung für den gleichzeitigen Zugriff mehrerer Instanzen! Ein Volume kann zu einem Zeitpunkt nur von jeweils einer Instanz verwendet werden.

Für das Backup der Daten können die Snapshot-Funktionen des Backends genutzt werden. Diese Snapshots können wiederum für das Erstellen neuer Block Storage Volumes verwendet werden.

Die Volumes werden vom Block Storage Service mithilfe des Compute Service (Nova) als eine iSCSI-Session eingebunden. Das Einbinden eines Volumes erfolgt entweder beim Booten der Instanz via `nova boot` oder im laufenden Betrieb via `nova volume-attach` (siehe Abschnitt 6.4 ab Seite 161).

Durch die vollständige Integration in OpenStack Compute und das Dashboard können auch die Kunden den Block Storage gemäß ihren Bedürfnissen selbst verwalten.

Block Storage bei OpenStack kann auf zweierlei Arten eingesetzt werden: als flüchtiger *Ephemeral Storage* und als persistenter *Volume Storage*.

Ephemeral Storage

Der sogenannte *Ephemeral Storage* ist flüchtig, das heißt, er existiert nur zu Lebzeiten einer Instanz.[2] Zwar überlebt er den Neustart (Reboot) einer Instanz, doch wird die Instanz gelöscht (wenn sie z. B. beendet wird), gehen die auf ihm gespeicherten Daten ebenfalls verloren.

Beim Starten einer Instanz wird das zugrunde liegende Image auf den ausführenden Compute Node kopiert und steht dann dem Benutzer für die Dauer der Nutzung exklusiv zur Verfügung. Alle Änderungen an der Softwarekonfiguration der Instanz werden standardmäßig nur auf diesem Image gespeichert.

Der Ephemeral Storage liegt direkt auf einem Dateisystem und kann ohne Weiteres durch die VM genutzt werden. Die Größe des Ephemeral Storage wird vom Administrator über die Auswahl eines Flavors bestimmt (Abschnitt 5.5.4, S. 129). Ephemeral Storage wird meist für die Betriebssystempartitionen der Instanzen verwendet.

Volume Storage

Um Daten permanent zu speichern, wird ein sogenannter *Volume Storage* benötigt. Volumes sind virtualisierte Blockgeräte, die unabhän-

[2] Jede Instanz nutzt Ephemeral Storage.

gig von einer Instanz existieren. Sie können das Beenden der Instanz, an der sie angebunden sind, überdauern und zeitgleich jeweils nur an genau eine Instanz angebunden sein. Sie können aber jederzeit von dieser Instanz abgehängt und ohne Datenverlust einer anderen Instanz zugeordnet werden.

6.1.4 Cinder-API und Storage Backends

Die *Cinder-API* ist ein WebService, der über eine *RESTful*-Schnittstelle angesteuert wird und verantwortlich für die Bearbeitung von Nutzeranfragen (*User Requests*) ist.

Der Cinder-Scheduler sorgt für die Verteilung der Aufgaben an den oder die existierenden Volume-Dienste. Pro Volume-Dienst kann ein eigenes Storage Backend konfiguriert werden. Alle Informationen zu Volumes werden in der Cinder Datenbank gespeichert. Die Komponenten selbst kommunizieren untereinander über den Message Bus, der von einem AMQP-Server zur Verfügung gestellt wird.

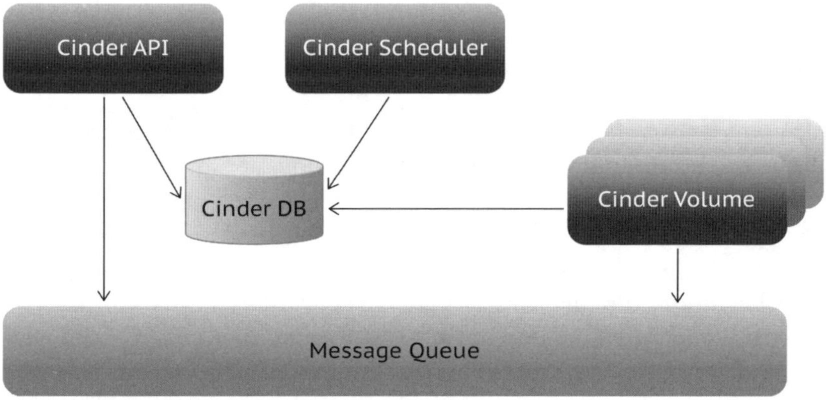

Abb. 6-1
Aufbau von Cinder

Der Standardport für die Cinder-API ist 8776.

6.1.5 Storage Backends

Eine wesentliche Funktion von Cinder ist es, einen Abstraktionslayer für die unterschiedlichsten Storage-Geräte anzubieten. Derzeit unterstützt Cinder die unter anderem die folgenden Storage Backends samt ihren nativen APIs:

- Lokales Storage (LVM)
- NFS-Storage
- iSCSI-Storage
- SheepDog Storage System

- Ceph/Rados
- GlusterFS

Die Liste der verfügbaren Storage Backends wächst ständig. Cinder stellt den Nova Compute Nodes die Volumes mittels iSCSI zur Verfügung.

Logical Volume Manager (LVM)

Der *Logical Volume Manager* (LVM) implementiert eine Abstraktionsschicht oberhalb physikalischer Laufwerke, um dem Betriebssystem darauf basierende, flexible logische Volumes bereitzustellen. Das OpenStack-Backend für LVM bindet diese logischen Volumes als Block Storage ein.

Dazu muss auf jedem Host, der solchen Block Storage anbieten soll, initial eine Volume Group erstellt werden. Die Volumes werden dann als logische Volumes (LV) auf dieser Volume Group (VG) erzeugt. Die Einrichtung von LVM (genauer: LVM2) für eine OpenStack-Cloud zeigt der Abschnitt 6.1.5, S. 152.

iSCSI

Das *internet Small Computer System Interface* (iSCSI) ist ein standardisiertes Verfahren zum Zugriff auf Speichergeräte im Netzwerk. Dazu werden SCSI-Daten in TCP/IP-Pakete verpackt und über IP-Netze transportiert (Ports 860, 3260). Wie beim normalen SCSI steuert ein Controller, der sogenannte *Initiator*, die Kommunikation. Als mögliche Speichergeräte, die als *Targets* bezeichnet werden, können u. a. Festplatten, Bandlaufwerke und optische Laufwerke zum Einsatz kommen. iSCSI dient bei Cinder nicht nur zur Anbindung der Volumes an die Instanzen, sondern kann auch als Schnittstelle zum Storage Backend selbst verwendet werden.

iSCSI bietet folgende Vorteile, die es besonders zur Anbindung der Volumes an die Instanzen qualifizieren:

- Der Zugriff auf die Festplatten erfolgt blockbasiert.
- Der Zugriff über iSCSI ist transparent, d. h., er erscheint auf Anwendungsebene als Zugriff auf eine lokale Festplatte.
- Der Zugriff auf das Speichernetz ist ohne spezielle Hardware/Speichergeräte möglich.

Durch die standardisierte Schnittstelle können unterschiedlichste Storage Backends wie LVM, EMC Volumes, NetApp, IBM Svc oder Zadara Virtual Private Storage Array über den iSCSI-Treiber in die OpenStack-Cloud eingebunden werden.

Network File System (NFS)

Das *Network File System* (NFS) bietet sich als einfache, bewährte und schnelle Standardlösung an. Um NFS als Storage zu nutzen, muss lediglich ein NFS-Export nach `/var/lib/nova/instances` gemountet werden.

Dieser Pfad kann über den Parameter `instances_path` in `/etc/nova/nova.conf` geändert werden.

NFS kann auch als Shared-Storage-Lösung für Livemigrationen eingesetzt werden (siehe Abschnitt 5.6.1, S. 143).

Kein Snapshotting auf NFS Shares

Volumes auf der Grundlage von NFS Shares können wie lokale Volumes eingebunden werden, unterstützen aber keine Snapshots!

GlusterFS

GlusterFS ist ein verteiltes, rein softwarebasiertes Open-Source-Dateisystem[3] (lizenziert unter der GPL-Version 3), das Inhalte mehrerer Server, den sogenannten »Cluster Nodes«, als einheitliches, POSIX-kompatibles Dateisystem unter einem einzigen globalen Namespace präsentiert. Die einzelnen Cluster Nodes bilden dabei eine Client-Server-Architektur über TCP/IP.

GlusterFS bietet eine Integration der Eigenschaften von File- und Object Storage, sowie die Vorteile eines verteilten Dateisystems. Verteilte Dateisysteme ermöglichen *Shared Storage* und damit eine Livemigration (siehe Abschnitt 5.6.1, S. 143). Außerdem ist es performant und einfach zu administrieren. Homepage des Gluster-Projektes: http://www.gluster.org/.

Ceph

Ceph ist eine skalierbare Storage-Lösung, die Daten über Storage Nodes hinweg repliziert. Es vereint die Eigenschaften Object-, Block- und File Storage. Über seine Eignung als Storage Backend für Cinder und Glance hinaus bietet Ceph eine zu Swift kompatible API für Object Storage. Ceph unterstützt mittels Copy-on-Write das sogenannte »Thin Provisioning« .

Mehr zu Ceph finden Sie im Abschnitt 12.3, S. 311 und auf der Homepage des Projektes unter http://ceph.com/.

---

[3] Seit Red Hat Ende 2011 GlusterFS gekauft hat und zwischenzeitlich als eigene Storage-Lösung für den Enterprise-Bereich unter dem Namen Red Hat Storage (RHS) vertreibt, wird die Entwicklung zusätzlich forciert.

6.2 Installation

Für den Block Storage Service werden (distributionsabhängig) folgende Pakete benötigt:

- `cinder`
- `cinder-api`
- `cinder-scheduler`
- `cinder-volume`
- `cinderclient`
- `python-cinder`
- `python-cinderclient`

Bei openSUSE und SLES lautet der Aufruf:

```
# zypper install openstack-cinder-api openstack-cinder-scheduler
```

Die anderen Pakete werden über die Abhängigkeiten automatisch nachgezogen.
Außerdem müssen die iSCSI-Pakete installiert werden (je nach Distribution `iscsi-initiator-utils`, `scsi-target-utils`, etc.). Soll als Storage Backend etwas anderes genutzt werden als LVM, z. B. Ceph und Rados, so müssen die Pakete dafür zusätzlich installiert werden.

Folgende Dienste sollten automatisch beim Booten des Rechners gestartet werden:

- `cinder-api`
- `cinder-scheduler`
- `cinder-volume`
- iSCSI-Service(s)

(Auch hier muss für die Cinder-Pakete und Services bei openSUSE und SLES ein `openstack-` vor den Namen des Paketes gesetzt werden.)

6.3 Konfiguration

6.3.1 Datenbank

Vor Beginn der eigentlichen Konfiguration, die über Konfigurationsdateien stattfindet, muss auch für Cinder zuerst eine Datenbank mit den zugehörigen Tabellen erstellt werden. In dieser Datenbank werden im späteren Verlauf die Laufzeitinformationen gespeichert. Dies wird in Abschnitt 13.1.1 auf Seite 323 gezeigt. Sie können auch zum Erstellen der Datenbank, der Tabellen und des Nutzers das Kommando `openstack-db` nutzen:

```
# openstack-db --init --service cinder --password cinderpw
```

Der Eintrag in die Cinder-Konfigurationsdatei für die Datenbankverbindung bei einem Single-Node-Setup lautet:

```
sql_connection = mysql://cinder:cinderpw@localhost/cinder
```

Alternativ kann dieser Eintrag mit dem Kommando `openstack-config` erfolgen:

```
# openstack-config --set /etc/cinder/cinder.conf \
database connection mysql://cinder:cinderpw@<controller>/cinder
```

(`<controller>` steht im obigen Beispiel für die IP-Adresse des Controller Node.)
Wie alle anderen Dienste benötigt auch Cinder einen Benutzer, einen Service sowie einen Endpoint in der Keystone-Datenbank.

Zum Überprüfen, ob die benötigten Einträge in Keystone vorhanden sind, benutzen Sie folgende Kommandos:

```
# keystone service-list | grep cinder
# keystone endpoint-list | grep 8776
# keystone user-list | grep cinder
# keystone user-role-list --user cinder
```

Erhalten Sie keine Treffer, haben Sie die benötigten Einträge noch nicht erzeugt. Mit den folgenden Kommandos holen Sie dies nach. Achten Sie auch auf die Bereitstellung von zwei Endpoints für Cinder, einmal als API-Version 1 und einmal als Version 2:

```
# keystone user-create --name=cinder --pass=cinderpw
# keystone user-role-add --user=cinder --role=admin
# keystone service-create --name=cinder --type=volume \
  --description="Cinder Volume Service"
# keystone endpoint-create --service-id==<SERVICE-ID> \
  --publicurl="http://cinder-api:8776/v1/%(tenant_id)s" \
  --internalurl="http://cinder-api:8776/v1/%(tenant_id)s" \
  --adminurl="http://cinder-api:8776/v1/%(tenant_id)s"
# keystone service-create --name=cinder --type=volumev2 \
  --description="Cinder Volume Service V2"
# keystone endpoint-create --service-id==<SERVICE-ID-V2> \
  --publicurl="http://cinder-api:8776/v2/%(tenant_id)s" \
  --internalurl="http://cinder-api:8776/v2/%(tenant_id)s" \
  --adminurl="http://cinder-api:8776/v2/%(tenant_id)s"
```

6.3.2 Konfigurationsdateien von Cinder

Die Konfigurationsdateien von Cinder liegen im Verzeichnis /etc/cinder/.

Wesentlich für die Funktion sind die api-paste.ini und die zentrale Konfigurationsdatei cinder.conf. Zur Einstellung eventuell gewünschter Richtlinien dient die policy.json.

cinder.conf

Die generelle Konfiguration von Cinder erfolgt im Abschnitt [DEFAULT] der /etc/cinder/cinder.conf (beispielhafter Auszug):

```
[DEFAULT]
debug=false
verbose=true
connection_type=libvirt
api_paste_config=api-paste.ini
glance_host=<ip-adresse>
glance_port=9292
host=cinder
rabbit_host=localhost
rabbit_port=5672
rabbit_userid=guest
rabbit_password=rabbitpw
sql_connection=mysql://cinder:cinderpw@<ip-adresse>/cinder
[...]
```

Hier muss das RabbitMQ-Passwort für den gemeinsamen Kommunikationskanal angepasst werden. Der Eintrag connection_type wird abhängig vom eingesetzten Hypervisor gesetzt, in diesem Fall libvirt, der für Xen und KVM genutzt werden kann.

Über sql_connection wird der Pfad zur eigenen MySQL-Datenbankinstanz spezifiziert.

Ein weiterer wichtiger Abschnitt ist die Konfiguration des Storage Backend. Im folgenden Abschnitt ist die Konfiguration auf Basis des LVM angegeben.

Die Zuordnung einer Volume Group erfolgt mittels des Parameters volume_group. Die Volume Group muss manuell mithilfe der LVM2-Kommandos angelegt werden.

Zuerst erzeugen Sie eine neue Partition auf einer Festplatte (in diesem Beispiel */dev/vdc*) und ändern den Typ der Partition auf *8e*:

```
openstack001:~ # fdisk /dev/vdc

Command (m for help): p

Disk /dev/vdc: 1073 MB, 1073741824 bytes
16 heads, 63 sectors/track, 2080 cylinders, total 2097152 sectors
Units = sectors of 1 * 512 = 512 bytes
```

```
Sector size (logical/physical): 512 bytes / 512 bytes
I/O size (minimum/optimal): 512 bytes / 512 bytes
Disk identifier: 0xa48af9da

   Device Boot Start End Blocks Id System

Command (m for help): n
Command action
   e extended
   p primary partition (1-4)
p

Partition number (1-4, default 1): 1
First sector (2048-2097151, default 2048):
Using default value 2048
Last sector, +sectors or +size{K,M,G} (2048-2097151, default 2097151):
Using default value 2097151

Command (m for help): t
Selected partition 1

Hex code (type L to list codes): 8e
Changed system type of partition 1 to 8e (Linux LVM)

Command (m for help): p

Disk /dev/vdc: 1073 MB, 1073741824 bytes
16 heads, 63 sectors/track, 2080 cylinders, total 2097152 sectors
Units = sectors of 1 * 512 = 512 bytes
Sector size (logical/physical): 512 bytes / 512 bytes
I/O size (minimum/optimal): 512 bytes / 512 bytes
Disk identifier: 0xa48af9da

   Device Boot Start End Blocks Id System
/dev/vdc1 2048 2097151 1047552 8e Linux LVM

Command (m for help): w
The partition table has been altered!

Calling ioctl() to re-read partition table.
Syncing disks.
```

Anschließend erzeugen Sie ein physikalisches Volume für LVM und eine neue Volume Group, der Sie dieses Volume direkt zuweisen:

```
openstack001:~ # pvcreate /dev/vdc1
  Physical volume "/dev/vdc1" successfully created

openstack001:~ # vgcreate cinder-volumes /dev/vdc1
  Volume group "cinder-volumes" successfully created

openstack001:~ # vgs
  VG #PV #LV #SN Attr VSize VFree
  cinder-volumes 1 0 0 wz--n- 1020,00m 1020,00m
```

Nun konfigurieren Sie die notwendigen Direktiven in der Cinder-Konfiguration.

Über den Parameter volume_name_template wird das Standardnamensformat der Volumes angegeben.

```
volume_group=cinder-volumes
volume_name_template = volume-%s
```

Die einzelnen Cinder Volumes werden jeweils in einer eigenen Datei im unter volumes_dir angegebenen Verzeichnis als iSCSI-Targets konfiguriert.

Da unterschiedliche Programme zur Nutzung von iSCSI existieren, wird das zu verwendende über den iscsi_helper angegeben (unter SLES ist das *ietadm*). Für die Nutzung von LVM2 wird der volume_driver entsprechend gesetzt.

```
iscsi_helper=ietadm
volume_driver=cinder.volume.drivers.lvm.LVMISCSIDriver
```

Möchten Sie statt einer lokalen Volume Group eine NFS-Freigabe für ein Cinder Volume verwenden, so passen Sie die folgenden Zeilen in der cinder.conf an:

```
volume_driver=cinder.volume.drivers.nfs.NfsDriver
```

Dieser Treiber lässt Instanzen nicht auf Blockebene zugreifen. Stattdessen werden Dateien auf einem NFS Share als Blockgeräte emuliert.

Für eine Liste der einzubindenden NFS-Freigaben setzen Sie das Flag nfs_shares_config:

```
nfs_shares_config=/etc/cinder/shares.conf
```

Die Datei /etc/cinder/shares.conf wiederum enthält je eine Zeile für jede NFS-Freigabe mit IP-Adresse und Freigabename:

```
<ip-adresse>:/<nfs-freigabe>
```

api-paste.ini

In der api-paste.ini wird wie bei den anderen Komponenten die Keystone-Integration eingerichtet:

```
[...]
[filter:authtoken]
paste.filter_factory = keystone.middleware.auth_token:filter_factory
service_protocol = http
service_host = <ip-adresse>
service_port = 5000
auth_host = <ip-adresse>
auth_port = 35357
auth_protocol = http
```

```
admin_tenant_name = service
admin_user = cinder
admin_password = cinderpw
[...]
```

Die übrigen Einträge können für ein einfaches Standard-Setup übernommen werden.

Integration von Cinder in Nova

Damit Cinder mit Nova zusammenarbeitet, müssen in der Datei /etc/nova/nova.conf folgende Einträge vorhanden sein:

```
volume_manager=cinder.volume.manager.VolumeManager
volume_api_class=cinder.volume.api.API
```

Dadurch können die Volumes später sowohl mit den Befehlen der nova-CLI als auch mit denen der cinder-CLI verwaltet werden.

Cinder Scheduler

Der Cinder Scheduler sorgt für die Verteilung der Daten und das Loadbalancing. Hierüber werden die Volumes auf unterschiedlichen Backends erzeugt. Die Konfiguration des Schedulers findet ebenfalls in der cinder.conf statt. Dieser wird nur in Multi-Backend-Konfigurationen verwendet und über folgenden Parameter in der cinder.conf gesetzt.

```
scheduler_driver=cinder.scheduler.filter_scheduler.FilterScheduler
```

Die Entscheidung, auf welchen Nodes der Filter-Scheduler die Volumes erzeugen soll, wird in zwei Schritten gefällt:

1. Als Erstes beginnt der Filter-Scheduler alle verfügbaren Backends zu scannen und entscheidet dann anhand der voreingestellten AvailabilityZoneFilter (in welcher Zone läuft die VM und soll das Volume erzeugt werden), CapacityFilter (auf welchem Cinder Volume Node steht noch Speicher zur Verfügung) und CapabilitiesFilter (wird ein Volume eines bestimmten Typs verlangt, wird dieses auf einem Cinder-Volume Node angelegt, der diesen Typ bereitstellt).
2. Anschließend beginnt der Filter-Scheduler die zuvor herausgefilterten Backends zu gewichten. Dazu wird standardmäßig der CapacityWeighter benutzt, der das Backend mit dem meisten zur Verfügung stehenden Platz auswählt.

Diese beiden Filterschritte stellen sicher, dass immer der jeweils bestgeeignete Host verwendet wird.

Cinder Scheduler – Multi-Backend-Konfiguration

Um Cinder mit mehreren Backends gleichzeitig laufen zu lassen, gibt es die Möglichkeit einer *Multi-Backend*-Konfiguration. Sie wird in der `cinder.conf` durch das Flag `enabled_backends` mit Angabe der einzelnen Backends eingeleitet. Es folgt für jedes Backend, das der Cinder Node anbieten soll, ein eigener Abschnitt (Beispiel):

```
enabled_backends=lvm-driver,nfs-driver
[lvmdriver-driver]
volume_group=cinder-vol-1
volume_driver=cinder.volume.drivers.lvm.LVMISCSIDriver
volume_backend_name=LVM_iSCSI
[nfs-driver]
nfs_shares_config=/etc/cinder/shares.conf
volume_driver=cinder.volume.drivers.nfs.NfsDriver
volume_backend_name=NFS_VOL_1
```

Logging von Cinder

Auch das Logging-Verhalten von Cinder wird per Default in der `cinder.conf` definiert:

```
debug=true
verbose=true
log_file=cinder.log
log_dir=/var/log/cinder/
```

Über den Parameter `log_config` kann durch Pfadangabe auf eine externe Logging-Datei verwiesen werden:

```
log_config=/etc/cinder/logging.conf
```

Cinder liefert eine Beispieldatei mit, die eine detailliertere Konfiguration des Loggings zeigt und die einfach kopiert und den eigenen Erfordernissen angepasst werden kann.

```
# cp /etc/cinder/logging_sample.conf /etc/cinder/logging.conf
```

Um mit der Administration von Cinder fortzufahren, müssen noch die relevanten Dienste gestartet werden:

```
# service openstack-cinder-api start
# service openstack-cinder-scheduler start
# service openstack-cinder-volume start
```

Diese Dienste sollten auch automatisch beim Systemstart aktiviert werden:

```
# chkconfig openstack-cinder-api on
# chkconfig openstack-cinder-scheduler on
# chkconfig openstack-cinder-volume on
```

6.4 Administration

6.4.1 Der Cinder-Client

Cinder bringt in dem Paket `python-cinderclient` ein eigenes Kommandozeilenprogramm mit, das der Verwaltung der Volumes dient.

Die allgemeine Syntax eines Cinder-CLI-Befehls hat die Form:

```
$ cinder <command> [options] [args]
```

Eine Auswahl nützlicher (Sub-)Kommandos:

`help` zeigt eine detaillierte Hilfe zu einem Kommando an.

`create` erzeugt ein Volume.

`list` zeigt alle Volumes an.

`delete` löscht ein Volume.

`show` zeigt Details zu einem Volume an.

`snapshot-create` erstellt einen Snapshot.

`snapshot-delete` löscht einen Snapshot.

`snapshot-list` zeiget alle Snapshots an.

`type-create` erstellt einen Volume-Typ.

6.4.2 Volumes

Ein Volume wird mit dem Subkommando `create` erzeugt:

```
$ cinder create --volume-type lvm --display-name vol01 12
```

Der Parameter `--volume-type` spezifiziert das Storage Backend. `--display-name` vergibt den Namen. Die Größe des Volumes können Sie durch eine einfache Zahl, die als GB-Angabe interpretiert wird, festlegen.

Eine Liste aller aktuellen Volumes gibt das Subkommando `list` aus:

```
$ cinder list
+--------------------------------------+----------+--------------+------+-
|                  ID                  |  Status  | Display Name | Size |
+--------------------------------------+----------+--------------+------+-
| 33de70e8-2022-4916-b6a1-44fd5c97e28b | creating |    vol02     |  1   |
| c24fdd45-235a-499f-ada4-639215b34cac | creating |    vol01     |  1   |
+--------------------------------------+----------+--------------+------+-

-----------+----------+-------------+
Volume Type | Bootable | Attached to |
-----------+----------+-------------+
    None    |  false   |             |
    None    |  false   |             |
-----------+----------+-------------+
```

Über Details eines Volumes gibt das Subkommando show Auskunft:

```
$ cinder show <VOLUME_ID>
+------------------------------+--------------------------------------+
|           Property           |                Value                 |
+------------------------------+--------------------------------------+
|         attachments          |                  []                  |
|      availability_zone       |                 nova                 |
|           bootable           |                false                 |
|          created_at          |      2013-06-29T09:50:09.000000      |
|     display_description      |                 None                 |
|         display_name         |                vol02                 |
|              id              | 33de70e8-2022-4916-b6a1-44fd5c97e28b |
|           metadata           |                  {}                  |
|    os-vol-host-attr:host     |                 None                 |
| os-vol-tenant-attr:tenant_id |   5ebf7a84eb7b44b5bb3af9eab074e75f   |
|             size             |                  1                   |
|         snapshot_id          |                 None                 |
|         source_volid         |                 None                 |
|            status            |               creating               |
|         volume_type          |                 None                 |
+------------------------------+--------------------------------------+
```

Zum Löschen eines Volumes dient das Subkommando delete unter Angabe der Volume-ID:

```
$ cinder delete <VOLUME-ID>
```

Volume Types

Wollen Sie mehrere Backends nutzen, müssen Sie für jedes Backend einen sogenannten »Volume Type« definieren. Einen neuen Volume Type erstellen Sie mit dem Subkommando type-create:

```
$ cinder type-create lvm
+--------------------------------------+------+
|                  ID                  | Name |
+--------------------------------------+------+
| 715ee821-edfc-407e-a62d-443cb359b9f4 | lvm  |
+--------------------------------------+------+
```

Eine Liste aller Volume Types erzeugt das Subkommando type-list:

```
$ cinder type-list
+--------------------------------------+------+
|                  ID                  | Name |
+--------------------------------------+------+
| 309a5ffa-6393-4ff0-a3b0-562a217c5cd6 | nfs  |
| 715ee821-edfc-407e-a62d-443cb359b9f4 | lvm  |
+--------------------------------------+------+
```

Entsprechend löscht das Subkommando type-delete mit Angabe der ID einen Volume Type wieder.

Um ein Volume auf einem bestimmten Backend erzeugen zu können, müssen Sie den `filter_scheduler` in Cinder passend konfigurieren (siehe Abschnitt 6.3.2 auf Seite 160).

Anschließend wählen Sie den Volume Type beim Erstellen eines neuen Volumes mithilfe des Parameters `-volume_type` aus:

```
$ cinder create --volume_type lvm --display_name vol01 1
```

Snapshots

Cinder Volumes bieten die Möglichkeit, Snapshots zu erstellen und damit den Zustand eines Volumes zu einem bestimmten Zeitpunkt für den späteren Gebrauch zu sichern. Dazu muss das verwendete Storage Backend Snapshots unterstützen. Der gesicherte Zustand kann so wieder hergestellt und die Daten können bei der nächsten Zuweisung zu einer Instanz wieder verwendet werden.

Einen Snapshot von einem Cinder Volume erzeugen Sie unter Angabe der Volume-ID:

```
$ cinder snapshot-create <VOLUME-ID>
```

Soll von einem momentan benutzten und einer Instanz zugewiesenen Cinder Volume ein Snapshot erstellt werden, muss die Option `-force TRUE` mitgegeben werden:

```
$ cinder snapshot-create --force TRUE <VOLUME-ID>
```

Dadurch werden die Metadaten zu diesem Zeitpunkt in diesem Snapshot gespeichert, sodass beim nächsten Mal direkt mit diesem Datenbestand weiter gearbeitet werden kann.
Um einen Überblick über die Snapshots zu erhalten und die UUID eines Snapshots zu ermitteln, können Sie sich die Cinder-Snapshots auflisten lassen:

```
$ cinder snapshot-list
```

Da im laufenden Betrieb mitunter viele Snapshots von einem Cinder Volume erstellt werden und diese entsprechend Speicherplatz verbrauchen, besteht beizeiten Bedarf, Volumes zu löschen:

```
$ cinder snapshot-delete <VOLUME-ID>
```

6.4.3 Quotas

Um einzelne Projekte mit Quotas zu versehen, also Obergrenzen für die Speichernutzung zu definieren, gibt es die quota-*-Subkommandos.

Die aktuellen Quotas eines Projektes zeigt das Subkommando quota-show:

```
$ cinder quota-show <TENANT-ID>
+-----------+-------+
|  Property | Value |
+-----------+-------+
| gigabytes |  1000 |
| snapshots |   10  |
|  volumes  |   10  |
+-----------+-------+
```

Für den angegebenen Tenant wäre die Speicherobergrenze in diesem Fall 1000 GiB bei je maximal 10 möglichen Snapshots und Volumes. Um diese Einstellungen zu ändern, vergeben Sie projektbezogen neue Werte mit quota-update:

```
$ cinder quota-update <TENANT-ID> --gigabytes=333 --snapshots=23 \
  --volumes=5
```

Die Vorgabewerte, die mit quota-defaults abgefragt werden können, werden in der cinder.conf definiert:

```
quota_volumes=10
quota_snapshots=10
quota_gigabytes=1000
```

6.4.4 Nova-CLI-Befehle – Volumes

Da die virtuellen Maschinen, für die Cinder die zusätzlichen Volumes bereitstellt, über den Compute Service gesteuert werden, gibt es auch eine Schnittstelle zwischen Nova und Cinder mit einem Satz von Nova-CLI-Befehlen zur Verwaltung der Volumes. Eine Auswahl nützlicher nova-(Sub-)Kommandos für das Volume-Management zeigt folgende Auflistung:

`help` zeigt eine detaillierte Hilfe zu einem Kommando an.

`volume-create` erstellt ein Volume.

`volume-list` zeigt alle Volumes an.

`volume-delete` löscht ein Volume.

`volume-show` zeigt Details zu einem Volume an.

`volume-snapshot-create` erstellt einen Snapshot.

`volume-snapshot-delete` löscht einen Snapshot.

`volume-snapshot-list` zeigt alle Snapshots an.

`volume-snapshot-show` zeigt Details zu einem Snapshot an.

`volume-type-create` erstellt einen Volume Type.

`volume-attach` fügt ein Volume nach dem Booten einer Instanz hinzu.

`volume-detach` entfernt ein Volume von einer Instanz.

Es gibt also zwei Möglichkeiten, Cinder zu administrieren, entweder über das Kommando `cinder` oder aber über das Kommando `nova`. Das Kommando `nova` bietet den Vorteil, dass damit zusätzlich die Volumes beim Booten einer Instanz übergeben sowie auch im laufenden Betrieb zu einer Instanz hinzugefügt und wieder von dort entfernt werden können. Die `nova`-Kommandos können also äquivalent zu den `cinder`-Kommandos eingesetzt werden.

Im Folgenden sind ein paar Beispiele, analog zu den oben benutzten `cinder`-Kommandos, angeführt:

```
$ nova list
$ nova volume-list
$ nova volume-create --display_name <VOLUME-NAME> <VOLUME-ID>
$ nova volume-snapshot-list
$ nova volume-snapshot-create <VOLUME-ID>
$ nova volume-snapshot-create --force TRUE <VOLUME-ID>
$ nova volume-snapshot-delete <VOLUME-ID>
```

Das Anhängen eines Cinder-Volumes erledigt `nova volume-attach`:

```
$ nova volume-attach <INSTANZ-ID> <VOLUME-ID> /dev/vdc
```

Neben der Instanz-ID und der Volume-ID wird die Gerätedatei angegeben, mit der das Volume in der Instanz erscheint.
Um ein Cinder-Volume von einer Instanz wieder zu entfernen, können Sie `nova volume-detach` nutzen:

```
$ nova volume-detach <INSTANZ-ID> <VOLUME-ID>
```

6.4.5 Volumes beim Booten

Möchten Sie einer Instanz beim Booten ein zuvor erstelltes Cinder-Volume übergeben, so nutzen Sie die `nova boot`-Option `--block-device-mapping`, der Sie den späteren Gerätedateinamen und die Cinder-Volume-UUID mitgeben:

```
$ nova boot --image <IMAGE-ID> --flavor 1 --nic net-id=<NETZ-ID> \
  --block-device-mapping vdc=<CINDER_VOLUME_ID>::1: <INSTANZ>
```

Die Syntax der hier zusätzlich gebrauchten Option `-block-device-mapping` setzt sich wie folgt zusammen:

```
$ nova boot ... \
  --block-device-mapping <device-name>=\
  <CINDER_VOLUME_ID>:<Type>:<Size>:<delete-on-terminate>
```

Die Typen des Cinder-Volumes, die hier angegeben werden können, sind zum einen `snap` oder aber, wenn das Feld leer gelassen wird, ein reguläres Cinder-Volume. Ein weiterer Wert, der hinter der Größe des zugewiesenen Volumes angegeben werden kann, ist `delete-on-terminate`. Wird hier eine 1 übergeben, so wird das Volume beim Terminieren der Instanz automatisch mit gelöscht. Wenn eine 0 übergeben wird, wird das Volume nicht automatisch mit dem Terminieren der Instanz gelöscht. So kann das Cinder-Volume für andere Instanzen weiter genutzt werden.
Soll einer Instanz statt eines regulären Cinder-Volumes ein Snapshot beim Booten zugewiesen werden, so ist dies mit folgendem Kommando möglich:

```
$ nova boot --image <IMAGE> --flavor <FLAVOR-ID> --nic net-id=<NETZ-ID> \
  --block-device-mapping vdc=\
  <CINDER_SNAPSHOT_ID>:snap:1 <CINDER_VOLUME_ID> <INSTANZ>
```

6.5 Weitere Informationen

Links & Quellen:

[1] Cinder im OpenStack Wiki: http://wiki.openstack.org/Cinder
[2] Cinder im Launchpad: https://launchpad.net/cinder
[3] Cinder im GitHub: https://github.com/openstack/cinder

7 Network Service – Neutron

Name: Neutron
Aufgabe: Networking as a Service
Core-Projekt seit: Folsom

Neutron ist das OpenStack-Projekt, das *Network as a Service* (NaaS) bereitstellt. War bis zum Essex-Release die Netzwerkanbindung Aufgabe von Nova, löst Neutron mit Erscheinen des Folsom-Releases die Netzwerkbereitstellung aus Nova heraus und bietet eine flexible Alternative. Mit dem Icehouse-Release soll `nova-network` dann endgültig abgelöst werden.

Umbenennung des Projektnamens von »Quantum« nach »Neutron«

Seit Juni 2013 lautet der offizielle Projektname für die OpenStack-Netzwerkkomponente aus lizenzrechtlichen Gründen nicht mehr »Quantum«, sondern »Neutron«.[1] »Quantum« taucht aber immer noch in Paket- und Modulnamen, bei Kommandos und in Konfigurationsdateien auf. Lassen Sie sich nicht verwirren! [2]

Neutron bietet zwei wesentliche Vorteile gegenüber dem ursprünglichen Nova-Network-Modell: Zum einen werden die Beschränkungen der in Nova Network monolithisch eingebauten Technologien durch einen modularen Aufbau mit offenen Schnittstellen überwunden. Neutron ist mittels Plug-ins anpass- und erweiterbar. Zum anderen wird ein flexibleres Management der Netzwerke für die Kunden ermöglicht. Die Administratoren der Projekte (Tenants) können projektinterne, eigene Netzwerkkonfigurationen mit eigenen Diensten (Firewall, IPS, ...) einrichten. Sie können selbst Bridge- und VPN-Verbindungen konfigurieren mit ACLs, QoS und Monitoring. Dadurch wird das Serviceangebot von *Network as a Service* stark erweitert. Auch *Firewall as a Service* (FWaaS) oder *Loadbalancing as a Service* (LBaaS) ist möglich.

Das ursprüngliche Nova-Network-Modell verwendet eine einfache Linux-Bridge, die mit einigen Beschränkungen verbunden ist: Es werden keine ACLs, kein QoS und kein Monitoring unterstützt. Die einzige Möglichkeit zur Abtrennung der Projekte in unterschiedliche Subnetze bilden VLANs. Die neue, eigenständige Implementation der Netzwerkkomponente Neutron hebt diese Limitierungen auf. Beim modularen Aufbau von Neutron werden Teile der Funktionalität in einzelne Agenten mit Plug-ins ausgelagert, die leicht erweitert oder ausgetauscht werden können. So kann Neutron nicht mehr nur einen virtuellen Server, sondern ganze virtuelle Netzwerke zur Verfügung stellen und ermöglicht die Nutzung von Diensten wie *Firewall as a Service*, *Loadbalancing as a Service* oder *Quality of Service* (QoS).

Tenants sind nicht mehr nur auf die Verwendung eines Netzwerkmodells beschränkt, sondern können Netzwerkressourcen – etwa eigene Router – selbst einrichten und verwalten.

7.1 Begriffe und Funktionsweise

7.1.1 Schnittstellen – PIFs, VIFs und Ports

Physical Network Interfaces (PIFs)

Physikalische Netzwerkschnittstellen (*Physical Network Interfaces*, PIFs) verbinden die Nodes einer OpenStack-Umgebung untereinander und mit dem Rest der Welt.

Virtual Network Interfaces (VIFs)

Als *Virtual Network Interface* (VIF) bezeichnet man im Cloud-Kontext die virtuelle Netzwerkkarte einer Instanz. Sie wird vom Hypervisor angelegt. In der Regel wird dafür von OpenStack eine MAC-Adresse erzeugt und eine IP-Adresse reserviert. Je nach Konfiguration kann diese IP-Adresse dann über DHCP ausgeliefert oder statisch in der Instanz konfiguriert werden (*Config Injection*).

Port

Ein Port ist ein Verbindungspunkt zum Anschließen eines einzelnen Gerätes wie der Netzwerkkarte eines virtuellen Servers an ein virtuelles Netzwerk. In OpenStack kann man sich einen Port als die Beschreibung der Netzwerkkarte einer Instanz vorstellen. Zur vollständigen Definition eines Ports gehören das zugehörige Netzwerk, seine Konfiguration (MAC-Adresse, IP-Adresse, Gateway, Netzmaske usw.) und die Zuordnung zu seinem Zweck.

Public Interface

Ein *Public Interface* bezeichnet die Netzwerkschnittstelle, die eine OpenStack-Instanz von außerhalb der OpenStack-Umgebung erreichbar macht. Sie kann auf einem Network Node, Compute Node oder einem Router eingerichtet werden. Auf dem *Public Interface* wird dazu eine *Floating IP* sekundär konfiguriert. Diese wird dann per L3-Forwarding zur Instanz weitergeleitet.

Internal Interface

Das *Internal Interface* ist die Netzwerkschnittstelle, die zur Vernetzung innerhalb der OpenStack-Umgebung genutzt wird, um Instanzen und Hosts zu verbinden. Es muss im *Promiscuous Mode*[3] laufen, da es Pakete entgegennehmen muss, die an die MAC-Adressen der Instanzen adressiert sind.

Netzwerkbrücken

Eine *Netzwerkbrücke* (engl. *Bridge*) verbindet Netzwerkschnittstellen (NICs) auf Schicht 2 des OSI-Modells. Die Netzwerkschnittstellen können sowohl virtuell (VIFs) als auch physisch (PIFs) sein. Eine besondere Rolle bei OpenStack spielt die *Linux-Bridge*, die in Form eines Plug-ins die einfachste Möglichkeit bei der Anbindung der Instanzen darstellt.

Switches

Switches sind ursprünglich Multiport-Bridges. Bei OpenStack ermöglicht der virtuelle *Open vSwitch* eine über die Möglichkeiten der einfachen Linux-Bridge hinausgehende Funktionalität.

7.1.2 IP-Adressierung – Fixed und Floating IPs

Die einer Instanz durch Neutron-Ports zugewiesenen IP-Adressen werden als »Fixed IPs« bezeichnet. Fixed IPs werden in der Regel beim Erstellen einer Instanz zugewiesen und erst nach Beendigung der Instanz wieder freigegeben. Seit dem Grizzly-Release ist es möglich, auch zur Laufzeit einer Instanz Ports hinzuzufügen und zu entfernen, sofern der Hypervisor dies unterstützt. Der Adresspool für Fixed IPs wird durch

[3] Eine Netzwerkschnittstelle im *Promiscuous Mode* nimmt alle auf dem Interface eintreffenden Frames entgegen – unabhängig davon, ob die Frames für die eigene MAC-Adresse bestimmt sind oder nicht – und gibt sie zur Verarbeitung an das Betriebssystem weiter.

den Administrator der OpenStack-Umgebung verwaltet und ergibt sich aus den zu diesem Zweck erstellten Netzwerken.

Als »Floating IP« bezeichnet man eine Adresse, die einer Instanz temporär zugewiesen wird, üblicherweise um in der Instanz bereitgestellte Dienste von außerhalb der Cloud erreichbar zu machen (siehe Abb. 7-1). Daher sind Floating IPs normalerweise öffentliche, routbare IP-Adressen, wie sie von einem *Internet Service Provider* (ISP) erworben werden können. Die Umsetzung von der Floating IP zur Fixed IP der Instanz wird durch eine *Network Address Translation* (NAT) realisiert.

Floating IPs können Instanzen nicht automatisch per Default zugeordnet werden. Stattdessen reserviert ein Nutzer der Cloud eine (oder mehrere) Floating IPs für sein(e) Projekt(e), indem er sie explizit einem vom Cloud-Administrator bereitgestellten Pool entnimmt und dadurch zum »Besitzer« dieser Adresse(n) wird. Er kann eine solche Adresse dann manuell zur Laufzeit einer Instanz vergeben. Die Zuweisung einer Floating IP zu einer Instanz erfolgt also dynamisch durch den Nutzer. Eine einmal zugewiesene IP-Adresse kann durch den Besitzer jederzeit wieder von der Instanz weggenommen und an eine andere Instanzen übertragen werden. Wird eine Instanz mit zugewiesener Floating IP beendet, verbleibt die Adresse weiter in seinem Besitz. Bis zum Havana-Release ist es noch nicht möglich, eine Floating IP mehreren Instanzen gleichzeitig zu Loadbalancing-Zwecken zuzuweisen.

Die Pools für Floating IPs werden vom Administrator der OpenStack-Umgebung erstellt. Der Cloud-Administrator kann mehrere Pools für Floating IPs (*Multiple Floating IP Pools*) einrichten. Die Möglichkeit zu mehreren Pools ist jedoch im Gegensatz zu *Fixed IP Pools* nicht dafür gedacht, sie an bestimmte Tenants zu binden – Floating IP Pools können nicht an bestimmte Tenants gebunden werden und jeder Nutzer kann sich aus jedem Pool bedienen –, sondern dafür, die unterschiedlichen Pools den unterschiedlichen ISPs oder anderen externen Netzen zuzuordnen. Auf diese Weise kann Ausfallsicherheit gewährleistet werden, auch wenn die Verbindung zu einem der ISPs abbricht. Die Vorgehensweise zum Einrichten der Pools und zum Zuweisen einer Floating IP an eine Instanz beschreibt Abschnitt 7.5.6 auf Seite 213.

Aus Sicht des Nutzers, der einen Dienst aus der OpenStack-Umgebung in Anspruch nimmt, erscheint die Floating IP als die IP des Servers, der den Dienst bereitstellt, auch wenn sich unter Umständen viele Cloud-Instanzen hinter dem angebotenen Dienst verbergen. Für das weitere Verständnis ist es sehr wichtig, die Begriffe Floating IP und Fixed IP klar auseinanderzuhalten.

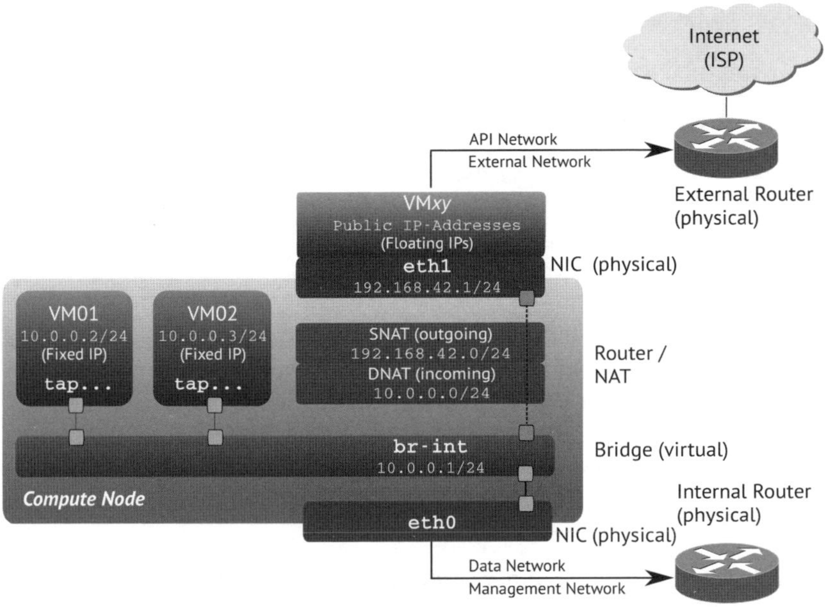

Abb. 7-1
Netzwerkanbindung der Instanzen – Fixed und Floating IPs mit Network Address Translation (NAT)

7.1.3 Netzwerke

In OpenStack-Umgebungen gibt es für Netze eine Vielzahl von Bezeichnungen, die entweder den Mechanismus oder die Funktion beschreiben:

Physikalische Netzwerke

Ein »physikalisches Netzwerk« ist ein isoliertes L2-Segment, also ein Segment, das auf Schicht 2 des OSI-Modells von anderen Netzen getrennt ist. Es verbindet die verschiedenen Nodes (Hosts) der OpenStack-Umgebung untereinander und mit anderen Netzwerkressourcen.

Jedes physikalische Netz kann mehrere virtuelle Netze beherbergen.

Virtuelle Netzwerke

Als »virtuelles Netzwerk« (engl. *Virtual Network*) wird im OpenStack-Zusammenhang ein isoliertes L2-Netzwerk bezeichnet, das durch eine eindeutige UUID und optional einen Namen identifiziert wird, und dessen Ports als virtuelle Netzwerkkarten (vNICs) an Compute-Instanzen und verschiedene Netzwerk-Agents angeschlossen werden können. Die Umsetzung erfolgt abhängig vom eingesetzten Plug-in (siehe Abschnitt 7.1.5 ab Seite 174).

Als »Subnetz« (engl. *Subnet*) bezeichnet man ein Teilnetz auf Schicht 3 mit einem zusammenhängenden Block von IPv4- oder IPv6-Adressen.

Tenant-Netzwerke

Ein »Tenant-Netzwerk« (engl. *Tenant Network*) ist ein virtuelles Netz, das für bzw. von einem Tenant erstellt wurde und unter dessen Verwaltung steht. Für den Tenant ist dabei nicht ersichtlich, wie das Netz auf physikalischer Ebene realisiert wurde.

Provider-Netzwerke

Ein »Provider-Netzwerk« (engl. *Provider Network*) meint ein virtuelles Netzwerk, das administrativ erstellt wurde, um ein bestimmtes Netzwerk im Data Center abzubilden, typischerweise um einen direkten Zugriff auf Nicht-OpenStack-Ressourcen anzubieten. Den Tenants kann nach Bedarf Zugriff auf Provider-Netzwerke gewährt werden.

Die Einrichtung von Provider-Netzwerken zeigt Abschnitt 7.5.2 ab Seite 205.

Funktionelle Netzwerke einer OpenStack-Umgebung

In einer funktionellen Aufteilung unterscheidet Neutron vier verschiedene Netzwerke, in die Nodes und Instanzen einer OpenStack-Umgebung physikalisch und logisch eingebunden werden können:

Management Network
: Das *Management Network* dient der internen Kommunikation der OpenStack-Komponenten und deren Verwaltung. Die zugehörigen IP-Adressen sind typischerweise nur innerhalb des Rechenzentrums erreichbar. Aufbau und Verwaltung erfolgt durch die Administratoren der Cloud. Um bei der Verwaltung und dem Monitoring Ihrer Cloud eventuelle Störungen durch Cloud-Gäste zu vermeiden und auch aus Sicherheitserwägungen, empfiehlt es sich, ein eigenes Netz (mit eigenen NIC- und eigenem Switch) einzurichten. Auch für die interne Kommunikation der OpenStack-Komponenten wie die Message Queue oder den Compute Service ist eine Abtrennung sinnvoll. Eine einfach Möglichkeit für diese Abtrennung sind VLANs.

Data Network
: Das *Data Network* sorgt für die Kommunikation der Instanzen untereinander und den von OpenStack verwalteten Diensten. Die IP-Adressierung und Zuteilung der Ressourcen dieses Netzes verwaltet OpenStack selbst. Die IP-Adressierung für dieses Netz hängt vom verwendeten Neutron-Plug-in ab.

External Network
Das *External Network* stellt – wo gewünscht – die Verbindung der Instanzen nach außen/zum Internet her. Die zugehörigen IP-Adressen sollten daher für jeden über das Internet erreichbar sein.

API Network
Das *API Network* verbindet alle OpenStack-APIs (einschl. der Neutron-API) mit den Tenants. Die zugehörigen IP-Adressen sollten für den Tenant über das Internet erreichbar sein. Das API Network wird oft zusammen mit External Network realisiert.

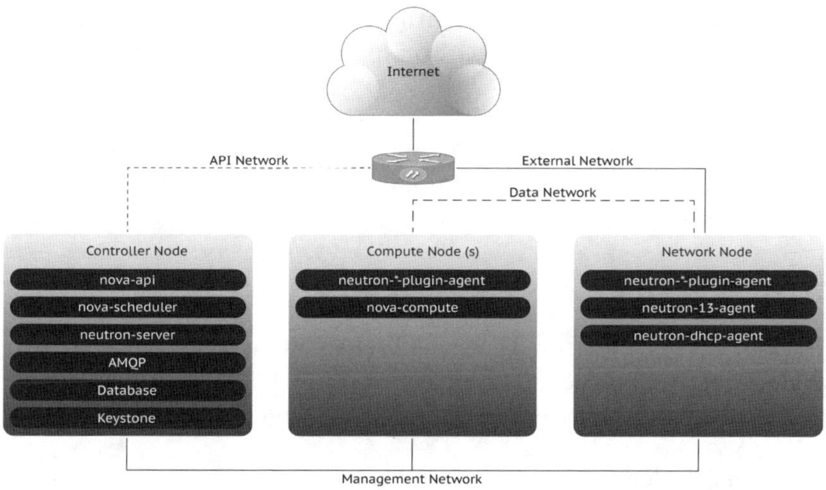

Abb. 7-2
Neutron – Netzwerke und Verteilung der Agents/Services in einem Multi-Node-Setup

Abbildung 7-2 zeigt die mögliche Aufteilung eines OpenStack-Deployments in vier verschiedene Netzwerke in einem Multi-Node-Setup mit eigenem *Network Node*, *Controller Node* und beliebig vielen *Compute Nodes* sowie die Verteilung der Agenten und Services auf die beteiligten Nodes.

7.1.4 Agents

Neutron arbeitet mit verschiedenen sogenannten »Agenten«, die je nach Zielsetzung eingesetzt werden können:

L2-Plug-in-Agenten (`neutron-*-agent`) Ein L2-Plug-in-Agent läuft auf jedem Hypervisor, um die Umsetzung der Netzwerkkonfiguration auf den Nodes zu gewährleisten. Die OpenvSwitch- und LinuxBridge-Agenten sind hier die gebräuchlichsten. Sie werden aber wohl in zukünftigen Releases durch das ML2-Plug-in ersetzt.

DHCP-Agent (`neutron-dhcp-agent`) Der DHCP-Agent dient zum Ausliefern von (normalerweise privaten) IP-Adressen an die Instanzen. Dadurch entfällt eine Konfiguration innerhalb der Instanzen. Alternativ kann dies auch durch die sogenannte *Config Injection* realisiert werden.

L3-Agent (`neutron-l3-agent`) Der L3-Agent übernimmt die Konfiguration des L3/NAT-Forwarding, um beispielsweise Verkehr von Floating IPs durchzustellen oder Firewall-Regeln zu etablieren. Dabei kommt gewöhnliches `iptables` zum Einsatz.

Metadata-Agent (`neutron-l3-agent`) Der Metadata-Agent unterstützt den Metadata Service von Nova (siehe Abschnitt 5.1.14, S. 106), indem er als Proxy Anfragen von Instanzen entgegennimmt und an `nova-api` weiterleitet.

Zur Konfiguration eines Agenten gibt es im Konfigurationsverzeichnis von Neutron eine jeweils korrespondierende `.ini`-Datei, z. B. `/etc/neutron/l3_agent.ini`.

7.1.5 Plug-ins

Die Plug-ins von Neutron dienen der Weiterleitung der Pakete (genauer: Frames) auf OSI-Schicht 2, dem *Forwarding* zwischen zwei Ethernet-Segmenten. Unter anderem stehen folgende Plug-ins zur Verfügung:

- Linux-Bridge
  http://wiki.openstack.org/Neutron-Linux-Bridge-Plug-in
  oder lokal `/etc/neutron/plugins/linuxbridge/README`
- Open vSwitch
  http://www.openvswitch.org/openstack/documentation
- Cisco
  http://wiki.openstack.org/cisco-neutron
  oder lokal `/etc/neutron/plugins/cisco/README`
- NEC OpenFlow
  https://github.com/openstack/neutron/tree/master/neutron/plugins/nec
- Nicira NVP
  http://www.nicira.com/support
  oder lokal `/etc/neutron/plugins/nicira/nicira_nvp_plugin/README`
- Ryu
  http://www.osrg.net/ryu/using_with_openstack.html
  oder lokal `/etc/neutron/plugins/nicira/nicira_nvp_plugin/README`
- LBaaS
  https://wiki.openstack.org/wiki/Quantum/LBaaS/Plug-inDrivers

- Arista
  https://wiki.openstack.org/wiki/Arista-neutron-ml2-driver
- Modular Layer 2 (ML2)
  https://wiki.openstack.org/wiki/Neutron/ML2

In diesem Buch wird auf die beiden gängigen, nicht proprietären Plug-ins *Linux-Bridge* und *Open vSwitch* eingegangen. Die Zahl der verfügbaren Plug-ins für Neutron steigt stetig.

Linux-Bridge

Die *Linux-Bridge*[4] ist in den Linux Kernel integriert und daher schnell und praktisch überall verfügbar. In virtualisierten Umgebungen, so auch in einer OpenStack-Cloud, die auf der Basis von Linux-Hosts läuft, bietet die Linux-Bridge daher eine einfache und schnelle Möglichkeit, virtuellen Maschinen Zugang zum Netz zu verschaffen.

Bei OpenStack stellt das Linux-Bridge-Plug-in von Neutron den Instanzen eine Linux-Bridge zum Einhängen der virtuellen Netzwerkschnittstellen (VIFs) bereit. Die VIFs werden vom Hypervisor anhand der von Nova gelieferten Neutron-Ports erzeugt. Außerdem kümmert sich das Linux-Bridge-Plug-in um die Zuordnung der VIFs zu der entsprechenden Bridge, wie Abbildung 7-3 zeigt.

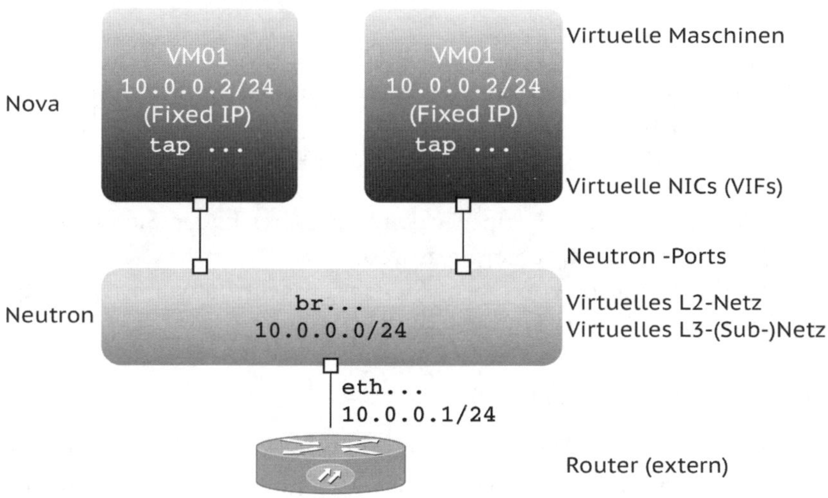

Abb. 7-3
Schichten bei Neutron (Linux-Bridge)

Die Konfiguration des Linux-Bridge-Plug-ins wird im Abschnitt 7.4.2 auf Seite 192 beschrieben.

---

[4] Die Linux-Bridge-Implementierung ist ein Subset des ANSI/IEEE-802.1d-Standards.

Open vSwitch

Die Funktionsweise von *Open vSwitch* in OpenStack ist sehr ähnlich der Linux-Bridge. Allerdings bietet es eine Vielzahl an zusätzlichen Features und hebt einige Beschränkungen auf. *Open vSwitch* wurde im Rahmen des OpenFlow-Projektes der Universität Stanford als neuer, offener Standard für softwarebasierte Switches und Router entwickelt. Open vSwitch ist Open Source und steht vollständig unter der Apache-2.0-Lizenz. Die Kernelkomponenten von Open vSwitch wurden mit Version 3.3 in den Linux-Kernel aufgenommen, sodass bei entsprechend neuen Kernels kein Patch mehr erforderlich ist. Eine Integration in Libvirt steht jedoch noch aus. Bisher sind lediglich die Bridge-kompatiblen Funktionen verfügbar.

Open vSwitch bietet unter anderem die folgenden Features:

- *Automated Control*: OpenFlow, OVSDB Management Protocol
- *Monitoring*: Sichtbarkeit bei der Inter-VM-Kommunikation via NetFlow, sFlow(R), SPAN, RSPAN sowie GRE-getunnelten Mirrors
- *Quality of Service*: Traffic Queueing, Traffic Shaping
- *Security*: VLAN-Isolation, Traffic Control
- *Traffic Policing* für jedes Interface einer VM, d. h. schnittstellenspezifische Richtlinien zur Kontrolle des Netzwerkverkehrs von und zu einer Instanz.
- *IPv6*-Support
- *Multiple Tunneling Protocols* (Ethernet over GRE, CAPWAP, IPsec, GRE over IPsec)
- *Spanning Tree Protocol* (STP gemäß IEEE 802.1D-1998)

Ein vollständige Liste der Open-vSwitch-Features finden Sie unter der Adresse http://openvswitch.org/features/.

Der Konfiguration von Open vSwitch für Neutron widmet sich Abschnitt 7.4.3 ab Seite 192.

Modular-Layer-2-Plug-in (ML2)

Das mit dem Havana-Release eingeführte Core-Plug-in *Modular Layer 2* (ML2) ist ein Framework, das die gleichzeitige Nutzung unterschiedlicher L2-Technologien unterstützt und damit dieses Problem lösen hilft.

Die bisherige L2-Implementierung in OpenStack arbeitet mit monolithischen Plug-ins, die jeweils nur eine L2-Technologie unterstützen. Dieses Verfahren wurde jedoch häufig nicht den komplexen Umgebungen in den Rechenzentren gerecht, in denen oft unterschiedliche Layer2-Technologien eingesetzt werden und miteinander in Verbindung treten müssen.

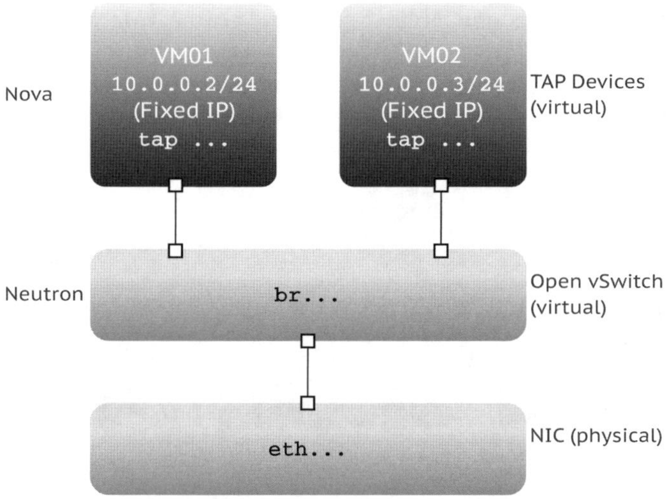

Abb. 7-4
Neutron – Einbindung von Open vSwitch in den Netzwerkstack

Statt monolithischer Plug-ins wird ein modulares System umgesetzt, bei dem an ein generisches, zentrales Plug-in die leichten, (hersteller-)spezifischen Zusatz-Plug-ins angeflanscht werden. Mehrere als Treiber realisierte Zugriffsmechanismen können dadurch gleichzeitig auf das gleiche Netzwerk zugreifen. Die folgenden Segmentierungstypen (*Type Manager*) werden beim Havana-Release unterstützt:

- local
- flat
- GRE
- VLAN
- VXLAN[5]

Die Integration neuer L2-Technologien wird auf diese Weise ebenfalls wesentlich vereinfacht, da im Gegensatz zu einem monolithischen Plug-in, das alle Funktionen umfassen muss, für ein neues Plug-in nur noch kleinere Modulanpassungen erforderlich sind. Die L3-Router-Erweiterung wird als Service-Plug-in integriert.

Ende 2013 arbeitet das ML2-Plug-in mit dem Open-vSwitch-, dem Linux-Bridge- und Microsofts Hyper-V-Agent zusammen und soll auf Dauer die Plug-ins, die mit diesen Agenten verknüpft sind, ersetzen. In

[5] Unter einem VXLAN versteht man eine isolierte Gruppe von auf unterschiedlichen Hosts eingerichteten VMs. Diese Gruppe von VMs bildet dabei eine Broadcast-Domain auf OSI-Schicht 2 nach. Durch diese Technik können über mehrere Standorte verteilte, jeweils eigene MAC-Broadcast-Domains bildende Gruppen von VMs eingerichtet werden, die sich leicht in IP-Subnetzen gruppieren lassen. VXLAN wird innerhalb von OpenStack-Umgebungen durch Open vSwitch unterstützt.

Havana gibt es folgende Treiber für die Agenten (*Mechanism Manager*):

- Arista
- Cisco Nexus
- Hyper-V
- L2 Population
- Linux-Bridge
- Open vSwitch
- Tail-f NCS

Abb. 7-5 *Neutron – ML2 mit Agenten*

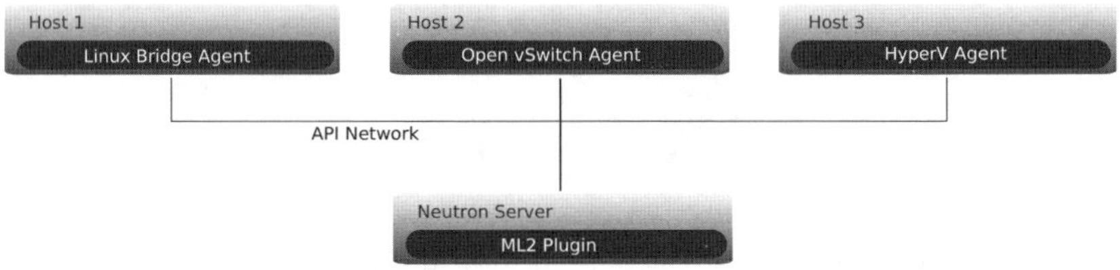

Die bis dahin monolithischen Plug-ins für Linux-Bridge und Open vSwitch gelten damit zukünftig, voraussichtlich mit dem Icehouse-Release, als *deprecated*.

Aktuelle Informationen zu ML2 finden Sie u. a. im OpenStack-Wiki: https://wiki.openstack.org/wiki/Neutron/ML2.

Loadbalancer

Das Loadbalancer-Plug-in ist insofern ein Spezialfall, als dass es, um seiner Aufgabe der Lastverteilung (⇒ *LBaaS*) gerecht zu werden, lediglich als Dispatcher vorgeschaltet wird, um dann die Frames an die beteiligten Treiber weiter zu verteilen.

Derzeit werden dazu zwei Modelle verfolgt:

Routed Mode
L3-Routing; kein Loadbalancing für lokale Segmente

One-Arm Mode
L3-Client-Adressen werden für die Nodes abstrahiert; zusätzliche L3-Adressierung mittels SNAT; Pools werden definiert; max. 65.536 Verbindungen je IP-Adresse[6]

Weitere Ausführungen dazu würden im Rahmen dieses Buches zu weit führen, weshalb ein Verweis auf das OpenStack-Wiki genügen soll: https://wiki.openstack.org/wiki/Neutron/LBaaS.

[6] Die Beschränkung auf 65.536 Verbindungen ist verursacht durch die 16 Bit breiten Portnummern, die zur Übersezung genutzt werden.

7.1.6 Security Groups

Eine *Security Group* ist ein benannter Satz von Zugriffsregeln für das Netzwerk, ähnlich Firewall Policies. Über die einer Security Group zugewiesenen Regeln, die *Security Group Rules*, können Netzwerkzugriffsrechte gewährt werden. Im Gegensatz zu den Security Group Rules bei Nova sind die Security Group Rules bei Neutron immer nur für bestimmte Ports (siehe auch Abschnitt 7.5.5, S. 211) gültig. Daher können sie auch zur Laufzeit einer Instanz problemlos geändert werden.[7]

7.1.7 Software-defined Networking (SDN)

Software-defined Networking (SDN) ist ein Projekt, das an der Stanford University 2005 mit dem Ziel begonnen wurde, Netzwerkdienste der unteren Schichten zu entkoppeln und in virtuelle Dienste zu abstrahieren, sodass Hardwarekomponenten wie Switches und Router durch Software ersetzt werden. Besonders die zunehmende Virtualisierung in den Rechenzentren, bei der immer mehr virtuelle Systeme über das Netzwerk erstellt und konfiguriert werden (einschl. zugehöriger Firewall-Regeln und Netzwerkadressierung, Migrationen, usw.) erforderte eine Anpassung der bisher eher starren, hardwarebasierten Lösungen.

Bei der Netzwerkvirtualisierung trennt SDN das System, das entscheidet, wohin die Daten geschickt werden (*Control Plane*), vom darunterliegenden System, das die Daten zum ausgewählten Knoten weiterleitet (*Data Plane*). Die Control Plane wird als Software implementiert.

Zur Anwendung kommt SDN u.a. bei *Infrastructure as a Service* (IaaS): Kombiniert mit virtuellen Systemen und virtuellem Storage, wird eine automatisierte, bedarfsabhängige Ressourcenzuteilung ermöglicht, insbesondere bei Scale-out-Szenarien. SDN vereinfacht die Netzwerkadministration virtueller Systeme und erlaubt Administratoren eine programmierbare, zentrale Steuerung des Netzwerkverkehrs, ohne dabei manuell auf die einzelnen physischen Netzwerkkomponenten zugreifen zu müssen.

SDN wird mittlerweile durch die *Open Networking Foundation* (https://www.opennetworking.org/) standardisiert.

[7] Ein Tenant kann mehrere Security Groups beherbergen. Ein einzelner Benutzer kann Mitglied mehrerer Security Groups sein. So erlaubt die Möglichkeit, beliebige Security Groups zu erstellen und mit Regeln zu versehen, auch in größeren Umgebungen ein feingranulares Regelwerk für die Zugriffssteuerung. Wie Sie Security Groups und Security Group Rules einrichten, zeigt der Abschnitt 7.5.9 auf Seite 218.

Immer mehr Hersteller achten auf die SDN-Fähigkeit ihrer Switches, u. a. Arista Networks, Big Switch Networks, Cisco, Hewlett-Packard, IBM, Juniper Networks und NEC. SDN ist in größerem Umfang beispielsweise bei Google und Facebook im Einsatz.

Erwähnenswert ist noch, dass Neutron dafür ausgelegt wurde, mit *OpenFlow* zusammenzuarbeiten. OpenFlow ist ein Kommunikationsprotokoll, das die Steuerung von Netzwerkkomponenten vereinheitlicht. Es können damit sowohl Hardware- als auch Softwarekomponenten des Netzwerks gesteuert werden.

Weitere Informationen zu SDN:
»Software-Defined Networking (SDN): The New Norm for Networks«
http://www.opennetworking.org/sdn-resources/sdn-library/whitepapers

Weitere Informationen zu OpenFlow:
»Open Networking Foundation – OpenFlow v1.2«
https://www.opennetworking.org/images/stories/downloads/specification/openflow-spec-v1.2.pdf

7.1.8 VLANs und GREs

Zur Abtrennung einzelner Netze innerhalb einer OpenStack-Umgebung gibt es im Wesentlichen zwei Verfahren:

Ein *Virtual Local Area Network* (VLAN) ist ein logisches Teilnetz innerhalb eines physischen Netzwerks, das sich über einen oder mehrere Switches hinweg ausdehnen kann. Dazu werden VLAN-fähige Switches benötigt, die die Frames (Datenpakete) eines VLAN filtern können. Die VLAN-Funktionalität kann in OpenStack-Deployments genutzt werden, um Tenant-Netze zu isolieren. Die Konfiguration von VLANs zeigen die Abschnitte 7.4.2 auf Seite 192 (Linux-Bridge) und 7.4.3 auf Seite 194 (Open vSwitch).

Generic Routing Encapsulation (GRE) ist ein Tunnelungsprotokoll, das viele Protokolle der Netzwerkschicht innerhalb einer virtuelle Punkt-zu-Punkt-Verbindung kapseln kann. Die GRE-Pakete wiederum werden in IP-Pakete gekapselt.[8] In einer OpenStack-Umgebung ermöglicht GRE, Tenant-Netze abzusichern, ohne dass VLANs benötigt werden. Das Einrichten eines GRE-Tunnels zeigt Abschnitt 7.4.3 auf Seite 194.

[8] GRE wurde von Cisco Systems zur gesicherten Verbindung von Routern entwickelt. So kann GRE in Verbindung mit IPsec VPNs zum Übertragen von Routing-Informationen verwendet oder mit dem *Point-to-Point Tunneling Protocol* (PPTP) zum Aufbau von VPNs eingesetzt werden.

7.1.9 Namespaces

Namespaces bilden eigene Netze auf Schicht 3 des OSI-Modells. Grundlage sind die *Linux Network Namespaces*, die mit dem Folsom-Release in OpenStack eingeführt wurden.

Grundsätzlich teilt sich ein Linux-System einen Satz von Netzwerkschnittstellen und Routing-Tabelleneinträgen. Mit eigenen Namespaces können unterschiedliche, separate Instanzen von Netzwerkschnittstellen und Routing-Tabellen eingerichtet werden. Sie operieren unabhängig voneinander, d. h., Namespaces ermöglichen eigene, abgetrennte Bereiche für virtuelle Netze auf Schicht 3.

Unabhängige Namespaces bringen Vorteile speziell in größeren virtualisierten Umgebungen und Clouds:

- Bessere Übersichtlichkeit/Verwaltbarkeit
- Höhere Performance innerhalb eines Namespace durch kleinere Teilnetze
- Mehr Sicherheit durch Abtrennung in eigene Netzbereiche

Namespaces schaffen isolierte Forwarding-Umgebungen, was auch sich überlappende IP-Adressbereiche (*Overlapping IP Addresses*) ermöglicht. Dazu werden zur Adressierung auf Schicht 3 Namen aus einem Präfix und der UUID der Schnittstelle gebildet.

Der Neutron-L3-Agent ist für den Einsatz von Namespaces vorkonfiguriert.

Wie Sie Namespaces konfigurieren und administrieren, zeigen Abschnitt 7.4.7, S. 200 (Konfiguration) und Abschnitt 7.5.11, S. 221 (Administration).

7.1.10 Komponenten

`Neutron-API-Server` API-Service für den Zugriff für Benutzer und andere OpenStack-Services (`Neutron-server`)

`Neutron-L2-Agent` L2-Service für die Instanzen zur Kommunikation mit dem L2-Plug-in (`Neutron-*-plugin-agent`)

`Neutron-L3-Agent` L3-Services für die Instanzen, vor allem Routing und NAT, z. B. für die Übersetzung privater IP-Adressen in Floating IP-Adressen (`Neutron-l3-agent`)

`Neutron-DHCP-Agent` DHCP-Service für die IP-Konfiguration der Instanzen (`Neutron-dhcp-agent`)

`Neutron-Metadata-Agent` Proxy-Service, der Metadata-Anfragen der Instanzen an den Nova-Server (`nova-api`) weiterleitet (`Neutron-metadata-agent`)

`Neutron-Client` pythonbasierte CLI zur Verwaltung (`Neutron-neutronclient`)

Der Neutron-Server läuft wie die anderen OpenStack-Komponenten als Daemon. Die Aufgabe des zentralen Daemons ist es, eine Standard-API zur Verfügung zu stellen, und damit einen einheitlichen Zugang zu den Funktionen von Neutron.

Auf den einzelnen Compute Nodes laufen weitere Daemons, die vom Neutron-Server-Daemon gesteuert werden. Diese Daemons werden *Agenten* genannt und verwalten die virtuellen Netzwerkschnittstellen. Beim Erstellen einer Instanz kommuniziert Nova Compute mit der Neutron-API, um jede virtuelle Netzwerkkarte einer Instanz mit einem bestimmten Neutron-Netz zu verbinden. Der L2-Plug-in-Agent verbindet die Instanzen zur Kommunikation mit dem L2-Plug-in (ML2, Open vSwitch, Linux-Bridge, …).

Zu den Plug-in-Agenten gesellt sich der *DHCP-Agent*. Er vergibt die Konfigurationsparameter an die virtuellen NICs.

Der dritte Agent im Bunde wird als *L3-Agent* bezeichnet und dient der Implementierung des L3/NAT-Forwarding. L3/NAT-Forwarding wird zur Weiterleitung auf OSI-Schicht 3 eingesetzt (*Virtual Routing*), um die in der OpenStack-Umgebung bereitgestellten Dienste von außen erreichbar zu machen.

Der Neutron-Metadata-Agent leitet als Proxyserver Anfragen von Instanzen an den Metadata Service an den Nova-API-Server weiter. Diese Weiterleitung funktioniert auch, wenn die Anfragen von isolierten oder Netzwerken mit überlappenden IP-Adressen kommen.

Verwaltet wird Neutron über die pythonbasierte Neutron-CLI, das Dashboard oder direkt über API-Aufrufe.

Abbildung 7-2 veranschaulicht, wie die einzelnen Neutron-Komponenten zusammenspielen und sich über eine Cloud-Infrastruktur verteilen können.

7.2 Anwendungsbeispiele

In der offiziellen Dokumentation zum Einsatz von Neutron werden fünf exemplarische Szenarien (»Use Cases«) aufgezeigt, die die Einsatzmöglichkeiten von Neutron veranschaulichen.[9]

- Single Flat Network
- Multiple Flat Network

[9] Die Use Cases können in etwa mit den Netzwerkmanagern aus Nova Network verglichen werden.

- Mixed Flat and Private Network
- Provider Router with Private Networks
- Per-tenant Routers with Private Networks

Diese Szenarien werden auf den folgenden Seiten erläutert, um ein grundlegendes Verständnis für die eigentliche Praxis zu schaffen. Die Fallbeispiele sind variierbar, untereinander kombinierbar und verdeutlichen die Funktionsweise von Neutron und erschließen so mögliche Einsatzgebiete.

7.2.1 Single Flat Network

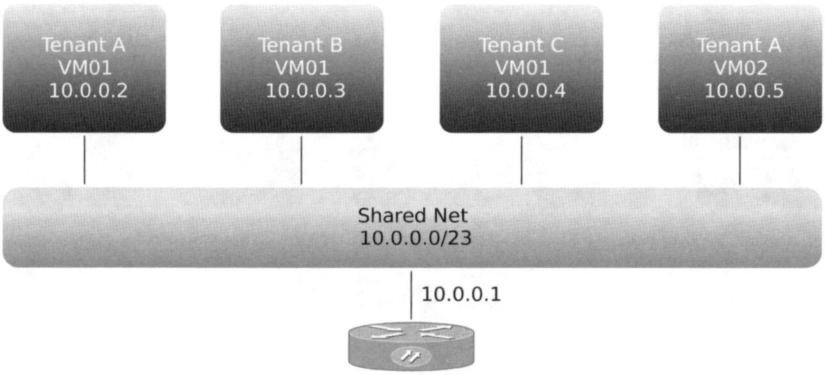

Abb. 7-6
Single Flat Network

Der einfachste Use Case ist das sogenannte *Single Flat Network*, bei dem es nur ein einziges, für alle Tenants sichtbares (*shared*) Neutron-Netzwerk gibt. Die Instanzen jedes Tenants bekommen eine NIC, die mit einer festen IP-Adresse aus einem zugehörigen Subnetz versehen wird. In der Praxis ist so ein Netzwerk oft ein Provider-Netzwerk, d. h., es stimmt direkt mit einem verfügbaren physikalischen Netzwerk und Subnetz im Rechenzentrum des Cloud-Anbieters überein. Dieses Modell entspricht dem *Flat-Manager-* und dem *Flat-DHCP-Manager-*Modell von Nova. Floating IPs werden im Single-Flat-Network-Modus nicht unterstützt.

7.2.2 Multiple Flat Network

Das *Multiple Flat Network* entspricht dem *Single Flat Network*, mit dem einzigen Unterschied, dass mehrere Netzwerke verfügbar sind. Bei der Erstellung neuer Instanzen können die Tenant-Administratoren wählen, welche Netzwerke einer Instanz zugewiesen werden.

Abb. 7-7
Multiple Flat Network

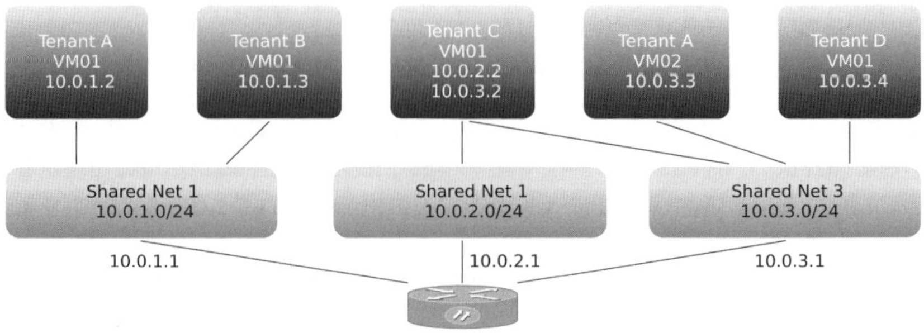

7.2.3 Mixed Flat and Private Network

Abb. 7-8
Mixed Flat and Private Network

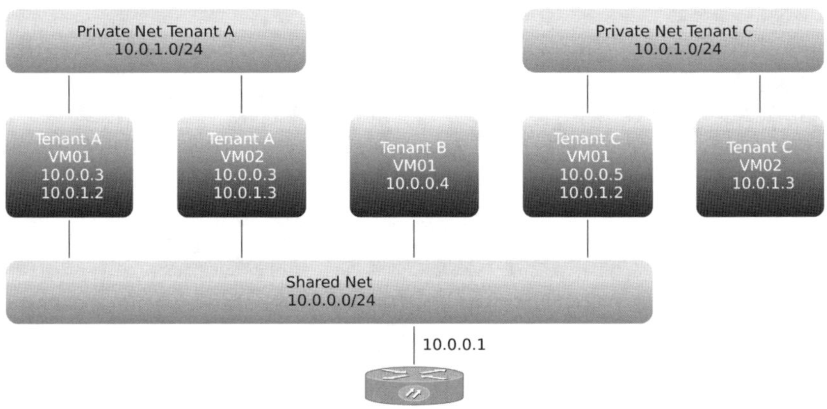

Das *Mixed Flat and Private Network* stellt eine Erweiterung des vorhergehenden flachen Netzwerkmodells dar, in dem Tenants zusätzlich die Möglichkeit haben, ein privates Netzwerk anzulegen und ihren Instanzen zuzuweisen. Diese privaten Netzwerke sind nur für den jeweiligen Tenant sichtbar. Dies ermöglicht zum einen bei der Verwendung von Instanzen mit mehreren NICs sogenannte Multi-Tier-Topologien, bei denen Anwendungen/Dienste in mehrere diskrete Komponenten gesplittet werden, die jeweils ihre ganz spezielle Aufgabe erfüllen.[10] Zum anderen wird es möglich, dass eine Instanz des Tenants als Gateway fungiert und damit Dienste wie Routing, NAT oder Loadbalancing anbieten kann.

[10] Multi-Tier-Anwendungen reichen von einfachen Client/Server-Modellen bis hin zur serviceorientierten Architektur (SOA) in großen Enterprise-Lösungen, wie etwa SAP NetWeaver.

7.2.4 Provider Router with Private Networks

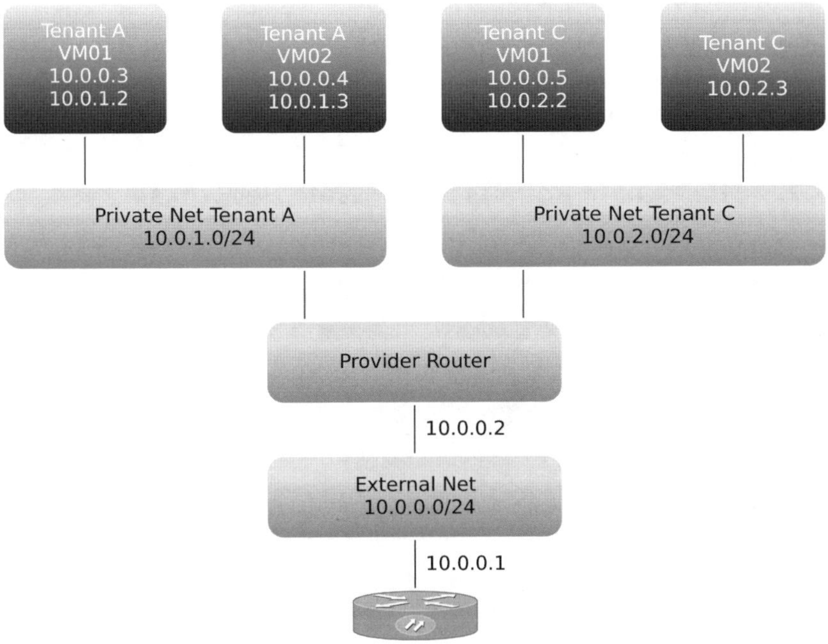

Abb. 7-9
Provider Router with Private Networks

Beim *Provider Router with Private Networks* wird jeder Tenant mit einem oder mehreren privaten Netzwerken versorgt. Diese werden mit der Außenwelt durch einen Neutron-Router verbunden. Der Fall, dass jedem Tenant genau ein eigenes Netzwerk zugewiesen wird, entspricht der gleichen Topologie, der sich der VLAN-Manager in Nova bedient hat – mit dem Unterschied, dass Neutron hierfür keine VLANs benötigt. Die Erstellung und Verwaltung des (Provider) Routers (genauer: des Router-Objekts in der API) obliegt dem Cloud-Administrator.

Dieses Modell unterstützt die Vergabe öffentlicher IP-Adressen, bei der der Router öffentliche Adressen des externen Netzes festen Adressen des privaten Netzwerks zuordnet (*Floating IPs*). Aber auch Instanzen ohne Floating IP können Verbindungen zum externen Netz herstellen, indem der Provider Router ein Source-NAT auf die externe Adresse des Routers ausführt. Als Gateway-Adresse (`gateway_ip`) zum externen Netz wird die IP-Adresse des physikalischen Routers eingesetzt, sodass der Provider ein Default-Gateway für die Verbindung zum Internet anbieten kann.

Durch die L3-Verbindung (auf Schicht 3 des OSI-Referenzmodells, der Netzwerkschicht) der privaten Netze können unterschiedliche Tenants auch die Instanzen anderer Tenants im Netz erreichen, sofern dies nicht durch eine zusätzliche Filterung unterbunden wird. Hierfür können sogenannte Security Groups verwendet werden.

Es ist nicht möglich, sich auf Tenantebene überschneidende Subnetze zu verwenden, da ein gemeinsamer Router verwendet wird. So bietet es sich für den Administrator an, für jeden Tenant jeweils ein privates Netz anzulegen, dessen Subnetze sich unterscheiden.

7.2.5 Per-tenant Routers with Private Networks

Abb. 7-10 *Per-tenant Routers with Private Networks*

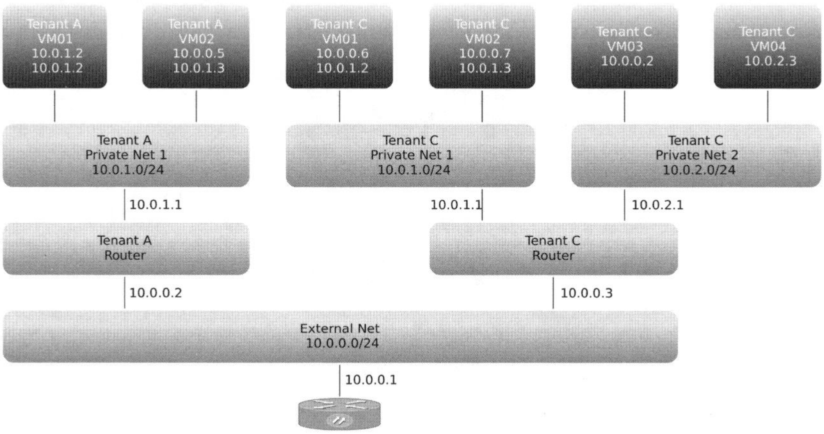

Das Modell *Per-tenant Routers with Private Networks* hebt die Einschränkung auf einen Router auf. Jeder Tenant erhält seinen eigenen Router. Dadurch fällt die Beschränkung weg, dass durch einen gemeinsamen Router keine sich überschneidenden Subnetze zwischen den Tenants möglich sind. Jeder Tenant verwaltet einen Router für sein(e) Netzwerk(e) und kann über einen möglicherweise eingerichteten Zugriff auf die Neutron-API auch noch weitere Router selbst einrichten. Die Tenants können beliebige eigene Netzwerke und Subnetze erstellen und diese wie gewünscht an ihre eigenen Router hängen. Durch dieses Modell werden Multi-Tier-Anwendungen (wie beispielsweise Apache/Tomcat oder SAP Netweaver) ermöglicht, die vollständig unter der Verwaltung eines Tenants stehen. Es ist auch möglich, mehrere Multi-Tier-Anwendungen innerhalb eines Tenant-Projektes mit jeweils eigenen Routern zu betreiben. Die jeweils durch Router abgetrennten Tenant-Subnetze können sich konfliktfrei überlappen, ohne sich in irgendeiner Form ins Gehege zu kommen, da der Zugriff auf das externe Netz immer via SNAT oder Floating IPs erfolgt. Dieses Modell bietet die größtmögliche Flexibilität, Sicherheit und Skalierbarkeit.

7.3 Installation

Die Installation der Neutron-Pakete ist abhängig von der Distribution und dem verwendeten Plug-in.

Hinweis: SUSE- und SLES-Pakete für OpenStack tragen im Unterschied zu den anderen Distributionen meist noch ein führendes `openstack-` im Namen.

Für openSUSE bzw. SLES sähe der Installationsbefehl folgendermaßen aus:

```
# zypper install openstack-neutron \
  openstack-neutron-server \
  openstack-neutron-l3-agent \
  openstack-neutron-dhcp-agent \
  openstack-neutron-metadata-agent \
  python-neutron \
  python-neutronclient
```

Zusätzlich sind noch die Pakete für das L2-Plug-in zu installieren.

Für die Linux-Bridge genügt ein Paket:

```
# zypper install openstack-neutron-linuxbridge-agent
```

Die für das OVS-Plug-in zu installierenden Pakete sind distributionsabhängig. Für openSUSE bzw. SLES etwa sähe der Installationsbefehl für das OVS-Plug-in folgendermaßen aus:

```
# zypper install openvswitch openvswitch-kmp-default \
  openvswitch-switch \
  openstack-neutron-openvswitch-agent \
  tcpdump ethtool
```

Nach der Installation der OVS-Pakete steht Ihnen eine Reihe neuer Befehle zur Verwaltung von Open vSwitch zu Verfügung, vor allem das Programm `ovs-vsctl` zur Verwaltung der OVS-Bridge, aber auch weitere Programme wie `ovs–ofctl` für die Verwaltung von OpenFlow-Switches.

Andere herstellerspezifische L2-Agents sind beispielsweise `neutron-plugin-cisco`, `neutron-plugin-nec-agent` und `neutron-plugin-ryu`.

Für ein *Load Balancing as a Service* brauchen Sie zusätzlich den `neutron-lbaas-agent`.

Anschließend sorgen Sie für den automatischen Start der Dienste:

```
# chkconfig openstack-neutron on
# chkconfig openstack-neutron-*-agent on
# chkconfig openstack-neutron-dhcp-agent on
# chkconfig openstack-neutron-l3-agent on
```

7.4 Konfiguration

Die folgenden Schritte und Konfigurationen sind beim Einrichten von Neutron von Bedeutung:

- Datenbank einrichten
- Konfigurationsverzeichnis von Neutron: `/etc/neutron/`
- Zentrale Konfigurationsdatei: `/etc/neutron/neutron.conf`
- API-Konfiguration: `/etc/neutron/api-paste.ini`
- DHCP-Agent-Konfiguration: `/etc/neutron/dhcp_agent.ini`
- L3-Agent-Konfiguration: `/etc/neutron/l3_agent.ini`
- Plug-in-Verzeichnis: `/etc/neutron/plugins/`

Die zentrale Konfiguration von Neutron findet in der Datei `/etc/neutron/neutron.conf` statt. Deren wichtigste Abschnitte und Parameter werden im Folgenden vorgestellt.

Einrichten einer Datenbank für Neutron

Zunächst muss – wie auch für die anderen Services – eine Datenbank für Neutron eingerichtet werden:

```
# mysql -u root -p
mysql> CREATE DATABASE neutron;
mysql> GRANT ALL ON neutron.* TO 'neutron'@'%' IDENTIFIED \
       BY 'neutronpw';
mysql> GRANT ALL ON neutron.* TO 'neutron'@'localhost' IDENTIFIED \
       BY 'neutronpw';
mysql> GRANT ALL ON neutron.* TO 'neutron'@'HOSTNAME' IDENTIFIED \
       BY 'neutronpw';
mysql> exit;
```

Auf diese Datenbank kann nun über folgenden Eintrag zugegriffen werden:

```
sql_connection = mysql://neutron:neutronpw@127.0.0.1/neutron?charset=utf8
```

(Die Loopback-Adresse `127.0.0.1` gilt für eine Datenbank auf dem gleichen Host; befindet sich die Datenbank auf einem anderen Host, muss sie entsprechend angepasst werden.)

Konfiguration von Keystone zur Integration von Neutron

Die Methode zur Authentifizierung wird mit dem Parameter `auth_strategy` festgelegt. Hier wird standardmäßig auf Keystone verwiesen:

```
auth_strategy = keystone
```

Alternativ können Sie – gewahr des damit verbundenen erhöhten Sicherheitsrisikos – über den Wert `noauth` den Neutron-Diensten die Notwendigkeit zur Authentifizierung erlassen.

Neutron braucht einen Eintrag im *Keystone Service Catalog*. Beachten Sie hierzu Abschnitt 3.4.5, S. 46.

Zunächst ist ein Keystone-Service für Neutron zu erstellen:

```
# keystone service-create --name neutron --type network \
  --description 'OpenStack Networking Service'
```

Danach legen Sie einen Benutzer für Neutron an:

```
# keystone user-create --name=neutron --pass=neutronpw \
  --tenant-id <tenant-id>
```

Diesem Neutron-Benutzer werden durch eine Rollenzuweisung die nötigen Berechtigungen erteilt:

```
# keystone user-role-add --user_id <neutron-user-id> \
  --role_id <admin-role-id> --tenant_id <service-tenant-id>
```

Jetzt müssen Sie noch einen Service-Endpunkt für Neutron erstellen:

```
# keystone endpoint-create --region $REGION \
  --service-id <service-id> \
  --publicurl 'http://$IP:9696/' \
  --adminurl 'http://$IP:9696/' \
  --internalurl 'http://$IP:9696/'
```

Falls Sie sich für die Verwendung eines Keystone Service Catalog mit dem Template File Backend entschieden haben, brauchen Sie den vorherigen Schritt nicht durchzuführen. Stattdessen editieren Sie `/etc/keystone/default_catalog.templates` wie folgt:

```
catalog.$Region.network.publicURL = http://$IP:9696
catalog.$Region.network.adminURL = http://$IP:9696
catalog.$Region.network.internalURL = http://$IP:9696
catalog.$Region.network.name = Network Service
```

Konfiguration von Nova zur Integration von Neutron

Um Nova dazu zu bringen, Neutron anstelle von Nova Network zu verwenden, ist in der Datei `/etc/nova/nova.conf` folgender Eintrag notwendig:

```
network_manager=nova.network.neutron.manager.NeutronManager
```

Außerdem muss das gewünschte Plug-in in Form des richtigen L2-Treibers angegeben werden. Der folgende Beispielauszug einer `nova.conf` zeigt die Neutron-relevanten Einträge:

Listing 7-1
/etc/nova/nova.conf

```
network_api_class=nova.network.neutronv2.api.API
neutron_url=http://127.0.0.1:9696
neutron_auth_strategy=keystone
neutron_admin_tenant_name=service
neutron_admin_username=neutron
neutron_admin_password=neutronpw
neutron_admin_auth_url=http://127.0.0.1:35357/v2.0
libvirt_vif_driver=nova.virt.libvirt.vif.NeutronLinuxBridgeVIFDriver
#libvirt_vif_driver=nova.virt.libvirt.vif.LibvirtOpenVswitchDriver
libvirt_use_virtio_for_bridges=false
network_manager=nova.network.neutron.manager.NeutronManager
```

Als Libvirt-Treiber (`libvirt_vif_driver`) wird im obigen Beispiel der Linux-Bridge-Treiber eingesetzt. (Der Eintrag für Open vSwitch steht auskommentiert darunter.)

Der Eintrag `network_api_class=nova.network.neutronv2.api.API` zeigt auf die Schnittstelle, an die Nova Netzwerkanfragen weiterleitet.

7.4.1 Grundkonfiguration von Neutron

Nachdem die grundlegende Konfiguration für Keystone und die Integration in Nova erfolgt ist, geht es an die eigentliche Konfiguration von Neutron. Das vorgegebene Konfigurationsverzeichnis von Neutron ist `/etc/neutron/`. Dort finden sich nach der Installation auch ein Verzeichnis für die Neutron-Plug-ins (`/etc/neutron/plugins/`) und die zentrale Konfigurationsdatei `neutron.conf`. Die API-Konfiguration erfolgt in `/etc/neutron/api-paste.ini`, die Konfiguration des DHCP-Agents in `/etc/neutron/dhcp_agent.ini` und die Konfiguration des L3-Agents in `/etc/neutron/l3_agent.ini`.

Für ein Basis-Setup sind hier im Allgemeinen nur zwei Änderungen innerhalb des `[DEFAULT]`-Abschnittes der Datei `/etc/neutron/neutron.conf` vorzunehmen:

- Plug-in
- RabbitMQ-Passwort

Der Plug-in-Eintrag legt die Layer-2-Verbindung fest und das RabbitMQ-Passwort ist für die Kommunikation mit den übrigen Komponenten erforderlich. Eine einfache, aber vollständige `neutron.conf` (für das Linux-Bridge-Plug-in) könnte etwa folgendes Aussehen haben:

```
[DEFAULT]
log_file = neutron.log
log_dir = /var/log/neutron
verbose = true
debug = false
bind_host = 0.0.0.0
bind_port = 9696
...
```

```
core_plugin =
       neutron.plugins.linuxbridge.lb_neutron_plugin.LinuxBridgePlug-inV2
control_exchange = neutron
...
rabbit_host = 127.0.0.1
rabbit_port = 5672
rabbit_userid = guest
rabbit_password = rabbitpw
api_paste_config = /etc/neutron/api-paste.ini
#notification_driver = neutron.openstack.common.notifier.rpc_notifier
notification_driver = neutron.openstack.common.notifier.rabbit_notifier
notification_driver = neutron.openstack.common.notifier.list_notifier
list_notifier_drivers = neutron.openstack.common.notifier.rabbit_notifier
default_notification_level = INFO
notification_topics = notifications
auth_strategy = keystone
[AGENT]
root_helper = sudo neutron-rootwrap /etc/neutron/rootwrap.conf
[keystone_authtoken]
auth_host = localhost
auth_port = 35357
auth_protocol = http
admin_tenant_name = service
admin_user = neutron
admin_password = neutronpw
signing_dir = /var/lib/neutron/keystone-signing_dir
```

In der Datei `/etc/neutron/api-paste.ini` wird die Authentifizierung für Neutron eingerichtet. Im nachfolgenden Beispiel geschieht dies für den Tenant `service` und einen administrativen Benutzer namens `neutron`:

```
[filter:authtoken]
paste.filter_factory = keystone.middleware.auth_token:filter_factory
auth_host = localhost
auth_port = 35357
auth_protocol = http
admin_tenant_name = service
admin_user = neutron
admin_password = neutronpw
```

7.4.2 Konfiguration der Plug-ins von Neutron

Welches Plug-in vom Neutron-Service genutzt wird, legt ein Eintrag in der Konfigurationsdatei `/etc/neutron/neutron.conf` fest. Vorgabemäßig wird ein »FakePlugin« eingesetzt, das zwar API-Aufrufe entgegennimmt, aber nichts weiter damit macht:

```
# Neutron plugin provider module
core_plugin = neutron.plugins.sample.SamplePlugin.FakePlugin
```

Um das zu verwendende Plug-in zu ändern, bearbeiten Sie den Wert des core_plugin-Parameters, sodass er auf das Plug-in Ihrer Wahl zeigt, zum Beispiel für das Linux-Bridge-Plug-in:

```
core_plugin =
        neutron.plugins.linuxbridge.lb_neutron_plugin.LinuxBridgePluginV2
```

Für das Open-vSwitch-Plug-in lautet der Eintrag:

```
core_plugin =
        neutron.plugins.openvswitch.ovs_neutron_plugin.OVSNeutronPluginV2
```

Linux Bridge Agent

Die Konfiguration des Linux-Bridge-Agents für Neutron findet in der Datei /etc/neutron/plugins/linuxbridge/linuxbridge_conf.ini statt. Nachfolgend ist das Beispiel einer linuxbridge_conf.ini für ein einfaches Single-Node-Setup mit 100 möglichen VLANs aufgeführt:

```
[VLANS]
tenant_network_type = vlan
network_vlan_ranges = physnet1:1001:1100
[...]
[LINUX_BRIDGE]
physical_interface_mappings = physnet1:eth1
...
```

Der Bereich der möglichen VLAN-IDs (im obigen Beispiel: 1001:1100) folgt stets hinter der Angabe des zugrunde liegenden physikalischen Netzes (hier: physnet1:).
Mit dieser Konfiguration starten Sie den Linux-Bridge-Agents:

```
# neutron-linuxbridge-agent \
  --config-file /etc/neutron/plugins/linuxbridge/linuxbridge_conf.ini \
  --config-file /etc/neutron/neutron.conf
```

7.4.3 Open vSwitch

Konfiguriert wird das OVS-Plug-in in der Datei /etc/neutron/plugins/openvswitch/ovs_neutron_plugin.ini. Dort wird ein Abschnitt [OVS] für die Netzwerkanbindung des virtuellen Switches definiert. Der nachfolgende Beispielauszug zeigt die Konfiguration für VLANs mit möglichen VLAN-IDs von 1 bis 1001, die an das physikalische Netz physnet1 gebunden sind:

```
...
[OVS]
tenant_network_type=vlan
network_vlan_ranges = physnet1:1:1001
...
```

Weiterhin spielen in der Datei ovs_neutron_plugin.ini die folgenden Konfigurationsvariablen eine Rolle:

integration_bridge Name der OVS-Bridge; Default: br-int

tunnel_bridge Name der OVS-Tunnel-Bridge für GRE-Tunnel; Default: br-tun

local_ip IP-Adresse des lokalen Endpunkts, an dem die GRE-Tunnel-Pakete vom Agent empfangen werden; Default: 10.0.0.3

bridge_mappings Default: Liste der verfügbaren OVS-Bridges, die vom Agent für jeweils ein physikalische Netz verwendet werden; Angabe in <physical_network>:<bridge>-Tupeln; Default: default:br-eth1

network_vlan_ranges Liste der verfügbaren Netzwerke, die einem Tenant-Netz zur Verfügung stehen; Angabe in <physical_network> bzw. <physical_network>:<vlan_min>:<vlan_max>-Tupeln, wenn optional ein Range für die VLAN-IDs definiert werden soll; Default: default:2000:3999

tunnel_id_ranges Liste der Ranges der Tunnel-IDs, die einem Tenant-Netz zur Verfügung stehen; Angabe in <tun_min>:<tun_max>-Tupeln; Default: br-int

polling_interval Polling-Intervall des Agents in Sekunden; Default: 2

root_helper Rechtevergabe für Nicht-Root-Benutzer; Default: sudo

log_file Name der Logdatei, die mitgeführt wird; Default: None

rpc bei true nutzt der Agent den RPC-Mechanismus zur Kommunikation mit dem Plug-in, ansonsten verbindet er sich mit der Datenbank; Default: True

Die Variablen für die Konfiguration von RPC, Logging und Notification werden übergreifend in /etc/neutron/neutron.conf definiert. Die Namen für Netzwerke (physical_network) und Bridges (integration_bridge) dürfen keine Leerzeichen enthalten.

Daneben muss auf den Compute Nodes, also auf allen Rechnern der OpenStack-Umgebung, auf denen der Service nova-compute aktiv ist, der richtige Verweis in der Datei nova.conf stehen, damit libvirt die virtuellen NICs auch in die OVS-Bridge hängt:

```
libvirt_vif_driver=nova.virt.libvirt.vif.LibvirtHybridOVSBridgeDriver
```

Soll das Open-vSwitch-Plug-in in einer Multi-Node-Umgebung eingesetzt werden, muss entweder Tunneling oder es müssen VLANs eingerichtet werden, um den Verkehr der einzelnen Netze voneinander zu isolieren.

Bei VLANs müssen alle beteiligten Switches konfiguriert werden, weshalb ein Tunneling meist einfacher einzurichten ist. Beides wird im Folgenden beschrieben.

Einrichten eines GRE-Tunnels

Die Nutzung eines GRE-Tunnels schreiben die beiden folgenden Zeilen vor:

```
enable_tunneling=true
tenant_network_type=gre
```

Es wird ein Pool aus GRE-Tunneln eingerichtet, die über die Tunnel-IDs dann den Tenant-Netzen zugeordnet werden können. Der Pool wird über eine Bereichsangabe in der Plug-in-Datei `/etc/neutron/plugins/openvswitch/ovs_neutron_plugin.ini` definiert, beispielsweise:

```
[OVS]
tunnel_id_ranges = 0:1001
```

Es können weitere Bereiche durch Komma getrennt angehängt werden. Anders als bei den VLAN-IDs werden den Tunnel-IDs keine physikalischen Netzwerke zugeordnet.

> **Hinweis: Multi-Node-Setups**
>
> Wenn der Agent auf einem anderen Node läuft, also wenn es sich nicht um ein Single-Node-Setup handelt, ist der Parameter `local_ip` mit der IP-Adresse des Nodes aus dem Datennetz (*Data Network*) nötig.

Danach starten Sie den Neutron-Server neu, damit die Einträge wirksam werden.

```
# service neutron-server restart &&
  service neutron-plugin-openvswitch-agent restart &&
  service neutron-dhcp-agent restart && service neutron-l3-agent restart
```

(Bei openSUSE und SLES ist vor den Servicenamen ein `openstack-` zu setzen.)

VLANs

VLANs sind eine Möglichkeit, Netzwerke auf Schicht 2 voneinander zu isolieren. So kann mit Open vSwitch beispielsweise das physische Netz, das den Zugang zum öffentlichen Netz (*Public Network*; hier:`physnet1`) bereitstellt, vom internen Datennetz (*Data Network*; hier:`physnet2`) mit folgenden Einträgen in der Datei `ovs_neutron_plugin.ini` abgetrennt werden:

```
[OVS]
tenant_network_type = vlan
network_vlan_ranges = physnet2:1001:1099
integration_bridge = br-int
bridge_mappings = physnet2:br-eth1
```

Damit die Einträge übernommen werden, starten Sie nach Konfigurationsänderungen die Neutron-Dienste neu.

```
# service neutron-server restart &&
  service neutron-plugin-openvswitch-agent restart &&
  service neutron-dhcp-agent restart && service neutron-l3-agent restart
```

Die Konfiguration der Flusssteuerung für die VLAN-Übersetzung übernimmt der Open-vSwitch-Agent.

Hinweis: Open vSwitch und Security Groups

Open vSwitch ist nicht kompatibel zu den Iptables-Regeln, die von den Security Groups (siehe Abschnitt 7.1.6, S. 179) direkt auf ein TAP-Device (`vnet0`), das mit einem Open-vSwitch-Port verbunden ist, angewendet werden. Um dieses Problem zu lösen, arbeitet OpenStack mit einem Workaround, bei dem das TAP-Device statt direkt mit der Open-vSwitch-Bridge mit einer Linux-Bridge (`qbr`*XYZ*) verbunden wird. Diese wird dann wiederum in die *Integration Bridge* (`br-int`) gehängt.

ML2-Plug-in

Das Plug-in *Modular Layer 2* (ML2) wird in der Datei /etc/neutron/plugins/ml2/ml2_conf.ini eingerichtet. Die folgende Beispielkonfiguration nutzt OVS mit GRE:

```
[ml2]
type_drivers = gre
tenant_network_types = gre

mechanism_drivers = openvswitch,linuxbridge

[ml2_type_gre]
tunnel_id_ranges = 1:1000

[database]
sql_connection = mysql://neutron:neutronpw@<IP-ADRESSE>/neutron

[ovs]
enable_tunneling = True
local_ip = <IP-ADRESSE>

[agent]
tunnel_types = gre
root_helper = sudo /usr/bin/neutron-rootwrap /etc/neutron/rootwrap.conf
```

```
[securitygroup]
firewall_driver =
    neutron.agent.linux.iptables_firewall.OVSHybridIptablesFirewallDriver
```

Achten Sie darauf, dass als besitzende Gruppe `neutron` eingetragen ist:

```
# chgrp -R neutron /etc/neutron/plugins
```

In der Datei `/etc/default/neutron-server` muss ein Verweis auf die Datei `/etc/neutron/plugins/ml2/ml2_conf.ini` stehen, damit das ML2-Plug-in auch genutzt wird:

```
NEUTRON_PLUGIN_CONFIG="/etc/neutron/plugins/ml2/ml2_conf.ini"
```

7.4.4 Neutron-DHCP-Agent

Der DHCP-Agent, der die Instanzen mithilfe des Dnsmasq mit einer automatischen IP-Konfiguration versorgt, ist für alle Plug-ins derselbe und wird in der Datei `/etc/neutron/dhcp_agent.ini` konfiguriert.

Zu beachten ist hier die richtige Auswahl der Schnittstelle als Wert für den Parameter `interface_driver`.

Das folgende Beispiel zeigt eine minimale `dhcp_agent.ini` für ein einfaches Basis-Setup mit Linux-Bridge und Dnsmasq als DHCP-Server:

Listing 7-2
DHCP-Agent

```
[DEFAULT]
interface_driver = neutron.agent.linux.interface.BridgeInterfaceDriver
dhcp_driver = neutron.agent.linux.dhcp.Dnsmasq
use_namespaces = false
root_helper = sudo /usr/bin/neutron-rootwrap /etc/neutron/rootwrap.conf
```

Der Eintrag für die Verwendung von Namespaces ist hier auf `false` gesetzt, um nicht von dessen Konfiguration auszugehen. Wie Sie Namespaces konfigurieren und administrieren, zeigen Abschnitt 7.4.7, S. 200 (Konfiguration) und Abschnitt 7.5.11, S. 221 (Administration).

Die wichtigsten Konfigurationsoptionen für den DHCP-Server sind:

`dhcp_driver=` definiert den Treiber, der den DHCP-Server steuert (Default: `neutron.agent.linux.dhcp.Dnsmasq`).

`dhcp_lease_relay_socket=` gibt den Ort für den DHCP Lease Relay UNIX Domain Socket an (Default: `$state_path/dhcp/lease_relay`).

`use_namespaces=` gibt an, ob Namespaces genutzt werden sollen. Lassen Sie mehrere Agents auf einem Node laufen, sollten Sie den Wert auf `true` setzen (Default), um Routing-Probleme durch überlappende IP-Adressen zu vermeiden.

`root_helper=` definiert die ausführbaren Befehle über den Root-Wrapper (Default: `sudo`).

Auch wenn prinzipiell unterschiedliche Plug-ins als DHCP-Server möglich sind, wird im Allgemeinen Dnsmasq als DHCP-Server und DNS-Forwarder eingesetzt. Das bewirkt der folgende Eintrag in der `dhcp_agent.ini`:

```
dhcp_driver = neutron.agent.linux.dhcp.Dnsmasq
```

Konfigurationsoptionen für den Dnsmasq sind:

`dhcp_confs=` gibt den Speicherort für die Konfigurationsdateien des DHCP-Servers an (Default: `$state_path/dhcp`).

`dhcp_lease_time=` gibt die Gültigkeitsdauer einer vergebenen Lease in Sekunden an, bevor der Client sich erneut beim Server melden und eine Verlängerung anfordern muss (Default: `120`). Meldet er sich nicht, wird die Adresse frei und kann neu vergeben werden.

`dhcp_domain=` definiert die Domain für den Hostnamen (Default: `openstacklocal`2).

`dnsmasq_config_file=` verweist auf eine Datei, die den Vorgabeeinstellungen übergeordnet wird.

`dnsmasq_dns_server=` gibt optional einen DNS-Server an, der vor dem Eintrag in der Datei `/etc/resolv.conf` befragt wird.

Mehr zum Dnsmasq erfahren Sie im Abschnitt 7.6, S. 225.

Konfigurationsänderungen machen Sie mit einem (Neu-)Start des DHCP-Agents und des von ihm abhängigen L3-Agents wirksam:

```
# service neutron-dhcp-agent restart
# service neutron-l3-agent restart
```

In Multi-Node-Setups können Sie den DHCP-Agents auf mehreren Nodes mit jeweils spezifischen Konfigurationen ausführen:

```
# neutron-dhcp-agent --config-file <neutron config> \
  --config-file <dhcp config>
```

Alle DHCP-Agents eines Netzes zeigt das Subkommando `dhcp-agent-list-hosting-net`:

```
# neutron dhcp-agent-list-hosting-net netz-42
+--------------------------------------+--------------------------------------+-
| id                                   | host                                 |
+--------------------------------------+--------------------------------------+-
| 3df6f299-d65d-4fb8-a7d0-3115eb5dd147 | controller.openstack.b1-systems.local |
+--------------------------------------+--------------------------------------+-

---------------+-------+
admin_state_up | alive |
---------------+-------+
True           | :-)   |
---------------+-------+
```

Details zur Laufzeit oder zur Konfiguration listet das Subkommando `agent-show`:

```
# neutron agent-show <agent-id>
+---------------------+---------------------------------------------------------+
| Field               | Value                                                   |
+---------------------+---------------------------------------------------------+
| admin_state_up      | True                                                    |
| agent_type          | DHCP agent                                              |
| alive               | True                                                    |
| binary              | neutron-dhcp-agent                                      |
| configurations      | {                                                       |
|                     |      "subnets": 1,                                      |
|                     |      "use_namespaces": false,                           |
|                     |      "dhcp_lease_duration": 120,                        |
|                     |      "dhcp_driver": "neutron.agent.linux.dhcp.Dnsmasq", |
|                     |      "networks": 1,                                     |
|                     |      "ports": 4                                         |
|                     | }                                                       |
| created_at          | 2013-07-25 12:26:16                                     |
| description         |                                                         |
| heartbeat_timestamp | 2013-08-20 07:13:04                                     |
| host                | controller.openstack.b1-systems.local                   |
| id                  | 3df6f299-d65d-4fb8-a7d0-3115eb5dd147                    |
| started_at          | 2013-08-16 14:14:14                                     |
| topic               | dhcp_agent                                              |
+---------------------+---------------------------------------------------------+
```

7.4.5 Neutron-L3-Agent

Auch der L3-Agent, zuständig für das NAT-Forwarding, ist für alle Plug-ins derselbe. Er wird in der Datei `/etc/neutron/l3_agent.ini` konfiguriert. Zu beachten ist auch hier die richtige Auswahl der Schnittstelle auf Schicht 2 (`interface_driver`) und die Übergabe der richtigen Credentials bzw. des richtigen Admin-Tokens.

Das folgende Beispiel zeigt eine vollständige `l3_agent.ini` für ein einfaches Single-Node-Setup:

```
[DEFAULT]
debug = True
...
# OVS
#interface_driver = neutron.agent.linux.interface.OVSInterfaceDriver
# LinuxBridge
interface_driver = neutron.agent.linux.interface.BridgeInterfaceDriver
...
auth_url = http://127.0.0.1:35357/v2.0
auth_region = RegionOne
admin_tenant_name = service
admin_user = neutron
admin_password = neutronpw
...
```

Nach erfolgter Konfiguration starten Sie den L3-Agents:

```
# service openstack-neutron-l3-agent start
Starting OpenStack Neutron L3 Agent
```

7.4.6 Weitere Konfiguration von Neutron

Firewall

Die Firewall für die Umsetzung der Security Groups wird durch den Firewall-Treiber des eingesetzten Agents aktiviert:

```
# firewall_driver = neutron.agent.firewall.NoopFirewallDriver
# firewall_driver =
# neutron.agent.linux.iptables_firewall.IptablesFirewallDriver
firewall_driver =
    neutron.agent.linux.iptables_firewall.OVSHybridIptablesFirewallDriver
```

Der erste Eintrag (`Noop` = *no operation*) deaktiviert die Firewall, der zweite (oben auskommentierte) Eintrag ist für die Linux-Bridge und der dritte Eintrag für Open vSwitch.

Damit die Firewall-Funktionalität von Nova an Neutron übergeben wird, müssen in der `nova.conf` folgende Einträge stehen:

```
security_group_api=neutron
firewall_driver=nova.virt.firewall.NoopFirewallDriver
```

Die erste Zeile bewirkt, dass alle Security-Group-Kommandos an den Netzwerkservice übergeben werden (*proxied*), die zweite schaltet den Firewall-Treiber von Nova ab.

Logdateien

Die Logdateien finden sich unter `/var/log/openvswitch/`. Die Server-Logdatei für Open vSwitch ist `/var/log/openvswitch/ovsdb-server.log`. Konfiguriert wird das Logging-Verhalten in `/etc/neutron/neutron.conf`.

Die wichtigsten Einstellungen sind nachfolgend mit Standardwerten angegeben:

```
log_file = neutron.log
log_dir = /var/log/neutron
verbose = true
debug = false
```

7.4.7 Namespaces

Per Default ist der L3-Agent für die Verwendung der Namespaces (siehe Abschnitt 7.1.9, S. 181) konfiguriert.

Zwei Voraussetzungen müssen zur Nutzung von Namespaces auf dem Hostsystem gegeben sein:

- Unterstützung durch den Linux-Kernel (Linux-Kernel 2.6.24 oder neuer; `CONFIG_NET_NS=y` in der Kernelkonfiguration)
- `iproute2`-Utilities Version 3.1.0 oder neuer, auch bekannt als der `ip`-Kommandostack

Falls Ihr System keine Namespaces unterstützt[11] oder Sie aus anderen Gründen darauf verzichten wollen, deaktivieren Sie Namespaces.

Überprüfen können Sie die Unterstützung für Namespaces mit den beiden folgenden Kommandos:

```
# ip netns add test
# ip netns exec test ip addr show
```

Gibt deren Ausführung keine Fehlermeldung(en) zurück, können Sie davon ausgehen, dass Ihr System Namespaces unterstützt.
Zum Deaktivieren der Namespaces in OpenStack sind in den Konfigurationsdateien die folgenden Boolean-Werte auf `false` zu setzen:

In `neutron.conf`:

```
allow_overlapping_ips=false
```

... und in `dhcp_agent.ini` und `l3_agent.ini`:

```
use_namespaces=false
```

Qpid

Um Apache Qpid für das Messaging zu konfigurieren, setzen Sie in der Datei `/etc/neutron/neutron.conf` folgende Parameter:

[11] Namespaces werden im Allgemeinen bei openSUSE und SLES, bei Fedora ab Version 17 und bei Ubuntu a b Version 12.04 unterstützt. Eine Ausnahme macht hier RHEL.

```
rpc_backend = neutron.openstack.common.rpc.impl_Qpid
Qpid_hostname = <ip-adresse>
```

Bei Qpid_hostname ist die Management-IP-Adresse des Qpid-Hosts anzugeben.

MAC-Adressen

Die Generierung von MAC-Adressen wird mithilfe des Parameters base_mac gesteuert. Dort können Sie feste (Hexadezimal-)Werte für die ersten drei Oktette der MAC-Adresse vorgeben. Das vierte Oktett können Sie ebenfalls vorgeben oder auf Null belassen; dann werden die Werte zusammen mit den letzten beiden Oktetten zufällig generiert:

```
base_mac = fa:16:3c:00:00:00
```

Metadata Service

Der OpenStack Compute Service bietet die Möglichkeit, einer Instanz Metadaten mitzugeben, die über einen HTTP-Request an die Adresse 169.254.169.254 abgeholt werden. Der OpenStack Networking Service unterstützt den Metadata Service von Nova, indem er als Proxy diese Anfragen stellvertretend annimmt – selbst wenn die Requests von isolierten oder mehreren Netzwerken mit überlappenden IP-Adressen kommen – und an nova-api weiterleitet. Diese Proxy-Funktion wird durch die folgenden Einträge in die nova.conf eingerichtet:

```
service_neutron_metadata_proxy = true
neutron_metadata_proxy_shared_secret = <geheim>
```

Der *Neutron-Metadata-Agent* wird in der Datei /etc/neutron/metadata_agent.ini konfiguriert:

Listing 7-3
/etc/neutron/metadata_agent.ini

```
[DEFAULT]
auth_url = http://192.168.1.110:5000/v2.0
auth_region = RegionOne
admin_tenant_name = service
admin_user = neutron
admin_password = neutronpw
nova_metadata_ip = <IP-ADRESSE>
nova_metadata_port = 8775
metadata_proxy_shared_secret = <geheim>
```

Achten Sie darauf, dass der Wert von metadata_proxy_shared_secret der gleiche ist, wie der von neutron_metadata_proxy_shared_secret in der nova.conf.

7.5 Administration

7.5.1 Der Neutron-Client

Auch Neutron bringt in Form des Pakets `python-neutronclient` einen eigenen Client zur Verwaltung mit. Der einfache Aufruf von `neutron` (ohne Subkommando, Argumente/Parameter) öffnet eine `neutron`-Subshell, die Sie jederzeit wieder mit `q` (`quit`) verlassen können. Ein `help` listet alle möglichen Subkommandos auf – zur Drucklegung des Buches an die 100 Stück:

```
$ neutron --os-username neutron --os-password neutronpw \
  --os-tenant-name service --os-auth-url http://localhost:5000/v2.0
(neutron) help

Shell commands (type help <topic>):
===================================
cmdenvironment edit hi l list pause r save shell show
ed help history li load py run set shortcuts

Undocumented commands:
======================
EOF eof exit q quit

Application commands (type help <topic>):
=========================================
agent-delete net-external-list subnet-create
agent-list net-gateway-connect subnet-delete
agent-show net-gateway-create subnet-list
[...]
```

Zu den einzelnen Subkommandos gibt es mit dem Parameter `-h` eine kurze Hilfe, z. B.:

```
$ neutron
(neutron) router-create -h
usage: router-create [-h] [-f {shell,table}] [-c COLUMN]
                     [--variable VARIABLE]
                     [--prefix PREFIX] [--request-format {json,xml}]
                     [--tenant-id TENANT_ID] [--admin-state-down]
                     NAME

Create a router for a given tenant.

positional arguments:
  NAME Name of router to create

optional arguments:
  -h, --help show this help message and exit
  --request-format {json,xml}
                        the xml or json request format
  --tenant-id TENANT_ID
                        the owner tenant ID
  --admin-state-down Set Admin State Up to false
```

```
output formatters:
  output formatter options

  -f {shell,table}, --format {shell,table}
                      the output format, defaults to table
  -c COLUMN, --column COLUMN
                      specify the column(s) to include, can be repeated

shell formatter:
  a format a UNIX shell can parse (variable="value")

  --variable VARIABLE specify the variable(s) to include, can be repeated
  --prefix PREFIX add a prefix to all variable names
```

Die neutron-Kommandos erwarten die Angabe von Credentials, sofern diese nicht alternativ über die folgenden Umgebungsvariablen gesetzt sind:

```
export OS_USERNAME=neutron
export OS_PASSWORD=neutronpw
export OS_TENANT_NAME=service
export OS_AUTH_URL=http://localhost:5000/v2.0
```

(Sie können die Richtigkeit der gesetzten Umgebungsvariablen mit `# export | grep SERVICE` überprüfen. Die nachfolgenden Kommandobeispiele setzen korrekt gesetzte Credentials in den Umgebungsvariablen voraus.)

Alle geladenen Neutron-Erweiterungen (*extensions*) zeigt das Subkommando `ext-list`:

```
$ neutron ext-list
+---------------------+-----------------------------------------------+
| alias               | name                                          |
+---------------------+-----------------------------------------------+
| security-group      | security-group                                |
| l3_agent_scheduler  | L3 Agent Scheduler                            |
| ext-gw-mode         | Neutron L3 Configurable external gateway mode |
| binding             | Port Binding                                  |
| quotas              | Quota management support                      |
| agent               | agent                                         |
| dhcp_agent_scheduler| DHCP Agent Scheduler                          |
| provider            | Provider Network                              |
| router              | Neutron L3 Router                             |
| extraroute          | Neutron Extra Route                           |
+---------------------+-----------------------------------------------+
```

Tipp: Spalten auswählen

Mithilfe des Parameters -c (*column*) können Sie unübersichtliche Ausgaben gezielt auf die gewünschten Spalten reduzieren:

```
neutron ext-list -c alias -c name -c namespace
```

zeigt beispielsweise bei der Ausgabe des Befehls `neutron ext-list` nur die Spalten `alias`, `name` und `namespace` an.

7.5.2 Netzwerke

Netzwerke für Neutron werden mit dem `neutron`-CLI-Tool und den Subkommandos `net-create` bzw. `subnet-create` erzeugt.

Ein Netz erstellen Sie mit:

```
$ neutron net-create netz-42
```

Ein zugehöriges Subnetz erstellen:

```
$ neutron subnet-create netz-42 10.0.42.0/24
```

Die aktuellen Netze zeigt das Subkommando `net-list` an:

```
$ neutron net-list
```

Aktuelle Subnetze anzeigen:

```
$ neutron subnet-list
```

Shared Network erstellen (kann von allen Tenants verwendet werden):

```
$ neutron net-create public-net --shared True
```

Subnetz mit bestimmter IP-Adresse des Gateways erstellen:

```
$ neutron subnet-create --gateway 10.0.0.254 netz-42 10.0.0.0/24
```

Subnetz ohne Gateway erstellen:

```
$ neutron subnet-create --no-gateway netz1 10.0.0.0/24
```

Subnetz mit deaktivierter DHCP-Funktionalität erstellen:

```
$ neutron subnet-create netz-42 10.0.0.0/24 --enable_dhcp False
```

Ein Subnetz zu einem Netz für einen bestimmten Tenant, ohne Gateway, aber mit IP-Adresspool für die DHCP-Funktionalität, erstellt folgender Befehl (allgemeine Form):

```
$ neutron subnet-create --name <SUBNETZ-NAME> --tenant-id <TENANT-ID> \
  --no-gateway --allocation-pool \
  start=<START-IP-ADRESSE>,end=<END-IP-ADRESSE> \
  <NETZ-ID> <NETZ-IP-ADRESSE>/<SUBNETZ-MASKE>
```

Nachträgliche Änderungen ermöglicht das Subkommando `subnet-update`, etwa die Vergabe eine neuen Namens:

```
$ neutron subnet-update <SUBNETZ-ID> --name <SUBNETZ-NAME>
```

Wie Sie geroutete Netze einrichten, zeigt der Abschnitt 7.5.8, S. 215.

Provider-Netzwerke

Zum Einrichten von Provider-Netzwerken (siehe Abschnitt 7.1.3, S. 172) gibt es vier Möglichkeiten:

Lokales Netzwerk
Ein lokales Netzwerk (*Local Provider Network*) ist ein virtuelles Netz für die Kommunikation innerhalb eines Hosts, jedoch nicht über den Host hinaus in andere Netze. Lokale Netze werden typischerweise für Single-Node-Setups zu Testzwecken eingesetzt.

Flaches Netzwerk
Ein *flaches Netzwerk* (*Flat Provider Network*) ist ein virtuelles Netz, das innerhalb eines physikalischen Netzes ohne weitere Mechanismen gebildet wird, weshalb innerhalb eines physikalischen Netzes auch nur maximal ein virtuelles Netz existieren kann.

VLAN-Netzwerk
Ein VLAN-Netzwerk (*VLAN Network*) ist ein nicht physikalisch abgetrenntes, doch eigenständiges Netzwerk auf Schicht 2. *Virtual Local Area Networks* (VLANs) nach *IEEE 802.1Q* erlauben, dasselbe physikalische Netz zu teilen und dennoch isolierte L2-Netze zu bilden. Dabei sind sogar sich überschneidende IP-Adressbereiche möglich. Sie setzen VLAN-fähige Switches voraus. Jeder Switch-Port kann nur Mitglied eines VLAN sein. Jedem VLAN wird ein eigener *VLAN Identifier* (VID) zugewiesen, mit dem die Pakete im Header gekennzeichnet (*getaggt*) werden. Mögliche Werte für den VID sind Zahlen von 1 bis 4094. Schnittstellen in VLANs können Pakete, die nicht mit ihrer eigenen VID gekennzeichnet sind, nicht sehen. So wird eine klare Abschottung der unterschiedlichen Netzwerke erreicht, die aus Benutzersicht der Verwendung unterschiedlicher Switches gleichkommt. Neben der logischen Trennung hat das auch den Vorteil, dass die Broadcast-Domains nicht allzu groß werden.

GRE-Netzwerk
Ein GRE-Netzwerk (*GRE Provider Network*) ist ein virtuelles Netz, dessen Pakete mittels der *Generic Routing Encapsulation* (GRE) getunnelt werden. Die gekapselten Pakete werden über das *Internet Protocol* (IP) übertragen. Geroutet werden die GRE-Tunnel-Pakete

mithilfe der Routing-Tabelle des Hosts. Somit sind GRE-Netze unabhängig von der Verbindung mit bestimmten physikalischen Netzwerken. Die Tunnel werden mit einer Tunnel-ID, einer frei wählbaren 32-Bit-Integerzahl, gekennzeichnet.

Das ML2-, das Open-vSwitch- und das Linux-Bridge-Plug-in unterstützen lokale, flache und VLAN-Netze. GRE-Netzwerke hingegen sind aktuell nur möglich mit dem ML2- und dem Open-vSwitch-Plug-in – vorausgesetzt, der Linux-Kernel des Hostsystems unterstützt die benötigten Features.

Die Zuweisung eines Provider-Netzwerks erfolgt über das Argument `provider` beim Erstellen eines Netzes, das drei Attribute kennt:

`network_type` bestimmt den physikalischen Mechanismus, mit dem das virtuelle Netz verbunden wird. Mögliche Werte sind: `flat`, `vlan`, `local` und `gre`.

`physical_network` gibt den Namen des physikalischen Netzwerks an, über das das virtuelle Netzwerk gelegt wird (nur flache und VLAN-Netzwerke). Ist ein physikalisches Netzwerk namens `default` eingerichtet und wird bei `provider:network_type` das Attribut `flat` oder `vlan` angegeben, so wird automatisch als `physical_network` `default` zugewiesen.

`segmentation_id` identifiziert in VLAN-Netzwerken die VLAN-ID (VID) und in GRE-Netzwerken die Tunnel-ID.

Administrative Rechte zum Erstellen von Provider-Netzwerken erforderlich!

Die folgenden Befehle zum Einrichten der Provider-Netzwerke müssen vom Administrator der OpenStack-Umgebung (hier: `admin`) durchgeführt werden.

Ein lokales Provider-Netzwerk wird mithilfe des Arguments `--provider:network_type local` erstellt:

```
$ neutron net-create <NETZ-NAME> --tenant_id <TENANT-ID> \
  --provider:network_type local
```

Für ein *Flat Provider Network* geben Sie als Typ (`network_type`) entsprechend `flat` sowie das zugehörige physikalischen Netz an:

```
$ neutron net-create <NETZ-NAME> --tenant_id <TENANT-ID> \
 --provider:network_type flat --provider:physical_network <PHYS-NETZ-NAME>
```

Für ein VLAN-Netzwerk eines bestimmten Tenants geben Sie entsprechend als Typ `vlan` und zusätzlich noch die `segmentation_id` (= VID) mit:

```
$ neutron net-create <NETZ-NAME> \
  --tenant-id <TENANT-ID> \
  --provider:network_type vlan \
  --provider:physical_network <PHYS-NETZ-NAME> \
  --provider:segmentation_id <VID>
```

Um das Netz innerhalb der Tenant-Umgebung zu teilen, gibt es den Parameter `--shared`.
Für ein *GRE-Netzwerk* hingegen braucht es außer der Typangabe (`gre`) noch die Tunnel-ID für den GRE-Tunnel, die ebenfalls mit `segmentation_id` spezifiziert wird:

```
$ neutron net-create <NETZ-NAME> --tenant_id <TENANT-ID> \
  --provider:network_type gre --provider:segmentation_id <TUNNEL-ID>
```

Wie Sie den GRE-Tunnel einrichten, zeigt Abschnitt 7.4.3, S. 194.

Plug-in-Konfiguration

Für das Erstellen von flachen und VLAN-Netzen muss dem Plug-in das physikalische Netz (oben: `<phys-net-name>`) bekannt sein.

Haben Sie ein Provider-Netzwerk erstellt, können Sie darin weitere Subnetze einrichten, die genauso wie andere virtuelle Netze verwendet werden – vorausgesetzt die Richtlinien für den Tenant (oben: `tenant_id`) lassen dies zu.

Die Provider-Attribute eines Netzes zeigt – zusammen mit den übrigen Attributen – `neutron net-show`:

```
$ neutron net-show <NETZ-NAME oder NETZ-ID>
```

7.5.3 Agents

Zum Anzeigen aller vorhandenen Neutron-Agenten dient das Subkommando `agent-list`:

```
$ neutron agent-list
+--------------------------------------+--------------------+-
| id                                   | agent_type         |
+--------------------------------------+--------------------+-
| 3df6f299-d65d-4fb8-a7d0-3115eb5dd147 | DHCP agent         |
| 5583bb7b-7f96-42e1-badb-4daf323a432a | Linux bridge agent |
| cc1174fb-88e3-42b5-8152-516e1db049f1 | L3 agent           |
+--------------------------------------+--------------------+-

-------------------------------------+-------+----------------+
host                                 | alive | admin_state_up |
-------------------------------------+-------+----------------+
controller.openstack.b1-systems.local | :-)   | True           |
controller.openstack.b1-systems.local | :-)   | True           |
controller.openstack.b1-systems.local | :-)   | True           |
-------------------------------------+-------+----------------+
```

Details zur Laufzeit oder zur Konfiguration eines Agenten listet das Subkommando `agent-show` auf, im nachfolgenden Beispiel erfolgt dies für den DHCP-Agenten:

```
$ neutron agent-show <agent-id>
+---------------------+-------------------------------------------------------+
| Field               | Value                                                 |
+---------------------+-------------------------------------------------------+
| admin_state_up      | True                                                  |
| agent_type          | DHCP agent                                            |
| alive               | True                                                  |
| binary              | neutron-dhcp-agent                                    |
| configurations      | {                                                     |
|                     |      "subnets": 1,                                    |
|                     |      "use_namespaces": false,                         |
|                     |      "dhcp_lease_duration": 120,                      |
|                     |      "dhcp_driver": "neutron.agent.linux.dhcp.Dnsmasq", |
|                     |      "networks": 1,                                   |
|                     |      "ports": 4                                       |
|                     | }                                                     |
| created_at          | 2013-07-25 12:26:16                                   |
| description         |                                                       |
| heartbeat_timestamp | 2013-08-20 07:13:04                                   |
| host                | controller.openstack.b1-systems.local                 |
| id                  | 3df6f299-d65d-4fb8-a7d0-3115eb5dd147                  |
| started_at          | 2013-08-16 14:14:14                                   |
| topic               | dhcp_agent                                            |
+---------------------+-------------------------------------------------------+
```

DHCP-Agent

Den DHCP-Agenten zu einem Netz zeigt das Subkommando `dhcp-agent-list-hosting-net`:

```
$ neutron dhcp-agent-list-hosting-net netz-42
+--------------------------------------+---------------------------------------+-
| id                                   | host                                  |
+--------------------------------------+---------------------------------------+-
| 3df6f299-d65d-4fb8-a7d0-3115eb5dd147 | controller.openstack.b1-systems.local |
+--------------------------------------+---------------------------------------+-

---------------+-------+
admin_state_up | alive |
---------------+-------+
True           | :-)   |
---------------+-------+
```

Wenn Sie erfahren möchten, welche Netze von einem DHCP-Agenten bedient werden, hilft folgendes Kommando:

```
$ neutron net-list-on-dhcp-agent <agent-id>
+--------------------------------------+---------+-
| id                                   | name    |
+--------------------------------------+---------+-
| 055cd60e-36c8-4515-9dfe-f1ce900ddfba | netz-42 |
+--------------------------------------+---------+-

-------------------------------------------------+
subnets                                          |
-------------------------------------------------+
f4f5d0d2-a7b6-495c-ab61-3589746698f1 10.0.42.0/24 |
-------------------------------------------------+
```

7.5.4 Plug-ins

Linux-Bridge

Wurde Neutron für die Nutzung einer Linux-Bridge konfiguriert, so werden die benötigten Bridges automatisch erstellt und die TAP-Schnittstellen der Instanzen hinzugefügt.

Mit `brctl show` können Sie die erstellten Bridges samt eingehängter Schnittstellen überprüfen (Beispielausgabe):

```
# brctl show
bridge name bridge id  STP enabled interfaces
brq2edd8fa8-02  8000.5254006827c1 no  eth2.1000
                                              tap554a7c59-75
                                              tap810463c1-9d
brqc2d26633-72  8000.2af3b09532c3 no  eth2.1001
                                              tap4d018f87-2c
                                              tap4d802e07-23
                                              tap9577d88e-51
```

Open vSwitch

Eine Datenbank für OVS erstellt das `ovsdb-tool`:

```
# ovsdb-tool create
```

Die so erstellte Datenbank muss noch aktiviert werden:

```
# /etc/init.d/openvswitch-db-server start
Starting Open vSwitch DB Server
```

Mit `ovs-vsctl` erstellen Sie eine Open-vSwitch-Bridge und verbinden diese mit einer passenden Schnittstelle des Hostsystems. Das folgende Beispiel erstellt eine `br1` für die spätere Verbindung mit einer VM:

```
# ovs-vsctl add-br br1
```

Zur Verbindung mit der Außenwelt wird die Bridge an eine Schnittstelle des Hosts (hier `eth1`) gehängt:

```
# ovs-vsctl add-port br1 eth1

# ifconfig eth1 promisc up

# ifconfig br1 192.168.42.1
```

Informationen zu einem Open vSwitch liefert `ovs-vsctl show`:

```
# ovs-vsctl show
0b5ffed8-c423-4f80-aa5c-d40678a28222
    Bridge "br1"
        Port "eth1"
            Interface "eth1"
        Port "br1"
            Interface "br1"
                type: internal
        Port "tap0"
            Interface "tap0"
```

Diese Beispielausgabe zeigt eine Bridge mit drei Ports.
Den Switch aktiviert ein Startskript:

```
# /etc/init.d/openvswitch-switch start
Starting Open vSwitch Switch done
```

VLANs

Wie in den vorigen Abschnitten bereits gezeigt wurde, bilden VLANs eine Möglichkeit, Tenant-Netze voneinander abzutrennen. Um ein Neutron-Netz als VLAN mit Verbindung zum VLAN eines physikalischen Switches einzurichten, sind drei Parameter nötig:

```
$ neutron net-create netz42 \
  --tenant-id $tenant \
  --provider:network_type vlan \
  --provider:physical_network physnet2 \
  --provider:segmentation_id 42
```

Der Parameter `--provider:segmentation_id` adressiert dabei die VLAN-ID des Switches. Das mit dem Parameter `--physical_network` angesteuerte physikalische Netz muss dazu passend in den Optionen der Datei `ovs_quantum_plugin.ini` konfiguriert sein (hier z. B. als `physnet2` mit einem VLAN-ID-Bereich von 10-99; siehe auch Abschnitt 7.4.3, S. 194):

```
[OVS]
tenant_network_type = vlan
network_vlan_ranges = physnet2:10:99
integration_bridge = br-int
bridge_mappings = physnet2:br-eth1
```

Nun können Sie für den Tenant ein dazu korrespondierendes Subnetz erstellen:

```
$ neutron subnet-create --tenant-id <TENANT> \
  --name netz42_subnetz42 netz42 192.168.42.0/24
```

Schließlich verbinden Sie noch einen geeigneten Router mit dem (Sub-)Netz:

```
$ neutron router-interface-add <ROUTER> <(SUB)NETZ-ID>
```

7.5.5 Ports

Ports sind die Netzwerkschnittstellen einer Instanz. Sie werden gewöhnlich mit dem Start einer Instanz durch die Angabe eines Netzwerks automatisch erstellt. Informationen zu den Ports, die Neutron eingerichtet hat, liefert `neutron port-list`:

```
$ neutron port-list
+--------------------------------------+------+-------------------+-
| id                                   | name | mac_address       |
+--------------------------------------+------+-------------------+-
| 01cf8a39-680e-45f5-a55f-918ae7212814 |      | fa:16:3e:13:d8:41 |
| 0baafd40-dbaa-45de-b478-ae6dafb399ac |      | fa:16:3e:ac:59:52 |
| 2eca96b0-5374-4008-b1d7-aaf29cfd8b00 |      | fa:16:3e:4a:38:80 |
+--------------------------------------+------+-------------------+-

--------------------------------------------------------------------------------+
fixed_ips                                                                       |
--------------------------------------------------------------------------------+
{"subnet_id": "f4f5d0d2-a7b6-495c-ab61-3589746698f1", "ip_address": "10.0.42.1"} |
{"subnet_id": "f4f5d0d2-a7b6-495c-ab61-3589746698f1", "ip_address": "10.0.42.2"} |
{"subnet_id": "f4f5d0d2-a7b6-495c-ab61-3589746698f1", "ip_address": "10.0.42.3"} |
--------------------------------------------------------------------------------+
```

Manuell erstellen Sie einen Port mit dem neutron-Subkommando port-create:

```
$ neutron port-create netz-42
Created a new port:
+---------------------+-----------------------------------------------------+
| Field               | Value                                               |
+---------------------+-----------------------------------------------------+
| admin_state_up      | True                                                |
| binding:capabilities | {"port_filter": true}                              |
| binding:host_id     |                                                     |
| binding:vif_type    | bridge                                              |
| device_id           |                                                     |
| device_owner        |                                                     |
| fixed_ips           | {"subnet_id": "75fe926e-8014-44cf-98ca-8c4dfb47e7a9",
                        "ip_address": "10.0.42.4"}                          |
| id                  | c3f1aade-f39e-41b8-ac6a-4053b1bdff08                |
| mac_address         | fa:16:3e:bd:f2:66                                   |
| name                |                                                     |
| network_id          | 055cd60e-36c8-4515-9dfe-f1ce900ddfba                |
| security_groups     | 11bea53d-1748-4952-b6cd-e9615584556d                |
| status              | DOWN                                                |
| tenant_id           | 1f6a900f6c80431e9cd2a454c15fe62e                    |
+---------------------+-----------------------------------------------------+
```

Dabei wird automatisch die nächste freie IP-Adresse aus dem angegebenen Netz vergeben.

Einen Port mit einer bestimmten IP-Adresse (Fixed IP) wird über die Option --fixed-ip generiert:

```
$ neutron port-create netz-42 --fixed-ip ip_address=10.0.42.10
Created a new port:
+---------------------+-----------------------------------------------------+
| Field               | Value                                               |
+---------------------+-----------------------------------------------------+
| admin_state_up      | True                                                |
| binding:capabilities | {"port_filter": true}                              |
| binding:host_id     |                                                     |
| binding:vif_type    | bridge                                              |
| device_id           |                                                     |
| device_owner        |                                                     |
| fixed_ips           | {"subnet_id": "75fe926e-8014-44cf-98ca-8c4dfb47e7a9",
                        "ip_address": "10.0.42.10"}                         |
| id                  | 0a2396cd-e34f-48de-8d72-305735fa29ec                |
| mac_address         | fa:16:3e:d6:de:80                                   |
| name                |                                                     |
| network_id          | 055cd60e-36c8-4515-9dfe-f1ce900ddfba                |
| security_groups     | 11bea53d-1748-4952-b6cd-e9615584556d                |
| status              | DOWN                                                |
| tenant_id           | 1f6a900f6c80431e9cd2a454c15fe62e                    |
+---------------------+-----------------------------------------------------+
```

Mithilfe der dabei ausgegebenen MAC-Adressen/IP-Adressen können Sie die VIFs der Instanzen den TAP-Schnittstellen auf dem Host zuordnen.

Sie haben auch die Möglichkeit, nur die Ports aus einem bestimmten IP-Adressbereich anzeigen zu lassen:

```
$ neutron port-list --fixed-ips ip_address=10.0.42.5 ip_address=10.0.42.10
```

Möchten Sie beispielsweise nur die MAC-Adresse(n) einer Instanz ausgeben, können Sie diese aus der Ausgabe von `port-list` mit dem Parameter `--field` herausfiltern:

```
$ neutron port-list --field mac_address --device_id=<INSTANZ-ID>
```

Um einen Port vorübergehend zu deaktivieren, setzen Sie den Parameter `--admin_state_up` mit dem Subkommando `port-update` auf `False`:

```
$ neutron port-update <PORT-ID> --admin_state_up=False
```

Entsprechend können Sie den Port mit `--admin_state_up=True` wieder aktivieren.

Einen Port löscht das Subkommando `delete` unter Angabe der Port-ID, z. B.:

```
$ neutron port-delete <PORT-ID>
```

7.5.6 Floating IPs

Ein Pool von IP-Adressen wird durch den Administrator mit dem Erstellen eines externen Netzes mit Subnetz gebildet (siehe Abschnitt 7.5.2, S. 204). Aus diesem Subnetz werden dann die IP-Adressen entnommen und als *Floating IP* gekennzeichnet:

```
$ neutron floatingip-create <EXTERNAL-NET-ID>
```

Bevor Sie die Floating IP nun einem Port zuweisen, ermitteln Sie zunächst die Port-ID für die virtuelle Netzwerkkarte der Instanz, der die Floating IP zugewiesen werden soll:

```
$ neutron port-list -c id -c fixed_ips -- --device_id=<INSTANZ-ID>
```

Dieser Port muss sich in einem Subnetz befinden, das über einen Router mit dem externen Netz verbunden ist, da der Router die Pakete von der Floating IP aus dem externen Netz mittels *Destination NAT* (DNAT) auf die interne Fixed IP aus dem privaten Netz hinter dem Router umleiten muss.

Dann kann die Floating IP an den Port gebunden werden:

```
$ neutron floatingip-associate <FLOATING-IP-ID> <PORT-ID>
```

Die beiden letzten Schritte können auch zu einem zusammengefasst werden:

```
$ neutron floatingip-create --port_id <PORT-ID> <ext-net-id>
```

Informationen zu den Floating IPs können Sie mit dem Subkommando floatingip-list ausgeben. Es zeigt neben der UUID die zugeordnete Fixed IP und die UUID des zugehörigen Ports:

```
$ neutron floatingip-list
+--------------------------------------+------------------+-
| id                                   | fixed_ip_address |
+--------------------------------------+------------------+-
| 44f8923c-9724-4c97-a5d1-74ba78b17b0f | 10.0.42.3        |
+--------------------------------------+------------------+-

-------------------+--------------------------------------+
floating_ip_address | port_id                              |
-------------------+--------------------------------------+
192.168.42.51       | 35e74385-43d8-4cbf-b008-ea4f40811b0f |
-------------------+--------------------------------------+
```

Möchten Sie die Floating IP eines bestimmten Ports ausfindig machen, hilft Ihnen floatingip-list unter Angabe der Port-ID:

```
$ neutron floatingip-list -- --port_id=<PORT-ID>
```

Möchten Sie der Instanz eine Floating IP wieder entziehen, nutzen Sie das Subkommando floatingip-disassociate:

```
$ neutron floatingip-disassociate <FLOATING-IP-ID>
```

Löschen können Sie die Floating IP mit floatingip-delete:

```
$ neutron floatingip-delete <FLOATING-IP-ID>
```

7.5.7 Quotas

Mittels Quotas wird Tenant-bezogen die verfügbare Anzahl der IP-Adressen, Netze und Subnetze, Ports, Router und Security Groups mit Regeln beschränkt. Dabei gelten ohne weiteres Zutun Vorgabewerte, die vom Cloud-Administrator für einen einzelnen Tenant geändert werden können.

Ob die Quota-Extension überhaupt unterstützt wird, zeigt ext-show quotas:

```
$ neutron ext-show quotas
+-------------+------------------------------------------------------+
| Field       | Value                                                |
+-------------+------------------------------------------------------+
| alias       | quotas                                               |
| description | Expose functions for quotas management               |
| links       |                                                      |
| name        | Quota management support                             |
| namespace   | http://docs.openstack.org/network/ext/quotas-sets/api/v2.0 |
| updated     | 2012-07-29T10:00:00-00:00                            |
+-------------+------------------------------------------------------+
```

Die aktuellen Quota-Werte eines Tenants zeigt quota-show:

```
$ neutron quota-show --tenant_id <TENANT-ID>
+---------------------+-------+
| Field               | Value |
+---------------------+-------+
| floatingip          | 50    |
| network             | 10    |
| port                | 50    |
| router              | 10    |
| security_group      | 10    |
| security_group_rule | 100   |
| subnet              | 10    |
+---------------------+-------+
```

Zum Ändern der Feldwerte dient das Subkommando quota-update, wobei mehrere Parameter hintereinander folgen können. Neue Werte für die L3-Ressourcen Router und Floating IPs müssen hinter einem doppelten Bindestrich angegeben werden:

```
$ neutron quota-update --tenant_id <TENANT-ID>  --subnet 25 \
  --port 10 --security_group_rule 50 -- \
  --floatingip 25 --router 5
+---------------------+-------+
| Field               | Value |
+---------------------+-------+
| floatingip          | 25    |
| network             | 10    |
| port                | 10    |
| router              |  5    |
| security_group      | 10    |
| security_group_rule | 50    |
| subnet              | 25    |
+---------------------+-------+
```

Werden Quotas mit quota-delete für einen Tenant gelöscht, kommen wieder die ursprünglichen Defaultwerte zum Tragen.

7.5.8 Router

Router für Neutron-Netzwerke werden mit den neutron-Subkommandos router-* verwaltet. Voraussetzung für ein funktionierendes Routing ist ein ordentlich konfigurierter L3-Agent.

Ein Netz mit zugehörigen Router erstellen Sie mit dem Subkommando net-create und dem Parameter --router:.... Nachfolgendes Beispiel zeigt die Erzeugung eines öffentlichen (--shared), mit einem tagged VLAN (--provider:network_type=vlan) segmentierten Provider-Netzes (siehe auch Abschnitt 7.5.2, S. 7.5.2):

```
$ neutron net-create --provider:physical_network=ph-eth0 \
  --provider:network_type=vlan --provider:segmentation_id=1998 \
  --shared --router:external=true <GATEWAY_NETZ-ID>
```

Die IP-Adressierung für den Router (= das Gateway) erfolgt bei der Definition eines Subnetzes. Die Zuweisung eines Routers zu einem Subnetz erfolgt bei dessen Erstellung über den Parameter --gateway (allgemeine Form, hier mit IP-Adresspool):

```
$ neutron subnet-create --name <SUBNETZ-NAME> \
  <NETZ-ID> <NETZ-IP-ADRESSE>/<SUBNETZ-MASKE>
  --allocation-pool start=<START-IP-ADRESSE>,end=<END-IP-ADRESSE> \
  --gateway <IP-ADRESSE-DES-GATEWAYS>
```

Ein konkretes Beispiel:

```
$ neutron subnet-create --name subnetz42-1 netz42 192.168.42.0/22 \
  --allocation-pool start=192.168.43.1,end=192.168.44.254 \
  --gateway=192.168.42.1
```

Den Router selbst erzeugt das Subkommando router-create. Der Router wird anschließend noch mit dem Netz verbunden (allgemeine Form):

```
$ neutron router-create <ROUTER>
```

Soll der Router für einen bestimmten Tenant sein, ergänzen Sie das Subkommandos router-create um den Parameter --tenant_id (allgemeine Form):

```
$ neutron router-create --tenant_id <TENANT-ID> <ROUTER-NAME>
```

Anschließend muss der Router noch mit dem Subkommando router-gateway-set mit dem Netz verbunden werden (allgemeine Form):

```
$ neutron router-gateway-set <ROUTER> <GATEWAY_NETZ>
```

Zu einem Subnetz wird ein so erstellter Router mit dem Subkommando router-interface-add hinzugefügt (allgemeine Form):

```
$ neutron router-interface-add <ROUTER-ID> <SUBNET-ID>
```

Die vollständige Befehlssequenz, um einen Router (hier: router1) einzurichten, der ein privates Netz (hier: private mit der Adresse 10.0.0.0/24) mit einem öffentlichen Netz (hier: public mit der Adresse 192.168.42.0/24) verbindet, könnte beispielsweise folgendermaßen aussehen:

```
$ neutron router-create router1
$ neutron net-create private
$ neutron subnet-create private 10.0.0.0/24 --name private_subnet
$ neutron router-interface-add router1 private_subnet
$ neutron net-create public --router:external=True
$ neutron subnet-create public 192.168.42.0/24 --name public_subnet \
  --enable_dhcp=False \
  --allocation-pool start=192.168.42.200,end=192.168.42.250 \
  --gateway=192.168.42.1
$ neutron router-gateway-set router1 public
```

Eine Liste der Router können Sie mit dem Subkommando router-interface-add ausgeben:

```
$ neutron router-list
+--------------------------------------+-----------+-----------------------+
| id                                   | name      | external_gateway_info |
+--------------------------------------+-----------+-----------------------+
| 1da11d19-b52a-4dc2-8398-6e5997516e62 | router-42 | null                  |
+--------------------------------------+-----------+-----------------------+
```

Detaillierte Informationen zu einem Router wie Name, Status, Tenant, usw. zeigt das Subkommando router-show:

```
$ neutron router-show router-42
+-----------------------+--------------------------------------+
| Field                 | Value                                |
+-----------------------+--------------------------------------+
| admin_state_up        | True                                 |
| external_gateway_info |                                      |
| id                    | 1da11d19-b52a-4dc2-8398-6e5997516e62 |
| name                  | router-42                            |
| routes                |                                      |
| status                | ACTIVE                               |
| tenant_id             | 1f6a900f6c80431e9cd2a454c15fe62e     |
+-----------------------+--------------------------------------+
```

Die Router auf einem bestimmten L3-Agenten können Sie mit dem Subkommando router-list-on-l3-agent anzeigen:

```
$ neutron router-list-on-l3-agent cc1174fb-88e3-42b5-8152-516e1db049f1
+--------------------------------------+-----------+-----------------------+
| id                                   | name      | external_gateway_info |
+--------------------------------------+-----------+-----------------------+
| 1da11d19-b52a-4dc2-8398-6e5997516e62 | router-42 | null                  |
+--------------------------------------+-----------+-----------------------+
```

Die Portangaben eines Routers gibt das Subkommando router-list-on-l3-agent aus:

```
$ neutron router-port-list <ROUTER-ID>
+--------------------------------------+------+-------------------+-
| id                                   | name | mac_address       |
+--------------------------------------+------+-------------------+-
| ab875a75-f0e2-4980-b340-1c5a985b7ce8 |      | fa:16:3e:d7:2f:44 |
+--------------------------------------+------+-------------------+-

-------------------------------------------------------------------------------+
fixed_ips                                                                      |
-------------------------------------------------------------------------------+
{"subnet_id": "40320e50-7548-4af4-a5da-0e28f3746ed6", "ip_address": "10.1.0.1"} |
-------------------------------------------------------------------------------+
```

Einen Router löschen Sie mit dem Subkommando router-delete:

```
$ neutron router-delete <ROUTER-ID>
```

Ein Router kann nur gelöscht werden, wenn er keine aktiven Ports hat!

Falls der Router eine im Subnetz aktive Schnittstelle hat, müssen Sie diese zuerst löschen:

```
$ neutron router-interface-delete <ROUTER-ID> subnet-42-01 <PORT-ID>
Removed interface from router 0d62359a-7883-47dc-8471-ac730c4af24e.
```

7.5.9 Security Groups und Security Group Rules

Auch Neutron verwendet (wie Nova) zur Umsetzung der Security Group Rules Iptables-Regeln. Sie werden jedoch nicht auf bestimmte Rechner, sondern auf einzelne Ports – genauer auf die TAP-Devices (`vnetX`) einer Instanz – angewendet. Voraussetzung dafür ist, dass das verwendete Plug-in mit Security Groups umgehen kann, wie es bei Linux-Bridge, Open vSwitch und dem ML2-Plug-in der Fall ist. Bezogen auf die Instanz wird unterschieden zwischen eingehenden Regeln (*ingress*) und ausgehenden Regeln (*egress*).

Der Einfachheit halber werden die nachfolgenden Regeln auf die standardmäßig vorhandene Gruppe `default` angewendet.

Möchten Sie, dass die Instanzen per Ping erreichbar sind, so erstellen Sie eine Regel, die das ICMP-Protokoll eingehend (`ingress`) erlaubt:

```
$ neutron security-group-rule-create --direction ingress \
  --protocol icmp default
```

Für einen SSH-Zugriff auf die Instanzen ist dementsprechend der Port 22 freizuschalten:

```
$ neutron security-group-rule-create --direction ingress --protocol tcp \
  --port-range-min 22 --port-range-max 22 default
```

Die aktuell gültigen Regeln einer bestimmten Gruppe (hier: `default`) können mit `security-group-show` ausgegeben werden (Beispielausgabe gekürzt):

```
$ neutron security-group-show default
+----------------------+-------------------------------------------------------+
| Field                | Value                                                 |
+----------------------+-------------------------------------------------------+
| description          | default                                               |
| id                   | 11bea53d-1748-4952-b6cd-e9615584556d                  |
| name                 | default                                               |
| security_group_rules | {"remote_group_id": null, "direction": "ingress",
                          "remote_ip_prefix": null, "protocol": "tcp",
                          "tenant_id": "[...]", "port_range_max": 22,
                          "security_group_id": "[...]", "port_range_min": 22,
                          "ethertype": "IPv4", "id": "[...]"}                 |
|                      | {"remote_group_id": null, "direction": "egress",
                          "remote_ip_prefix": null, "protocol": null,
                          "tenant_id": "[...]", "port_range_max": null,
                          "security_group_id": "[...]", "port_range_min": null,
                          "ethertype": "IPv4", "id": "[...]"}                 |
|                      | {"remote_group_id": "[...]", "direction": "ingress",
                          "remote_ip_prefix": null, "protocol": null,
                          "tenant_id": "[...]", "port_range_max": null,
                          "security_group_id": "[...]", "port_range_min": null,
                          "ethertype": "IPv4", "id": "[...]"}                |
|                      | {"remote_group_id": "[...]", "direction": "ingress",
                          "remote_ip_prefix": null, "protocol": null,
                          "tenant_id": "[...]", "port_range_max": null,
                          "security_group_id": "[...]", "port_range_min": null,
                          "ethertype": "IPv6", "id": "[...]"}                 |
|                      | {"remote_group_id": null, "direction": "ingress",
                          "remote_ip_prefix": null, "protocol": "icmp",
                          "tenant_id": "[...]", "port_range_max": null,
                          "security_group_id": "[...]", "port_range_min": null,
                          "ethertype": "IPv4", "id": "[...]"}                 |
|                      | {"remote_group_id": null, "direction": "egress",
                          "remote_ip_prefix": null, "protocol": null,
                          "tenant_id": "[...]", "port_range_max": null,
                          "security_group_id": "[...]", "port_range_min": null,
                          "ethertype": "IPv6", "id": "[...]"}                 |
| tenant_id            | [...]                                                 |
+----------------------+-------------------------------------------------------+
```

Alle Regeln zeigt das Subkommando security-group-rule-list:

```
$ neutron security-group-rule-list
+--------------------------------------+----------------+-----------+-
| id                                   | security_group | direction |
+--------------------------------------+----------------+-----------+-
| 085130c8-1b00-49c2-ac78-cf1d0528db3a | default        | ingress   |
| 2453d3ac-627d-4c33-be3c-7cec09b73ec4 | default        | egress    |
| 5abe50e1-664c-4e89-bba3-4a68a637fffa | default        | ingress   |
| 60cf566f-7c7d-4ca0-844b-396208f175e7 | default        | ingress   |
| 807f7761-9a9a-4d0c-a046-61415d6026fe | default        | ingress   |
| ac58ac7d-102e-4192-bfa6-8637150a47bf | default        | egress    |
+--------------------------------------+----------------+-----------+-

---------+------------------+--------------+
protocol | remote_ip_prefix | remote_group |
---------+------------------+--------------+
tcp      |                  |              |
         |                  |              |
         |                  | default      |
         |                  | default      |
icmp     |                  |              |
         |                  |              |
---------+------------------+--------------+
```

Details einer Regel zeigt das Subkommando security-group-rule-show unter Angabe der ID:

```
$ neutron security-group-rule-show \
  085130c8-1b00-49c2-ac78-cf1d0528db3a
+-------------------+--------------------------------------+
| Field             | Value                                |
+-------------------+--------------------------------------+
| direction         | ingress                              |
| ethertype         | IPv4                                 |
| id                | 085130c8-1b00-49c2-ac78-cf1d0528db3a |
| port_range_max    | 22                                   |
| port_range_min    | 22                                   |
| protocol          | tcp                                  |
| remote_group_id   |                                      |
| remote_ip_prefix  |                                      |
| security_group_id | 11bea53d-1748-4952-b6cd-e9615584556d |
| tenant_id         | 1f6a900f6c80431e9cd2a454c15fe62e     |
+-------------------+--------------------------------------+
```

7.5.10 Einbinden einer Instanz beim Booten

Haben Sie auch die Nova-Services korrekt eingerichtet, dann können Sie nun neue Instanzen mit dem Parameter --nic net-id=<net-id> in erstellte Netze einbinden:

```
# nova boot --image <IMAGE> --flavor <FLAVOR> \
        --nic net-id=<NETZ-ID> <INSTANZ>
```

Damit booten Sie eine VM im angegebenen Netz mit einem Port, der mit der Netzwerkschnittstelle der VM, dem TAP-Device `vnetX`, korrespondiert und der bei Inbetriebnahme der Instanz automatisch erstellt wird.

Auch das Booten einer Instanz mit mehreren Ports zu mehreren Netzen ist möglich:

```
# nova boot --image <IMAGE> --flavor <FLAVOR> \
          --nic net-id=<NETZ1-ID> --nic net-id=<NETZ2-ID> \
          --nic net-id=<NETZxy-ID> <INSTANZ>
```

Die dabei erstellten Ports können Sie sich mit folgendem Kommando anzeigen lassen:

```
$ neutron port-list -- --device_id=<INSTANZ-ID>
```

Es zeigt alle Ports, deren `device_id` der Instanz-UUID entspricht. Booten Sie eine Instanz ohne das Argument `--nic`, so wird sie mit allen dem Tenant verfügbaren Netzwerken verbunden:

```
# nova boot --image <IMAGE> --flavor <FLAVOR> <INSTANZ>
```

Möchten Sie eine Instanz mit einer bestimmten IP-Adresse starten, so erstellen Sie zunächst einen Port mit der IP-Adresse und weisen der Instanz diesen Port dann (statt der Netz-ID) zu:

```
$ neutron port-create --fixed-ip subnet_id=<SUBNETZ-ID>, \
  ip_address=<IP-ADRESSE> <NETZ-ID>
$ nova boot --image <IMAGE> --flavor <FLAVOR> \
  --nic port-id=<PORT-ID> <INSTANZ>
```

Beim Beenden von Instanzen werden zugehörige Ports automatisch wieder gelöscht.

Hinweis: Security Group Rules für den Zugriff

Um den Zugriff auf die Instanz zu ermöglichen, müssen die passenden Security Group Rules gesetzt sein (siehe Abschnitt 7.5.9, S. 218).

7.5.11 Namespaces

Nutzt der Neutron-L3-Agent Namespaces, was er per Default macht, können sich mehrfache, sich überlappende IP-Adressen (*Overlapping IP Addresses*) ergeben (siehe auch Abschnitt 7.1.9, S. 181).

Demzufolge werden die IP-Adressen der Router nicht ausgegeben, wenn Sie auf dem Node ein einfaches `ip addr list` absetzen. Auch können diese IPs nicht angepingt werden. Um beides zu ermöglichen, müssen Sie statt der IP-Adresse die Adresse aus dem Namespace angeben:

Beispiel:

```
# ip netns exec c5d0c704-4774-4eb2-bb97-ae6307270815 ip addr list
# ip netns exec c5d0c704-4774-4eb2-bb97-ae6307270815 ping <FIXED-IP>
```

7.5.12 Firewall as a Service (FWaaS)

Um eine *Firewall as a Service* zu erstellen, gehen Sie wie folgt vor: Zuerst erstellen Sie die Firewall-Regeln (*Firewall Rules*):

```
$ neutron firewall-rule-create --protocol <tcp|udp|icmp|any> \
  --destination-port <PORT-RANGE> --action <allow|deny>
```

Dann erstellen Sie eine Firewall Policy mit den gewünschten Regeln, die durch ein Leerzeichen getrennt werden:

```
$ neutron firewall-policy-create --firewall-rules "<FIREWALL-REGELN oder \
  -NAMEN>" <FIREWALL-POLICY>
```

Beachten Sie, dass die Reihenfolge der aufgeführten Regeln von Bedeutung ist. Sie werden bis zum ersten Treffer der Reihe nach abgearbeitet.

Schließlich generieren Sie daraus die Firewall selbst:

```
$ neutron firewall-create <FIREWALL-POLICY-ID>
```

Firewall im Dashboard konfigurieren

Die FWaaS kann auch über das Dashboard konfiguriert werden. Allerdings ist diese Funktion per Default deaktiviert. Sie kann mit folgendem Eintrag in der Horizon-Konfigurationsdatei `$HORIZON_DIR/openstack_dashboard/local/local_settings.py` aktiviert werden: `'enable_firewall' = True`

7.5.13 Load Balancing as a Service (LBaaS)

Die (virtuelle) IP-Adresse (VIP) des Loadbalancer und die Instanzen, die den Service anbieten, müssen sich im selben Subnetz befinden. Zuerst gilt es, die richtige Subnetz-ID zu ermitteln:

```
$ neutron subnet-list
```

Dann wird mithilfe der passenden Subnetz-ID aus der Ausgabe ein *Loadbalancer Pool* eingerichtet:

```
$ neutron lb-pool-create --lb-method ROUND_ROBIN --name <POOL-NAME> \
  --protocol HTTP --subnet-id <SUBNETZ-ID>
```

Die gewählte Methode beim Parameter `--lb-method` hängt vom Backend Provider ab. Das im Beispiel angegebene Rundlauf-Verfahren (engl.

Round-Robin) bezeichnet ein Scheduling-Verfahren, bei dem versucht wird, die beteiligten Ressourcen möglichst gleichmäßig zu beanspruchen, indem allen Prozessen nacheinander für jeweils einen kurzen, fest definierten Zeitraum Zugriff auf die Ressourcen gewährt wird (sequenziell).

Andere Optionen sind:

LEAST_CONNECTIONS
: Eine Art dynamischer Scheduling-Algorithmus, der laufende Verbindungen zu den Servern in einer Tabelle aufzeichnet und so mehr Anfragen an die Server mit weniger aktiven Verbindungen bedienen kann. Er kann gut mit großen Unterschieden bei der Last umgehen und ist geeignet für einen Serverpool, bei dem jeder beteiligte Node in etwa die gleiche Kapazität hat.

SOURCE_IP
: Dieser Algorithmus verteilt die Anfragen an den Serverpool durch Ermitteln der Quell-IP-Adresse in einer Hashtabelle. Der Algorithmus wurde speziell für einen LVS-Cluster (*Linux Virtual Server*) entwickelt.

Mögliche Optionen für das Protokoll (`--protocol`) sind `HTTP`, `HTTPS` und `TCP`.

Als Nächstes werden die Server (hier: zwei Server mit den IP-Adressen `IP-1` und `IP-2`) mit dem Pool verknüpft:

```
$ neutron lb-member-create --address <IP-1> --protocol-port 80 <POOL-NAME>
$ neutron lb-member-create --address <IP-2> --protocol-port 80 <POOL-NAME>
```

Erstellen Sie einen *Health-Monitor*, der überprüft, ob die Instanzen auch auf dem angegebenen Protokollport laufen:

```
$ neutron lb-healthmonitor-create --delay 3 --type HTTP --max-retries 3 \
  --timeout 3
```

Für das Argument `--type` gibt es die Optionen `HTTP`, `HTTPS`, `TCP` und `PING`.

Verknüpfen Sie den Health-Monitor mit dem erstellten Pool:

```
$ neutron lb-healthmonitor-associate <healthmonitor-uuid> <POOL-NAME>
```

Erstellen Sie eine »virtuelle« IP-Adresse (VIP), über die der Zugriff auf den Loadbalancer erfolgt und die die Anfragen an eines der Mitglieder des Pools dann weiterleitet:

```
$ neutron lb-vip-create --name <VIP-NAME> --protocol-port 80 \
  --protocol HTTP --subnet-id <NETZ-ID> <POOL-NAME>
```

Möchten Sie persistente Verbindungen von einem Client zu einem bestimmten Backend definieren, müssen Sie diese erst explizit einrichten, da der Loadbalancer von Haus aus keine persistenten Sessions unterstützt:

```
$ neutron lb-vip-create --name <VIP-NAME> --protocol-port 80 \
  --protocol HTTP --subnet-id <NETZ-ID> --session-persistence \
  type=dict type=<TYPE>,[cookie_name=<COOKIE-NAME>] <POOL-NAME>
```

Die Sicherstellung der Persistenz kann über drei verschiedene Angaben mit dem Argument `type=` erfolgen: `APP_COOKIE`, `HTTP_COOKIE` oder `SOURCE_IP`. `APP_COOKIE` nutzt ein Cookie der Anwendung und erfordert zusätzlich die Angabe des Cookies über das Argument `cookie_name=<name>`.

7.5.14 Allowed-Address-Pairs

Das Feature *Allowed-Address-Pairs* ist eine API-Erweiterung, die der höheren Verfügbarkeit wichtiger Gateways in lokalen Netzen durch redundante Router dient, z. B. mithilfe des *Virtual Router Redundancy Protocol* (VRRP). Dabei werden zwei physische Router zu einem virtuellen, logischen Router zusammengefasst. Dem logischen Router wird eine virtuelle IP-Adresse und eine virtuelle MAC-Adresse zugeordnet. Bei einem Ausfall des ersten Routers, dem Master-Router, wird die virtuelle IP-Adresse und die virtuelle MAC-Adresse vom Port des ersten Routers auf den Port des zweiten Routers, des Backup-Routers, übertragen, der damit zum neuen Master-Router wird. Vor allem das Standardgateway von Hosts in lokalen Netzen kann dadurch abgesichert werden. Dieses Failover-Verfahren wird auch »Hot Standby« genannt.

Zum Einrichten eines Allowed-Address-Pairs erstellen Sie erst einen Port mit virtueller IP-Adresse und virtueller MAC-Adresse:

```
$ neutron port-create <NETZ-ID> --allowed-address-pairs \
  type=dict list=true mac_address=<MAC-ADRESSE>,ip_address=<IP-ADRESSE>
```

Anschließend fügen Sie einen weiteren Port hinzu:

```
$ neutron port-update <NETZ-ID> --allowed-address-pairs \
  type=dict list=true mac_address=<MAC-ADRESSE>,ip_address=<IP-ADRESSE>
```

Dieser Port kann dann als Router-Port zugeordnet werden.

Das Setzen eines Allowed-Address-Pairs, das mit einer vorhandenen MAC- und IP-Adresse eines Ports übereinstimmt, ist nicht erlaubt, da dies sonst keine Auswirkung haben würde.

Allowed-Address-Pairs werden derzeit nur durch die Plug-ins Open vSwitch, ML2 und Nicira NVP unterstützt.

7.5.15 Metadata Service

Routbare Adressen für den Nova Metadata Service

Bei Einsatz des *Nova Metadata Service* muss jede Adresse in Tenant-Netzen sowohl im API- als auch im External-Netz routbar sein, da der Host, auf dem Nova-API läuft, auf HTTP-Requests einer Instanz antworten muss. (Eine *Source Network Address Translation* (SNAT) reicht dafür nicht aus.)

7.6 Dnsmasq

Dnsmasq[12] wird per Default als DHCP-Server verwendet, sofern Sie sich dafür entschieden haben, die IP-Adressen Ihrer Netzwerke unter Verwendung des *Neutron-DHCP-Agenten* zuweisen zu lassen. Dnsmasq wird dabei mit vom Neutron-DHCP-Agenten erzeugten Konfigurationen gestartet. In den Konfigurationsdateien befinden sich dazu Paare aus MAC- und IP-Adressen. Dadurch ist gewährleistet, dass eine Instanz immer wieder die gleiche bei der Erzeugung des Ports vergebene IP-Adresse bekommt, und es wird verhindert, dass eine bereits vergebene Adresse an andere Hosts zugewiesen wird. Außerdem werden weitere Parameter wie der Hostname der Instanz, das Gateway und der DNS-Server des Netzwerks an die Instanzen übergeben. Besonders vorteilhaft ist dieser Lösungsansatz, wenn Ihre Instanzen nicht per Config Injection konfiguriert werden können. Wird eine neue Instanz erstellt, werden die entsprechenden Konfigurationsdateien einfach um die Einträge der neuen Instanz erweitert. Danach wird das Signal HUP an Dnsmasq gesendet, woraufhin es seine Konfigurationsdateien neu einliest und die neue Instanz mit den notwendigen Informationen versorgt. Um als DHCP-Server erreichbar zu sein, wird für den Host, auf dem der Neutron-DHCP-Agent läuft, ein Neutron-Port registriert. Besonders erwähnenswert ist hier, dass im Normalfall nur Hosts bedient werden, die einen entsprechenden Konfigurationseintrag vom Neutron-DHCP-Agenten bekommen haben. Somit ist sichergestellt, dass keine fremden Hosts sich der für Ihr Netzwerk reservierten IPs bedienen. Die Zuordnung der IP-Adressen ist also de facto statisch, auch wenn die Konfiguration der Instanzen per DHCP erfolgt.

---

[12] http://www.thekelleys.org.uk/dnsmasq/doc.html

7.6.1 Konfigurationsdateien von Dnsmasq

Im folgenden Beispiel wird gezeigt, wie OpenStack den DHCP-Server startet und konfiguriert. Eine typische Kommandozeile, mit der Dnsmasq von OpenStack gestartet wird, sieht folgendermaßen aus:

```
$ dnsmasq --no-hosts --no-resolv --strict-order --bind-interfaces \
  --interface=tape121e365-cc --except-interface=lo \
  --pid-file=/opt/stack/data/neutron/dhcp/280fd14a-0fd8-41a8-9170-e6d689eb4f84/pid \
  --dhcp-hostsfile=/opt/stack/data/neutron/dhcp/280fd14a-0fd8-41a8-9170-e6d689eb4f84/host \
  --dhcp-optsfile=/opt/stack/data/neutron/dhcp/280fd14a-0fd8-41a8-9170-e6d689eb4f84/opts \
  --leasefile-ro --dhcp-range=set:tag0,10.0.0.0,static,86400s \
  --dhcp-lease-max=256 --conf-file= --domain=openstacklocal
```

Hier finden Sie Informationen wie das Netzkwerkgerät, auf dem Dnsmasq auf Anfragen lauscht, unter `--interface=` oder den genauen Pfad der von Neutron erzeugten Konfigurationsdateien.

Die aktuell vergebenen Adressen können Sie in der Datei /var/lib/neutron/dhcp/<Netzwerk-ID>/host einsehen. Für jeden Port existiert immer eine Zeile, die sich aus MAC-Adresse, Hostname, DNS-Domain und IP-Adresse zusammensetzt (siehe Beispielauszug):

```
fa:16:3e:d3:15:b4,host-10-0-0-1.openstacklocal,10.0.0.1
fa:16:3e:4a:8f:e0,host-10-0-0-3.openstacklocal,10.0.0.3
```

8 Dashboard – Horizon

Name: Horizon
Aufgabe: Webinterface zur Verwaltung der Cloud-Ressourcen
Core-Projekt seit: Essex

Vielen Administratoren und Endkunden ist die kommandozeilenbasierte Verwaltung von Cloud-Ressourcen nicht komfortabel genug. Endkunden sind grafische Oberflächen (*Graphical User Interfaces*, GUIs) gewohnt, die ein Arbeiten durch eine »intuitive« Bedienung ermöglichen – ohne tiefere Kenntnis von Konsolenbefehlen und deren Argumenten. Daher wurde für die vereinfachte Verwaltung der OpenStack-Umgebung ein Dashboard entwickelt, das gemäß dem modularen Aufbau als eigene Komponente unter dem Codenamen »Horizon« entwickelt wird und als webbasiertes und damit plattformunabhängiges Frontend realisiert wurde. Das Dashboard dient primär als Verwaltungstool für Endkunden, weswegen nicht alle administrativen Aufgaben im Dashboard durchgeführt werden können. Die gängigsten Verwaltungsaufgaben, wie zum Beispiel das Management der Instanzen, die Storage-Zuweisung oder das Erstellen von Snapshots, können jedoch komfortabel im Browser erledigt werden.

Horizon wurde in Python implementiert und nutzt das Django-Framework für Webapplikationen[1] sowie standardmäßig Apache 2 als HTTP-Server.

[1] https://www.djangoproject.com/

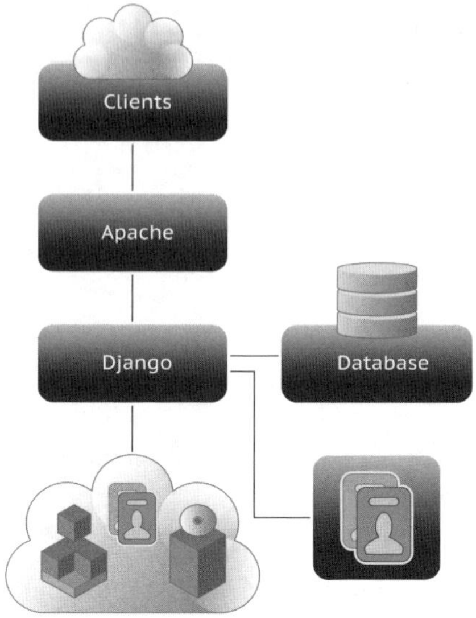

Abb. 8-1
Die Architektur von Horizon

8.1 Installation und Konfiguration von Horizon

Neben den Dashboard-(Horizon-)Paketen wird als Webserver Apache 2 einschließlich des WSGI-Moduls installiert. Das Apache-Modul `mod_wsgi` stellt eine standardkonforme Schnittstelle, das *Web Server Gateway Interface* (WSGI), für das Hosting von Python-Webanwendungen innerhalb von Apache bereit. Optional kann mit *Memcached*[2] ein Cache-Server genutzt werden, der häufig angefragte Daten im Arbeitsspeicher vorhält und so deren Auslieferung beschleunigt. Zur Authentifizierung nutzt das Dashboard den OpenStack Identity Service (Keystone).

Die Konfiguration des Dashboards erfolgt in der Datei `/etc/openstack-dashboard/local_settings.py`[3]:

```
[...]
CACHE_BACKEND = 'memcached://127.0.0.1:11211/'
TIME_ZONE = 'UTC'
[...]
```

Achten Sie hier auf die richtige URL bei `CACHE_BACKEND` und das korrekte Setzen der Zeitzone bei `TIME_ZONE`.

---

[2] *Memcached* ist ein unter der BSD-Lizenz veröffentlichter Cache-Server zum Hinterlegen und Abholen von Daten aus dem Arbeitsspeicher, der meist für dynamische Internetseiten mit Datenbank-Backend eingesetzt wird.

[3] Der Pfad kann distributionsabhängig abweichen.

Zur Einrichtung des Benutzerzugriffs erstellen Sie mit Keystone eine Rolle `Member` und weisen sie den Nutzern von Horizon zu (siehe Abschnitt 3.5.5, S. 57).

Nach einem Neustart des Webservers einschließlich des Cache mit

```
# service memcached restart; service apache2 restart
```

ist das Dashboard unter der Adresse http://<HOST-IP-ADRESSE> erreichbar und Sie können sich mit Ihren Credentials anmelden. Ist kein Cache-Server im Einsatz, muss nur der Webserver selbst neu gestartet werden.

Abb. 8-2
Das Anmeldefenster von Horizon

8.2 Administration mit Horizon

Viele – nicht alle – Verwaltungsaufgaben innerhalb der OpenStack-Cloud lassen sich komfortabel über das Webinterface erledigen. Dazu gehören beispielsweise:

- Images integrieren
- Instanzen starten und beenden
- Volumes verwalten
- Security Rules einrichten
- Logs und Reports überwachen
- VNC-Zugriff auf laufende Instanzen
- ...

Nach der Anmeldung zeigt ein Klick auf *Overview* eine Übersicht über die Umgebung:

Abb. 8-3 Horizon *mit Standardtheme*

8.3 Customizing von Horizon

Ein Vorteil des offenen Baukastensystems mit Komponenten aus Standardsoftware ist auch hier die Anpassbarkeit. So lässt sich das Dashboard frei konfigurieren, erweitern und anpassen. Dies geht von optischen Veränderungen (CSS, Logo, ...) bis hin zu funktionellen Erweiterungen.

Da sich die Möglichkeiten hier wie so oft ins Unendliche erstrecken, zeigt das folgende Beispiel, wie Sie eine eigene CSS-Konfiguration anlegen und mit der Änderung der Dashboard-Logos einen ersten Schritt in Richtung eigenes Horizon-Theme machen können.

Zuerst kopieren Sie die neuen Logodateien in den Image-Ordner[4] des Dashboards:

```
# cp b1-logo.png b1-logo-splash.png b1-favicon.ico \
  /usr/share/openstack-dashboard/openstack_dashboard/static/dashboard/img
```

Da das vorhandene Theme nicht nur abgeändert, sondern ein eigenständiges Design erstellt werden soll, wird als Nächstes die CSS-Datei für spätere Anpassungen kopiert. So ist es möglich, jederzeit auf das Standardtheme zurück zu wechseln.

```
# cd /usr/share/openstack-dashboard/openstack_dashboard/static/dashboard/css/
# cp default.css b1systems.css
```

In der neuen Datei `b1systems.css` können nun alle gewünschten Anpassungen vorgenommen werden. Das Logo des Login-Bildschirms heißt `logo-splash.png`, das Logo des Dashboards selbst `logo.png`. Um die neuen Logos einzustellen, werden folgende Werte in `b1systems.css` geändert:

```
# cd /usr/share/openstack-dashboard/openstack_dashboard/static/dashboard/css/
# vim b1systems.css
[...]
#splash .login {
  background: #ffffff url('/static/dashboard/img/b1-logo-splash.png')
              no-repeat center 35px;
  position: absolute;
[...]
h1.brand a {
  background: url('/static/dashboard/img/b1-logo.png') top left no-repeat;
  display: block;
[...]
```

Anschließend muss das neue Theme über die Datei `_stylesheets.html` aktiviert werden. Fügen Sie dazu eine neue Zeile für die neue CSS-Konfiguration und das neue Favicon hinzu.

```
# cd /usr/share/openstack-dashboard/openstack_dashboard/templates
# vim _stylesheets.html

{% compress css %}
[...]
<link href='{{ STATIC_URL }}dashboard/css/b1systems.css'
      type='text/less' media='screen' rel='stylesheet' />
{% endcompress %}
[...]
<link rel="shortcut icon"
      href="{{ STATIC_URL }}dashboard/img/b1-favicon.ico"/>
```

Anschließend muss der Apache-2-Webserver neu gestartet werden, um alle Änderungen einzulesen:

[4] Die Pfade können distributionsabhängig abweichen.

```
# service apache2 restart
```

Wenn Sie nun das Dashboard im Browser neu laden, sehen Sie die in den letzten Schritten durchgeführten Änderungen.

Abb. 8-4
Das Anmeldefenster von Horizon *vor und nach der Änderung*

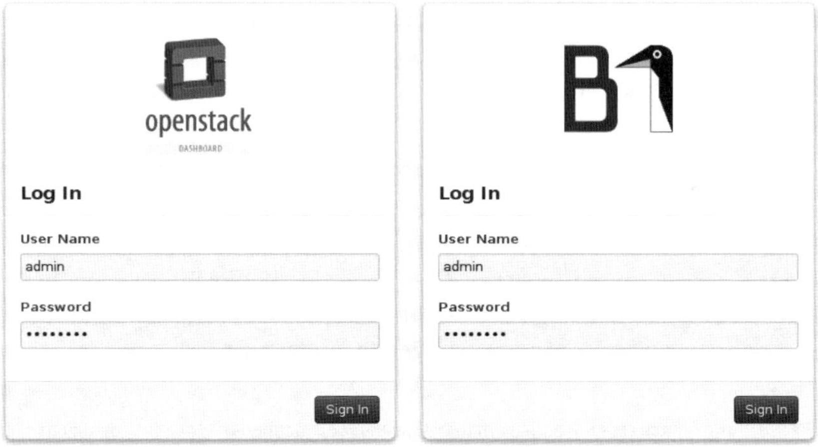

Abb. 8-5
Horizon *mit B1-Systems-Theme*

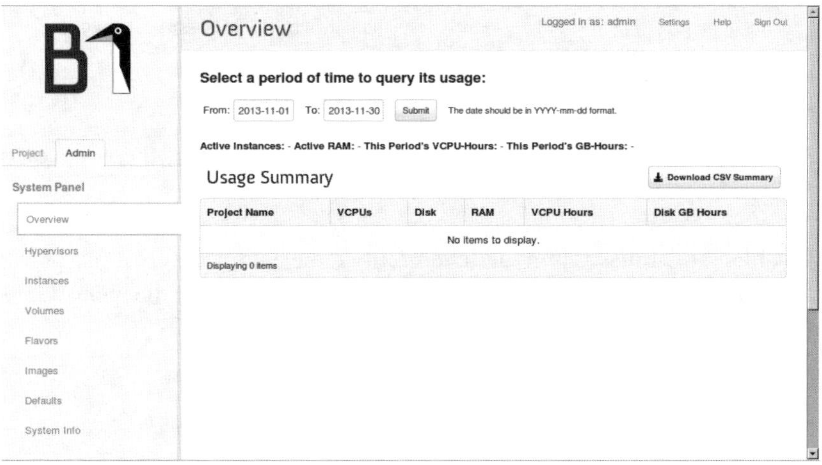

In der neu angelegten CSS-Datei können nun alle weiteren Änderungen am Design des Dashboards durchgeführt werden, um das Webinterface beispielsweise an ein Corporate Design anzupassen.

8.3.1 Links und Quellen zum Customizing von Horizon:

http://docs.openstack.org/trunk/openstack-compute/install/apt/content/dashboard-custom-brand.html
http://docs.openstack.org/developer/horizon/topics/tutorial.html

9 Telemetry – Ceilometer

Name: Ceilometer
Aufgabe: Telemetry (Monitoring/Metering)
Core-Projekt seit: Havana

Ceilometer[1] ist ein Projekt, das einen *Telemetry Service*, d. h. *Monitoring* und *Metering*, in einer OpenStack-Umgebung ermöglicht. Damit können die genutzten Ressourcen erfasst und ausgewertet werden. Dies erlaubt einerseits die Überwachung aller Ressourcen innerhalb der Cloud, andererseits können diese genutzten Ressourcen auch einfach den Kunden berechnet werden. So ist es beispielsweise möglich, die genutzte CPU-Zeit eines bestimmten Instanztyps eines Kunden abzufragen. Aber auch die Definition von Alarmen, beim Eintreten definierter Umstände ist möglich. So können Sie konfigurieren, dass ein Alarm ausgelöst wird, sobald die Last einer virtuellen CPU in einer Instanz 120 Sekunden lang größer 90 % ist. Hier versteckt sich dann das Potenzial, mit dem der Ceilometer in Kombination mit Heat zu einer automatisch skalierenden Cloud konfiguriert werden kann.

Bis zum Folsom-Release gab es in OpenStack nur rudimentäre Informationen über die Ressourcennutzung der einzelnen Tenants oder Nutzer, was eine genaue Abrechnung und somit eine ordentliche Rechnungsstellung erschwerte. Eine Reaktion auf bestimmte Ereignisse, wie die neuen Alarme, war nicht vorgesehen. Um dieses Problem zu lösen, wurde mit Ceilometer ein Projekt geschaffen, das künftig alle Informationen bereitstellen wird, die für diese Funktionen benötigt werden.

Über die API kann jeder authentifizierte Benutzer für ihn zugängliche Informationen abfragen. Somit besteht hier eine einfache Möglichkeit, die Daten des Ceilometer von anderen Programmen aus abzufragen und entsprechend auszuwerten und in ein Billing- und Ratingsystem einzuspeisen.

---

[1] Ein Ceilometer ist eigentlich ein Instrument zur Bestimmung der Höhe der Wolkenuntergrenze.

In den folgenden Abschnitten wird die Funktionsweise des Ceilometer sowie unterschiedliche Beispiele der Nutzung vorgestellt.

9.1 Funktionsweise

Auf den einzelnen Hosts installierte Agenten übermitteln erfasste Werte an einen zentralen Host, der diese Werte in einer Datenbank verwaltet.

9.1.1 Komponenten

Ceilometer besteht im Wesentlichen aus fünf Komponenten (siehe auch Abb. 9-1):

Central Agent **(Management Node)** Der Central Agent läuft auf einem zentralen Management Node innerhalb der OpenStack-Infrastruktur. Er misst die Nutzung und sendet das Ergebnis an den Collector.

Compute Agent **(Compute Node)** Der Compute Agent läuft auf dem oder den Compute Node(s), er er- und übermittelt die Daten einer Ressource.

Collector **(Management Node)** Der Collector läuft wie der Central Agent ebenfalls auf einem zentralen Management Node. Er sammelt die Daten der einzelnen Agents.

Data Store **(Management Node)** Der Data Store dient zum Speichern der von Ceilometer gesammelten Daten. Der *Data Store* ist eine Datenbank, die die konkurrierenden Schreibzugriffe der Collector-Instanz(en) handhaben und mit dem API-Server interagieren kann. Auf den Data Store haben nur Collector und API-Server Zugriff.

API-Server **(Management Node)** Der API-Server läuft auf einem (oder auch mehreren) zentralen Management-Server(n) und verwaltet den Zugriff auf die Daten vom Data Store.

Hinzu kommt noch der Agent, der definierte Alarme überwacht, eventuell Statusänderungen registriert und entsprechend der Definition des Alarms reagiert. Dieser ist lediglich bei der Nutzung von Alarmen notwendig.

Die Agenten laufen in Form von Daemons auf den unterschiedlichen Hosts, ähnlich der Verteilung von Neutron-Diensten.

Die Services kommunizieren untereinander über den Standard-Messaging-Bus von OpenStack.

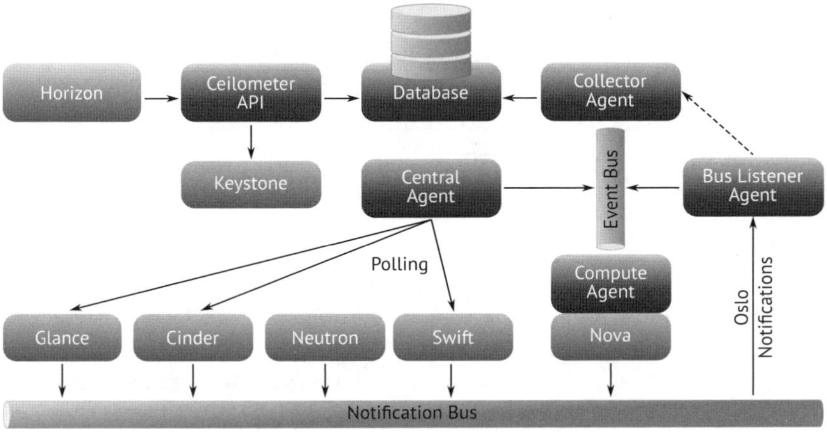

Abb. 9-1 *Ceilometer – Architektur*

Die gemessene Entität wird als »Ressource« bezeichnet. Dabei kann es sich beispielsweise um ein Image, eine Instanz oder ein Volume handeln.

Die offene Architektur erlaubt ein grundsätzliches Anpassen und Erweitern der Kenngrößen. Diese Kenngrößen werden »Meter« genannt. Einer Ressource kann dabei eine ganze Anzahl von Metern zugeordnet sein: einer Instanz beispielsweise die Laufzeit, die verbrauchte CPU-Zeit, die Anzahl der Disk-I/O-Requests usw.

9.2 Begriffserklärung

Im Umgang mit dem Ceilometer benötigen Sie Kenntnis einiger Begriffe, die in den folgenden Abschnitten erläutert werden.

In Ceilometer sind drei Typen von Werten für die Meter definiert:

Cumulative für kumulative Werte, d. h. Werte, die mit der Zeit immer mehr ansteigen (z. B. Laufzeit der Instanz, Disk I/O)

Gauge für einzelne, diskrete Werte (z. B. Floating IPs, Image-Uploads) und veränderliche Werte (z. B. die Zahl der Swift-Objekte, CPU-Auslastung)

Delta für inkrementelle Änderungen gegenüber einem Zähler (z. B. Bandbreitenunterschiede, die sich über den Zeitverlauf ergeben)

Für viele OpenStack-Komponenten, wie z. B. Nova, Neutron, Glance, Cinder und Swift existieren bereits fertige Meter.

Für die relevanteste Komponente zur Erfassung von IaaS-Leistungen – für Compute (Nova) – gibt es unter anderem die folgenden Meter:

Tab. 9-1
Ceilometer – einige Meter-Typen für Compute (Nova)

Name	Typ	Resource	Beschreibung
`instance`	Gauge	Instanz (ID)	Laufzeit der Instanz
`instance:<type>`	Gauge	Instanz (ID)	Laufzeit der Instanz vom Typ <type>
`memory`	Gauge	Instanz (ID)	Größe des RAM in MB
`cpu`	Cumulative	Instanz (ID)	verbrauchte CPU-Zeit
`vcpus`	Gauge	Instanz (ID)	Anzahl der vCPUs
`disk.root.size`	Cumulative	Instanz (ID)	Größe der Root Disk in GB
`disk.ephemeral.size`	Gauge	Instanz (ID)	Größe der Ephemeral Disk in GB
`network.incoming.bytes`	Cumulative	Interface (ID)	Volumen der eingehenden Bytes
`network.outgoing.bytes`	Cumulative	Interface (ID)	Volumen der ausgehenden Bytes
`network.incoming.packets`	Cumulative	Interface (ID)	Anzahl der eingehenden Pakete
`network.outgoing.packets`	Cumulative	Interface (ID)	Anzahl der ausgehenden Pakete

Eine komplette Liste der bisher implementierten Measurements gibt es auf der OpenStack-Entwicklerseite:
http://docs.openstack.org/developer/ceilometer/measurements.html

Eine Liste der verfügbaren Meter innerhalb einer OpenStack-Infrastruktur können Sie sich mit `ceilometer meter-list` ausgeben lassen:

```
# ceilometer meter-list
+------+------------+------+-------------------------------------+-
| Name | Type       | Unit | Resource ID                         |
+------+------------+------+-------------------------------------+-
| cpu  | cumulative | ns   | 101952f7-0d5d-46ca-8e05-b89b0b9d1108 |
| cpu  | cumulative | ns   | 10c84fce-b6f8-4540-81a7-5ba7a8532479 |
| cpu  | cumulative | ns   | 23132786-1fc4-45f2-abb5-84be07047d00 |
| cpu  | cumulative | ns   | 261ac9d6-f0f4-470c-bd95-598fe7a42377 |
| cpu  | cumulative | ns   | 267e8ed3-a24e-456c-b871-8b245d8149b9 |
| cpu  | cumulative | ns   | 2d6b4007-ef5c-4065-98ef-d3367f344882 |
| cpu  | cumulative | ns   | 4e89190e-6895-484f-a624-c95425408d4a |

--------------------------------+--------------------------------+
User ID                         | Project ID                     |
--------------------------------+--------------------------------+
431fd881c06a489f9084222487132b2a | 30d631c15df547799c152626b82cef42 |
431fd881c06a489f9084222487132b2a | 30d631c15df547799c152626b82cef42 |
431fd881c06a489f9084222487132b2a | 30d631c15df547799c152626b82cef42 |
431fd881c06a489f9084222487132b2a | 30d631c15df547799c152626b82cef42 |
431fd881c06a489f9084222487132b2a | 30d631c15df547799c152626b82cef42 |
431fd881c06a489f9084222487132b2a | 30d631c15df547799c152626b82cef42 |
431fd881c06a489f9084222487132b2a | 30d631c15df547799c152626b82cef42 |
```

So ergibt sich bei einer kleinen Installation die folgende Liste an bereits erfassten Metern:

```
cpu
cpu_util
disk.read.bytes
disk.read.requests
disk.write.bytes
disk.write.requests
image
image.delete
image.download
image.serve
image.size
image.update
image.upload
instance
instance:m1.small
instance:m1.tiny
network.incoming.bytes
network.incoming.packets
network.outgoing.bytes
network.outgoing.packets
```

Für diese Meter stehen aktuell erfasste Werte zur Verfügung. Meter werden erst dargestellt, wenn Werte registriert wurden.

9.3 Installation

Entsprechend der Verteilung der Dienste existieren unterschiedliche Pakete:

`openstack-ceilometer-agent-central` Central Agent

`openstack-ceilometer-agent-compute` Compute Agent, wird auf Nova Nodes installiert

`openstack-ceilometer-alarm-evaluator` Alarm-Auswertung

`openstack-ceilometer-alarm-notifier` Alarm-Benachrichtigung, sorgt für das Aufrufen von Webhooks

`openstack-ceilometer-api` zentrale API

`openstack-ceilometer-collector` Collector

`python-ceilometer` gemeinsame Python-Bindings

`python-ceilometerclient` Ceilometer-CLI

Für ein einfaches Setup werden alle Komponenten auf einem Host installiert, auf jedem weiteren Compute Node lediglich der Ceilometer Compute Agent.

9.4 Konfiguration

Die Konfiguration der Ceilometer-Komponente findet in `/etc/ceilometer/ceilometer.conf` statt und ähnelt der Konfiguration der anderen Projekte. Auch hier kann die Konfigurationsdatei einmal editiert und dann auf alle beteiligten Systeme kopiert werden.

9.4.1 Keystone

Der Abschnitt `keystone_authtoken` muss gültige Anmeldeinformationen für Keystone enthalten:

```
[keystone_authtoken]
auth_host = <KEYSTONE_IP>
auth_port = 35357
auth_protocol = http
admin_user = ceilometer
admin_password = ceilometerpw
admin_tenant_name = service
```

Hier wurde der Zugriff für den Benutzer `ceilometer` konfiguriert. Die notwendige Keystone-Konfiguration ergibt sich durch folgende Befehle:

```
# keystone user-create --name ceilometer --pass ceilometerpw
# keystone user-role-add --user ceilometer --tenant service --role admin
# keystone service-create --name ceilometer --type metering
# keystone endpoint-create --region RegionOne --service-id <SERVICE-ID> \
  --publicurl "http://<Ceilometer-API-IP>:8777" \
  --adminurl "http://<Ceilometer-API-IP>:8777" \
  --internalurl "http://<Ceilometer-API-IP>:8777"
```

Nacheinander wurden Benutzer, Rollenzugehörigkeit, Service und Endpunkt definiert.

9.4.2 Message-Bus

Für die Kommunikation der Komponenten untereinander wird auch von Ceilometer der Message-Bus von OpenStack genutzt. Hier hat sich herausgestellt, dass die entsprechenden Queues am besten in einem eigenen vHost laufen. Dieser wird bei Verwendung von RabbitMQ mithilfe des Kommandos `rabbitmqctl` erstellt. Anschließend wird ein neuer Benutzer mit den entsprechenden Berechtigungen erzeugt:

```
# rabbitmqctl add_vhost ceilometer
# rabbitmqctl add_user ceilometer ceilometerpw
# rabbitmqctl set_permissions -p ceilometer ceilometer ".*" ".*" ".*"
```

Zur Kontrolle der Berechtigungen und des erzeugten vHost nutzen Sie dasselbe Werkzeug:

```
# rabbitmqctl list_permissions -p ceilometer
Listing permissions in vhost "ceilometer" ...
ceilometer .* .* .*
...done.
```

Die Ausgabe zeigt, dass der Benutzer `ceilometer` im vHost `ceilometer` Berechtigungen konfigurieren darf (erstes .*), den vHost schreibend benutzen darf (zweites .*) und alles innerhalb des vHosts lesen darf (letztes .*).

Dieser neue vHost muss noch innerhalb der Ceilometer-Konfiguration eingestellt werden. Dies geschieht in /etc/ceilometer/ceilometer.conf:

```
rpc_backend=ceilometer.openstack.common.rpc.impl_kombu
rabbit_host=<RABBIT HOST>
rabbit_port=5672
rabbit_userid=ceilometer
rabbit_password=ceilometerpw
rabbit_virtual_host=ceilometer
amqp_durable_queues=true
rabbit_ha_queues=true
rabbit_durable_queues = False
```

9.4.3 Datenbank

Als Quelle (Source) der gemessenen Daten ist per Default OpenStack in der Ceilometer-Konfiguration definiert. Diese Einstellung kann über das Feld counter_source in der ceilometer.conf geändert werden.

Für die Speicherung der Daten muss erneut eine SQL-Datenbank angegeben werden. Die Konfigurationsdirektive lautet (Beispiel: MySQL):

```
connection = mysql://ceilometer:ceilometerpw@<ip-adresse>/ceilometer
```

Das Projekt empfiehlt an dieser Stelle die Nutzung einer *MongoDB*. Der dafür benötigte SQL-Connection-String lautet:

```
connection = mongodb://<user>:<passwort>@<DB-Host>:<Port, default 27017>/
                       <Datenbank>
```

Nach der Konfiguration muss das Datenbankschema erstellt werden. Dazu dient das Kommando:

```
# ceilometer-dbsync
```

9.4.4 Anbindung von Nova

Damit Ceilometer in der Lage ist, Werte von Nova zu erfassen, müssen Sie in der Ceilometer-Konfiguration angeben, welchen Hypervisor Sie nutzen (dies wird vom entsprechenden Compute Agent ausgewertet) und zusätzlich Nova anweisen, dass Nutzungswerte erfasst werden.

Die Konfigurationsdirektive in /etc/ceilometer/ceilometer.conf für die Konfiguration des Hypervisors lautet:

```
hypervisor_inspector=libvirt
libvirt_type=kvm
```

Für die Konfiguration von Nova selbst editieren Sie /etc/nova/nova.conf und setzen die Optionen für das Protokollieren der Nutzung:

```
instance_usage_audit=True
instance_usage_audit_period=hour
notify_on_state_change=vm_and_task_state
notification_driver=nova.openstack.common.notifier.rpc_notifier
notification_driver=ceilometer.compute.nova_notifier
```

Die Dienste, die seitens Nova von der Konfigurationsdatei abhängig sind, müssen natürlich nach der Änderung der Konfigurationsdatei zum Neueinlesen ihrer Konfiguration veranlasst werden. Um Konfigurationsprobleme zu vermeiden, sollten Sie alle aktiven Nova-Daemonen neu starten.

9.4.5 Dienste

Nun können die verschiedenen Dienste gestartet werden.

```
# service openstack-ceilometer-agent-central start
# service openstack-ceilometer-agent-compute start
# service openstack-ceilometer-api start
# service openstack-ceilometer-collector start
# service openstack-ceilometer-alarm-evaluator start
```

Zusätzlich sollten die Dienste natürlich beim Start des Systems automatisch gestartet werden, dies geschieht per `chkconfig`:

```
# chkconfig openstack-ceilometer-agent-central on
# chkconfig openstack-ceilometer-agent-compute on
# chkconfig openstack-ceilometer-api on
# chkconfig openstack-ceilometer-collector on
# chkconfig openstack-ceilometer-alarm-evaluator on
```

Damit ist die Konfiguration des Ceilometer abgeschlossen. Sämtliche Logmeldungen laufen in der Standardkonfiguration unter `/var/log/ceilometer` in eine Datei pro Dienst.

Für die Verteilung der Dienste auf unterschiedliche Hosts empfiehlt sich hier das Kopieren der Hauptkonfiguration von einem Host auf alle anderen. Änderungen an dieser Konfiguration müssen Sie dann natürlich erneut verteilen.

9.5 Administration

Die erfassten Daten des Ceilometer können entweder über die API oder per Client (der auch wieder die API nutzt) abgefragt werden. Der Client ist an die Nutzung von z. B. Keystone angelehnt und setzt dementsprechend auch die korrekten Umgebungsvariablen (vgl. Seite 52 Abschnitt 3.5.1) oder Parameter voraus.

Dabei wird der Client immer mit einem Subkommando und eventuellen Parametern aufgerufen. So zeigt z. B. das folgende Subkommando alle Meter, die für das Projekt mit der angegebenen ID (hier: 30d631...) erfasst wurden:

```
# ceilometer meter-list -q "project=30d631c15df547799c152626b82cef42"
+------+------------+------+--------------------------------------+-
| Name | Type       | Unit | Resource ID                          |
+------+------------+------+--------------------------------------+-
| cpu  | cumulative | ns   | 101952f7-0d5d-46ca-8e05-b89b0b9d1108 |
| cpu  | cumulative | ns   | 10c84fce-b6f8-4540-81a7-5ba7a8532479 |
| cpu  | cumulative | ns   | 23132786-1fc4-45f2-abb5-84be07047d00 |
| cpu  | cumulative | ns   | 261ac9d6-f0f4-470c-bd95-598fe7a42377 |
| cpu  | cumulative | ns   | 267e8ed3-a24e-456c-b871-8b245d8149b9 |
[...]

---------------------------------+----------------------------------+
User ID                          | Project ID                       |
---------------------------------+----------------------------------+
431fd881c06a489f9084222487132b2a | 30d631c15df547799c152626b82cef42 |
431fd881c06a489f9084222487132b2a | 30d631c15df547799c152626b82cef42 |
431fd881c06a489f9084222487132b2a | 30d631c15df547799c152626b82cef42 |
431fd881c06a489f9084222487132b2a | 30d631c15df547799c152626b82cef42 |
431fd881c06a489f9084222487132b2a | 30d631c15df547799c152626b82cef42 |
[...]
```

Folgende Subkommandos stehen aktuell zur Verfügung:

`alarm-combination-create` erzeugt einen neuen Alarm, der andere Alarme auswertet.

`alarm-combination-update` aktualisiert eine definierte Alarmkombination.

`alarm-delete` löscht einen Alarm.

`alarm-history` zeigt die Historie eines Alarms an.

`alarm-list` listet alle definierten Alarme auf.

`alarm-show` zeigt Details eines Alarms an.

`alarm-state-get` fragt den Status eines Alarms ab.

`alarm-state-set` setzt den Status eines Alarms.

`alarm-threshold-create` definiert einen Alarm.

`alarm-threshold-update` aktualisiert einen Alarm.

`meter-list` listet Meter auf.

`resource-list` listet erfassten Ressourcen auf.

`resource-show` zeigt Details einer Ressource an.

`sample-create` erzeugt Werte.

`sample-list` zeigt erfasste Werte an.

`statistics` zeigt Statistiken eines Meters an.

Wie bei den anderen CLI-Kommandos können Sie Optionen und eine Hilfe per `ceilometer help <Subkommando>` anzeigen:

```
# ceilometer help alarm-threshold-create
usage: ceilometer alarm-threshold-create --name <NAME>
                              [--project-id <PROJECT_ID>]
                              [--user-id <USER_ID>]
                              [--description <DESCRIPTION>]
                              [--state <STATE>]
                              [--enabled {True|False}]
                              [--alarm-action <Webhook URL>]
                              [--ok-action <Webhook URL>]
                              [--insufficient-data-action <Webhook URL>]
                              [--repeat-actions {True|False}]
                              --meter-name <METRIC>
                              [--period <PERIOD>]
                              [--evaluation-periods <COUNT>]
                              [--statistic <STATISTIC>]
                              [--comparison-operator <OPERATOR>]
                              --threshold <THRESHOLD> [-q <QUERY>]

Create a new alarm based on computed statistics.

Optional arguments:
  --name <NAME> Name of the alarm (must be unique per tenant)
                      Required.
[...]
```

9.5.1 Meter

Die bereits von Ceilometer erfassten Kenngrößen, die Meter, werden über das entsprechende Subkommando gezielt abgefragt. Mithilfe einiger Schlüsselwörter kann die Abfrage eingeschränkt werden.

Das folgende Beispiel fragt einen bestimmten Benutzer anhand seiner ID ab und schränkt die Abfrage zusätzlich noch auf eine bestimmte Ressource ein:

```
# ceilometer meter-list -q "user=431fd881c06a489f9084222487132b2a;
  resource=instance-0000001a-d1aa71d7-74c1-4743-9e02-d3fcce559ad5-tapc2f49ffd-1d"
+--------------------------+------------+--------+-
| Name                     | Type       | Unit   |
+--------------------------+------------+--------+-
| network.incoming.bytes   | cumulative | B      |
| network.incoming.packets | cumulative | packet |
| network.outgoing.bytes   | cumulative | B      |
| network.outgoing.packets | cumulative | packet |
+--------------------------+------------+--------+-

---------------------------------------------------------------------+-
Resource ID                                                          |
---------------------------------------------------------------------+-
instance-0000001a-d1aa71d7-74c1-4743-9e02-d3fcce559ad5-tapc2f49ffd-1d |
instance-0000001a-d1aa71d7-74c1-4743-9e02-d3fcce559ad5-tapc2f49ffd-1d |
instance-0000001a-d1aa71d7-74c1-4743-9e02-d3fcce559ad5-tapc2f49ffd-1d |
instance-0000001a-d1aa71d7-74c1-4743-9e02-d3fcce559ad5-tapc2f49ffd-1d |
---------------------------------------------------------------------+-

--------------------------------+----------------------------------+
User ID                         | Project ID                       |
--------------------------------+----------------------------------+
431fd881c06a489f9084222487132b2a | 30d631c15df547799c152626b82cef42 |
431fd881c06a489f9084222487132b2a | 30d631c15df547799c152626b82cef42 |
431fd881c06a489f9084222487132b2a | 30d631c15df547799c152626b82cef42 |
431fd881c06a489f9084222487132b2a | 30d631c15df547799c152626b82cef42 |
--------------------------------+----------------------------------+
```

So werden alle von diesem Benutzer (`user=431fd881c06a489f9084222487132b2a`) für die Ressource (`resource=instance-0000001a-d1aa71d7-74c1-4743-9e02-d3fcce559ad5-tapc2f49ffd-1d`) erfassten Meter angezeigt.

Hier wird auch schnell ersichtlich, von welchem Typ die Werte erfasst wurden, also die Art der erfassten Kenngröße (`cumulative`) und die dabei verwendete Einheit (Unit).

Benutzer können nur die für sie zugänglichen Werte abfragen.

9.5.2 Ressourcen

Bei Ressourcen handelt es sich z. B. um Instanzen oder Volumes. Jedes erzeugte Objekt, das gemessen wurde, ist eine Ressource. Eine vollständige Liste aller erfassten Ressourcen erhalten Sie mit:

```
# ceilometer resource-list
+--------------------------------------+--------+-
| Resource ID                          | Source |
+--------------------------------------+--------+-
| 101952f7-0d5d-46ca-8e05-b89b0b9d1108 |        |
| 10c84fce-b6f8-4540-81a7-5ba7a8532479 |        |
| 23132786-1fc4-45f2-abb5-84be07047d00 |        |
| 261ac9d6-f0f4-470c-bd95-598fe7a42377 |        |
| 267e8ed3-a24e-456c-b871-8b245d8149b9 |        |
| 2d6b4007-ef5c-4065-98ef-d3367f344882 |        |
| 4e89190e-6895-484f-a624-c95425408d4a |        |
| 562c8301-52a2-4e5e-977e-09df3df4b368 |        |
| 5e6db6ea-77d4-48bb-a5e0-6f30565175ed |        |
| 6ca3220f-9643-4c5a-bcba-c0567a8b655b |        |
| 6d343773-9c80-442b-9d89-e4ce71079680 |        |
| 8224235d-8f1c-406a-afb2-a92204caa30b |        |
[...]

---------------------------------+----------------------------------+
User ID                          | Project ID                       |
---------------------------------+----------------------------------+
431fd881c06a489f9084222487132b2a | 30d631c15df547799c152626b82cef42 |
431fd881c06a489f9084222487132b2a | 30d631c15df547799c152626b82cef42 |
431fd881c06a489f9084222487132b2a | 30d631c15df547799c152626b82cef42 |
431fd881c06a489f9084222487132b2a | 30d631c15df547799c152626b82cef42 |
431fd881c06a489f9084222487132b2a | 30d631c15df547799c152626b82cef42 |
431fd881c06a489f9084222487132b2a | 30d631c15df547799c152626b82cef42 |
431fd881c06a489f9084222487132b2a | 30d631c15df547799c152626b82cef42 |
None                             | None                             |
431fd881c06a489f9084222487132b2a | 30d631c15df547799c152626b82cef42 |
431fd881c06a489f9084222487132b2a | 30d631c15df547799c152626b82cef42 |
431fd881c06a489f9084222487132b2a | 30d631c15df547799c152626b82cef42 |
431fd881c06a489f9084222487132b2a | 30d631c15df547799c152626b82cef42 |
[...]
```

Jede Ressource wird mit der verbundenen User- und Projekt-ID erfasst. Dies ermöglicht wieder Einschränkungen bei den Abfragen.

> Achtung: Je nach Laufzeit der Cloud und Ihren Berechtigungen kann diese Liste sehr lang werden.

Mit folgendem Subkommando wird gezielt eine Ressource und eine zugewiesene User-ID abgefragt:

```
# ceilometer resource-list -q "user=431fd881c06a489f9084222487132b2a;
  resource=instance-0000000a-a6e62b0c-d84d-477e-9894-e4dcef621584-tapd6c17621-29"
+------------------------------------------------------------------+--------+-
| Resource ID                                                      | Source |
+------------------------------------------------------------------+--------+-
| instance-0000000a-a6e62b0c-d84d-477e-9894-e4dcef621584-tapd6c17621-29 |        |
+------------------------------------------------------------------+--------+-

---------------------------------+-----------------------------------+
User ID                          | Project ID                        |
---------------------------------+-----------------------------------+
431fd881c06a489f9084222487132b2a | 30d631c15df547799c152626b82cef42  |
---------------------------------+-----------------------------------+
```

Details von Ressourcen können natürlich auch abgefragt werden, dazu existiert das Subkommando `resource-show`:

```
# ceilometer resource-show -r ce4d8ad6-549e-4b32-9a9f-a914b374a8ce
+-------------+------------------------------------------------------------+
| Property    | Value                                                      |
+-------------+------------------------------------------------------------+
| source      |                                                            |
| project_id  | 30d631c15df547799c152626b82cef42                           |
| user_id     | 431fd881c06a489f9084222487132b2a                           |
| metadata    | {u'ephemeral_gb': u'0', u'flavor.vcpus': u'1',
    u'flavor.ephemeral':                                                    |
|             | u'0', u'display_name': u'test', u'flavor.id': u'2',
    u'OS-EXT-                                                               |
|             | AZ:availability_zone': u'compute001', u'ramdisk_id': u'None',   |
|             | u'flavor.name': u'm1.small', u'disk_gb': u'20', u'kernel_id':
    u'None',                                                                |
|             | u'image.id': u'd09ab65c-e171-454d-a9ef-c21c526c974c',
    u'flavor.ram':                                                          |
|             | u'2048', u'host':                                          |
|             | u'2a0590df9f9f9c2cc5c116d696a01cb90bd8469bece6bc61d79bb5ec',   |
|             | u'image.name': u'fedora19', u'image_ref_url':
                                    u'http://127.0.0.1:8774/fc              |
|             | 7472354c514837ada18d2f1ccb1946/images/d09ab65c-e171-454d-a9ef-  |
|             | c21c526c974c', u'flavor.disk': u'20', u'root_gb': u'20', u'name': |
|             | u'instance-00000015', u'memory_mb': u'2048',
              u'instance_type': u'2',                                       |
|             | u'vcpus': u'1',
              u'image_ref': u'd09ab65c-e171-454d-a9ef-c21c526c974c'}        |
| resource_id | ce4d8ad6-549e-4b32-9a9f-a914b374a8ce                       |
+-------------+------------------------------------------------------------+
```

Hier ist ersichtlich, dass die entsprechende Ressource eine Instanz war, die u. a. 2048 MB RAM beanspruchte.

Auf diese Weise können Details zu allen jemals in der Cloud gelaufenen und vom Ceilometer registrierten Ressourcen ermittelt werden.

9.5.3 Samples

Die eigentlichen Werte, die erfasst wurden, erhalten Sie mit dem Subkommando `sample-list`, dabei muss immer gezielt das abzufragende Meter angegeben werden:

```
# ceilometer sample-list -m instance:m1.tiny
+--------------------------------------+------------------+-------+-
| Resource ID                          | Name             | Type  |
+--------------------------------------+------------------+-------+-
| 101952f7-0d5d-46ca-8e05-b89b0b9d1108 | instance:m1.tiny | gauge |
| 2d6b4007-ef5c-4065-98ef-d3367f344882 | instance:m1.tiny | gauge |
| 5e6db6ea-77d4-48bb-a5e0-6f30565175ed | instance:m1.tiny | gauge |
| 5e6db6ea-77d4-48bb-a5e0-6f30565175ed | instance:m1.tiny | gauge |
[...]

-------+----------+---------------------+
Volume | Unit     | Timestamp           |
-------+----------+---------------------+
1.0    | instance | 2013-11-28T11:20:46 |
1.0    | instance | 2013-11-28T14:43:22 |
1.0    | instance | 2013-11-28T11:26:50 |
1.0    | instance | 2013-11-28T11:27:56 |
[...]
```

Die tabellarische Ausgabe enthält alle notwendigen Informationen: die Ressource, den Namen, Typ, Wert, Einheit und den Zeitstempel des Eintrags.

Um gezielt die Daten der genutzten vCPUs innerhalb eines eingeschränkten Zeitfensters abzufragen, werden die notwendigen Parameter übergeben:

```
# ceilometer -d sample-list -m cpu_util \
  -q "start=2013-11-28T10:00:00;end=2013-11-28T11:30:00"
+--------------------------------------+----------+-------+-
| Resource ID                          | Name     | Type  |
+--------------------------------------+----------+-------+-
| 267e8ed3-a24e-456c-b871-8b245d8149b9 | cpu_util | gauge |
| 267e8ed3-a24e-456c-b871-8b245d8149b9 | cpu_util | gauge |
| 5e6db6ea-77d4-48bb-a5e0-6f30565175ed | cpu_util | gauge |
[...]

--------------+------+---------------------+
Volume        | Unit | Timestamp           |
--------------+------+---------------------+
12.9333333333 | %    | 2013-11-28T11:29:53 |
79.9166666667 | %    | 2013-11-28T11:28:53 |
4.46666666667 | %    | 2013-11-28T11:29:57 |
[...]
```

Statistische Werte, wie z. B. die Summe der erfassten Werte, können, wie im folgenden Abschnitt dargestellt, abgefragt werden.

9.5.4 Statistiken

Um schnell statistische Werte, also z. B. Anzahl, Minimum, Maximum, Summe, Durchschnitt, einsehen zu können, existiert das Subkommando statistics. Dabei wird der Name des abzufragenden Wertes übergeben:

```
# ceilometer statistics -m network.outgoing.packets
+--------+---------------------+---------------------+-------+-----+----------+-
| Period | Period Start        | Period End          | Count | Min | Max      |
+--------+---------------------+---------------------+-------+-----+----------+-
| 0      | 2013-11-28T11:02:42 | 2013-11-28T11:02:42 | 792   | 0.0 | 398071.0 |
+--------+---------------------+---------------------+-------+-----+----------+-

-----------+--------------+---------+--------------------+--------------------+
Sum        | Avg          | Duration | Duration Start      | Duration End        |
-----------+--------------+---------+--------------------+--------------------+
84596121.0 | 106813.284091 | 99826.0 | 2013-11-28T11:02:42 | 2013-11-29T14:46:28 |
-----------+--------------+---------+--------------------+--------------------+
```

Sollen Statistiken zu einer bestimmten Ressource ausgegeben werden, schränken Sie die Abfrage zusätzlich auf die Ressource ein:

```
# ceilometer statistics -m cpu_util -q "resource=ce4d8ad6-549e-4b32-9a9f-a914b374a8ce"
+--------+---------------------+---------------------+-------+----------------+-
| Period | Period Start        | Period End          | Count | Min            |
+--------+---------------------+---------------------+-------+----------------+-
| 0      | 2013-11-28T14:45:10 | 2013-11-28T14:45:10 | 1     | 0.135593220339 |
+--------+---------------------+---------------------+-------+----------------+-

---------------+----------------+----------------+----------+-
Max            | Sum            | Avg            | Duration |
---------------+----------------+----------------+----------+-
0.135593220339 | 0.135593220339 | 0.135593220339 | 0.0      |
---------------+----------------+----------------+----------+-

-------------------+--------------------+
Duration Start      | Duration End        |
-------------------+--------------------+
2013-11-28T14:45:10 | 2013-11-28T14:45:10 |
-------------------+--------------------+
```

9.5.5 Alarme

Alarme bieten die Möglichkeit, bei bestimmten Zuständen sogenannte Webhooks aufzurufen, die dann weitere, von Ceilometer unabhängige Aktionen anstoßen oder ausführen. Interessant werden Alarme allerdings auch ohne diese Hooks, und zwar genau dann, wenn Heat eingesetzt wird. So können Heat Stacks auf Zustände innerhalb der Cloud reagieren. Beispielsweise ist es möglich, weitere Instanzen zu starten, falls bei einer bereits laufenden Instanz die CPU-Last in einem definierten Zeitraum größer als 95 % ist.

In den folgenden Abschnitten befassen wir uns mit der Administration von Alarmen.

Alarme können drei verschiedene Zustände annehmen:

`ok` alles in Ordnung

`insufficient data` ungenügend Daten vorhanden (evtl. sind noch keine Daten der Ressource erfasst worden)

`alarm` kritischer Zustand erreicht

Damit die Zustände von Alarmen ausgewertet werden können, muss der `alarm-evaluator` gestartet sein.

Definition von Alarmen

Für die ordentliche Definition von Alarmen benötigen Sie einige erforderliche Parameter:

- Name
- Meter
- Threshold (Grenzwert)

Außerdem existieren unter anderem noch optionale Parameter:

- Beschreibung
- Periode (in der der Alarm ausgewertet wird)
- Comparison-Operator (der Vergleichsoperator: `lt` (less than / <), `le` (less or equal / <=) , `eq` (equal / =), `ne` (not equal / !=), `ge` (greater or equal / >=), `gt` (greater than / >)

Bei der Definition eines Alarms werden die notwendigen Parameter übergeben, wahlweise noch um die optionalen Parameter erweitert. Folgendes Beispiel erzeugt einen Alarm mit dem Namen `cpu_utilization` und der Beschreibung *CPU Utilization*. Der Alarm wird den Zustand *alarm* erhalten, wenn die CPU-Auslastung einer Instanz in 60 Sekunden (default) größer oder gleich 20 (%, das ist die automatisch bestimmte Einheit für das Meter `cpu_util`) ist.

```
# ceilometer alarm-threshold-create --name cpu_utilization \
  --comparison-operator ge --threshold 20 --meter-name cpu_util \
  --description "CPU Utilization"
+---------------------------+-------------------------------------+
| Property                  | Value                               |
+---------------------------+-------------------------------------+
| meter_name                | cpu_util                            |
| alarm_actions             | []                                  |
| user_id                   | 431fd881c06a489f9084222487132b2a    |
| name                      | cpu_utilization                     |
| evaluation_periods        | 1                                   |
| statistic                 | avg                                 |
| enabled                   | True                                |
| period                    | 60                                  |
| alarm_id                  | 976f6ea0-3ae0-4354-be26-7276023f976d |
| state                     | insufficient data                   |
| query                     |                                     |
| insufficient_data_actions | []                                  |
| repeat_actions            | False                               |
| threshold                 | 20.0                                |
| ok_actions                | []                                  |
| project_id                | 30d631c15df547799c152626b82cef42    |
| type                      | threshold                           |
| comparison_operator       | ge                                  |
| description               | CPU Utilization                     |
+---------------------------+-------------------------------------+
```

Alle nicht übergebenen Parameter werden mit Defaultwerten besetzt (z. B. `period`).

Jeder Alarm ist wieder eindeutig über seine ID identifizierbar. Namen von Alarmen müssen innerhalb eines Projektes eindeutig sein. Neu erzeugte Alarme befinden sich bis zur ersten Abarbeitung des *alarm evaluators* im Zustand *insufficient data*.

Soll der Alarm beim Wechsel auf einen bestimmten Zustand einen Webhook ausführen, also das Aufrufen einer Webseite, so muss zusätzlich der Daemon `openstack-ceilometer-alarm-notifier` gestartet sein. Auch benötigen die Alarmdefinitionen dann die Angabe der entsprechenden URL für den gewünschten Zustand:

```
# ceilometer alarm-threshold-create --name cpu_utilization \
  --comparison-operator ge --threshold 20 --meter-name cpu_util \
  --description "CPU Utilization" \
  --insufficient-data-action "http://127.0.0.1"
```

Hier würde bei Erreichen des Zustands *insufficient data* einmalig die URL `http://127.0.01` angesteuert. Mithilfe des Parameters `repeat-actions True` haben Sie die Möglichkeit, bei jedem Check des Alarms und Feststellung des Zustands, die Aktion auszuführen. Andernfalls wird die definierte Aktion lediglich einmal ausgeführt.

Anzeigen von Alarmen

Um alle definierten Alarme, die Sie einsehen dürfen, darzustellen, nutzen Sie das Subkommando `alarm-list`:

```
# ceilometer alarm-list
+--------------------------------------+-----------------+-------------------+-
| Alarm ID                             | Name            | State             |
+--------------------------------------+-----------------+-------------------+-
| 976f6ea0-3ae0-4354-be26-7276023f976d | cpu_utilization | insufficient data |
+--------------------------------------+-----------------+-------------------+-

--------+------------+--------------------------------+
Enabled | Continuous | Alarm condition                |
--------+------------+--------------------------------+
True    | False      | cpu_util >= 20.0 during 1 x 60s |
--------+------------+--------------------------------+
```

Mehrere Alarme werden zeilenweise ausgegeben. Die folgende Ausgabe enthält auch unterschiedliche Alarmzustände:

```
# ceilometer alarm-list
+--------------------------------------+-----------------+-------+---------+-
| Alarm ID                             | Name            | State | Enabled |
+--------------------------------------+-----------------+-------+---------+-
| 91f8d889-b0d8-4568-99f9-f104c60b7341 | IncomingPackets | alarm | True    |
| bff01e86-2d79-431b-bdf8-c30450f22545 | HighCPULoad     | ok    | True    |
+--------------------------------------+-----------------+-------+---------+-

----------+----------------------------------------------+
Continuous | Alarm condition                              |
----------+----------------------------------------------+
False     | network.incoming.packets > 54000.0 during 1 x 5s |
False     | cpu_util >= 95.0 during 1 x 5s               |
----------+----------------------------------------------+
```

Die vollständige Definition eines Alarms erhalten Sie mit `alarm-show` unter Angabe der ID:

```
openstack001:~ # ceilometer alarm-show \
                 -a 976f6ea0-3ae0-4354-be26-7276023f976d
+---------------------------+--------------------------------------+
| Property                  | Value                                |
+---------------------------+--------------------------------------+
| meter_name                | cpu_util                             |
| alarm_actions             | []                                   |
| user_id                   | 431fd881c06a489f9084222487132b2a     |
| name                      | cpu_utilization                      |
| evaluation_periods        | 1                                    |
| statistic                 | avg                                  |
| enabled                   | True                                 |
| period                    | 60                                   |
| alarm_id                  | 976f6ea0-3ae0-4354-be26-7276023f976d |
| state                     | insufficient data                    |
| query                     |                                      |
| insufficient_data_actions | []                                   |
| repeat_actions            | False                                |
| threshold                 | 20.0                                 |
| ok_actions                | []                                   |
| project_id                | 30d631c15df547799c152626b82cef42     |
| type                      | threshold                            |
| comparison_operator       | ge                                   |
| description               | CPU Utilization                      |
+---------------------------+--------------------------------------+
```

Aktualisieren von Alarmen

Bereits existierende Alarme können mit dem Subkommando `alarm-update` aktualisiert werden. So kann auf einfache Art der Grenzwert eines Alarms und die Beschreibung mit einem Aufruf angepasst werden:

```
# ceilometer alarm-update -a bff01e86-2d79-431b-bdf8-c30450f22545 \
  --threshold 20 --description "alert if cpu utilization >= 20%"
+---------------------------+-------------------------------------+
| Property                  | Value                               |
+---------------------------+-------------------------------------+
| meter_name                | cpu_util                            |
| alarm_actions             | []                                  |
| user_id                   | 431fd881c06a489f9084222487132b2a    |
| name                      | HighCPULoad                         |
| evaluation_periods        | 1                                   |
| statistic                 | max                                 |
| enabled                   | True                                |
| period                    | 5                                   |
| alarm_id                  | bff01e86-2d79-431b-bdf8-c30450f22545 |
| state                     | insufficient data                   |
| query                     |                                     |
| insufficient_data_actions | []                                  |
| repeat_actions            | False                               |
| threshold                 | 20.0                                |
| ok_actions                | []                                  |
| project_id                | 30d631c15df547799c152626b82cef42    |
| type                      | threshold                           |
| comparison_operator       | ge                                  |
| description               | alert if cpu utilization >= 20%     |
+---------------------------+-------------------------------------+
```

Historie

Für das Monitoring ist oft die Historie von Alarmzuständen wichtig. Die Zustands- und Änderungshistorie eines Alarms können Sie per `alarm-historie` unter Angabe der ID ausgeben lassen. Dabei wird bei der Erzeugung des Alarms begonnen:

```
# ceilometer alarm-history -a bff01e86-2d79-431b-bdf8-c30450f22545
+------------------+----------------------------+-------------------------+
| Type             | Timestamp                  | Detail                  |
+------------------+----------------------------+-------------------------+
| creation         | 2013-11-29T10:22:45.709000 | name: HighCPULoad       |
|                  |                            | description: alert if
                                                  cpu utilization >= 95 % |
|                  |                            | type: threshold         |
|                  |                            | rule: cpu_util >= 95.0
                                                        during 1 x 5s     |
| state transition | 2013-11-29T10:23:16.901000 | state: ok               |
| state transition | 2013-11-29T10:25:16.869000 | state: alarm            |
| state transition | 2013-11-29T10:27:16.870000 | state: ok               |
| state transition | 2013-11-29T11:05:19.556000 | state: insufficient data |
| state transition | 2013-11-29T11:06:18.807000 | state: ok               |
| state transition | 2013-11-29T11:08:18.360000 | state: insufficient data |
| state transition | 2013-11-29T11:09:19.722000 | state: ok               |
| state transition | 2013-11-29T11:10:18.499000 | state: insufficient data |
| state transition | 2013-11-29T11:11:19.015000 | state: ok               |
| state transition | 2013-11-29T11:14:18.692000 | state: insufficient data |
| state transition | 2013-11-29T11:16:19.780000 | state: ok               |
| state transition | 2013-11-29T11:18:19.800000 | state: insufficient data |
| state transition | 2013-11-29T11:19:22.622000 | state: ok               |
| state transition | 2013-11-29T11:20:19.215000 | state: insufficient data |
| state transition | 2013-11-29T11:21:19.837000 | state: ok               |
| state transition | 2013-11-29T11:23:21.856000 | state: insufficient data |
| state transition | 2013-11-29T11:24:20.028000 | state: ok               |
| state transition | 2013-11-29T11:26:27.718000 | state: insufficient data |
| state transition | 2013-11-29T11:31:20.480000 | state: ok               |
| state transition | 2013-11-29T11:32:23.897000 | state: insufficient data |
| state transition | 2013-11-29T11:37:21.244000 | state: ok               |
| state transition | 2013-11-29T11:38:19.919000 | state: insufficient data |
| state transition | 2013-11-29T11:43:20.657000 | state: ok               |
| state transition | 2013-11-29T11:44:18.564000 | state: insufficient data |
+------------------+----------------------------+-------------------------+
```

Jeder Zustandswechsel wird ordentlich protokolliert.

Status manuell verändern

Der Zustand eines Alarms kann gezielt abgefragt werden:

```
# ceilometer alarm-state-get \
  -a bff01e86-2d79-431b-bdf8-c30450f22545
+----------+-------------------+
| Property | Value             |
+----------+-------------------+
| state    | insufficient data |
+----------+-------------------+
```

Zum Testen von eventuell aufgerufenen Webhooks existiert die Möglichkeit, den Zustand eines Alarms zu verändern:

```
# ceilometer alarm-state-set \
  -a bff01e86-2d79-431b-bdf8-c30450f22545 --state ok
+----------+-------+
| Property | Value |
+----------+-------+
| state    | ok    |
+----------+-------+
```

Alarme für Alarme?

Möglicherweise ist ein Alarm allein nicht weiter schlimm, z. B. wenn die CPU-Auslastung allein betrachtet wird. Kommt nun allerdings ein weiterer Alarm hinzu, der für sich allein auch nicht tragisch ist, beispielsweise die Anzahl der empfangenen Netzwerkpakete, kann eine Instanz kurz vor der Überlastung und damit dem Zusammenbruch stehen.

Hierfür existiert die Möglichkeit, zwei oder mehr Alarme zusammen, in einer sogenannten Kombination, zu überwachen. Dabei kann die Verknüpfung der zu überwachenden Alarme definiert werden. Wenn zum Beispiel zwei definierte Alarme in einer Kombination auf *alarm* stehen, dann soll die Alarmkombination auch den Zustand *alarm* erhalten. Andererseits kann auch eine ODER-Verknüpfung vorgegeben werden. Wechselt einer der überwachten Alarme in einen Alarmzustand, dann wird auch die Alarmkombination den gewählten Zustand annehmen.

Bei Alarmkombinationen handelt es sich um Alarme, die andere Alarme überwachen: Alarme für Alarme.

Um eine solche Kombination zu erstellen, werden die IDs der zu überwachenden Alarme benötigt. Das Subkommando `alarm-combination-create` erzeugt dann eine solche Kombination:

```
# ceilometer alarm-combination-create --name CombinedInsufficientData \
  --description "alert if two alarms have insufficient data" \
  --alarm_ids 7391f7cf-56a4-4c3c-a9d8-af03b87f7674 \
  --alarm_ids bff01e86-2d79-431b-bdf8-c30450f22545 --operator and
```

Hier muss nun kein Grenzwert angegeben werden, dafür existiert mit dem Parameter `operator` die Möglichkeit, `UND`- bzw. `ODER`-Verknüpfungen der angegebenen Alarme zu konfigurieren.

Eine solch erzeugte Kombination erscheint in der Liste der regulären Alarme:

```
# ceilometer alarm-list
+--------------------------------------+----------------------+-------+---------+-
| Alarm ID                             | Name                 | State | Enabled |
+--------------------------------------+----------------------+-------+---------+-
| 5377e469-88e8-4a08-98f6-ba4ad9aab50a | CombinedAlarm        | alarm | True    |
| 7391f7cf-56a4-4c3c-a9d8-af03b87f7674 | incoming packets > 0 | alarm | True    |
| bff01e86-2d79-431b-bdf8-c30450f22545 | HighCPULoad          | alarm | True    |
+--------------------------------------+----------------------+-------+---------+-

-----------+----------------------------------------------------------------+
Continuous | Alarm condition                                                |
-----------+----------------------------------------------------------------+
False      | combinated states (AND) of 7391f7cf-56a4-4c3c-a9d8-af03b87f7674,
                                      bff01e86-2d79-431b-bdf8-c30450f22545 |
False      | network.incoming.packets > 1.0 during 1 x 60s                 |
False      | cpu_util >= 20.0 during 1 x 5s                                 |
-----------+----------------------------------------------------------------+
```

Um eine solche Kombination zu löschen, nutzen Sie das bereits bekannte `alarm-delete` unter Angabe der ID. Allerdings benötigen Sie für das Aktualisieren einer solchen Kombination das Subkommando `alarm-combination-update`.

9.5.6 API-Beispiel

Auch hier besteht die Möglichkeit, Daten per `curl` direkt abzufragen. So zeigt folgender Aufruf beispielsweise die Summe der gelesenen Bytes auf der Platte:

```
# curl -i -X GET -H "X-Auth-Token: $TOKEN" \
  -H 'Content-Type: application/json' \
  -H 'Accept: application/json' -H 'User-Agent: python-ceilometerclient' \
  http://127.0.0.1:8777/v1/projects/30d631c15df547799c152626b82cef42/\
  meters/disk.read.bytes/volume/sum
HTTP/1.0 200 OK
Date: Tue, 03 Dec 2013 06:53:32 GMT
Server: WSGIServer/0.1 Python/2.6.8
Content-Type: application/json
Content-Length: 30

{
  "volume": 122958533632.0
}
```

Die Auflistung aller erfassten Meter erfolgt durch folgende Abfrage:

```
# curl -i -X GET -H "X-Auth-Token: $TOKEN" \
  -H 'Content-Type: application/json' \
  -H 'Accept: application/json' -H 'User-Agent: python-ceilometerclient' \
  http://127.0.0.1:8777/v1/projects/30d631c15df547799c152626b82cef42/meters
[...]
{
 "meters": [
  {
   "name": "network.incoming.packets",
   "project_id": "30d631c15df547799c152626b82cef42",
   "resource_id":
   "instance-00000009-6ca3220f-9643-4c5a-bcba-c0567a8b655b-tapd9f33681-2b",
   "source": "openstack",
   "type": "cumulative",
   "unit": "packet",
   "user_id": "431fd881c06a489f9084222487132b2a"
  },
 [...]
```

9.6 Weiterführende Links und Quellen

[1] Launchpad: https://launchpad.net/ceilometer
[2] Homepage: http://wiki.openstack.org/Ceilometer
[3] Code: https://github.com/openstack/ceilometer
[4] Tarballs: http://tarballs.openstack.org/ceilometer/
[5] Dokumentation: http://docs.openstack.org/developer/ceilometer/
[6] Systemarchitektur: http://docs.openstack.org/developer/ceilometer/architecture.html

10 Orchestrierung – Heat

Name: Heat
Aufgabe: Cloud-Orchestrierung
Core-Projekt seit: Havana

Heat ist ein Dienst zum automatisierten Verwalten vorgegebener Infrastruktur-Ressourcen für Cloud-Anwendungen. Das bedeutet, dass Heat komplette Serverinstanzen einschließlich aller Anwendungen und benötigter OpenStack-Ressourcen wie Alarme, IP-Adressen, Security Groups, Volumes usw. innerhalb kürzester Zeit provisionieren und konfigurieren kann. Man spricht in diesem Zusammenhang auch von »Orchestrierung«.

Auch fortgeschrittenere Funktionalitäten wie *Hochverfügbarkeit* und *Autoscaling* von Instanzen und *Nested Stacks* lassen sich mit Heat realisieren.

Heat verwaltet den gesamten Lebenszyklus einer Anwendung (»Lifecycle Management«): Bei Änderungen der Anforderungen an die Infrastruktur muss nur das Template angepasst und damit ein Update der bestehenden Umgebung ausgeführt werden. Heat kann dann selbstständig die erforderlichen Änderungen übertragen. Nach Beendigung einer Anwendung werden alle bereitgestellten Ressourcen ebenso selbstständig wieder gelöscht.

Heat hält sich an den vorgegebenen Standard der *Amazon Web Services* (AWS) und erfüllt die *TOSCA*-Spezifikationen[1].

[1]TOSCA ist die Abkürzung für *Topology and Orchestration Specification for Cloud Applications*, eine herstellerübergreifende Beschreibung für Cloud-Applikationen, herausgegeben vom OASIS Committee (https://www.oasis-open.org/committees/tc_home.php?wg_abbrev=tosca).

10.1 Begriffe und Funktionsweise

Heat ist eng mit den übrigen OpenStack-Komponenten verzahnt, um komplette Lebenszyklen von Infrastrukturen und Applikationen innerhalb einer OpenStack-Cloud zu unterstützen. Als Schnittstelle bietet Heat sowohl eine OpenStack-native RESTful API als auch die CloudFormation-kompatible Query-API der AWS an. Heat nimmt die entsprechenden API-Kommandos entgegen und erzeugt daraus Aufrufe für die OpenStack-APIs, die an die unterschiedlichen OpenStack-Komponenten weitergereicht werden (siehe Abb. 10-1). Dadurch können alle benötigten Cloud-Ressourcen wie Serverinstanzen, Volumes, (Floating-) IP-Adressen, Security Groups etc. in der richtigen Reihenfolge erzeugt werden, sodass eine komplette Anwendungsumgebung innerhalb kürzester Zeit bereitgestellt werden kann. Heat ist auch in das Dashboard (*Horizon*) (unter dem Menüpunkt *Orchestration*) integriert.

Die Konfiguration der Anwendungsserver innerhalb einer OpenStack-Umgebung erfolgt mithilfe von textbasierten Vorlagedateien, den *Templates*, in denen die zu konfigurierenden Dienste und die benötigten Ressourcen beschrieben werden. Die Templates können auch Beziehungen zwischen den Ressourcen beinhalten, etwa die Verbindung eines bestimmten Volumes mit einer Serverinstanz. Dazu lassen sich innerhalb einer Textdatei Vorlagen für verschiedene Anwendungsszenarien erstellen, die sowohl von Menschen als auch von Maschinen ausgewertet werden können. Mithilfe dieser Vorlagen lassen sich alle Komponenten sowie deren Beziehungen zueinander abbilden.

Die Verfahrensweise, einfache Textdateien für die zentrale Konfiguration der bereitzustellenden Ressourcen zu verwenden, bietet neben der einfachen Lesbarkeit auch den Vorteil, dass die Dateien mit gängigen Werkzeugen leicht versioniert (z. B. mit `Subversion` oder `Git`) oder verglichen werden können (z. B. mit `diff`).

In Verbindung mit der Telemetry von Ceilometer wird ein Dienst für automatisch skalierende Cloud-Ressourcen ermöglicht. Dazu wird in einem Template eine sogenannte »Scaling Group« als Ressource definiert und Alarme für Ceilometer konfiguriert. Durch sogenannte *Scaling Policies*, also Richtlinien zur Skalierung, bestimmt ein ausgelöster Alarm dann die Richtung der Skalierung (up/down).

Mithilfe der Integration von Werkzeugen zum Konfigurationsmanagement wie *Puppet* (siehe Abschnitt 14.3.3, S. 360) oder *Chef* (siehe Abschnitt 14.3.2, S. 359) in die Templates kann eine Anwendung automatisiert weiter an vorgegebene Kundenwünsche angepasst werden. Damit schlägt Heat die Brücke von der IaaS-Cloud zur PaaS-Cloud.[2]

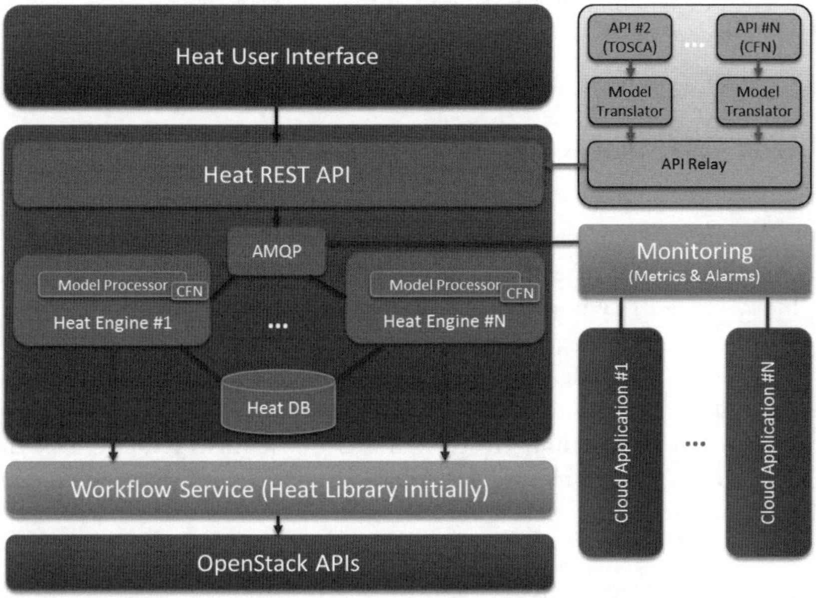

Abb. 10-1
Heat – Architektur

10.1.1 Ressourcen

Den einzelnen Heat-Stacks müssen – wie den normalen Instanzen – *Ressourcen* der OpenStack-Umgebung bereitgestellt werden: IP-Adressen, Firewalls, Ports, Router, Storage, Volumes usw. Es gibt auch Heat-spezifische Ressourcen wie z. B. einen speziellen Telemetry-Alarm für Ceilometer, der für das Spawnen zusätzlicher Instanzen sorgt, wenn die vorhandenen nicht ausreichen, und so eine automatisierte Skalierung ermöglicht (siehe Abschnitt 10.5.2, S. 280). Die Verwaltung dieser Ressourcen erfolgt abstrahiert mit eigenen Werkzeugen (siehe auch Abschnitt 10.5.1, S. 275).

Eine aktuelle Liste aller möglichen Ressourcen mit Beschreibung (Syntax, Datentypen, Beschreibungen etc.) gibt es unter folgender Adresse der OpenStack-Developer-Community: http://docs.openstack.org/developer/heat/template_guide/openstack.html.

[2] Bei Red Hat wird Heat im Rahmen des Dienstes »OpenShift« angeboten, der in nativen OpenStack-Infrastrukturen eingesetzt werden kann, um schnell und einfach spezielle PaaS-Umgebungen in Betrieb zu nehmen.

10.1.2 Stacks

Ein *Stack* bezeichnet die Summe aller Ressourcen, die nötig sind, um mit Heat eine definierte Umgebung aufzubauen. Die dabei miteinander verbundenen Ressourcen umfassen VMs, Volumes, Netzwerke, Ports, Images etc.

10.1.3 Templates

Templates beschreiben die Eckdaten eines Heat-Stacks und bereiten die Übergabe von Parametern wie Schlüssel, Netzwerk-IDs, Benutzerdaten usw. zum Starten eines Stacks vor. Templates können als Datei, als Objekt (etwa als Swift-Objekt) oder mittels einer URL übermittelt werden. Als Auszeichnungssprache für Templates sind drei Syntaxvarianten möglich: HOT (Heat Orchestration Template), YAML und JSON[3]. Diese unterscheiden sich nur unwesentlich beim Gebrauch von Anführungszeichen und Klammern sowie der Groß-/Kleinschreibung. Neben einer eigenen Template-Sprache unterstützt Heat auch das bestehende Template-Format der *AWS CloudFormation* [4].

10.1.4 Komponenten

Aktuell besteht Heat aus folgenden Komponenten:

`heat-api`
: Die Heat-API (`heat-api`) liefert eine RESTful-Schnittstelle, die die Requests per RPC an die Heat-Engine weiterreicht.

`heat-api-cfn`
: Die CloudFormation-Schnittstelle bietet Kompatibilität zu den Amazon Web Services.

`heat-api-cloudwatch`
: Mit *CloudWatch* wird die Auslastung einer Umgebung überwacht und bei Bedarf reagiert, z. B. indem weitere Instanzen erstellt werden.

`heat-engine`
: Die *Engine* ist das eigentliche Herzstück des Orchestration Service und bringt die Heat-Stacks zum Laufen.

`python-heatclient`
: Wie bei den anderen Projekten von OpenStack existiert auch für Heat ein eigener Client für die Verwaltung.

---

[3] Technisch gesehen ist YAML ein Superset von JSON.

[4] http://aws.amazon.com/de/cloudformation/

10.2 Installation

Abhängig von der Distribution sind auf dem Control Node die Heat-Komponenten zu installieren (siehe auch Abschnitt 10.1.4, S. 262). Hier das Beispiel für openSUSE und SLES:

```
# zypper install openstack-heat-api \
                 openstack-heat-api-cfn \
                 openstack-heat-engine \
                 openstack-heat-api-cloudwatch
```

10.3 Konfiguration

10.3.1 Keystone-Setup

Als Erstes erstellen Sie einen eigenen Nutzer für den Orchestration Service, damit dieser sich beim Identity Service anmelden kann (die Angabe einer E-Mail-Adresse ist optional):

```
# keystone user-create --name heat --pass heatpw \
  --email=heat@openstack.b1-systems.de
```

Diesen Nutzer ordnen Sie dann dem Tenant `service` mit der Rolle `admin` zu:

```
# keystone user-role-add --user=heat --tenant=service --role=admin
```

Anschließend erstellen Sie die fehlenden Serviceeinträge für Orchestration und CloudFormation:

```
# keystone service-create --name=heat --type=orchestration \
  --description="Heat Orchestration API"
# keystone service-create --name=heat-cfn --type=cloudformation \
  --description="Heat CloudFormation API"
```

Für die Erreichbarkeit der beiden Dienste erzeugen Sie jeweils noch einen neuen Endpunkt:

```
# keystone endpoint-create --region RegionOne
  --service-id <SERVICE-ID_HEAT> \
  --publicurl "http://<IP-ADRESSE>:8000/v1" \
  --internalurl "http://<IP-ADRESSE>:8000/v1" \
  --adminurl "http://<IP-ADRESSE>:8000/v1"
# keystone endpoint-create --region RegionOne \
  --service-id <SERVICE-ID_HEAT-CFN> \
  --publicurl "http://<IP-ADRESSE>:8004/v1/%(tenant_id)s" \
  --internalurl "http://<IP-ADRESSE>:8004/v1/%(tenant_id)s" \
  --adminurl "http://<IP-ADRESSE>:8004/v1/%(tenant_id)s"
```

Für die Service-ID setzen Sie jeweils die bei der Erstellung der Dienste zurückgegebenen UUIDs und für `<IP-ADRESSE>` die IP-Adresse des Controllers ein.

Abschließend tragen Sie die dazu passenden Authentifizierungsparameter in der Konfigurationsdatei von Heat (/etc/heat/heat.conf) ein:

```
[...]
[keystone_authtoken]
auth_host = controller
auth_port = 35357
auth_protocol = http
auth_uri = http://controller:5000/v2.0
admin_tenant_name = service
admin_user = heat
admin_password = heatpw
[ec2_authtoken]
auth_uri = http://controller:5000/v2.0
keystone_ec2_uri = http://controller:5000/v2.0/ec2tokens
[...]
```

10.3.2 Datenbank

Zunächst erstellen Sie, falls noch nicht vorhanden, eine Datenbank für Heat:

```
# mysql -u root -p
mysql> CREATE DATABASE heat;
mysql> GRANT ALL PRIVILEGES ON heat.* TO 'heat'@'localhost'
       IDENTIFIED BY 'heatpw';
mysql> GRANT ALL PRIVILEGES ON heat.* TO 'heat'@'%' IDENTIFIED BY 'heatpw';
```

Die Datenbankanbindung erfolgt über den Eintrag sql_connection, entweder direkt in der Konfigurationsdatei /etc/heat/heat.conf oder mit dem Hilfswerkzeug openstack-config:

```
# openstack-config --set /etc/heat/heat.conf \
  DEFAULT sql_connection mysql://heat:heatpw@127.0.0.1/heat
```

Die Adresse 127.0.0.1 für den lokalen Host bei einem Single-Node-Setup muss bei einem verteilten Setup durch die Adresse des Control Node mit der Datenbank ersetzt werden.

10.3.3 Weitere Konfiguration

Die weitere Konfiguration findet in der Konfigurationsdatei /etc/heat/heat.conf statt. Die Verbindung zum Message-Dienst RabbitMQ benötigt die Anpassung des RabbitMQ-Hosts (hier: localhost für ein Single-Node-Setup) und des Kennworts im [DEFAULT]-Abschnitt. Die übrigen Einträge können übernommen werden:

```
[DEFAULT]
[...]
rabbit_host=localhost
rabbit_port=5672
rabbit_userid=heat
rabbit_password=rabbitpw
[...]
```

Die Verbindung zum Message-Dienst kann auch wieder mittels `openstack-config` erfolgen:

```
# openstack-config --set /etc/heat/heat.conf DEFAULT rabbit_host localhost
# openstack-config \
            --set /etc/heat/heat.conf DEFAULT rabbit_password rabbitpw
```

10.3.4 Starten der Dienste

Folgende Dienste starten Sie nach erfolgter Konfiguration:

```
# service openstack-heat-api start
# service openstack-heat-api-cfn start
# service openstack-heat-engine start
# service openstack-heat-api-cloudwatch start
```

... und richten Sie für einen automatischen Start beim Booten ein:

```
# chkconfig openstack-heat-api on
# chkconfig openstack-heat-api-cfn on
# chkconfig openstack-heat-engine on
# chkconfig openstack-heat-api-cloudwatch on
```

10.4 Templates

Stacks werden mithilfe von Templates gesteuert. Diese enthalten die Beschreibungen für die einzelnen Ressourcen und eventuelle Abhängigkeiten.

Aktuell existieren zwei verschiedene Formate für Templates:

Heat Orchestration Template (HOT) ist ein neues Template-Format, das das existierende CFN ersetzen soll. Dabei wird das Augenmerk darauf gelegt, dass HOT das bevorzugte Format unter Heat werden soll. Dieses Format befindet sich in aktiver Entwicklung und ist weit fortgeschritten, allerdings noch nicht fertiggestellt. Die aktuelle Dokumentation zu HOT finden Sie unter http://docs.openstack.org/developer/heat/template_guide/hot_spec.html. Diese Templates werden im YAML-Format[5] vorgelegt.

---

[5] http://www.yaml.org/spec/

AWS CloudFormation (CFN) ist das Template-Format von Amazon. Es wird von Heat unterstützt. Es existieren viele Templates im Bereich CFN, die mit Heat weiterverwendet werden können. Diese Templates werden per JSON[6] formatiert.

In den folgenden Abschnitten konzentrieren wir uns auf das HOT-Format.

10.4.1 HOT

Ein *Heat Orchestration Template*, kurz *HOT*, muss einer definierten Struktur folgen, d. h., es gibt Elemente, die zwingend enthalten sein müssen, während andere optional sind.

Das folgende Minimalbeispiel (`heat_is_hot.templ`) dient zum Verständnis des Aufbaus:

```
heat_template_version: 2014-01-09

description: >
  Simple HOT template that just defines a single compute
  instance.
  Contains just base features to verify base HOT support.

parameters:
  KeyName:
    type: string
    description: name of ssh-key to inject
    default: sesam
  Network:
    type: string
    description: network to use
  Subnet:
    type: string
    description: subnet to use
  InstanceType:
    type: string
    description: flavor to use for the instance
    default: m1.small
    constraints:
      - allowed_values: [m1.tiny, m1.small, m1.large]
        description: Value must be one of 'm1.tiny',
                     'm1.small' or 'm1.large'
  ImageId:
    type: string
    description: ImageID

resources:
  my_instance:
    type: OS::Nova::Server
    properties:
      key_name: { get_param: KeyName }
```

[6] http://www.json.org

```
      image: { get_param: ImageId }
      flavor: { get_param: InstanceType }
      networks:
        - port: { get_resource: instance_port }

  instance_port:
    type: OS::Neutron::Port
    properties:
      network_id: { get_param: Network }
      fixed_ips:
        - subnet_id: { get_param: Subnet }

outputs:
  instance_ip:
    description: The IP address of the deployed instance
    value: { get_attr: [my_instance, PublicIp] }
```

Ist der Wert der Datumsangabe bei `heat_template_version` neuer oder gleich 2013-05-23, liegt ein HOT im YAML-Format vor. Jeder Parameter erhält einen Namen, einen Typ (`string`) und eine Beschreibung. Per `default` wird ein Wert vorgegeben, falls keine Zuweisung beim Aufruf des Templates erfolgt. `constraints` erlauben die Limitierung möglicher Parameter auf ein ausgewähltes Angebot. Auch Parameter sind optional. Erforderlich hingegen, zumindest einmalig, sind Ressourcen. Diese definieren die eigentlichen Anweisungen, z. B. das Erzeugen einer Instanz, das Verwalten von IP-Adressen, Security Groups etc. Im Beispiel werden zwei Ressourcen definiert (`my_instance` und `instance_port`), die verschiedene Typen als Ursprung haben. Je nach Typ sind unterschiedliche Eigenschaften (`properties`) gefordert. Diese Eigenschaften entnehmen Sie der Entwicklerdokumentation für den gewählten Typ. Diese Dokumentation findet sich unter http://docs.openstack.org/developer/heat/template_guide/openstack.html.

Zuletzt folgt ein Block `outputs`. Die hier definierte `instance_ip` kann nach dem Starten des Stacks gezielt abgefragt werden. Über diverse Build-in-Functions kann mit Werten, die beim Schreiben von Templates noch nicht existieren, gearbeitet werden. Hier handelt es sich z. B. um die ID der Ressource `instance_port`. Der Port wird nach dem Erzeugen in der Instanz `my_instance` benötigt. Die Funktion `get_param` liefert die ID entsprechend zurück. Eine Übersicht der existierenden Build-in-Functions finden Sie unter http://docs.openstack.org/developer/heat/template_guide/hot_spec.html?highlight=json im Abschnitt *Intrinsic Functions*.

Eine wachsende Sammlung von Beispielen, die Sie als Grundlage für eigene Templates verwenden können, finden Sie unter https://github.com/openstack/heat-templates.

10.4.2 CFN

CloudFormation Templates (CFN-Templates) werden – im Unterschied zu den in der Auszeichnungssprache YAML formatierten HOTs – in der *JavaScript Object Notation* (JSON) verfasst. Nachfolgend ist ein einfaches Beispiel[7] angegeben, das eine einfache Instanz startet und einen Übergabeparameter (den Namen eines zu injizierenden SSH-Schlüssels) beinhaltet:

```
{
  "AWSTemplateFormatVersion" : "2010-09-09",
  "Parameters" : {
    "KeyName" : {
      "Description" : "Name of an existing EC2 KeyPair to
                       enable SSH access to the instance",
      "Type" : "String"
    }
  },

  "Resources" : {
    "MyInstance" : {
      "Type" : "AWS::EC2::Instance",
      "Properties" : {
        "KeyName" : { "Ref" : "KeyName" },
        "ImageId" : "F17-x86_64-cfntools",
        "InstanceType": "m1.small",
        "UserData" : { "Fn::Base64" : "80" }
      }
    }
  },
  "Outputs" : {
    "InstanceIp" : {
      "Value" : { "Fn::Join" : ["", ["ssh ec2-user@",
                                  {"Fn::GetAtt":
                                     ["MyInstance",
                                  "PublicIp"]}]]},
      "Description" : "My ssh command"
    }
  }
}
```

Im obigen Beispiel sind sowohl der Flavor als auch die Image-ID der zu startenden Instanz fest vorgegeben. Als Rückmeldung für den Benutzer wird unter `Outputs` ein zusammengesetzter String aus `ssh ec2-user@` und der IP-Adresse der gestarteten Instanz ausgegeben.[8]

[7] Das dargestellte Template stammt aus dem GitHub: https://github.com/openstack/heat-templates/blob/master/cfn/F17/getting_started.template.

[8] Eine Sammlung von AWS-Beispielvorlagen gibt es unter: http://aws.amazon.com/de/cloudformation/aws-cloudformation-templates/. Dort gibt es u. a. Vorlagen für Open-Source-Anwendungen, Webserver, Content-Management-Systeme, Windows-Server u.v.m.

10.5 Administration

10.5.1 Der Heat-Client

Die CLI-Befehle von Heat werden durch Installation des Pakets `python-heatclient` verfügbar. Die allgemeine Syntax eines Heat-CLI-Befehls hat die Form:

```
$ heat <subcommand> [options] [args]
```

Eine Auswahl nützlicher (Sub-)Kommandos:

`action-resume` setzt einen Stack fort.

`action-suspend` pausiert einen Stack.

`event-list` zeigt Events in einem Stack an.

`event-show` zeigt einen Event an.

`resource-list` listet Ressourcen eines Stacks auf.

`resource-metadata` zeigt Metadaten einer Ressource an.

`resource-show` zeigt Details einer Resssource an.

`resource-template` gibt ein Template einer Ressource aus.

`stack-create` startet einen Stack.

`stack-delete` löscht einen definierten Stack.

`stack-list` listet alle Stacks (des aktuellen Benutzers) auf.

`stack-show` zeigt Details eines Stacks an.

`stack-update` aktualisiert einen bereits definierten Stack.

`template-show` gibt das Template eines definierten Stacks aus.

`template-validate` prüft ein Template.

Mit dem Aufruf von

```
$ heat help stack-create
```

wird die Hilfe zu dem übergebenen Subkommando angezeigt.

Stack erzeugen

Erste Voraussetzung zum Erzeugen eines Stacks ist ein funktionierendes Image als Grundlage. Dort sollten die CFN-Tools[9] installiert sein, um die Kompatibilität der daraus erzeugten Instanzen mit CloudFormation herzustellen.[10]

Die zweite Voraussetzung ist eine passende Template-Datei.

Der Aufruf für das Deployment eines Heat-Stacks erfolgt über das `heat`-Subkommando `stack-create`, gefolgt von der Pfadangabe zur Template-Datei.

Dazu gibt es drei Möglichkeiten:

`--template-file` kurz `-f`, Datei auf dem lokalen Dateisystem

`--template-url` kurz `-u`, URL-Adresse im Netz

`--template-object` kurz `-o`, Objektadresse, z. B. im Object Store Swift

Mit `-P` können Werte für die in der Template-Datei definierten Parameter mitgegeben werden, sofern diese noch nicht über Defaultwerte definiert wurden. Insgesamt ergibt sich sinngemäß folgendes Kommando, um einen Heat-Stack zu starten (die Parameter nach `-P` hängen von der verwendeten Template-Datei ab):

```
# heat stack-create -f <TEMPLATE_FILE> \
  -P "ImageID=<IMAGE_ID>;NetworkID=<NETZWERK_ID>;SubnetID=<SUBNETZ_ID>" \
  <STACK_NAME>
```

Passend zu obigem Beispiel-Template (`heat_is_hot.templ`) könnte der konkrete Aufruf für die Erstellung einer definierten Instanz so lauten (der Schlüsselname und die IDs sind der aktuellen Installation anzupassen):

```
# heat stack-create -f ./heat_is_hot.templ \
  -P "ImageID=9b29a063-df39-4f9f-ab5c-75f7f4105821; \
      NetworkID=f51e5abc-3e1b-4b25-b726-c17d669dd0f5; \
      SubnetID=78a58894-cbc1-4ac9-a7a6-cbb512f644a6" \
      heat_01
```

[9] Die CFN-Tools sind im Paket `heat-cfntools` enthalten.

[10] Eine Reihe vorgefertigter JeOS-Images mit CFN-Tools gibt es z. B. unter: http://fedorapeople.org/groups/heat/prebuilt-jeos-images/.

Stacks auflisten

Um den Status des neuen Stacks in der Liste der aktuellen Heat-Stacks zu überprüfen, verwenden Sie folgendes Kommando:

```
# heat stack-list
+--------------------------------------+-------------+-
| id                                   | stack_name  |
+--------------------------------------+-------------+-
| 70dd0473-3dfe-4cfe-91fc-52045cbb298b | heat_01     |
+--------------------------------------+-------------+-

----------------+----------------------+
stack_status    | creation_time        |
----------------+----------------------+
CREATE_COMPLETE | 2014-01-13T14:48:40Z |
----------------+----------------------+
```

In der Spalte zum Status sehen Sie den jeweiligen Zustand:

`CREATE_COMPLETE`
: Das Erzeugen des Stacks war erfolgreich.

`CREATE_IN_PROGRESS`
: Das Erzeugen des Stacks ist im Gang.

`CREATE_FAILED`
: Beim Erzeugen des Stacks trat ein Fehler auf.

`SUSPEND_COMPLETE`
: Der Stack wurde in den Suspend-Modus geschoben.

`SUSPEND_IN_PROGRESS`
: Der Stack wird gerade in den Suspend-Modus überführt.

`RESUME_IN_PROGRESS`
: Der Stack wird fortgesetzt.

`RESUME_COMPLETE`
: Das Fortsetzen des Stacks war erfolgreich.

Stack anzeigen

Die Details eines einzelnen Stacks zeigt stack-show:

```
# heat stack-show <STACK>
# heat stack-show heat_01
+----------------------+------------------------------------------------------+
| Property             | Value                                                |
+----------------------+------------------------------------------------------+
| capabilities         | []                                                   |
| creation_time        | 2014-01-13T16:53:10Z                                 |
| description          | Simple HOT template that just defines a single compute
                         instance.                                            |
| disable_rollback     | True                                                 |
| id                   | d4ec9e25-1901-4413-8af7-4ee9bfe05421                 |
| links                | http://127.0.0.1:8004/v1/1[...]9/stacks/heat_01/d[...]1 |
| notification_topics  | []                                                   |
| outputs              | [                                                    |
|                      |   {                                                  |
|                      |     "output_value": "10.0.1.4",                      |
|                      |     "description": "The IP address of the deployed
                              instance",                                      |
|                      |     "output_key": "instance_ip"                      |
|                      |   }                                                  |
|                      | ]                                                    |
| parameters           | {                                                    |
|                      |   "NetworkID": "f51e5abc-3e1b-4b25-b726-c17d669dd0f5", |
|                      |   "AWS::StackName": "heat_01",                       |
|                      |   "ImageID": "9b29a063-df39-4f9f-ab5c-75f7f4105821", |
|                      |   "AWS::StackId":
                           "arn:openstack:heat::1[...]9:stacks/heat_01/d[...]1", |
|                      |   "KeyName": "sesam",                                |
|                      |   "SubnetID": "78a58894-cbc1-4ac9-a7a6-cbb512f644a6", |
|                      |   "AWS::Region": "ap-southeast-1",                   |
|                      |   "InstanceType": "m1.small"                         |
|                      | }                                                    |
| stack_name           | heat_01                                              |
| stack_status         | CREATE_COMPLETE                                      |
| stack_status_reason  | Stack create completed successfully                  |
| template_description | Simple HOT template that just defines a single compute
                         instance.                                            |
| timeout_mins         | 60                                                   |
| updated_time         | 2014-01-13T16:53:18Z                                 |
+----------------------+------------------------------------------------------+
```

Stacks löschen

Einen einmal erstellten Stack können Sie mit `stack-delete` wieder löschen:

```
# heat stack-delete <STACK_ID>
```

Dieser Vorgang kann einige Zeit in Anspruch nehmen, da alle Ressourcen über die entsprechenden APIs ordnungsgemäß entfernt werden. Gerade das Nutzen von Volumes und ein eventuell konfiguriertes Überschreiben des Volumes mit Zufallswerten kann andauern.

Stacks aktualisieren

Haben Sie Änderungen in Ihrem Template vorgenommen und möchten diese Änderungen auf den bereits laufenden Stack anwenden, dann nutzen Sie folgendes Subkommando:

```
$ heat stack-update -f <template-file> <stack>
```

Viele Ressourcen können zur Laufzeit verändert werden, ohne dass der vollständige Stack neu gestartet werden muss. Ressourcen, bei denen dies möglich ist, sind in der Entwicklerdokumentation mit dem Vermerk (»Can be updated without replacement«) gekennzeichnet.

Ressourcen, die nicht zur Laufzeit verändert werden können, werden entfernt (gelöscht), neu erzeugt und wieder gemäß der Definition im Template angewandt.

Stacks aussetzen

Sie können die Ausführung von definierten Stacks aussetzen, dabei wird jede Ressource angehalten und nicht weiter ausgeführt. Selbstverständlich bleiben die Ressourcen erhalten:

```
$ heat action-suspend da17efd7-e9fb-4cf0-89c5-a8ab9a02a7b5
+--------------------------------------+------------+-
| id                                   | stack_name |
+--------------------------------------+------------+-
| da17efd7-e9fb-4cf0-89c5-a8ab9a02a7b5 | Second     |
+--------------------------------------+------------+-

-------------------+----------------------+
stack_status       | creation_time        |
-------------------+----------------------+
SUSPEND_IN_PROGRESS | 2014-02-03T17:07:25Z |
-------------------+----------------------+
```

Jede definierte Ressource wird mit ausgesetzt:

```
$ heat resource-list da17efd7-e9fb-4cf0-89c5-a8ab9a02a7b5
+-------------------------------+-----------------------------------+-
| resource_name                 | resource_type                     |
+-------------------------------+-----------------------------------+-
| FloatingIP_Associate_Webserver | OS::Neutron::FloatingIPAssociation |
| Volume_Attachment             | OS::Cinder::VolumeAttachment      |
| FloatingIP_Webserver          | OS::Neutron::FloatingIP           |
| Storage_Volume                | OS::Cinder::Volume                |
| Instance_Port_Webserver       | OS::Neutron::Port                 |
| Instance_Webserver            | OS::Nova::Server                  |
| Instance_Database             | OS::Nova::Server                  |
| Instance_Port_Database        | OS::Neutron::Port                 |
+-------------------------------+-----------------------------------+-

----------------+----------------------+
resource_status | updated_time         |
----------------+----------------------+
SUSPEND_COMPLETE | 2014-02-03T17:08:59Z |
SUSPEND_COMPLETE | 2014-02-03T17:09:00Z |
SUSPEND_COMPLETE | 2014-02-03T17:09:01Z |
SUSPEND_COMPLETE | 2014-02-03T17:09:01Z |
SUSPEND_COMPLETE | 2014-02-03T17:09:04Z |
SUSPEND_COMPLETE | 2014-02-03T17:09:04Z |
SUSPEND_COMPLETE | 2014-02-03T17:09:11Z |
SUSPEND_COMPLETE | 2014-02-03T17:09:11Z |
----------------+----------------------+
```

Stacks fortsetzen

Ausgesetzte Stacks können natürlich fortgesetzt werden, hierbei werden alle definierten Ressourcen wieder aufgeweckt und an der pausierten Stelle fortgeführt:

```
$ heat action-resume da17efd7-e9fb-4cf0-89c5-a8ab9a02a7b5
+--------------------------------------+------------+-
| id                                   | stack_name |
+--------------------------------------+------------+-
| da17efd7-e9fb-4cf0-89c5-a8ab9a02a7b5 | Second     |
+--------------------------------------+------------+-

------------------+----------------------+
stack_status      | creation_time        |
------------------+----------------------+
RESUME_IN_PROGRESS | 2014-02-03T17:07:25Z |
------------------+----------------------+
```

```
$ heat stack-list
+--------------------------------------+------------+-
| id                                   | stack_name |
+--------------------------------------+------------+-
| da17efd7-e9fb-4cf0-89c5-a8ab9a02a7b5 | Second     |
+--------------------------------------+------------+-

---------------+----------------------+
stack_status   | creation_time        |
---------------+----------------------+
RESUME_COMPLETE | 2014-02-03T17:07:25Z |
---------------+----------------------+
```

Ressourcen verwalten

In einem Stack werden verschiedene Ressourcen abgearbeitet und angeboten, sobald sie konfiguriert sind. Ein Stack kann aus verschiedenen Ressourcen bestehen, die voneinander abhängig sein dürfen oder müssen. So können Sie beispielsweise ein Volume erst an eine Instanz anhängen, wenn Sie das Volume vorher erzeugt haben. Eine entsprechende Reihenfolge würden Sie für jede Ressource auch manuell einhalten.

Den Zustand der einzelnen Ressourcen und ihre Details verwalten Sie mit den entsprechenden Subkommandos des Heat-Clients. Dafür benötigen Sie jeweils einen bereits definierten Stack.

Ressourcen auflisten

Eine Liste aller Ressourcen eines Stacks zeigt das Subkommando `resource-list`:

```
# heat resource-list <STACK_ID>
+--------------+------------------+-----------------+----------------------+
| resource_name | resource_type    | resource_status | updated_time         |
+--------------+------------------+-----------------+----------------------+
| instance_port | OS::Neutron::Port | CREATE_COMPLETE | 2014-01-13T14:48:40Z |
| my_instance   | OS::Nova::Server  | CREATE_COMPLETE | 2014-01-13T14:48:48Z |
+--------------+------------------+-----------------+----------------------+
```

Die Ausgabe oben zeigt die Ressourcen für eine einfache Compute-Instanz (`OS::Nova::Server`) mit einem Neutron-Port (`OS::Neutron::Port`). Auch hier gelten wieder die bereits unter 10.5.1 aufgezeigten Zustände, diesmal allerdings für die einzelnen Ressourcen, nicht für die Stacks.

Ressourcen anzeigen

Details einer Ressource zeigt resource-show (im folgenden Beispiel die Compute-Ressource):

```
# heat resource-show <NAME or ID> <RESOURCE>
# heat resource-show heat_01 my_instance
+-----------------------+---------------------------------------+
| Property              | Value                                 |
+-----------------------+---------------------------------------+
| description           |                                       |
| links                 | http://127.0.0.1:8004/v1/4[...]9/stacks/
                          instanz-01/d[...]1/resources/my_instance |
|                       | http://127.0.0.1:8004/v1/4[...]9/stacks/
                          instanz-01/d[...]1                    |
| logical_resource_id   | my_instance                           |
| physical_resource_id  | 9986012f-fa1c-4c34-bc97-ee783fc126c9  |
| required_by           |                                       |
| resource_name         | my_instance                           |
| resource_status       | CREATE_COMPLETE                       |
| resource_status_reason | state changed                        |
| resource_type         | OS::Nova::Server                      |
| updated_time          | 2014-01-13T16:53:18Z                  |
+-----------------------+---------------------------------------+
```

Ressourcen-Templates erzeugen

Für die Verwendung von Ressourcen in Ihren Templates können Sie eine vollständige Beschreibung von Ressourcen anfordern. Diese Beschreibung können Sie direkt per Copy&Paste in Ihr Template einfügen:

```
$ heat resource-template OS::Cinder::VolumeAttachment
Outputs: {}
Parameters:
  instance_uuid: {Description:
          The ID of the server to which the volume attaches.,
    Type: String}
  mountpoint: {Description:
          The location where the volume is exposed
          on the instance.,
    Type: String}
  volume_id: {Description:
          The ID of the volume to be attached.,
    Type: String}
Resources:
  CinderVolumeAttachment:
    Properties:
      instance_uuid: {Ref: instance_uuid}
      mountpoint: {Ref: mountpoint}
      volume_id: {Ref: volume_id}
    Type: OS::Cinder::VolumeAttachment
```

Hier sehen Sie auch die Parameter und Eigenschaften.

Events auflisten

Innerhalb eines Stacks gibt es verschiedene Events, z. B. das Erzeugen eines Volumes. Diese Events können Sie gezielt für einen bestimmten Stack anzeigen. Hierfür lautet der Aufruf:

```
$ heat event-list <STACK_ID>
```

Jede Zustandsänderung einer Ressource ist ein Event. Jeder einzelne Event erhält eine eigenständige ID:

```
$ heat event-list 71b81654-c537-4498-b42e-d5a3939949c5
+-------------------------------+-----+-----------------------+-
| resource_name                 | id  | resource_status_reason |
+-------------------------------+-----+-----------------------+-
| FloatingIP_Webserver          | 269 | state changed          |
| Storage_Volume                | 270 | state changed          |
| Instance_Port_Webserver       | 271 | state changed          |
| Instance_Port_Database        | 272 | state changed          |
| Instance_Port_Webserver       | 273 | state changed          |
| FloatingIP_Webserver          | 274 | state changed          |
| Instance_Port_Database        | 275 | state changed          |
| FloatingIP_Associate_Webserver | 276 | state changed         |
| Instance_Database             | 277 | state changed          |
| Storage_Volume                | 278 | state changed          |
| FloatingIP_Associate_Webserver | 279 | state changed         |
| Instance_Database             | 280 | state changed          |
| Volume_Attachment             | 281 | state changed          |
| Instance_Webserver            | 282 | state changed          |
| Volume_Attachment             | 283 | state changed          |
| Instance_Webserver            | 284 | state changed          |
+-------------------------------+-----+-----------------------+-

-------------------+---------------------+
resource_status    | event_time          |
-------------------+---------------------+
CREATE_IN_PROGRESS | 2014-02-03T16:35:26Z |
CREATE_IN_PROGRESS | 2014-02-03T16:35:26Z |
CREATE_IN_PROGRESS | 2014-02-03T16:35:27Z |
CREATE_IN_PROGRESS | 2014-02-03T16:35:27Z |
CREATE_COMPLETE    | 2014-02-03T16:35:29Z |
CREATE_COMPLETE    | 2014-02-03T16:35:29Z |
CREATE_COMPLETE    | 2014-02-03T16:35:29Z |
CREATE_IN_PROGRESS | 2014-02-03T16:35:29Z |
CREATE_IN_PROGRESS | 2014-02-03T16:35:30Z |
CREATE_COMPLETE    | 2014-02-03T16:35:32Z |
CREATE_COMPLETE    | 2014-02-03T16:35:32Z |
CREATE_COMPLETE    | 2014-02-03T16:35:38Z |
CREATE_IN_PROGRESS | 2014-02-03T16:35:39Z |
CREATE_IN_PROGRESS | 2014-02-03T16:35:39Z |
CREATE_COMPLETE    | 2014-02-03T16:35:47Z |
CREATE_COMPLETE    | 2014-02-03T16:35:53Z |
-------------------+---------------------+
```

Events anzeigen

Um Details zu einem einzelnen Event einer Ressource (eines bestimmten Stacks) dargestellt zu bekommen, können Sie mit dem folgenden Subkommando eine detaillierte Ausgabe des entsprechenden Events anzeigen:

```
$ heat event-show <STACK_ID> <RESOURCE_ID> <EVENT_ID>
$ heat event-show 71b81654-c537-4498-b42e-d5a3939949c5 Instance_Database 280
+------------------------+------------------------------------------------------+
| Property               | Value                                                |
+------------------------+------------------------------------------------------+
| event_time             | 2014-02-03T16:35:38Z                                 |
| id                     | 280                                                  |
| links                  | http://openstack001:8004/v1/
                           c76432007a084ff0987348c48cfed4ac/stacks/Second/
                           71b81654-c537-4498-b42e-d5a3939949c5/resources/
                           Instance_Database/events/280                         |
|                        | http://openstack001:8004/v1/
                           c76432007a084ff0987348c48cfed4ac/stacks/Second/
                           71b81654-c537-4498-b42e-d5a3939949c5/resources/
                           Instance_Database                                    |
|                        | http://openstack001:8004/v1/
                           c76432007a084ff0987348c48cfed4ac/stacks/Second/
                           71b81654-c537-4498-b42e-d5a3939949c5
| logical_resource_id    | Instance_Database                                    |
| physical_resource_id   | 4c1486a0-4009-4cc8-9bad-dec7349c62eb                 |
| resource_name          | Instance_Database                                    |
| resource_properties    | {                                                    |
|                        |   "name": null,                                      |
|                        |   "availability_zone": null,                         |
|                        |   "key_name": null,                                  |
|                        |   "image": "e5840d00-30cc-4495-8c84-a22c88719f60",   |
|                        |   "block_device_mapping": null,                      |
|                        |   "user_data": null,                                 |
|                        |   "diskConfig": null,                                |
|                        |   "metadata": null,                                  |
|                        |   "flavor_update_policy": "RESIZE",                  |
|                        |   "flavor": "m1.tiny",                               |
|                        |   "config_drive": null,                              |
|                        |   "reservation_id": null,                            |
|                        |   "networks": [                                      |
|                        |     {                                                |
|                        |       "fixed_ip": null,                              |
|                        |       "uuid": null,                                  |
|                        |       "port": "e455c62c-4f0d-4641-9428-e178fc1ba5e2" |
|                        |     }                                                |
|                        |   ],                                                 |
|                        |   "security_groups": null,                           |
|                        |   "scheduler_hints": null                            |
|                        | }                                                    |
| resource_status        | CREATE_COMPLETE                                      |
| resource_status_reason | state changed                                        |
| resource_type          | OS::Nova::Server                                     |
+------------------------+------------------------------------------------------+
```

Templates anzeigen

Bereits definierte Stacks geben Sie mit dem folgenden Kommando aus:

```
$ heat template-show <STACK_ID>
```

So erhalten Sie jederzeit das vollständige Template eines bereits definierten Stacks:

```
# heat template-show 71b81654-c537-4498-b42e-d5a3939949c5
description: 'Simple Deployment'
heat_template_version: '2014-01-09'
outputs:
  Instance_ip:
    description: The IP address of the deployed instance
    value:
      get_attr: [Instance_Webserver, first_address]
parameters:
  Network: {default: 6a390f0e-9e5e-428f-a10a-b3d172d82454,
            description: Network, type: string}
  Subnet: {default: fdc3fed0-dee5-4c8d-a277-df14af18e766,
           description: SubnetID, type: string}
resources:
  FloatingIP_Associate_Webserver:
    properties:
      floatingip_id: {get_resource: FloatingIP_Webserver}
      port_id: {get_resource: Instance_Port_Webserver}
    type: OS::Neutron::FloatingIPAssociation
  FloatingIP_Webserver:
    properties: {floating_network_id:
                 b5cd135b-500d-41d8-a297-12919539da3e}
    type: OS::Neutron::FloatingIP
  Instance_Database:
    properties:
      flavor: m1.tiny
      image: e5840d00-30cc-4495-8c84-a22c88719f60
      networks:
      - port: {get_resource: Instance_Port_Database}
    type: OS::Nova::Server
  Instance_Port_Database:
    properties:
      fixed_ips:
      - subnet_id: {get_param: Subnet}
      network_id: {get_param: Network}
    type: OS::Neutron::Port
  Instance_Port_Webserver:
    properties:
      fixed_ips:
      - subnet_id: {get_param: Subnet}
      network_id: {get_param: Network}
    type: OS::Neutron::Port
```

```
Instance_Webserver:
  DependsOn: Instance_Database
  properties:
    flavor: m1.tiny
    image: e5840d00-30cc-4495-8c84-a22c88719f60
    networks:
    - port: {get_resource: Instance_Port_Webserver}
  type: OS::Nova::Server
Storage_Volume:
  properties: {size: 1}
  type: OS::Cinder::Volume
Volume_Attachment:
  properties:
    instance_uuid: {get_resource: Instance_Database}
    mountpoint: /dev/vdb
    volume_id: {get_resource: Storage_Volume}
  type: OS::Cinder::VolumeAttachment
```

Templates prüfen

Bearbeitete Templates können Syntaxfehler enthalten, diese spüren Sie mit einem Aufruf des folgenden Kommandos auf:

```
$ heat validate
```

Hierbei sind für das Subkommando dieselben Parameter wie für `stack-create` möglich (siehe Abschnitt 10.5.1, S. 270).

10.5.2 Autoscaling

Seine Stärke spielt ein Heat-Template erst bei der Verwendung von Funktionen zur automatischen Skalierung von Ressourcen (*Autoscaling*) aus.

Angenommen, Sie betreiben einen Webserver, der dauerhaft mäßig belastet ist. Nun hat Ihre Marketingabteilung ein unschlagbares Sonderangebot veröffentlicht – die Besucherzahlen auf Ihrem Webserver explodieren und er kann die Anfragen wegen zu hoher Last nicht mehr bearbeiten. In diesem Fall würden Sie einen weiteren Webserver dazu schalten, um die Lastspitzen abzufangen. Sobald das Angebot nicht mehr gültig ist, fallen Ihre Besucherzahlen auf die gewohnten Werte zurück – Sie schalten den zusätzlichen Webserver wieder ab. In diesem Szenario haben Sie folgende Aufgaben manuell durchgeführt:

1. Überwachen der Last Ihres Webservers
2. Starten eines zusätzlichen Webservers
3. Konfiguration des vorgeschalteten Loadbalancers
4. Überwachen der Last Ihrer Webserver

5. Entfernen des zweiten Webservers aus dem Loadbalancer, sobald Last fällt
6. Beenden des zweiten Webservers

Diese Schritte wiederholen sich. Mit dem Einsatz von OpenStack haben Sie bereits viele Aufgaben automatisieren können, warum also nicht auch diese? Selbstverständlich können Sie die entsprechenden Alarme und Abhängigkeiten in den Templates der Orchestrierung definieren. Sie benötigen keinerlei manuelle Überwachung mehr – stattdessen wird die entsprechende Skalierung zeitnah automatisiert durchgeführt.

Das Autoscaling wird durch einen Ceilometer-Alarm getriggert. Dieser Alarm wird innerhalb des Heat-Templates definiert und beim Aufbau des Stacks passend konfiguriert. Zusätzlich müssen entsprechende Richtlinien für die Skalierung selbst konfiguriert werden. Das bedeutet, bei Zustandsänderung eines Alarms muss passend zum neuen Zustand eine Richtlinie gelten und ausgeführt werden, die in die entsprechende Richtung skaliert.

Sie definieren innerhalb eines Templates zwei Alarme. Der erste Alarm wird gegeben, wenn der Zustand, dass nach oben skaliert werden muss, erreicht ist (die Last hoch ist):

```
CPUAlarmHigh:
  type: OS::Ceilometer::Alarm
  properties:
    description: Scale-down if average CPU < 15%
                 for 1 minute
    meter_name: cpu_util
    statistic: avg
    period: '60'
    evaluation_periods: '1'
    threshold: '50'
    alarm_actions:
    - {"Fn::GetAtt": [WebServerScaleUpPolicy, AlarmUrl]}
    matching_metadata: {'metadata.user_metadata.groupname':
                         {Ref: 'WebServerGroup'}}
    comparison_operator: gt
```

Die Parameter für den Alarm kennen Sie schon von Ceilometer. Zusätzlich wird nun eine Alarm-Aktion definiert, die auf eine Richtlinie mit dem Namen *WebServerScaleUpPolicy* verweist:

```
WebServerScaleUpPolicy:
  type: AWS::AutoScaling::ScalingPolicy
  properties:
    AdjustmentType: ChangeInCapacity
    AutoScalingGroupName: { Ref: WebServerGroup }
    Cooldown: '60'
    ScalingAdjustment: '1'
```

Diese Richtlinie bindet eine Ressourcengruppe namens `WebServerGroup` mit ein, der Skalierungsfaktor ist *1*. Wird also der Alarm ausgelöst, wird mithilfe der Richtlinie die `WebServerGroup` um den Wert 1 skaliert.

Die Definition der `WebServerGroup` benötigt einige Parameter, unter anderem die maximale Größe der Instanzen in dieser Gruppe (`MaxSize`) sowie die anfängliche Größe (`DesiredCapacity`). Als zur Gruppe gehörende Ressource wird die `WebServerInstance` über die Direktive `LaunchConfigurationName` eingebunden. Sollten eventuelle Loadbalancer konfiguriert werden, so müssen diese bei `LoadBalancerNames` konfiguriert werden. Der Wert `VPCZoneIdentifier` übermittelt den notwendigen Wert für das Subnet (beim Erstellen der Instanz) an die `WebServerInstance`:

```
WebServerGroup:
  type: AWS::AutoScaling::AutoScalingGroup
  properties:
    AvailabilityZones: []
    DesiredCapacity: '2'
    LaunchConfigurationName : { Ref: WebServerInstance }
    MaxSize: '10'
    LoadBalancerNames: []
    VPCZoneIdentifier:
    - { get_param: Subnet }

WebServerInstance:
  type: AWS::AutoScaling::LaunchConfiguration
  properties:
    ImageId: { get_param: ImageWebserver }
    InstanceType: { get_param: FlavorWebserver }
    KeyName: { get_param: SSHKeyWebserver }
```

Die `WebServerInstance` bekommt ein Image, einen Flavor sowie einen zu injizierenden SSH-Key vorgegeben.

Der umgekehrte Fall, das Skalieren der Gruppe um einen Wert nach unten, benötigt auch wieder einen Alarm und die entsprechende Richtlinie:

```
CPUAlarmLow:
  type: OS::Ceilometer::Alarm
  properties:
    description: Scale-down if average CPU < 15%
                 for 1 minute
    meter_name: cpu_util
    statistic: avg
    period: '60'
    evaluation_periods: '1'
    threshold: '15'
    comparison_operator: lt
    alarm_actions:
    - {"Fn::GetAtt": [WebServerScaleDownPolicy, AlarmUrl]}
    matching_metadata: {'metadata.user_metadata.groupname':
                        {Ref: 'WebServerGroup'}}
```

```
WebServerScaleDownPolicy:
  type: AWS::AutoScaling::ScalingPolicy
  properties:
    AdjustmentType: ChangeInCapacity
    AutoScalingGroupName: { Ref: WebServerGroup }
    Cooldown: '60'
    ScalingAdjustment: '-1'
```

Achten Sie bei der *WebServerScaleDownPolicy* auf den Wert für die Direktive *ScalingAdjustment* – hier mit -1 vorbesetzt. Das bedeutet, die Anzahl der vorhandenen Instanzen in der `WebServerGroup` wird um eins reduziert.

Für weitere Beispiele und Konfigurationsmöglichkeiten werfen Sie einen Blick in die offiziellen Templates unter http://github.com/openstack/heat-templates. Abhängig von den eingesetzten Betriebssystemen können Sie über die Templates z. B. auch Bash-Skripte ausführen lassen. Mit der Komponente Heat und deren Orchestrierungsfähigkeiten können Sie vollständige Umgebungen vorhalten und einfach verwalten.

11 Object Storage – Swift

Name: Swift
Aufgabe: Object Storage
Core-Projekt seit: Austin

Swift ist der Codename einer verteilten, fehlertoleranten und hochskalierbaren Object-Storage-Lösung von OpenStack.

Der OpenStack Object Storage *Swift*[1] ist die offizielle OpenStack-Object-Storage-Implementierung. Swift ist eine ausgereifte Technologie, die seit einigen Jahren bei Rackspace im produktiven Einsatz ist. Es ist die Technologie hinter den *Rackspace Cloud Files* und kann problemlos auch mit Petabytes von Daten umgehen. Durch seine gute Integration in OpenStack (Identity Management, Dashboard) und die Unterstützung einer asynchronen Konsistenzreplikation ('support of asynchronous eventual consistency replication') können Deployments auch über mehrere Rechenzentren hinweg ausgeführt werden, ohne die einheitliche Benutzerverwaltung sowohl für Compute als auch für den Object Storage zu verlieren.

11.1 Object Storage

Ein Object Storage ist ein System, in dem man BLOBs (*Binary Large Objects*)[2] über eine API ablegen und aus dem man anschließend die abgelegten BLOBs wieder über eine API herausholen kann.

---

[1] http://swift.openstack.org

[2] Binary Large Objects (BLOBs) sind große, aus Datenbanksicht nicht weiter strukturierte binäre Objekte, wie z. B. Bilder, Audio- und Videodateien, oder auch Images für Instanzen. Einige Datenbanken erlauben es, solche Objekte als Inhalt eines einzelnen Feldes abzuspeichern. In Datenbanken, die entsprechende Feldtypen für große Datenmengen unterstützen, können sie wie einfache Felddaten abgelegt werden, d. h., es können komplette Dateien – in OpenStack-Umgebungen auch Images für Instanzen – als Feldinhalte verwaltet werden.

Dateien werden als Objekte behandelt, ein Objekt wird read-only als ganzes BLOB abgelegt und auch wieder als ganzes BLOB herausgeholt. Teile eines BLOB können weder geladen noch manipuliert werden.

Letztlich werden die Objekte auf einem lokalen Dateisystem abgelegt, das auf einer lokalen Festplatte eingerichtet wurde. Die Objekte werden dann im Hintergrund innerhalb des Object Storage zwischen den Knoten repliziert.

Ein Objekt auf einem Object Storage wird immer einem Container zugeordnet, der wiederum einem Account zugewiesen wird. Alle Objekte innerhalb eines Containers sind auf einer Ebene, d. h., es gibt keine Hierarchie wie bei einem Dateisystem[3]. Aus Benutzersicht gibt es also keinerlei Verzeichnisse oder eine wie auch immer geschachtelte Verzeichnisstruktur.

Object Storage bietet verteiltes, fehlertolerantes und hochskalierbares Speichern von Daten (und auch Images). Object Storage kann für riesige Datenmengen von vielen TBs eingesetzt werden. Eine Beschränkung nach oben stellt dabei nur die maximale Kapazität des physischen Speichers dar.

11.2 Architektur

Object Storage kennt prinzipiell vier Knoten im Netz:

Object-Server

Der Object-Server ist ein einfacher *BLOB-Storage-Server*, der Objekte auf lokalen Laufwerken speichern, abrufen und löschen kann. Die Objekte werden als Binärdateien (engl. *binary files*) auf dem Dateisystem gespeichert, wobei Metadaten in den erweiterten Attributen des eingesetzten Dateisystems (`xattrs`) vermerkt werden. Letzteres muss bei der Wahl für das dahinter liegende Dateisystem berücksichtigt werden. Normalerweise wird XFS eingesetzt.[4] Jedes Objekt wird unter Verwendung eines Pfades gespeichert, der sich ableitet aus dem Hash des Namens und dem Zeitstempel der Operation. Dabei gewinnt jeweils der letzte Schreibvorgang, wodurch sichergestellt wird, dass immer das aktuellste Objekt gesichert wird. Das Löschen eines Objekts wird wie eine 0-Byte-Version der Objektdatei behandelt. Dies stellt sicher, das auch gelöschte Dateien

[3] Die einzige Möglichkeit, eine Hierarchie abzubilden, ist es, den Namen (= Identifier) eines Objekts zu missbrauchen und darin den Pfad abzubilden.

[4] Bei anderen Dateisystemen, namentlich `ext3`, ist die Unterstützung für erweiterte Attribute per Default deaktiviert.

korrekt repliziert werden und bei einem eventuellen Fehler keine älteren Versionen als Untote wiederkehren.

Container-Server
Der Container-Server kümmert sich um die Listings der Objekte (ohne zu wissen, wo die einzelnen Objekte sind). Die Listings werden in einer (SQLite-) Datenbank gepflegt und wie die Objekte über den gesamten Cluster repliziert. Weiterhin werden Statistiken über die Gesamtzahl der Objekte und den verbrauchten Speicherplatz des Containers geführt.

Account-Server
Der Account-Server entspricht dem Container-Server, mit dem Unterschied, dass er für die Container (statt für Objekte) zuständig ist.

Proxyserver
Der *Proxyserver* ist die zentrale Instanz innerhalb der Swift-Architektur (siehe auch Abb. 11-1). Er stellt die öffentliche Schnittstelle bereit, ermittelt für jede Anfrage den Speicherort innerhalb des zugehörigen Rings (s.u.) und leitet die Anfrage entsprechend weiter.

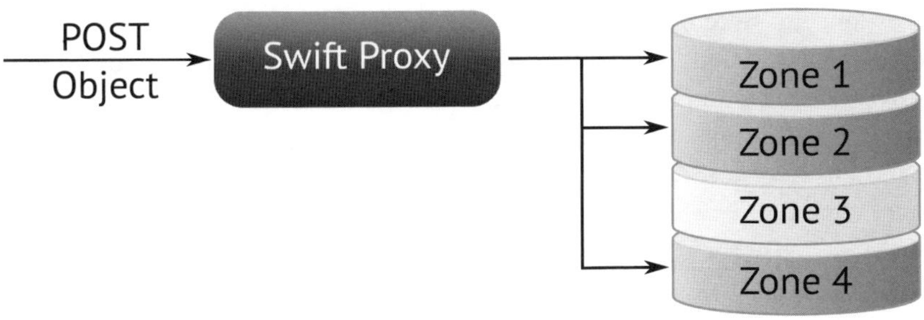

Abb. 11-1
Der Swift-Proxyserver als zentraler Vermittler: Jede Zone entspricht einem Swift-Object-Server-Prozess.

Die einzelnen Knoten kommunizieren untereinander, mit dem oder den Proxyserver(n) und der oder die Proxyserver kommunizieren mit dem Benutzer. So entstehen drei Datenströme, die unterschiedlich zu behandeln sind. Folgendes gilt es dabei zu beachten:

- Da OpenStack Object Storage aus Performancegründen intern mit `rsync` ohne Verschlüsselung oder Authentifizierung kommuniziert, ist aus Sicherheitsgründen das private vom öffentlichen Netz zu trennen.
- Beim Hochladen einer Datei muss der Proxyserver so viele Streams schreiben, wie es Replikate gibt. Das bedeutet eine Vervielfachung des Netzwerkverkehrs. Demzufolge sollte das private Netzwerk über wesentlich mehr Bandbreite verfügen als das öffentliche.

- Der Swift-Proxy lässt sich leicht um weitere Loadbalancer erweitern, da HTTP »stateless« ist, d. h. keinerlei sitzungsspezifischen Daten verwendet. Das bedeutet, je mehr Proxys eingesetzt werden, desto höher ist die Bandbreite – solange der Storage mitmacht.

Weitere Komponenten:

Updaters
: Immer dann, wenn Container- oder Account-Daten nicht sofort aktualisiert werden können – etwa in Zeiten hoher Load oder bei einem Fehler, werden die Updates vorübergehend in einer lokalen Warteschlange geparkt. Der Updater sorgt dann dafür, dass die Updates möglichst bald ausgeführt werden.

Auditors
: *Auditors* fragen den lokalen Server ab, um die Integrität der Objekte, Container und Accounts zu überprüfen. Für den Fall, dass eine Verfälschung gefunden wurde – etwa weil ein Bit »gekippt« ist, wird die betroffene Datei unter Quarantäne gestellt und der Replikationsmechanismus wird sie durch eine saubere Kopie ersetzen. Andere Fehler werden protokolliert.

Object Storage kann für riesige Datenmengen von vielen TBs verwendet werden; die Beschränkung nach oben liegt bei der maximalen Kapazität des physischen Speichers. Somit eignet sich Object Storage nicht nur für die Images der virtuellen Maschinen, sondern auch für die persistente Speicherung von riesigen Datenmengen, wie sie beispielsweise auf Medienservern vorgehalten werden.

11.2.1 Ringe, Mappings und Zonen

Ein *Ring* repräsentiert das Mapping der Namen der einzelnen Objekte und ihrer physikalischen Adresse. Der Ring wird vom Proxyerver und unterschiedlichen Hintergrundprozessen wie z. B. der Replikation genutzt. Es wird unterschieden zwischen Ringen für Accounts, Container und Objekte. Wann immer andere Komponenten irgendeine Operation auf einen Account, einen Container oder Objekte anwenden wollen, müssen sie zuerst den zuständigen Ring abfragen, um den Speicherort innerhalb des Clusters zu ermitteln.

Zur Organisation des Mappings unterscheidet ein Ring Zonen (engl. *zones*), Geräte (engl. *devices*), Partitionen (engl. *partitions*) und Replikate (engl. *replicas*). Jede Partition innerhalb eines Rings wird vorgabemäßig dreimal im Cluster repliziert.

Die Isolierung von Daten wird über das Konzept unterschiedlicher »Zonen« realisiert. Eine Zone kann ein Laufwerk, ein Server, ein

Switch oder ein ganzes Data Center sein. Jedes Replikat einer Partition wird zur Sicherheit in einer anderen Zone gespeichert.

Die Partitionen eines Rings werden gleichmäßig auf alle Geräte der Swift-Umgebung verteilt. Werden Partitionen verschoben, etwa weil ein neues Gerät dem Cluster hinzugefügt wird, stellt der Ring sicher, dass jeweils nur ein Replikat einer Partition und nur eine minimale Zahl von Partitionen gleichzeitig verschoben werden.

Die Verteilung der Partitionen kann zum Ausbalancieren auch gewichtet werden, was etwa bei unterschiedlich großen Laufwerken nützlich sein kann.

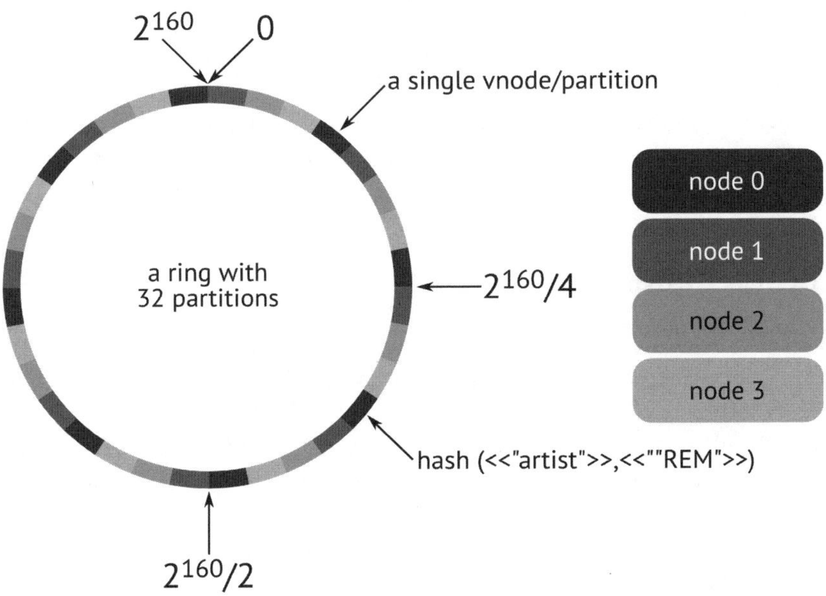

Abb. 11-2
Das Ringprinzip bei Swift (Quelle: http://docs.basho.com/riak/latest/theory/why-riak/)

Replikation

Die Replikation soll dafür sorgen, das System auch im Falle von Fehlern wie Netzwerk- oder Laufwerkausfällen stets konsistent zu halten. Dazu vergleichen die Replikationsprozesse die lokal gespeicherten Daten mit jeder Kopie und stellen so sicher, dass überall die jeweils aktuellste Version vorgehalten wird. Um einen schnellen Vergleich zu ermöglichen, verwendet die Objekt-Replikation Hashlisten, während Account- und Container-Replikation eine Kombination aus Hashes und sogenannten »Shared High Water Marks« einsetzt. Die Updates der Replikation sind »push based«, d. h., sie werden vom Server in regelmäßigen Abständen gesendet.

Bei der Objekt-Replikation ist ein Update nur ein Abgleich von Dateien mit `rsync`. Die Account- und Container-Replikation verschicken fehlende Records als ganze Datenbankdateien über `rsync` oder HTTP.

Darüber hinaus kümmert sich der Replikator auch um die Entfernung nicht mehr benötigter Elemente: Nach dem Löschen wird ein sogenannter »Tombstone« (Grabstein) als aktuellste Version des jeweiligen Elementes gesetzt und ist so für den aufräumenden Replikator leicht erkennbar.

11.3 Dateisysteme für Swift

Der Swift Object Storage benötigt ein Dateisystem, das *Extended Attributes* (`xattrs`) unterstützt. Das Dateisystem XFS[5] ist das aktuell vom Projekt empfohlene. Auch ist es das einzige Dateisystem, das für Swift ausgiebig getestet wurde. Aus diesen Gründen wird für den Object Storage zu einem Einsatz von XFS geraten.

11.4 Installation

Für den Aufbau eines Swift-Storage-Clusters wird ein Minimum von fünf Nodes empfohlen. Als Pakete sind auf diesen Nodes jeweils das Swift-Paket (`swift-proxy` bzw. bei openSUSE/SLES `openstack-swift-proxy`) selbst, für die Verwaltung der Python-Client (`python-swiftclient` bzw. bei openSUSE/SLES `openstack-python-swiftclient`) sowie der SSH-Server (`python-swiftclient`) zu installieren.

Auf einem Proxy Node installieren Sie zusätzlich `swift-proxy` bzw. bei openSUSE/SLES `openstack-swift-proxy` und `memcached`.

Auf allen Storage Nodes installieren Sie noch die Pakete `swift-account`, `swift-container`, `swift-object` und `xfsprogs`.

[5] XFS ist ein ursprünglich von Silicon Graphics (SGI) entwickeltes und mittlerweile unter der GPL lizenziertes Journaling-Dateisystem. Es gilt als sehr robust und schnell und ist für die meisten Linux-Distributionen verfügbar.

11.5 Konfiguration

Nach der Installation der Pakete wird Swift in der Datei /etc/swift/swift.conf konfiguriert.

Auf dem Storage Node erstellen Sie eine /etc/swift/swift.conf:

```
# cat >/etc/swift/swift.conf <<EOF
[swift-hash]
swift_hash_path_prefix = 'od -t x8 -N 8 -A n </dev/random'
swift_hash_path_suffix = 'od -t x8 -N 8 -A n </dev/random'
EOF
```

Die Hashstrings dürfen nicht mehr verändert werden! Weisen Sie auch hier wieder als Besitzer und Gruppe swift zu. Diese Datei kopieren Sie auf alle weiteren Swift Storage Nodes.
Bei jedem Start muss das Verzeichnis /var/run/swift für die Prozess-Identifier erstellt werden:

```
# mkdir /var/run/swift
# chown swift:swift /var/run/swift
```

Dies wird durch einen Eintrag in die /etc/rc.local automatisiert.
Auf den Storage Nodes (Account-, Container- oder Object-Server) richten Sie noch folgende Verzeichnisse ein:

```
# mkdir /var/cache/swift /srv/node/
# chown swift:swift /var/cache/swift
```

/srv/node gehört dem Nutzer root, um sicherzustellen, dass an dieser Stelle bei unerwartetem Aushängen einer Storage Disk keine Objekte abgelegt werden.
Die folgende Befehlssequenz beschreibt beispielhaft das Erstellen eines XFS-Volumes:

Listing 11-1
XFS-Volume einrichten

```
# fdisk /dev/sdc
# mkfs.xfs -i size=512 /dev/sdc1
# mkdir -p /srv/node/sdc1
# mount /srv/node/sdc1
# chown -R swift:swift /srv/node
```

Die als Beispiel angegebene Geräteadresse /dev/sdc ist den tatsächlichen Gegebenheiten anzupassen.
Für das automatische Anhängen des Volumes beim Start tragen Sie für dieses noch eine Zeile in die /etc/fstab ein:

```
/dev/sdc1 /srv/node/sdc1 xfs noatime,nodiratime,nobarrier,logbufs=8 0 0
```

Erstellen Sie nun die Datei /etc/rsyncd.conf mit folgendem Inhalt:

Listing 11-2
/etc/rsyncd.conf

```
uid = swift
gid = swift
log file = /var/log/rsyncd.log
pid file = /var/run/rsyncd.pid
address = <STORAGE_LOCAL_NET_IP>
[account]
max connections = 2
path = /srv/node/
read only = false
lock file = /var/lock/account.lock
[container]
max connections = 2
path = /srv/node/
read only = false
lock file = /var/lock/container.lock
[object]
max connections = 2
path = /srv/node/
read only = false
lock file = /var/lock/object.lock
```

Zuletzt ist nur noch ein (Neu-)Start des Synchronisationsdienstes, konkret des rsync-Daemons, mit der neuen Konfiguration erforderlich:

```
# service rsync start
```

Der rsync-Daemon benötigt keinerlei Authentifizierung und läuft somit problemlos in jedem lokalen privaten Netzwerk. Achten Sie auch auf die Einstellung des rsyncd beim Systemstart, dieser Daemon sollte selbstverständlich automatisch gestartet werden.
Für jeden der vier Servertypen ist zusätzlich eine eigene Konfigurationsdatei vorgesehen:

account-server.conf

container-server.conf

object-server.conf

proxy-server.conf

Die Konfigurationsdateien ähneln sich. Wichtig sind im Block [DEFAULT] die Einstellungen für den bind_host und den entsprechenden Port:

```
[DEFAULT]
# bind_ip = 0.0.0.0
# bind_port = 6002
# bind_timeout = 30
# backlog = 4096
# user = swift
# swift_dir = /etc/swift
# devices = /srv/node
# mount_check = true
```

```
# disable_fallocate = false
# workers = auto
# Maximum concurrent requests per worker
# max_clients = 1024
[...]
```

Konfigurieren Sie den Proxyserver über `/etc/swift/proxy-server.conf`. Danach nehmen Sie die Konfiguration der anderen Dienste (`account`, `object`, `container`) vor und verteilen diese Konfigurationsdateien auf alle beteiligten Storage Nodes.

Für weitere Details verweisen wir auf die OpenStack-Dokumentation: http://docs.openstack.org/developer/swift/deployment_guide.html.

11.5.1 Keystone-Anbindung

Für die Nutzung von Keystone als Identity-Backend für Swift muss die bereits bekannte Konfiguration von Keystone erfolgen. Ein Benutzer, ein Service und ein Endpoint müssen erzeugt werden. Dazu nutzen Sie das Keystone-CLI-Tool:

```
# keystone user-create --name swiftuser --pass swiftuserpassword \
  --email "user@swift.org"
# keystone role-create --name SwiftOperator
# keystone user-role-add --user <UID> --tenant_id <TENANT_ID> \
  --role <ID_SwiftOperator_Role>
# keystone service-create --name=swift --type=object-store \
  --description="Swift Service"
# keystone endpoint-create \
  --publicurl 'http://<SWIFT-PROXY>:8080/v1/AUTH_$(tenant_id)s' \
  --adminurl 'http://<SWIFT-PROXY>:8080/v1/AUTH_$(tenant_id)s' \
  --internalurl 'http://<SWIFT-PROXY>:8080/v1/AUTH_$(tenant_id)s' \
  --service-id <SERVICE-ID> --region RegionOne
```

Jetzt stehen Ihnen der notwendige Endpoint und ein Benutzer zur Verfügung.

Zusätzlich müssen Sie noch die folgende Konfiguration in `/etc/swift/proxy-server.conf` vornehmen, damit Keystone angesprochen wird:

```
[pipeline:main]
pipeline = catch_errors cache authtoken keystoneauth proxy-server

[filter:keystoneauth]
use = egg:swift#keystoneauth
operator_roles = admin, swiftoperator
```

Detaillierte Informationen – zum Beispiel für das automatische Erzeugen unbekannter Nutzer – finden Sie unter http://docs.openstack.org/developer/swift/middleware.html#module-swift.common.middleware.keystoneauth.

Nach dem Neustart des Proxyservers können Sie Keystone als Backend für die Authentifizierung nutzen.

11.5.2 Erstellen der Ringe

Für die Erstellung der Ringe benötigen Sie die Information, wie viele Partitionen die Ringe beinhalten sollen. Dabei sollten es mindestens 100 Partitionen pro Festplatte sein. Als Faustregel können Sie die maximale Anzahl der Festplatten im Cluster mit 100 multiplizieren und das Ergebnis zur nächsten Zweierpotenz aufrunden. Bei 5000 Platten im Cluster erhalten Sie somit 500.000 Partitionen, die nächste Zweierpotenz liegt dann bei 2^{19}.

Für die Initialisierung der Ringe existiert ein Werkzeug mit Namen `swift-ring-builder`. Diesem übergeben Sie als Optionen:

`<file>` die Datei, in der der Ring gespeichert wird. Gängig sind hier `account.builder`, `container.builder` sowie `object.builder`

`<part_power>` die *Partition-Power*, aus dem obigen Beispiel die 19 (aus 2^{19})

`<replica>` Anzahl der Replikationen (drei Replikationen setzen fünf Storage Nodes voraus)

`<min_part_hours>` Zeit in Stunden, die mindestens zwischen zwei vollen Replikationen verstreichen muss

Beispielhaft sieht der initiale Aufruf zum Erstellen der Ringe wie folgt aus:

```
# swift-ring-builder account.builder create 19 3 24
# swift-ring-builder container.builder create 19 3 24
# swift-ring-builder object.builder create 19 3 24
```

Das Hinzufügen der einzelnen Geräte geschieht mit demselben Werkzeug, dabei wird als Subkommando nun `add` verwendet. Für jedes Gerät in der entsprechenden Zone muss ein Aufruf pro Ring erfolgen. Das folgende Beispiel zeigt das Hinzufügen des Gerätes `sdb1` zur Zone `z1` auf dem Host `192.168.0.10`. Dabei wird eine Gewichtung von 100 gesetzt:

```
# swift-ring-builder account.builder add z1-192.168.0.10:6002/sdb1 100
# swift-ring-builder container.builder add z1-192.168.0.10:6001/sdb1 100
# swift-ring-builder object.builder add z1-192.168.0.10:6000/sdb1 100
```

Die verwendeten Ports `6000-6002` sind die von den entsprechenden Swift-Diensten (`account`, `container`, `object`) per Vorgabe genutzten.

Nachdem alle bestehenden oder neuen Geräte zum Ring hinzugefügt wurden, müssen die Ringe ausbalanciert werden. Auch dafür existiert für das Werkzeug swift-ring-builder ein entsprechendes Subkommando, das auf jede Ring-Datei angewendet wird.

```
# swift-ring-builder account.builder rebalance
# swift-ring-builder container.builder rebalance
# swift-ring-builder object.builder rebalance
```

Diese Berechnung kann einige Zeit in Anspruch nehmen. Sobald dieser Vorgang beendet ist, steht der Nutzung Ihres Object Storage nichts mehr entgegen.

11.6 Konfiguration als Backend für Glance

Nachfolgend ist eine Kurzanleitung angegeben, die beschreibt, wie Swift als Backend für Glance konfiguriert wird.

Zunächst muss die Glance-API-Konfigurationsdatei glance-api.conf vorbereitet werden. Dort ist in der Sektion [DEFAULT] der Vorgabewert file durch swift zu ersetzen:

```
default_store=swift
```

Der zu nutzende Authentifizierungsdienst (*Authentication Service*) wird mit dem Parameter swift_store_auth_version bestimmt, hier ist in den meisten Fällen der Wert 2 passend, der auf Keystone verweist:

```
swift_store_auth_version = 2
```

Der zweite mögliche Wert 1 adressiert swauth und rackspace.
Die Adresse für den Swift-Authentifizierungsdienst wird im Allgemeinen der Authentifizierungsdienst von Keystone sein. Dessen Port ist standardmäßig 5000, womit folgender Eintrag in den meisten Fällen hinreichend ist:

```
swift_store_auth_address = 127.0.0.1:5000/v2.0/
```

Ohne weitere Angabe wird hier als Schema für die URL ein verschlüsseltes HTTP eingesetzt. Möchten Sie unverschlüsseltes HTTP versuchen und/oder einen anderen Host zur Authentifizierung angeben, wäre die URL entsprechend:

```
swift_store_auth_address = http://<host>:5000/v2.0/
```

Für swauth wäre der Port 8080 und als Version 1 anzugeben.

Ein Benutzer für den Swift-Authentifizierungsdienst wird über den Eintrag swift_store_user definiert. Der Wert hat die Form 'account': 'user', wobei 'account' ein Swift Storage Account ist und 'user' ein Benutzer dieses Accounts.

```
swift_store_user = swift:tux
```

Der Schlüssel für den Swift-Authentifizierungsdienst wird bei swift_store_user vermerkt:

```
swift_store_key = abcdededebebec3cefffefffefffaffe
```

Existiert auf dem Swift-Storage noch kein Container für Glance, wird dieser automatisch erzeugt:

```
swift_store_create_container_on_put = True
```

Mit swift_store_large_object_size und swift_store_large_object_chunk_size werden für das Tuning wichtige Grenzwerte gesetzt: Ersteres definiert bei Swift die maximale Objektgröße, Letzteres die maximale Objektgröße beim »Chunken« einer Imagedatei, d. h. beim Puffern in einen temporären Zwischenspeicher einer Disk (Größenangabe jeweils in MB):

```
swift_store_large_object_size = 5120
swift_store_large_object_chunk_size = 200
```

Arbeiten Sie in Multi-Tenant-Umgebungen, können Sie die Glance-Images in eigenen kundenspezifischen Swift-Accounts verwalten. Dazu setzen Sie den Wert des Parameters swift_store_multi_tenant auf True:

```
swift_store_multi_tenant = True
```

Dann können Sie auch für die einzelnen Tenants und Benutzer Zugriffslisten erstellen, indem Sie die berechtigten Tenants mit Benutzer (nach einem Doppelpunkt als Trennzeichen) auflisten. Dies gibt den aufgeführten Benutzern Lese- und Schreibrechte auf alle neu erstellten Image-Objekte.

```
service:glance
b1systems:admin
[...]
```

Ein Asterisk als Platzhalter ist erlaubt:

```
*:admin
```

Mehrere ACLs können in einer kommaseparierten Liste kombiniert werden. So können Sie beispielsweise dem Service User für Glance und allen Admins Administrationsrechte für Swift zuweisen:

```
swift_store_admin_tenants = service:glance,*:admin
```

In der Datei /etc/swift/swift.conf muss der Container innerhalb des Accounts Glance adressieren:

```
swift_store_container = glance
```

11.7 Administration von Swift

Sofern Sie Swift nicht direkt als Backend für Glance nutzen möchten, haben Sie die Möglichkeit, Swift als eigenständigen Object Storage zu verwenden. Dafür existiert mit dem gleichnamigen CLI `swift` ein Werkzeug, das Sie bei der Authentifizierung sowie den möglichen Operationen auf Ihrem Storage unterstützt.

Die möglichen Subkommandos sind:

`delete` löscht einen Container oder ein Objekt.

`download` lädt ein Object herunter.

`list` listet die Container für einen Account auf oder die Objekte in einem Container.

`post` aktualisiert die Metadaten eines Objekts, eines Accounts oder eines Containers.

`stat` stellt Statistiken für Accounts, Container oder Objekte dar.

`upload` lädt Dateien in den Object Storage hinauf.

`capabillites` listet die Fähigkeiten des Clusters auf.

Damit der Client Keystone zur Authentifizierung nutzt, muss ihm per Parameter die entsprechende URL mitgegeben werden. Ein Aufruf für das Auflisten der entsprechenden Objekte inklusive Nutzeranmeldung sieht wie folgt aus:

```
$ swift --os-auth-url http://<KEYSTONE-SERVER>:<PUBLIC-PORT>/v2.0 \
  --os-tenant-name <TENANT> --os-username <USERNAME> \
  --os-password <PASSWORD> list
```

Das Hochladen einer Datei mit einer Benutzeranmeldung für Keystone funktioniert wie im folgenden Beispiel dargestellt. Dabei wird die Datei `/grossedatei` unter dem Namen `ziel` auf dem Object Storage abgelegt:

```
$ swift --os-auth-url http://127.0.0.1:5000/v2.0 \
  --os-tenant-name B1Systems --os-username admin --os-password geheim \
  upload ziel ~/grossedatei
```

Entsprechend funktioniert der Download. Lassen Sie sich nicht verwirren, die Datei mit dem Namen `ziel` wird vom Object Storage heruntergeladen:

```
$ swift --os-auth-url http://127.0.0.1:5000/v2.0 \
  --os-tenant-name B1Systems --os-username admin --os-password geheim \
  download ziel
```

Die anderen verfügbaren Subkommandos funktionieren analog. Mithilfe des Dashboards können Sie diese Optionen auch bequem per Weboberfläche nutzen.

12 Weitere Komponenten

12.1 Datenbanken

12.1.1 MySQL/MariaDB – Allgemeines

Es gibt unterschiedliche Clientprogramme zur Administration von MySQL, sowohl für die Kommandozeile (CLI) als auch als grafische Benutzerschnittstellen (GUIs). Als Clientprogramm für die Kommandozeile wird üblicherweise (so auch in den OpenStack-Tutorials und in diesem Buch) `mysql` eingesetzt. Nützlich können auch noch die folgenden Frontends sein:

`mysqladmin` zur Administration des Servers

`mysqlimport` zum Importieren von Daten

`mysqldump` zum Erstellen von Backups

Als grafische Benutzerschnittstellen sind der *MySQL-Administrator* und *phpMyAdmin*, ein freies, browsergestütztes Tool zur Verwaltung über ein Webinterface, populär.

`mysql` ist ein Kommandozeilen-Tool zum Verwalten des Datenbankservers, auch per Fernzugriff. Der Aufruf von `mysql` öffnet eine eigene `mysql`-Konsole. Befehle werden immer mit ; beendet. Die `mysql`-Konsole selbst verlassen Sie mit:

```
mysql> exit;
```

oder auch mit `quit;`.)

Die `mysql`-Konsole hat eigenen History-Buffer, der mittels Pfeiltasten bedient wird. Mehrzeilige Eingaben sind durch -> am Zeilenanfang möglich.

Ein initiales Kennwort für den Benutzer `root` auf `localhost` richtet `set password` ein:

```
mysql> SET PASSWORD FOR 'root'@'localhost' = PASSWORD('geheim');
```

Um sich anzumelden, geben Sie den Nutzer an (**mit** root-**Kennwort anmelden**):

```
# mysql -u root -pgeheim
```

mysql-Hilfe:

```
mysql> help;
```

Befehlseingabe abbrechen:

```
mysql> verschriben\c
mysql>
```

Datenbanken

Datenbanken anzeigen:

```
mysql> show databases;
```

Rechte auf Datenbank vergeben (Beispiel):

```
mysql> GRANT ALL ON keystone.* TO 'tux'@'localhost'
    -> IDENTIFIED BY 'geheim';
```

Datenbank aktivieren:

```
mysql> use keystone;
```

Datenbank löschen:

```
mysql> drop database neutron;
```

Einsatz von Skripten

Damit Skriptdateien problemlos ausgeführt werden können, müssen folgende Voraussetzungen erfüllt sein:

- Skript-/Batch-Datei muss im Nur-Text-Format vorliegen.
- Jeder Befehl muss mit einem ; abgeschlossen sein.
- Datei muss sich lokal auf dem Server befinden.

Innerhalb der MySQL-Shell können Skripte mit SOURCE ausgeführt werden:

Aufruf eines MySQL-Skriptes:

```
mysql> SOURCE ../scripts/mach_mal.sql
shell> mysql < ../scripts/mach_mal.sql
```

Statt Befehle in der mysql-Konsole einzugeben, können Sie die die SQL-Anweisungen auch direkt über die Kommandozeile absetzen:

```
# mysql -uroot -pgeheim <<EOF
CREATE DATABASE keystone;
GRANT ALL PRIVILEGES ON keystone.* TO 'keystone'@'localhost' IDENTIFIED BY 'keystonepw';
GRANT ALL PRIVILEGES ON keystone.* TO 'keystone'@'\%' IDENTIFIED BY 'keystonepw';
CREATE DATABASE glance;
GRANT ALL PRIVILEGES ON glance.* TO 'glance'@'localhost' IDENTIFIED BY 'glancepw';
GRANT ALL PRIVILEGES ON glance.* TO 'glance'@'\%' IDENTIFIED BY 'glancepw';
CREATE DATABASE nova;
GRANT ALL PRIVILEGES ON nova.* TO 'nova'@'localhost' IDENTIFIED BY 'novapw';
GRANT ALL PRIVILEGES ON nova.* TO 'nova'@'\%' IDENTIFIED BY 'novapw';
CREATE DATABASE cinder;
GRANT ALL PRIVILEGES ON cinder.* TO 'cinder'@'localhost' IDENTIFIED BY 'cinderpw';
GRANT ALL PRIVILEGES ON cinder.* TO 'cinder'@'\%' IDENTIFIED BY 'cinderpw';
CREATE DATABASE neutron;
GRANT ALL PRIVILEGES ON neutron.* TO 'neutron'@'localhost' IDENTIFIED BY 'neutronpw';
GRANT ALL PRIVILEGES ON neutron.* TO 'neutron'@'\%' IDENTIFIED BY 'neutronpw';
[...]
EOF
```

Alternativ können Sie die Anweisungen auch in eine Textdatei schreiben und mittels einer Eingabeumleitung einlesen:

```
# mysql -u <benutzer> -p < openstack_mysql_schema
```

Skripting-fähige Kommandoausführung über die Shell mit dem Parameter -e (*execute*):

```
# mysql -u <benutzer> -pgeheim -e "show databases";
```

12.1.2 mysqladmin

Die aktuell aktiven Prozesse zeigt das Subkommando proc stat (Beispielausgabe):

```
# mysqladmin proc stat -p
Enter password:
+-----+---------+-----------------+---------+---------+------+-------+-------------+
| Id  | User    | Host            | db      | Command | Time | State | Info        |
+-----+---------+-----------------+---------+---------+------+-------+-------------+
| 2   | quantum | localhost:54057 | quantum | Sleep   | 1    |       |             |
| 3   | quantum | localhost:54058 | quantum | Sleep   | 3    |       |             |
| 139 | nova    | localhost       | nova    | Sleep   | 7    |       |             |
| 142 | cinder  | localhost       | cinder  | Sleep   | 7    |       |             |
| 143 | nova    | localhost       | nova    | Sleep   | 7    |       |             |
| 145 | root    | localhost       |         | Query   | 0    |       | show
                                                                  processlist |
+-----+---------+-----------------+---------+---------+------+-------+-------------+
Uptime: 141334  Threads: 6  Questions: 650072  Slow queries: 0  Opens: 37
Flush tables: 1 Open tables: 31  Queries per second avg: 4.600
```

Den Status des Servers zeigt das Subkommando `status` an (Beispielausgabe):

```
# mysqladmin status -p
Enter password:
Uptime: 141432 Threads: 6 Questions: 650524 Slow queries: 0 Opens: 37
Flush tables: 1 Open tables: 31 Queries per second avg: 4.600
```

Die Ausgabe zeigt folgende Werte an:

Uptime Laufzeit des Servers seit dem letzten Start in Sekunden

Threads Anzahl der aktiven Threads (Clients)

Questions Anzahl der eingegangenen Clientabfragen seit dem letzten Serverstart

Slow queries Anzahl der Abfragen, die mehr als die bei `long_query_time` angegebene Anzahl von Sekunden brauchten

Opens Anzahl der vom Server geöffneten Tabellen

Flush tables Anzahl der vom Server ausgeführten `flush-*-`, `refresh-` und `reload`-Befehle

Open tables Anzahl der derzeit offenen Tabellen

Queries per second avg Durchschnittliche Anzahl der Abfragen pro Sekunde

12.1.3 Datenbank-Backups

Für eine Sicherung der OpenStack-Datenbanken ist die erste entscheidende Frage, wo sich die Datenbanken befinden. Üblicherweise wird der Cloud Controller als MySQL-Server eingesetzt, auf dem dann die einzelnen Datenbanken für Keystone, Glance, Nova, Cinder etc. zentral verwaltet werden können.

Das Clientprogramm `mysqldump` hilft beim Erstellen von Backups einer oder mehrerer Datenbank(en). Der Speicherauszug enthält SQL-Anweisungen zur Erstellung und/oder zum Ausfüllen einer Tabelle.

Möglichkeiten für den Aufruf von `mysqldump`:

```
mysqldump [options] db_name [tables]
mysqldump [options] --databases db_name1 [db_name2 db_name3 ...]
mysqldump [options] --all-databases
```

Ein Backup einer einzelnen Datenbank erstellt folgenden Aufruf:

```
# mysqldump --opt nova > nova.sql
```

Ein Backup aller Datenbanken wird mit diesem Aufruf erstellt:

```
mysql-server# mysqldump --opt --all-databases > openstack.sql
```

Möchten Sie die Sicherung automatisieren, können Sie die Sicherungsbefehle in einem Cronjob zusammenfassen. Ein Skript zur täglichen Sicherung könnte etwa so aussehen:

```
#!/bin/bash
backup_dir="/backups/mysql"
filename="${backup_dir}/mysql-'hostname'-'eval date +%Y%m%d'.sql.gz"
# Dump the entire MySQL database
/usr/bin/mysqldump --opt --all-databases | gzip > $filename
# Delete backups older than 7 days
find $backup_dir -ctime +30 -type f -delete
```

Das Löschen von älteren Sicherungen kann in das Skript integriert werden:

```
find $backup_dir -ctime +30 -type f -delete
```

Dieses Kommando würde alle Sicherungen wieder löschen, die älter als einen Monat sind.

Die Datenbank mysql

Die Datenbank mysql verwaltet die Metadaten von MySQL, d. h. Informationen wie Benutzer und deren Zugriffsrechte, Zeitzonen, Verbindungsinformationen usw.

```
> use mysql;
Database changed

> show tables;
+---------------------------+
| Tables_in_mysql           |
+---------------------------+
| columns_priv              |
| db                        |
| event                     |
| func                      |
| general_log               |
[...]
| host                      |
| ndb_binlog_index          |
| plugin                    |
| proc                      |
| procs_priv                |
| proxies_priv              |
| servers                   |
| slow_log                  |
| tables_priv               |
| time_zone                 |
[...]
| user                      |
+---------------------------+
24 rows in set (0.00 sec)
```

Bei GRANT ist das Absetzen von FLUSH PRIVILEGES nicht erforderlich.

Eine ausführliche Dokumentation zu MySQL gibt es im Web unter der Adresse http://dev.mysql.com/doc/.

12.1.4 MongoDB

Mit Ceilometer wurde auch ein neues Dantenbankprogramm eingeführt: *MongoDB*. Zwar funktioniert Ceilometer alternativ auch mit anderen Datenbank-Backends – es gibt u. a. Treiber für MySQL, PostgreSQL und DB2 –, doch wird im Produktiveinsatz MongoDB wegen der vielen Zugriffe (vor allem Schreibvorgänge) und Abfragen beim Metering aus Performancegründen bevorzugt empfohlen. MongoDB wird auch bei der Weiterentwicklung von Ceilometer am meisten getestet und gilt als »feature-complete«.

MongoDB ist eine hochperformante, schemafreie und dokumentenorientierte sogenannte »NoSQL«-Datenbank. Sie ist die zum aktuellen Zeitpunkt verbreitetste NoSQL-Datenbank.[1] MongoDB ist in der Programmiersprache C++ geschrieben und kann problemlos Sammlungen von JSON-ähnlichen Dokumenten verwalten.

Es wird empfohlen, wegen der vielen Schreibzugriffe von Ceilometer einen dedizierten Host für MongoDB einzusetzen. Dies kann auch eine VM sein, die bei Bedarf auf einen anderen Host verschoben werden kann. Die Abbildung 12-1 (Quelle: http://www.severalnines.com/blog/openstack-metering-how-install-ceilometer-mongodb) zeigt ein Setup mit drei zusätzlichen Nodes für MongoDB (zwei davon für MongoDB-Instanzen, eine für den Cluster-Controller), sodass eine Replikation ermöglicht wird. Die datensammelnden Agenten werden dezentral auf dem oder den Compute Node(s) ausgeführt und von dort über einen zentralen Agenten auf dem Controller Node eingesammelt. Dieser wiederum schreibt die Daten in eine MongoDB-Instanz, von der sie auf eine zweite MongoDB-Instanz repliziert werden. Über die Ceilometer-API werden die Daten von dort nach Bedarf ausgelesen.

Die Verwaltung von MongoDB kann über eine Datenbank-Shell (CLI) wie `mongo` (das umfangreichste Tool) oder über eine Reihe grafischer, meist webbasierter Oberflächen (GUIs) wie Fang of Mongo, Futon4Mongo, UMongo u. a. erfolgen.

[1] NoSQL-Datenbanken (Not only SQL) wie Google BigTable, Amazon Dynamo, CouchDB, Apache Cassandra oder MongoDB verfolgen einen nichtrelationalen Ansatz und benötigen keine festgelegten Tabellenschemata. Sie arbeiten dadurch vor allem bei datenintensiven Applikationen schneller.

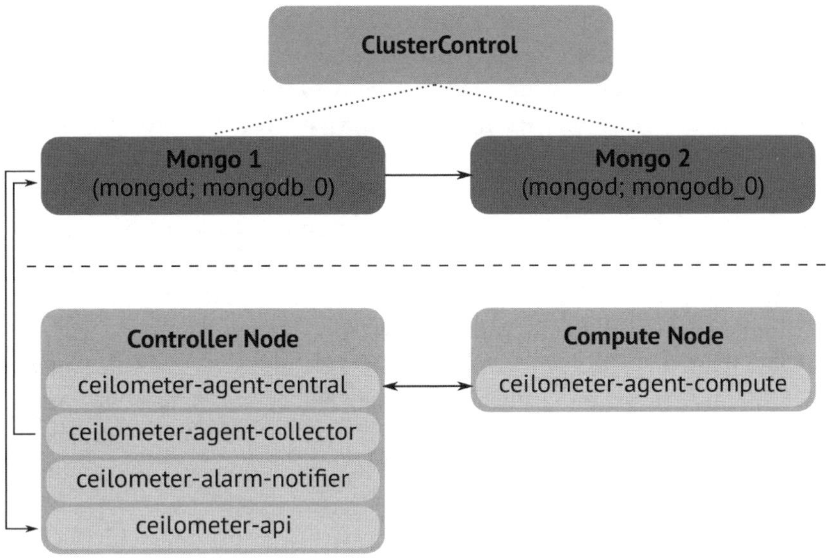

Abb. 12-1
Ceilometer und MongoDB

MongoDB, Inc. offeriert mit dem MongoDB Management Service (MMS) einen kostenlosen, cloudbasierten Monitoring-Dienst mit Alert-Dienst für MongoDB-Server.

MongoDB ist als Open-Source-Produkt frei verfügbar und wurde unter der GNU Affero General Public License entwickelt; die Sprachtreiber unter einer Apache-Lizenz. Bekannte Anwender sind u. a. der Large Hadron Collider am CERN, Cisco, MTV, SourceForge und The New York Times.

Weitere Informationen zu MongoDB finden Sie u. a. unter folgenden Adressen:

[1] Homepage von MongoDB: http://www.mongodb.org/

[2] Kommerzieller Auftritt von MongoDB: http://www.mongodb.com/

[3] How to Install Ceilometer with MongoDB: http://www.severalnines.com/blog/openstack-metering-how-install-ceilometer-mongodb

12.2 AMQP

Ein *Messaging Service*, auch »Message Queuing Service«, dient allgemein dem Datenaustausch zwischen Prozessen. In OpenStack-Umgebungen wird er auch für die Kommunikation der einzelnen Dienste einer Komponente untereinander genutzt.[2] Dazu werden sogenannte »Queues« erzeugt. Das sind logische Einheiten, die Nachrichten (»Messages«) – idealerweise immer nur für eine bestimmte Arbeit – gruppie-

[2] Die Komponenten selbst kommunizieren untereinander über ihre APIs.

ren. Dabei schickt ein Sender, auch *Producer* genannt, eine Nachricht in eine zuvor erstellte Queue. Dort angekommen, wartet sie dann auf die Abholung durch den Empfänger, den *Consumer*. Dieses Verfahren erlaubt es den einzelnen Komponenten, asynchron zu arbeiten, da sie bei der Kommunikation unabhängiger voneinander sind und so auch die Fehleranfälligkeit vermindert wird. Die Nachrichten in einer Queue werden anschließend entweder explizit durch den Empfänger oder automatisch durch einen TTL-Wert gelöscht.

Das *Advanced Message Queuing Protocol* (AMQP) stammt ursprünglich aus der Finanzwelt und ist ein offener Standard für ein binäres Netzwerkprotokoll für eine *Message-orientierte Middleware* (MOM) auf Anwendungsebene. Statt wie früher üblich das Messaging über eine Programmierschnittstelle (API) in einer bestimmten Programmiersprache zu realisieren, erlaubt AMQP ein von der Programmiersprache unabhängiges Messaging.

Für AMQP gibt es einige Implementierungen in unterschiedlichen Einsatzbereichen, u. a.:

- Apache Qpid, ein Open-Source-Projekt der Apache Software Foundation
- RabbitMQ, eine in der Programmiersprache Erlang durchgeführte Implementierung von VMware
- Microsoft Windows Azure Service Bus, Microsofts Cloud-basierten Messaging Service
- Red Hat Enterprise MRG, basiert auf Apache Qpid

An der Standardisierung von AMQP waren u. a. die Deutsche Börse, JP-Morgan Chase, Microsoft, Progress Software, Red Hat, Software AG, US Dept of Homeland Security und VMware beteiligt. Seit Oktober 2012 ist AMQP ein offizieller OASIS-Standard.

Die für OpenStack derzeit wichtigste AMQP-Implementierung ist RabbitMQ. Er wird von den OpenStack-Komponenten per Default genutzt.[3]

Aus Anwendungssicht wird zukünftig der OpenStack-eigene Messaging Service *Marconi* (siehe auch 12.7, S. 319) eine größere Rolle spielen.

Homepage: http://www.amqp.org

[3] Für unterschiedliche Komponenten können auch unterschiedliche Message Services eingesetzt werden.

12.2.1 RabbitMQ

RabbitMQ ist eine Open Source Message Broker Software von Rabbit Technologies Ltd., deren Kern auf das AMQP ausgerichtet ist.[4]

RabbitMQ wurde mit der funktionalen Sprache Erlang[5] erstellt.

Für das Programmieren in Java oder anderen Sprachen stehen Clientbibliotheken zur Verfügung. Das Management-Plug-in bietet eine Weboberfläche zur Administration.

Als Messaging Service für OpenStack-Umgebungen empfiehlt sich RabbitMQ gegenüber anderen Möglichkeiten (ZeroMQ, Qpid) aufgrund seines ausgiebigen Produktiveinsatzes. Auch unterstützt RabbitMQ Features, die noch nicht überall implementiert sind, wie beispielsweise Compute Cells (siehe auch 5.1.12, S. 103).

Zum Einrichten und Überprüfen des Dienstes bringt RabbitMQ das Werkzeug `rabbitmqctl` mit.

Das Passwort für den Zugang der anderen OpenStack-Services auf die Message Queue richten Sie mit dem Subkommando `change_password` ein:

```
# rabbitmqctl change_password guest rabbitpw
```

Möchten Sie den Defaultbenutzer `guest` löschen, so erledigt dies:

```
$ rabbitmqctl delete_user guest
```

Für jeden OpenStack-Service oder Node muss dann jedoch ein Benutzer mit entsprechenden Rechten erstellt werden:[6]

```
$ rabbitmqctl add_user <BENUTZERNAME> <PASSWORT>
$ rabbitmqctl set_permissions [-p vhostpath] \
  <BENUTZERNAME> <CONF> <WRITE> <READ>
```

[4] Über Plug-ins kann RabbitMQ auch andere gebräuchliche Protokolle wie das *Simple Text Oriented Messaging Protocol* (STOMP) und das *Extensible Messaging and Presence Protocol* (XMPP) verwenden.

[5] Erlang wurde ursprünglich für die Programmierung von Anwendungen in der Telekommunikation entwickelt und bietet mit seiner Laufzeitumgebung Unterstützung für verteilte Anwendungen, Nebenläufigkeit und Hochverfügbarkeit.

[6] In den Konfigurationsdateien der Services muss dann der standardmäßige `guest`-Eintrag in den Verbindungsoptionen berichtigt werden.

Zum Ermitteln des aktuellen Status des RabbitMQ-Servers dient das Subkommando status:

```
$ rabbitmqctl status
Status of node 'rabbit@node-1' ...
[{pid,3288},
 {running_applications,[{rabbit,"RabbitMQ","3.0.4"},
                        {os_mon,"CPO CXC 138 46","2.2.11"},
                        {mnesia,"MNESIA CXC 138 12","4.8"},
                        {xmerl,"XML parser","1.3.3"},
                        {sasl,"SASL CXC 138 11","2.3.1"},
                        {stdlib,"ERTS CXC 138 10","1.19.1"},
                        {kernel,"ERTS CXC 138 10","2.16.1"}]},
 {os,{unix,linux}},
 {erlang_version,"Erlang R16B (erts-5.10.1) [source] [64-bit] [smp:2:2]
                  [async-threads:30] [hipe] [kernel-poll:true]\n"},
 {memory,[{total,43878528},
          {connection_procs,949360},
          {queue_procs,391368},
          {plugins,0},
          {other_proc,9410654},
          {mnesia,108088},
          {mgmt_db,0},
          {msg_index,7422672},
          {other_ets,1688912},
          {binary,3309400},
          {code,16192949},
          {atom,561761},
          {other_system,3843364}]},
 {vm_memory_high_watermark,0.4},
 {vm_memory_limit,814956544},
 {disk_free_limit,1000000000},
 {disk_free,2600050688},
 {file_descriptors,[{total_limit,924},
                    {total_used,22},
                    {sockets_limit,829},
                    {sockets_used,20}]},
 {processes,[{limit,1048576},{used,294}]},
 {run_queue,0},
 {uptime,106147}]
...done.
```

Weitere Details zur Umgebung wie Backend, Benutzer, Berechtigungen liefert das Subkommando environment:

```
$ rabbitmqctl environment
node-1:~ # rabbitmqctl environment
Application environment of node 'rabbit@node-1' ...
[{auth_backends,[rabbit_auth_backend_internal]},
 {auth_mechanisms,['PLAIN','AMQPLAIN']},
 {backing_queue_module,rabbit_variable_queue},
 {cluster_nodes,{[],disc}},
 {collect_statistics,none},
 {collect_statistics_interval,5000},
 {default_permissions,[<<".*">>,<<".*">>,<<".*">>]},
 {default_user,<<"guest">>},
 {default_user_tags,[administrator]},
```

```
{default_vhost,<<"/">>},
{delegate_count,16},
{disk_free_limit,1000000000},
{enabled_plugins_file,"/etc/rabbitmq/enabled_plugins"},
{error_logger,{file,"/var/log/rabbitmq/rabbit@node-1.log"}},
{frame_max,131072},
{heartbeat,600},
{hipe_compile,false},
{included_applications,[]},
{log_levels,[{connection,info}]},
{msg_store_file_size_limit,16777216},
{msg_store_index_module,rabbit_msg_store_ets_index},
{plugins_dir,"/usr/lib64/rabbitmq/lib/rabbitmq_server-3.0.4/sbin/../plugins"},
{plugins_expand_dir,"/var/lib/rabbitmq/mnesia/rabbit@node-1-plugins-expand"},
{queue_index_max_journal_entries,262144},
{reverse_dns_lookups,false},
{sasl_error_logger,{file,"/var/log/rabbitmq/rabbit@node-1-sasl.log"}},
{server_properties,[]},
{ssl_cert_login_from,distinguished_name},
{ssl_listeners,[]},
{ssl_options,[]},
{tcp_listen_options,[binary,
                     {packet,raw},
                     {reuseaddr,true},
                     {backlog,128},
                     {nodelay,true},
                     {linger,{true,0}},
                     {exit_on_close,false}]},
{tcp_listeners,[5672]},
{trace_vhosts,[]},
{vm_memory_high_watermark,0.4}]
```

Besondere Erwähnung verdient die letzte Zeile:

```
{vm_memory_high_watermark,0.4}]
```

Sie weist RabbitMQ 40% des Arbeitsspeichers zu. Verbrauchen andere Anwendungen mehr als den verbleibenden Teil (in diesem Fall mehr 60% des RAM), beginnt RabbitMQ Verbindungen zu blocken, was zu Fehlern führen kann. Um diesen Wert zugunsten anderer Anwendungen zu verändern, können Sie den Wert dieses Parameters ändern, indem Sie die Datei /etc/rabbitmq/rabbitmq.config anlegen – oder falls sie schon vorhanden ist, um die folgende Zeile ergänzen (im folgenden Beispiel wird RabbitMQ 20% zugestanden):

```
{vm_memory_high_watermark, 0.2},
```

Dabei ist der Wert für den freien Festplattenplatz zu beachten:

```
{disk_free_limit,1000000000},
```

Diese Angabe stellt den Grenzwert an freiem Speicherplatz unterhalb von /var in Byte dar, unterhalb dessen RabbitMQ seinen Dienst einstellt (per Default: 1 GB). Auch dieser Parameter kann über einen Eintrag in die Datei `/etc/rabbitmq/rabbitmq.conf` verändert werden (im folgenden Beispiel 500 MB):

```
[ {rabbit,[{disk_free_limit, 500000000}]}].
```

Die SSL-Konfiguration des RabbitMQ-Servers erfolgt über die folgenden Zeilen in der Datei `/etc/rabbitmq/rabbitmq.config`:

```
[
  {rabbit, [
    {tcp_listeners, [] },
    {ssl_listeners, [{"<IP-ADRESSE / HOSTNAME MANAGEMENT NETWORK", 5671}]},
    {ssl_options, [{cacertfile,"/etc/ssl/cacert.pem"},
                   {certfile,"/etc/ssl/rabbit-server-cert.pem"},
                   {keyfile,"/etc/ssl/rabbit-server-key.pem"},
                   {verify,verify_peer},
                   {fail_if_no_peer_cert,true}]}
  ]}
].
```

Durch den leeren Eintrag (`[]`) bei `tcp_listeners` werden Nicht-SSL-Portanfragen abgewiesen. Der Eintrag `ssl_listeners` sollte die Zugriffe auf das Management-Netzwerk beschränken. Dazu geben Sie die passende IP-Adresse oder den Hostnamen für den Messaging Server ein.

Änderungen des Hostnamens

Bei nachträglicher Änderung des Hostnamens muss das Verzeichnis `/var/lib/rabbitmq/` gelöscht und anschließend das RabbitMQ-Kennwort neu vergeben werden, da RabbitMQ die Änderung nicht dynamisch nachvollziehen kann und die Kommunikation unterbrochen wird.

Das Werkzeug `rabbitmqctl` samt seiner Optionen wird ausführlich unter http://www.rabbitmq.com/man/rabbitmqctl.1.man.html beschrieben.

Als integraler Bestandteil der OpenStack-Umgebung ist RabbitMQ ein Kandidat für ein Clustering, zumal es sich wegen der eingebauten Funktionen relativ einfach umsetzen lässt. Eine Anleitung dazu finden Sie unter folgender Adresse: http://www.rabbitmq.com/clustering.html.

Homepage: http://www.rabbitmq.com

12.2.2 Apache Qpid

Qpid ist der Enterprise Messaging Service der *Apache Foundation*. Er ist ebenfalls eine vollständig kompatible Implementierung des AMQP-Standards. Den Qpid Broker gibt es als C++- und als Java-Version.

Auf der Basis von Apache Qpid bietet Red Hat das Enterprise-Messaging-Produkt MRG mit entsprechend langjährigem Support sowie zusätzlichen Bugfixes an.

Apache Qpid wird unter der *Apache-Lizenz* entwickelt.

Homepage: https://qpid.apache.org

Den Einsatz von Qpid als Messaging Service für Nova zeigt das OpenStack-Wiki unter folgender Adresse: https://wiki.openstack.org/wiki/QpidSupport.

12.2.3 ZeroMQ

Im Unterschied zu den anderen Messaging Services ist *ZeroMQ* (auch: ØMQ, MQ, OMQ und ZMQ) kein zentraler Dienst mit dediziertem Message Broker, sondern eine Library für verteilte Anwendungen, über deren API Sockets bereitgestellt und angesprochen werden. ZeroMQ ist nicht AMQP-kompatibel. ZeroMQ ist kein klassischer Broker, der Message Queues seinen Clients zur Verfügung stellt, sondern eine Bibliothek, mit der verteilte, nebenläufige Anwendungen erstellt werden können.

Im Gegensatz zu einer Message-orientierten Middleware wird bei ZeroMQ kein zentraler Server gebraucht. Stattdessen ist der Sender einer Nachricht für das Routing zum richtigen Ziel und der Empfänger für das Queuing verantwortlich. Die API für ZeroMQ gleicht einer Low-Level-Socket-API für die Kommunikation über Netzwerke. Der Verzicht auf einen zentralen Broker ermöglicht dabei nur sehr geringe Verzögerungszeiten bei großen Bandbreiten. ZeroMQ ist so auch für größte Nachrichtenmengen, etwa für Messwerte oder für Echtzeitkurse in der Finanzbranche, geeignet.

ZeroMQ ist in C++ geschrieben und wird hauptsächlich unter dem *Collective Code Construction Contract* (C4) und der *Lesser General Public License* (LGPL) entwickelt.

Homepage: http://www.zeromq.org

12.3 Ceph

Ceph ist ein über beliebig viele Server redundant verteilbares Netzwerkdateisystem, das Object, Block und File Storage bietet.

Als parallel verteilter Object Storage (ähnlich dem Cluster-Dateisystem *Lustre*) wird es dem Wunsch nach einem ausfallsicheren, schnellen, skalierbaren Dateisystem gerecht, das auf preiswerter Standardhardware läuft und sich dabei selbst heilt und selbst verwaltet.

Ursprünglich im Rahmen einer Doktorarbeit an der Universität Kalifornien entstanden und 2006 erstmalig veröffentlicht, wird Ceph mittlerweile weltweit durch die Community weiterentwickelt. Auch findet es zunehmend breitere Unterstützung in der Industrie.

Das Dateisystem *CephFS* ist für hochperformanten und riesigen Data Storage gedacht, wie er in Cloud-Umgebungen und als Backend Storage für virtuelle Maschinen erwünscht ist.

Ceph wurde gemäß den POSIX-Standards entwickelt und bietet somit maximale Kompatibilität zu allen gängigen, bereits vorhandenen Anwendungen. Ceph ist quelloffen, wurde unter der LGPL veröffentlicht und mit Version 2.6.34 in den offiziellen Linux-Kernel übernommen.

12.3.1 Ceph – ein paar Grundlagen

Aufgrund seines Designs kann Ceph in OpenStack-Umgebungen sowohl als Block Storage (*Rados Block Devices*) als auch als Object Storage (*Rados Object Gateway*) eingesetzt werden, wie Abbildung 12-2 veranschaulicht.

Ceph speichert alle Daten, egal ob sie aus dem Block Storage, Object Storage oder File Storage stammen, als Objekte ab. Die Datensicherheit wird durch Kopien dieser Objekte erreicht. Als Default für die Anzahl der Kopien ist der Wert 2 gesetzt, d. h., von jedem Objekt werden zwei Kopien im Cluster erzeugt.

Wie viele Kopien geführt werden und wo diese Kopien liegen sollen, ist konfigurierbar (z. B. eine Kopie pro Rack/Datacenter/ etc.).

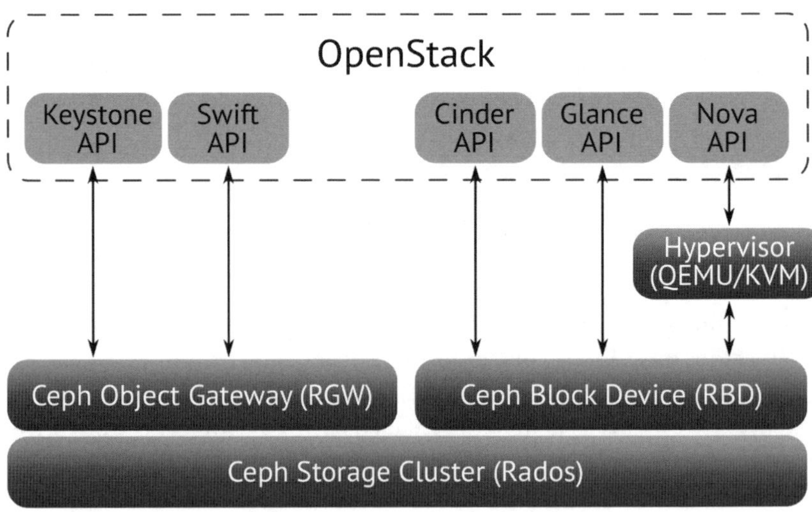

Abb. 12-2
Ceph als Object und Block Storage (Quelle: http://www.inktank.com/openstack-storage-solutions/)

Ceph besteht im Wesentlichen aus vier Komponenten:

Object based Storage Devices (`ceph-osds`) speichern die eigentlichen Daten (den Inhalt der Dateien).

Metadaten-Server (`ceph-mds`) speichern die Metadaten.

Cluster-Monitore (`ceph-mon`) überwachen aktive und ausgefallene Cluster Nodes.

RESTful Gateways (`ceph-rgw`) stellt den Zugriff auf den Object Storage Layer über eine RESTful API bereit (kompatibel zur Amazon S3 und OpenStack-Swift-API).

Statt gewöhnlicher Blockgeräte setzt Ceph auf sogenannte *Object Based Storage Devices* (OSDs), die sich weitgehend selbst um das Storage Management der Storage-Objekte wie Dateien und Partitionen kümmern.[7] Ceph liefert lediglich die Abstraktionsschicht, die für die effektive und redundante Verteilung der Daten zuständig ist.

Nutz- und Verwaltungsdaten werden dabei getrennt behandelt: Während Ceph die eigentlichen Daten auf den OSDs verteilt, werden die Metadaten auf eigenen *Metadaten-Servern* (MDS) abgelegt.

Sogenannte *Cluster-Monitore* überwachen den Status des Clusters, indem sie jede Änderung des OSD-Verbunds registrieren, daraufhin die *Cluster Map* neu berechnen und die vorhandenen Daten – möglichst effizient gemäß ausgeklügelter Algorithmen – neu im Cluster verteilen. So lässt sich ein Ceph-Cluster jederzeit dynamisch um neue OSDs erweitern. Umgekehrt wird auch der Ausfall eines beliebigen OSD problemlos aufgefangen.

So wird Ceph passgenau den Anforderungen in Cloud-Umgebungen gerecht und kann darin seine besonderen Vorteile ausspielen:

- Dynamische Anpassung bei Änderungen in der Topologie der Storage Devices
- Effiziente Nutzung von Ressourcen wie CPU, Speicher, Storage und Netzwerk
- Parallele Verteilung der Daten auf Standardhardware
- Kein Single Point of Failure
- Weitgehende Skalierbarkeit auch für sehr große Umgebungen
- Ansteuerbar über eine standardisierte RESTful API

[7] Als natives Dateisystem auf den Datenträgern selbst ist Btrfs vorgesehen, dieses gilt jedoch noch nicht als voll ausgereift. Einstweilen werden Ext3/4 und XFS verwendet.

12.3.2 Ceph-Storage-Plattformen

Ceph Storage Cluster ist der Object Storage Layer des verteilten Storage-Systems von Ceph. Durch die Nutzung der eingebauten Intelligenz der einzelnen Storage Nodes kann das System auf viele Tausend Knoten hochskaliert werden. Er erlaubt es den Knoten, Replikation, Fehlererkennung und Wiederherstellung bei Fehlern größtenteils selbst durchzuführen.

Ceph Object Gateway ermöglicht nahtlos-transparenten Zugriff auf die Ceph-Objekte und stellt eine RESTful-API für den Distributed Ceph Object Store bereit. Dabei ist er sowohl mit Swift als auch mit S3 kompatibel. Er implementiert Container (auch »Buckets«) und Object-Store-Funktionalität, bietet Read-after-Write-Konsistenz und eine feingranulare Unterstützung von Zugriffslisten (ACLs) für Objekte und Container.

Ceph Block Device stellt ein *Shared Network Block Device* bereit, das im Gegensatz zu iSCSI oder AoE[8] Images über den Ceph Storage Cluster stripen und replizieren kann. Das Ceph Block Device kann integriert in OpenStack-Cinder entweder über einen Linux-Kernel-Block-Device-Treiber oder den `KVM`/QEMU-Storage-Treiber implementiert werden.

12.3.3 Ceph Block Storage – RADOS Block Device (RBD)

Ceph verteilt die Block Device Images als Objekte über den gesamten Cluster, was eine höhere Performance speziell beim Zugriff auf größere Images erlaubt, als es bei einem Standalone-Server möglich wäre.

Da Glance das RBD-Backend unterstützt, ist CephFS/RADOS auch als Speicher für Images mit Glance interessant (siehe auch Abschnitt 4.3.1, S. 79).

Ceph Block Device Images werden bei OpenStack über `libvirt` angesteuert, das die QEMU-Schnittstelle für `librbd` konfiguriert. Deshalb muss neben den OpenStack-Komponenten auch QEMU und `libvirt` installiert sein. Es wird empfohlen, dazu einen separaten physikalischen Host mit minimal 8 GB RAM und einem Quad-Core-Prozessor einzusetzen.

Ceph Rados Block Device ermöglicht schnelles Thin Provisioning und Cloning von Images und Volumes, wie sie von OpenStack-Nova

[8] ATA over Ethernet (AoE) ist ein Netzwerkprotokoll für den Zugriff auf Speichergeräte über ein Ethernet-Netzwerk mit dem ATA-Protokoll.

genutzt werden. Dadurch wird das Booten neuer Instanzen mit hochverfügbaren und fehlertoleranten Disks vereinfacht. Es können auch Volumes aus Volume-Snapshots geklont werden.

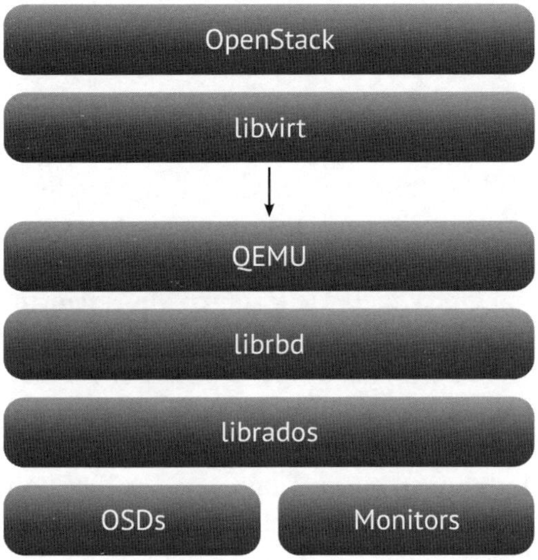

Abb. 12-3
Ansteuerung der Ceph Block Devices

Ceph wird zurzeit noch als experimentell eingestuft. Längere Erfahrungen vor allem in sehr großen Umgebungen gibt es kaum. Seine volle Funktionalität entfaltet es erst in Zusammenarbeit mit Btrfs, das ebenfalls noch nicht als 100% stabil und ausgereift betrachtet wird. Speziell die oft gewünschte Snapshot-Funktion lässt noch zu wünschen übrig. Daher ist der produktive Einsatz vorerst nur auf Basis von XFS zu empfehlen.

Da eine detaillierte Konfiguration den Rahmen des Buches sprengen würde, verweisen wir auf die Dokumentation im Internet.

Weiterführende Links:

[1] Allgemeines: http://ceph.com/
[2] Ceph und OpenStack: https://ceph.com/category/openstack/
[3] Ceph und OpenStack: http://www.inktank.com/openstack-storage-solutions/
[4] OpenStackCephHowto (Debian): https://wiki.debian.org/OpenStackCephHowto
[5] OpenStack Block Devices mit Ceph: http://ceph.com/docs/master/rbd/rbd-openstack/
[6] https://blueprints.launchpad.net/ubuntu/+spec/servercloud-q-ceph-object-integration
[7] http://docs.openstack.org/trunk/openstack-compute/admin/content/ceph-rados.html

12.4 Ironic

Name: Ironic
Aufgabe: Baremetal-Provisionierung
Incubated-Projekt seit: Havana

Ironic ist ein neuer OpenStack-Service zur Provisionierung von Instanzen auf Baremetal-Servern statt in virtuellen Maschinen. Er ist dann von Nutzen, wenn eine Baremetal-Provisionierung benötigt wird, weil man sich den Overhead der Virtualisierung ersparen, aber dennoch die IaaS-Features von OpenStack wie Instance Management, Image Management, Authentifizierungsdienste usw. verwenden will. Innerhalb von OpenStack-Umgebungen soll Ironic den Wunsch vieler Kunden nach dedizierter, eigener Serverhardware erfüllen, um damit erhöhten Anforderungen an Rechenleistung, Storage und Sicherheit gerecht werden zu können. Provider können einem Kunden gegenüber höhere SLAs (*Service Level Agreements*) einhalten, ohne Gefahr zu laufen, dass virtuelle Maschinen anderer Kunden das Angebot für diesen Kunden in irgendeiner Weise beeinflussen. Auch Sicherheitsanforderungen, die den Einsatz eigener oder spezieller Hardware erfordern, können so erfüllt werden.

Durch eine Reihe neuer APIs soll das Provisionieren auf neue, physikalische Server so einfach werden wie das Provisionieren virtueller Maschinen.

Ironic nutzt die beiden gängigen Technologien PXE und IPMI[9], die miteinander verzahnt für das Provisionieren und Ein-/Ausschalten sorgen:

Das *Preboot Execution Environment* (PXE) ist ein von Intel entwickeltes Verfahren, das das Booten eines Rechners über das Netzwerk ermöglicht. Dazu stellen die Rechner via DHCP eine Verbindung zu einem TFTP-Server her und holen sich von diesem im weiteren Verlauf ein Betriebssystem. Dies funktioniert für viele unterschiedliche Computer mit unterschiedlichen Befehlssätzen. Die Rechner senden dabei Informationen über ihre Beschaffenheit.

Das *Intelligent Platform Management Interface* (IPMI) ist eine standardisierte Schnittstelle für den Zugriff über eine serielle Verbindung oder ein Netzwerk auf die Rechnerhardware mit der besonderen Eigenschaft, dass sie auch unabhängig von einem Betriebssystem die Administration eines Rechners ermöglicht. Weiterhin können mittels IPMI Hardwareschalter wie der Ein- und Ausschalter oder der Reset bedient werden. Über *Serial Over LAN* (SOL) ist auch ein Zugriff auf das BIOS

[9] Auch einige vendorspezifische Plug-ins und Treiber werden unterstützt.

möglich. Solange eine Standby-Spannung vorhanden ist, sind die Computer sogar im ausgeschalteten Zustand ansprechbar. Es können auch automatische Berichte über auftretende Fehler erzeugt und Fehlermeldungen per SNMP gesendet werden. Ursprünglich in einer Gemeinschaftsarbeit von Intel, Hewlett-Packard, NEC und Dell entwickelt, ist das IPMI heute auf den meisten aktuellen Server-Mainboards zu finden.

Diese Fähigkeiten kann sich der Compute Service seit dem Grizzly-Release mithilfe eines speziellen Baremetal-Treibers zunutze machen.[10] Der Baremetal-Treiber erfüllt eine ähnliche Funktion wie die Hypervisor-Treiber von Libvirt, Xen usw., aber mit dem Unterschied, dass die Hardware nicht virtualisiert wird, sondern direkt ohne Hypervisor vom Tenant angesteuert wird.

Für die Einrichtung einer Ironic-Umgebung einschließlich einer PXE-Umgebung verweisen wir auf andere Quellen.

Weitere Informationen zu Ironic finden Sie u. a. unter folgenden Adressen:

[1] Aktuelle Informationen zu Ironic im GitHub: https://github.com/openstack/ironic
[2] OpenStack-Wiki zu Ironic: https://wiki.openstack.org/wiki/Ironic
[3] Einführung zum Einsatz von IPMI: http://pic.dhe.ibm.com/infocenter/lnxinfo/v3r0m0/topic/liaai.ipmi/liaaiipmi_pdf.pdf

12.5 Sahara

Name: Sahara (ehemals Savanna)
Aufgabe: Hadoop-Cluster
Incubated-Projekt seit: Havana

Sahara ist ein Projekt, um einen *Hadoop-Cluster* in einer OpenStack-Umgebung aufzusetzen.

Hadoop ist ein freies Framework für skalierbare, verteilt arbeitende Software, programmiert in Java. Es ermöglicht die verteilte, gleichzeitige Verarbeitung großer Datenmengen. Basierend auf dem MapReduce-Algorithmus von Google Inc. und Konzepten des Google-Dateisystems dient es dazu, rechenintensive Prozesse mit großen Datenmengen im

[10] Die Entwicklung des ursprünglichen Nova-Treibers für das Baremetal-Provisioning (*bare-metal provisioning driver*), der zuerst im Grizzly-Release erschien, wird durch Ironic ersetzt und fortgeführt. Seit dem Havana-Release wurde der Baremetal-Treiber in ein eigenes *Incubated*-Projekt überführt.

Petabyte-Bereich (»Big Data«) auf einem Verbund mehrerer Rechner, dem Hadoop-Cluster, auszuführen. Seit 2008 Top-Level-Projekt der Apache Software Foundation, wird es unter anderem bei Facebook, IBM und Yahoo! eingesetzt.

Sahara soll helfen, solch einen Cluster mit wenigen Parametern (wie Angaben zur Cluster-Topologie oder zur Hardware der Nodes) mit OpenStack zu bauen.

Weitere Informationen zu Sahara:

[1] https://github.com/openstack/sahara
[2] http://hadoop.apache.org/
[3] http://www.intel.de/content/dam/www/public/us/en/documents/white-papers/
big-data-apache-hadoop-technologies-for-results-whitepaper.pdf

12.6 Trove

Name: Trove
Aufgabe: Database as a Service
Incubated-Projekt in: Icehouse

Trove ist ein OpenStack-Projekt, das *Database as a Service* anbietet. Ziel war, Cloud-Nutzern schnell und einfach eine relationale Datenbank innerhalb einer OpenStack-Umgebung bereitzustellen und dabei den dazu notwendigen administrativen Aufwand so gering wie möglich zu halten. Trove wurde als Single-Tenant-Datenbank innerhalb einer Nova-Gastinstanz konzipiert und arbeitet mit den übrigen OpenStack-Komponenten ausschließlich und direkt über die API zusammen. Dadurch gibt es keine Einschränkungen durch etwaige Nova-Konfigurationen. Die Cloud-Nutzer und Datenbankadministratoren können je nach Bedarf beliebige weitere Datenbankinstanzen erstellen.

Trove besteht aus drei Komponenten:

`trove-api`
: ist eine RESTful-API, die sowohl JSON als auch XML unterstützt und der Provisionierung und Verwaltung der Trove-Instanzen dient. Sie bildet die Schnittstelle für Benutzer und unterstützt auch ein Webserver Gateway Interface (WSGI) für Benutzeranforderungen. Sie wird in der Datei `/etc/trove/api-paste.ini` konfiguriert.

`trove-taskmanager`
: ist ein RPC-Dienst und sorgt – angesteuert von der API – für das Erzeugen der Datenbankinstanzen und die Ausführung von Operationen auf den Instanzen. Er bietet seine Dienste den anderen Komponenten über die Message Queue an und wird in der Datei `/etc/trove/trove-taskmanager.conf` konfiguriert.

`trove-guestagent`
: läuft innerhalb der Datenbankinstanz und sorgt für die Umsetzung der angeforderten Operationen in der Datenbank selbst. Er lauscht dazu auf dem Message-Bus auf an ihn gerichtete RPC-Nachrichten. Er wird in der Datei `/etc/trove/trove-guestagent.conf` konfiguriert.

Weitere Informationen zu Trove und seiner Einrichtung finden Sie u. a. unter folgenden Adressen:

[1] Trove im OpenStack-Wiki: https://wiki.openstack.org/wiki/Trove
[2] Trove-Installation mit Devstack: https://wiki.openstack.org/wiki/Trove/installation
[3] Setup einer Testumgebung: https://wiki.openstack.org/wiki/Trove/integration-testing

12.7 Marconi

Name: Marconi
Aufgabe: Message Queuing Service
Incubated-Projekt in: Icehouse

Marconi ist ein neues OpenStack-Projekt, das mit einem skalierbaren, hochverfügbaren *Message Queuing Service* den wachsenden Anforderungen für die Kommunikation von Webapplikationen in einer OpenStack-Umgebung gerecht werden soll und *Messaging as a Service* bietet.

Auch Marconi nutzt eine RESTful-HTTP-Schnittstelle, um asynchrone Kommunikationsprotokolle zu bedienen. Durch die Verwendung eines eigenen Kommunikationslayers (auch *Transport Layer*, siehe auch Abb. 12-4) müssen Sender und Empfänger nicht gleichzeitig mit der Message Queue interagieren, was den Vorteil mit sich bringt, dass diese voneinander unabhängig skalieren können und die Fehleranfälligkeit vermindert wird. Marconi läuft auf Nova-Servern in Verbindung mit OpenStack-Loadbalancern und einer Keystone-Authentifizierung.

Marconi stellt eine Schnittstelle bereit, mit der Message Queues erzeugt, Messages in die Queue aufgenommen und diese Messages später auch wieder abgeholt werden können. Außerdem bietet es den Clients eine eigene Schnittstelle, mit der Messages automatisch – ähnlich RSS- und Atom-Feeds – gelistet werden können. Damit werden auch Verbraucher-Erzeuger-Systeme (*Producer-Consumer Workflows*)[11] unterstützt. In Single-Producer-Modellen wird das First-In-First-Out-Verfahren eingesetzt, ansonsten eine Best-Effort-Methode.

Abb. 12-4 *Aufbau von Marconi (Quelle: https://wiki.openstack.org/wiki/Marconi)*

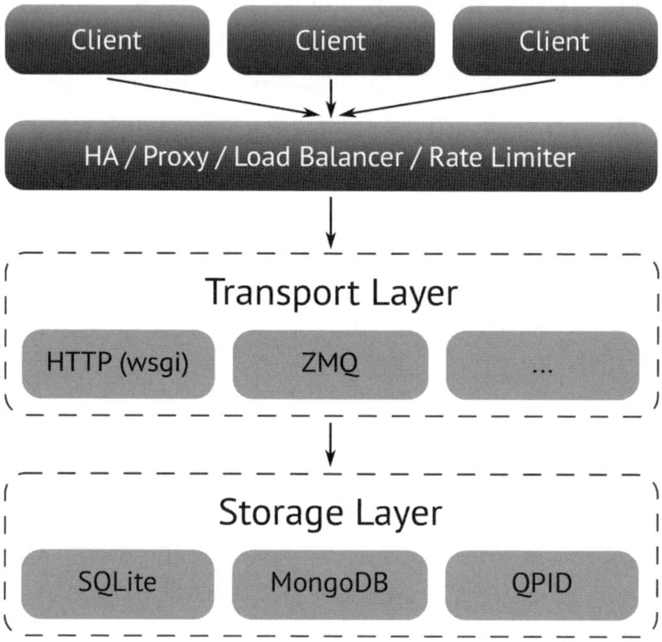

Weitere Informationen zu Marconi:

[1] Marconi im OpenStack-Wiki: https://wiki.openstack.org/wiki/Marconi
[2] API-Beschreibung auf der Rackspace-Developers-Seite: http://developer.rackspace.com/blog/openstack-marconi-api.html

[11] Bei einem Verbraucher-Erzeuger-System muss das Problem der Reihenfolge von Zugriffen auf Datenstrukturen durch elementerzeugende (Producer) und elementverbrauchende (Consumer) Prozesse bzw. Threads gelöst werden. Der Erzeuger sendet Messages in einen Message Block und der Verbraucher liest sie von dort wieder aus. Durch eine Zugriffssteuerung und die damit verbundene Prozesssynchronisation soll verhindert werden, dass ein Verbraucher auf eine Datenstruktur zugreift, die keine Elemente enthält und umgekehrt, dass ein Erzeuger auf eine Datenstruktur zugreift, wenn die Aufnahmekapazität der Datenstruktur bereits ausgeschöpft ist.

13 Setup-Szenarien

13.1 Single-Node-Setup

13.1.1 SLES

Die folgende Anleitung beschreibt ein Single-Node-Setup mit Havana auf einem SUSE Linux Enterprise Server 11 SP3 Host mit den folgenden Eigenschaften:

- OpenStack-Release: Havana
- Host Operating System: SLES 11 SP3
- CPU: x86_64, mindestens 4 Kerne
- Arbeitsspeicher: mindestens 4 GB
- Hypervisor: KVM
- Datenbank: MySQL
- Message Queue: RabbitMQ
- Identity Service: Keystone mit SQL-Treiber
- Image Service: Glance mit File-Backend
- Block Storage: Cinder (LVM/iSCSI) mit 24 GB (8 GB + 16 GB LVM)
- Netzwerk: Neutron mit ML2 und Open vSwitch (2 NICs)

OpenStack-Repository

Zunächst fügen Sie das Repository für OpenStack hinzu und aktualisieren anschließend das System:

```
# zypper addrepo http://download.opensuse.org/repositories/Cloud:/\
OpenStack:/Havana/SLE_11_SP3/Cloud:OpenStack:Havana.repo
# zypper refresh && zypper update
```

Falls die für KVM notwendigen Pakete noch nicht installiert sind, holen Sie dies jetzt nach:

```
# zypper in -t pattern kvm_server
```

Netzwerk

In diesem Setup nutzen wir zwei Netzwerkkarten, eth0 und eth1. eth0 wird vom Host selbst verwendet, während eth1 in eine Bridge konfiguriert wird, mit der später auch ein externer Zugang auf die Instanzen realisiert werden kann. Somit betrifft die nötige Konfiguration das Erzeugen der Bridges und die Konfiguration von eth1.

Für die Nutzung von Open vSwitch installieren Sie die entsprechenden Pakete und aktivieren Sie den eigentlichen Switch für den automatischen Systemstart:

```
# zypper install openvswitch openvswitch-switch
# chkconfig openvswitch-switch on
# service openvswitch-switch start
```

Danach erzeugen Sie die später verwendeten Bridges und fügen der Bridge für den externen Zugang die zweite NIC hinzu:

```
# ovs-vsctl add-br br-int
# ovs-vsctl add-br br-ex
# ovs-vsctl add-port br-ex eth1
```

Die Konfiguration von eth0 bleibt unangetastet.

Aktivieren Sie auf dem Host das IPv4-Forwarding in der Datei /etc/sysctl.conf, um dem Host zu ermöglichen, die Pakete von und zu den Instanzen auch weiterzuleiten:

```
[...]
    net.ipv4.ip_forward = 1
    net.ipv4.conf.all.rp_filter = 0
    net.ipv4.conf.default.rp_filter = 0
[...]
```

Danach aktualisieren Sie die Parameter durch den Aufruf von sysctl -p.

NTP

Für eine saubere Zeitsynchronisation[1] richten Sie das *Network Time Protocol* (NTP) in der Datei /etc/ntp.conf ein:

```
[...]
    server 0.de.pool.ntp.org
    server 1.de.pool.ntp.org
    server 2.de.pool.ntp.org
    server 3.de.pool.ntp.org
    server 127.127.1.0
    fudge 127.127.1.0 stratum 10
[...]
```

[1] Die Zeitsynchronisation ist vor allem in Multi-Node-Setups von Bedeutung.

Starten Sie den Synchronisierungsdienst:

```
# service ntp start
```

Schalten Sie den automatischen Start beim Booten ein:

```
# chkconfig ntp on
```

Alternativ können Sie NTP mit YaST (Kommandozeilenaufruf `yast2`) konfigurieren.

MySQL

Einen MySQL-Server als Datenbank-Backend installieren und konfigurieren Sie mit folgenden Kommandos:

```
# zypper in mysql python-mysql
# chkconfig mysql on
# service mysql start
```

Führen Sie das Werkzeug zum Absichern der MySQL-Installation aus – dabei wird unter anderem das Passwort für den root-Benutzer gesetzt:

```
# mysql_secure_installation
```

Das Paket `python-mysql` ist als Treiber notwendig, damit die Python-Skripte der OpenStack-Komponenten mit der MySQL-Datenbank interagieren können.

Melden Sie sich an der Datenbank an:

```
# mysql -u root -p
```

Die erforderlichen Datenbanken und Rechte richten die folgenden Kommandos ein:

```
mysql> CREATE DATABASE nova;
mysql> GRANT ALL PRIVILEGES ON nova.* TO 'nova'@'localhost' IDENTIFIED BY 'novapw';
mysql> CREATE DATABASE glance;
mysql> GRANT ALL PRIVILEGES ON glance.* TO 'glance'@'localhost' IDENTIFIED BY 'glancepw';
mysql> CREATE DATABASE keystone;
mysql> GRANT ALL PRIVILEGES ON keystone.* TO 'keystone'@'localhost' IDENTIFIED BY 'keystonepw';
mysql> CREATE DATABASE neutron;
mysql> GRANT ALL PRIVILEGES ON neutron.* TO 'neutron'@'localhost' IDENTIFIED BY 'neutronpw';
mysql> CREATE DATABASE neutron_ml2;
mysql> GRANT ALL PRIVILEGES ON neutron_ml2.* TO 'neutron'@'localhost' IDENTIFIED BY 'neutronpw';
mysql> CREATE DATABASE cinder;
mysql> GRANT ALL PRIVILEGES ON cinder.* TO 'cinder'@'localhost' IDENTIFIED BY 'cinderpw';
```

RabbitMQ

Die Installation und Aktivierung des Message-Dienstes RabbitMQ übernehmen die folgenden Befehle:

```
# zypper install rabbitmq-server
# chkconfig rabbitmq-server on
# service rabbitmq-server start
```

Für den Zugriff der weiteren OpenStack-Dienste auf den Message-Bus richten Sie ein Passwort für den Benutzer `guest` ein:

```
# rabbitmqctl change_password guest rabbitpw
```

Keystone

Installieren Sie die Pakete für Keystone:

```
# zypper install openstack-keystone python-keystone python-keystoneclient\
  python-PyYAML
```

Konfigurieren Sie Keystone in der Datei `/etc/keystone/keystone.conf` (Auszug):

```
[DEFAULT]
admin_token = ADMINTOKEN
bind_host = 0.0.0.0
public_port = 5000
admin_port = 35357
compute_port = 8774
verbose = true
debug = false
log_file = keystone.log
log_dir = /var/log/keystone
[sql]
connection = mysql://keystone:keystonepw@localhost/keystone
idle_timeout = 200
[identity]
driver = keystone.identity.backends.sql.Identity
[catalog]
driver = keystone.catalog.backends.sql.Catalog
[token]
driver = keystone.token.backends.sql.Token
[credential]
[trust]
[ec2]
[ssl]
[signing]
[ldap]
[auth]
methods = password,token
password = keystone.auth.plugins.password.Password
token = keystone.auth.plugins.token.Token
[paste_deploy]
config_file = keystone-paste.ini
```

Initialisieren Sie die Datenbank von Keystone:

```
# keystone-manage db_sync
```

Starten Sie den Keystone-Service (einschließlich des automatischen Starts beim Booten):

```
# service openstack-keystone start
# chkconfig openstack-keystone on
```

Das Befüllen der Datenbank erledigt ein Skript, das Sie von GitHub laden:

```
# wget https://github.com/b1-systems/keystone-init/archive/master.zip
# unzip master
```

Nach dem Herunterladen und Entpacken wechseln Sie in das neue Unterverzeichnis `keystone-init-master` und passen dort die Werte in der Datei `config.yaml` Ihren Wünschen gemäß an:

```
# vim config.yaml
---
# token is the admin_token in keystone.conf
token: ADMINTOKEN
endpoint: http://localhost:35357/v2.0

default tenant:
    name: b1systems
    description: Default Tenant

# This is the admin user
default user:
    name: admin
    password: adminpw

# See: http://docs.openstack.org/essex/openstack-compute/install/content/
# setting-up-tenants-users-and-roles.html
service users:
    - name: glance
      password: glancepw

    - name: nova
      password: novapw

    - name: ec2
      password: ec2pw

    - name: swift
      password: swiftpw

    - name: neutron
      password: neutronpw

    - name: cinder
      password: cinderpw
```

```
# See: http://docs.openstack.org/essex/openstack-compute/install/content/
# keystone-service-endpoint-create.html
services and endpoints:
   - name: keystone
     type: identity
     description: Keystone Identity Service
     region: RegionOne
     publicurl: http://localhost:5000/v2.0
     internalurl: http://localhost:5000/v2.0
     adminurl: http://localhost:35357/v2.0

   - name: nova
     type: compute
     description: Nova Compute Service
     region: RegionOne
     publicurl: http://localhost:8774/v2/%(tenant_id)s
     internalurl: http://localhost:8774/v2/%(tenant_id)s
     adminurl: http://localhost:8774/v2/%(tenant_id)s

   - name: glance
     type: image
     description: Glance Image Service
     region: RegionOne
     publicurl: http://localhost:9292/v1
     internalurl: http://localhost:9292/v1
     adminurl: http://localhost:9292/v1

   - name: ec2
     type: ec2
     description: EC2 Compatibility Layer
     region: RegionOne
     publicurl: http://localhost:8773/services/Cloud
     internalurl: http://localhost:8773/services/Cloud
     adminurl: http://localhost:8773/services/Admin

   - name: swift
     type: object-store
     description: Swift Object Storage Service
     region: RegionOne
     publicurl: http://localhost:8888/v1/AUTH_%(tenant_id)s
     internalurl: http://localhost:8888/v1/AUTH_%(tenant_id)s
     adminurl: http://localhost:8888/v1

   - name: neutron
     type: network
     description: OpenStack Networking Service
     region: RegionOne
     publicurl: http://localhost:9696
     internalurl: http://localhost:9696
     adminurl: http://localhost:9696
```

```
- name: cinder
  type: volume
  description: OpenStack Volume Service
  region: RegionOne
  publicurl: http://localhost:8776/v1/%(tenant_id)s
  internalurl: http://localhost:8776/v1/%(tenant_id)s
  adminurl: http://localhost:8776/v1/%(tenant_id)s
```

Anschließend führen Sie das Skript `keystone-init.py` aus:

```
# python keystone-init.py config.yaml
```

Tipp: Admintoken

Die Umgebungsvariablen für die Shell definieren Sie der Einfachheit halber in einer Datei, die Sie dann einlesen. Mithilfe dieser Datei können Sie bei Bedarf (z. B. nach einer Neuanmeldung) die Variablen jederzeit wieder einlesen (*sourcen*):

```
cat > keystoneadmin « EOF
export SERVICE_ENDPOINT=http://localhost:35357/v2.0/
export SERVICE_TOKEN=ADMINTOKEN
EOF
source keystoneadmin
```

Kontrollieren Sie die Verfügbarkeit von Keystone mit einer Abfrage:

```
# keystone user-list
+----------------------------------+------------+---------+-------+
|                id                |    name    | enabled | email |
+----------------------------------+------------+---------+-------+
| 38483ae0b1164c7fb80e605e8f0bb8c7 |   admin    |  True   | None  |
| 9640db64d9c3422a9ccdd3c2446a563d | ceilometer |  True   | None  |
| c33d01dc30a94d6d83f1ebe9a011e48a |   cinder   |  True   | None  |
| 141fb21c08db43af85bb5acb10cc6fec |    ec2     |  True   | None  |
| 709da60680f14076978a75169734c862 |   glance   |  True   | None  |
| b52ad7e205b747b982344d176d17bb7a |    heat    |  True   | None  |
| d5d8b452eb594f5ca308917313747d29 |  neutron   |  True   | None  |
| f6a535d59e8d4f2285816da68d0faa72 |    nova    |  True   | None  |
| fd35c9046e0a47fa9dde0cc91b906662 |   swift    |  True   | None  |
+----------------------------------+------------+---------+-------+
```

Glance

Installieren Sie die nötigen Pakete für den Image Service Glance:

```
# zypper install openstack-glance python-glanceclient
# chkconfig openstack-glance-api on
# chkconfig openstack-glance-registry on
```

Der Glance-API-Service wird in der Datei /etc/glance/glance-api.conf konfiguriert:

```
[DEFAULT]
default_store = file
bind_host = 0.0.0.0
bind_port = 9292
log_file = /var/log/glance/api.log
backlog = 4096
sql_connection=mysql://glance:glancepw@localhost/glance
sql_idle_timeout = 3600
workers = 1
registry_host = 0.0.0.0
registry_port = 9191
registry_client_protocol = http
notifier_strategy = rabbit
rabbit_host = localhost
rabbit_port = 5672
rabbit_use_ssl = false
rabbit_userid = guest
rabbit_password = rabbitpw
rabbit_virtual_host = /
rabbit_notification_exchange = glance
rabbit_notification_topic = notifications
rabbit_durable_queues = false
qpid_notification_exchange = glance
qpid_notification_topic = notifications
qpid_host = localhost
qpid_port = 5672
qpid_reconnect_timeout = 0
qpid_reconnect_limit = 0
qpid_reconnect_interval_min = 0
qpid_reconnect_interval_max = 0
qpid_reconnect_interval = 0
qpid_heartbeat = 5
qpid_protocol = tcp
qpid_tcp_nodelay = true
filesystem_store_datadir = /var/lib/glance/images/
delayed_delete = false
scrub_time = 43200
scrubber_datadir = /var/lib/glance/scrubber
image_cache_dir = /var/lib/glance/image-cache/
verbose = true
[keystone_authtoken]
auth_host = localhost
auth_port = 35357
auth_protocol = http
admin_tenant_name = service
admin_user = glance
admin_password = glancepw
[paste_deploy]
flavor = keystone
```

Zu beachten sind hier das RabbitMQ-Passwort, die SQL-Verbindung und die Credentials im Abschnitt [keystone_authtoken].

Die Konfiguration des Glance Registry Service steht in der Datei /etc/glance/glance-registry.conf:

```
[DEFAULT]
bind_host = 0.0.0.0
bind_port = 9191
log_file = /var/log/glance/registry.log
backlog = 4096
sql_connection = mysql://glance:glancepw@localhost/glance
sql_idle_timeout = 3600
api_limit_max = 1000
limit_param_default = 25
verbose = true
[keystone_authtoken]
auth_host = localhost
auth_port = 35357
auth_protocol = http
admin_tenant_name = service
admin_user = glance
admin_password = glancepw
[paste_deploy]
flavor = keystone
```

Anschließend initialisieren Sie die Datenbank, starten die Glance-Dienste und aktivieren sie für den automatischen Systemstart:

```
# glance-manage db_sync
# service openstack-glance-api start
# chkconfig openstack-glance-api on
# service openstack-glance-registry start
# chkconfig openstack-glance-registry on
```

Sollte das Starten fehlschlagen, prüfen Sie die Zugriffsberechtigungen auf /var/log/glance – setzen Sie diese (wenn nötig) auf den korrekten Eigentümer:

```
# chown -R openstack-glance /var/log/glance
```

Danach starten Sie die Dienste erneut.

Fügen Sie Ihrem Glance-Setup das vielfach genutzte Cirros-Image hinzu:

```
# # glance --os-tenant-name=service --os-username=glance \
  --os-password=glancepw \
  --os-auth-url=http://localhost:5000/v2.0 image-create \
  --is-public true --disk-format qcow2 \
  --container-format bare --name "Cirros-Test-01" \
  --copy-from https://launchpad.net/cirros/trunk/0.3.0/\
  +download/cirros-0.3.0-x86_64-disk.img
+------------------+--------------------------------------+
| Property         | Value                                |
+------------------+--------------------------------------+
| checksum         | 50bdc35edb03a38d91b1b071afb20a3c     |
| container_format | bare                                 |
| created_at       | 2013-06-25T09:06:03                  |
| deleted          | false                                |
| deleted_at       | None                                 |
| disk_format      | qcow2                                |
| id               | bb21e0c6-926b-41bc-8ec2-96a750a0c5e0 |
| is_public        | true                                 |
| min_disk         | 0                                    |
| min_ram          | 0                                    |
| name             | Cirros-Test-01                       |
| owner            | 83e80bc712484969b36a3ef087b440b4     |
| protected        | false                                |
| size             | 9761280                              |
| status           | active                               |
| updated_at       | 2013-06-25T09:06:03                  |
+------------------+--------------------------------------+
```

Glance-Credentials als Variablen

Die Glance-Credentials können Sie als Umgebungsvariablen in einer Datei ablegen und diese sourcen. Die von Keystone in Ihrer Umgebung existierenden Variablen sollten Sie entfernen. So ersparen sich deren Eingabe bei den Glance-CLI-Befehlen:

```
cat > glancecreds « EOF
export OS_USERNAME=glance
export OS_PASSWORD=glancepw
export OS_TENANT_NAME=service
export OS_AUTH_URL=http://localhost:35357/v2.0/
EOF
source ./glancecreds
```

Kontrollieren Sie nach dem Hinzufügen des ersten Image dessen Verfügbarkeit:

```
# source glancecreds
# glance image-list
+--------------------------------------+--------+-
| ID                                   | Name   |
+--------------------------------------+--------+-
| a4616445-b89a-4106-9a72-e92bbfaleeba | Cirros |
+--------------------------------------+--------+-

------------+-----------------+---------+--------+
Disk Format | Container Format | Size    | Status |
------------+-----------------+---------+--------+
qcow2       | bare             | 9761280 | active |
------------+-----------------+---------+--------+
```

Hier noch ein Beispiel für das Hochladen eines KVM-qcow-Image:

```
glance image-create --name "Open SUSE 12.3 (x86_64)" --disk-format qcow2 \
  --container-format bare --file OpenSUSE_12.3.x86_64-0.0.1.qcow2
```

Neutron

Bevor Sie den Compute Service Nova einrichten, ist zunächst die Netzwerkanbindung vorzubereiten. Diese benötigt Nova zum Spawnen der Instanzen. Dazu installieren Sie die Pakete für Neutron und setzen die Startlinks:

```
# zypper install openstack-neutron-server openstack-neutron-dhcp-agent \
  openstack-neutron-l3-agent openstack-neutron-openvswitch-agent \
  python-neutron python-neutronclient openstack-neutron-metadata-agent
# chkconfig openstack-neutron on
# chkconfig openstack-neutron-openvswitch-agent on
# chkconfig openstack-neutron-dhcp-agent on
# chkconfig openstack-neutron-l3-agent on
```

Als Nächstes passen Sie die Datei /etc/neutron/neutron.conf Ihren Bedürfnissen an. In den folgenden Beispielen sind die Dateien von Kommentaren befreit und nur veränderte Defaults aufgelistet:

Listing 13-1
neutron.conf

```
[DEFAULT]
lock_path = /var/run/neutron
allow_overlapping_ips = True
force_gateway_on_subnet = False

rabbit_password = rabbitpw

notification_driver = neutron.openstack.common.notifier.rpc_notifier
verbose = True
core_plugin = neutron.plugins.ml2.plugin.Ml2Plugin
service_plugins = neutron.services.l3_router.l3_router_plugin.
                  L3RouterPlugin
```

```
state_path = /var/lib/neutron
log_dir = /var/log/neutron

agent_down_time = 60

[agent]
root_helper = sudo neutron-rootwrap /etc/neutron/rootwrap.conf

[keystone_authtoken]
auth_host = 127.0.0.1
auth_port = 35357
auth_protocol = http
admin_tenant_name = service
admin_user = neutron
admin_password = neutronpw
signing_dir = /var/cache/neutron/keystone-signing

[database]
connection = mysql://neutron:neutronpw@localhost/neutron

[service_providers]
service_provider=LOADBALANCER:Haproxy:neutron.services.loadbalancer.
                 drivers.haproxy.plugin_driver.HaproxyOnHostPluginDriver:
                 default
```

Die Konfiguration des ML2-Plug-ins findet in der Datei `/etc/neutron/plugins/ml2/ml2_conf.ini` statt:

```
[ml2]
mechanism_drivers = openvswitch
type_drivers = flat,gre
tenant_network_types = gre

[ml2_type_flat]
flat_networks = physnet0

[ml2_type_gre]
tunnel_id_ranges = 1:1000

[securitygroup]
firewall_driver = neutron.agent.linux.iptables_firewall.
                  OBSHybridIptablesFirewallDriver

[database]
connection = mysql://neutron:neutronpw@localhost/neutron_ml2

[ovs]
local_ip = <IP>
bridge_mappings = physnet0:br-ex
enable_tunneling = True
tunnel_type = gre
tunnel_id_ranges = 1:1000

[agent]
root_help = sudo /usr/bin/neutron-rootwrap /etc/neutron/rootwrap.conf
l2_population = True
tunnel_types = gre
```

Dann folgt die Konfigurationsdatei für Open vSwitch:

```
[ovs]
tenant_network_type = gre
enable_tunneling = True
tunnel_type = gre
tunnel_id_ranges = 1:1000

local_ip = <IP>

[agent]
tunnel_types = gre

[securitygroup]
firewall_driver = neutron.agent.firewall.NoopFirewallDriver
```

In der Datei /etc/neutron/dhcp-agent.ini sollten die Einträge für Open vSwitch stehen:

Listing 13-2
dhcp_agent.ini

```
[DEFAULT]
interface_driver = neutron.agent.linux.interface.OVSInterfaceDriver
enable_isolated_metadata = True
enable_metadata_network = True
```

Nach der Anpassung der Konfigurationsdateien starten Sie die Dienste:

```
# service openstack-neutron start
# service openstack-neutron-openvswitch-agent start
# service openstack-neutron-dhcp-agent start
# service openstack-neutron-l3-agent start
# service openstack-neutron-metadata-agent start
```

Nun können Sie mit den richtigen Credentials ein Netz mit Subnetz erzeugen:

```
# neutron net-create netz-42
Created a new network:
+---------------------------+--------------------------------------+
| Field                     | Value                                |
+---------------------------+--------------------------------------+
| admin_state_up            | True                                 |
| id                        | 11b2eb1c-c2a0-40a7-82dd-e5ab92db99e8 |
| name                      | netz-42                              |
| provider:network_type     | vlan                                 |
| provider:physical_network | physnet1                             |
| provider:segmentation_id  | 1001                                 |
| router:external           | False                                |
| shared                    | False                                |
| status                    | ACTIVE                               |
| subnets                   |                                      |
| tenant_id                 | 83e80bc712484969b36a3ef087b440b4     |
+---------------------------+--------------------------------------+
```

```
# neutron subnet-create netz-42 10.1.0.0/24 --name subnet-42-01
Created a new subnet:
+------------------+---------------------------------------------+
| Field            | Value                                       |
+------------------+---------------------------------------------+
| allocation_pools | {"start": "10.1.0.2", "end": "10.1.0.254"} |
| cidr             | 10.1.0.0/24                                 |
| dns_nameservers  |                                             |
| enable_dhcp      | True                                        |
| gateway_ip       | 10.1.0.1                                    |
| host_routes      |                                             |
| id               | 40320e50-7548-4af4-a5da-0e28f3746ed6        |
| ip_version       | 4                                           |
| name             | subnet-42-01                                |
| network_id       | 11b2eb1c-c2a0-40a7-82dd-e5ab92db99e8        |
| tenant_id        | 83e80bc712484969b36a3ef087b440b4            |
+------------------+---------------------------------------------+
```

Zur Kontrolle lassen Sie sich Netz und Subnetz ausgeben:

```
# neutron net-list
+--------------------------------------+---------+-
| id                                   | name    |
+--------------------------------------+---------+-
| 055cd60e-36c8-4515-9dfe-f1ce900ddfba | netz-42 |
+--------------------------------------+---------+-

------------------------------------------------+
subnets                                         |
------------------------------------------------+
75fe926e-8014-44cf-98ca-8c4dfb47e7a9 10.0.42.0/24 |
------------------------------------------------+
# neutron subnet-list
+--------------------------------------+--------------+-
| id                                   | name         |
+--------------------------------------+--------------+-
| 75fe926e-8014-44cf-98ca-8c4dfb47e7a9 | subnet-42-01 |
+--------------------------------------+--------------+-

-------------+----------------------------------------------+
cidr         | allocation_pools                             |
-------------+----------------------------------------------+
10.0.42.0/24 | {"start": "10.0.42.2", "end": "10.0.42.254"} |
-------------+----------------------------------------------+
```

Die Details zum Subnetz zeigt subnet-show:

```
# neutron subnet-show subnet-42-01
+-------------------+------------------------------------------------+
| Field             | Value                                          |
+-------------------+------------------------------------------------+
| allocation_pools  | {"start": "10.0.42.2", "end": "10.0.42.254"}   |
| cidr              | 10.0.42.0/24                                   |
| dns_nameservers   |                                                |
| enable_dhcp       | True                                           |
| gateway_ip        | 10.0.42.1                                      |
| host_routes       |                                                |
| id                | 75fe926e-8014-44cf-98ca-8c4dfb47e7a9           |
| ip_version        | 4                                              |
| name              | subnet-42-01                                   |
| network_id        | 055cd60e-36c8-4515-9dfe-f1ce900ddfba           |
| tenant_id         | 1f6a900f6c80431e9cd2a454c15fe62e               |
+-------------------+------------------------------------------------+
```

Damit das Netz von außen erreichbar ist, erstellen Sie einen Router:

```
# neutron router-create router-42
Created a new router:
+-----------------------+--------------------------------------+
| Field                 | Value                                |
+-----------------------+--------------------------------------+
| admin_state_up        | True                                 |
| external_gateway_info |                                      |
| id                    | c5d0c704-4774-4eb2-bb97-ae6307270849 |
| name                  | router-42                            |
| status                | ACTIVE                               |
| tenant_id             | 83e80bc712484969b36a3ef087b440b4     |
+-----------------------+--------------------------------------+
```

Verbinden Sie den Router mit dem Netz:

```
# neutron router-interface-add router-42 subnet-42-01
Added interface to router router-42
```

Nach dem Einrichten der Nova-Services können Sie nun neue Instanzen mit dem Parameter --nic net-id=<net-id> in das neue Netz einbinden (s.u.).

Nova

Die Installation und den automatischen Start der Nova Services erledigen die folgenden Befehle:

```
# zypper install openstack-nova-api openstack-nova-conductor \
  openstack-nova-scheduler openstack-nova-consoleauth python-nova \
  python-novaclient novnc openstack-nova-novncproxy openstack-nova-compute
# chkconfig openstack-nova-api on
# chkconfig openstack-nova-scheduler on
# chkconfig openstack-nova-consoleauth on
# chkconfig openstack-nova-conductor on
# chkconfig openstack-nova-novncproxy on
# chkconfig openstack-nova-compute on
```

Die zentrale Konfiguration von Nova ist in der Datei /etc/nova/nova.conf anzupassen. Auch hier sind lediglich die Werte aufgeführt, die nicht den Defaultwerten entsprechen:

```
[DEFAULT]
my_ip=<IP>
host=<HOSTNAME>

notify_on_state_change=vm_and_task_state

bindir=/usr/local/bin

state_path=/var/lib/nova

instance_usage_audit_period=month

auth_strategy=keystone

service_neutron_metadata_proxy=True

neutron_metadata_proxy_shared_secret=metadata_secret

enable_network_quota=True

use_neutron_default_nets=True

instance_usage_audit=True

s3_host=$my_ip

network_api_class=nova.network.neutronv2.api.API
linuxnet_interface_driver =
network_size=256

neutron_url=http://localhost:9696
neutron_admin_username=neutron
neutron_admin_password=neutronpw
neutron_admin_tenant_name=service
neutron_admin_auth_url=http://localhost:5000/v2.0
neutron_auth_strategy=keystone
security_group_api=neutron
```

```
lock_path=/var/run/nova

verbose=True

log_dir=/var/log/nova

rabbit_host=localhost
rabbit_password=rabbitpw

compute_driver=libvirt.LibvirtDriver

firewall_driver=nova.virt.firewall.NoopFirewallDriver

libvirt_type=kvm

libvirt_vif_driver=nova.virt.libvirt.vif.LibvirtGenericVIFDriver
log_file = nova.log
connection_type = libvirt
image_service = nova.image.glance.GlanceImageService
volume_api_class = nova.volume.cinder.API

novncproxy_base_url=http://127.0.0.1:6080/vnc_auto.html
vncserver_listen=127.0.0.1
vncserver_proxyclient_address=127.0.0.1
vnc_enabled=true

[database]
connection=mysql://nova:novapw@localhost/nova

[keystone_authtoken]
signing_dir = /var/cache/nova/keystone-signing
```

Und zusätzlich die notwendigen Anpassungen in der /etc/nova/api-paste.ini:

```
[filter:authtoken]
paste.filter_factory = keystoneclient.middleware.auth_token:filter_factory
auth_version = v2.0
auth_host = localhost
auth_port = 35357
auth_protocol = http
admin_tenant_name = service
admin_user = nova
admin_password = novapw
auth_uri = http://localhost:5000/v2.0
```

Dann initialisieren Sie die Datenbank und aktivieren die Nova-Services für die laufende Sitzung:

```
# nova-manage db sync
```

Damit sind die Voraussetzungen zum Start der Nova-Daemons gegeben:

```
# service openstack-nova-api start
# service openstack-nova-consoleauth start
# service openstack-nova-conductor start
# service openstack-nova-scheduler start
# service openstack-nova-novncproxy start
# service openstack-nova-compute start
```

Auch hier gilt: Schlägt das Starten eines Dienstes fehl, kontrollieren Sie die Berechtigungen in /var/log/nova und setzen Sie diese auf den korrekten Eigentümer.

Zuletzt erzeugen Sie noch einen Schlüssel für den Gastzugriff, falls Sie noch keinen haben:

```
# ssh-keygen -t rsa
Generating public/private rsa key pair.
Enter file in which to save the key (/root/.ssh/id_rsa):
Enter passphrase (empty for no passphrase):
Enter same passphrase again:
Your identification has been saved in /root/.ssh/id_rsa.
Your public key has been saved in /root/.ssh/id_rsa.pub.
The key fingerprint is:
6d:d1:11:e7:86:ce:3f:05:e3:62:ce:01:fb:b3:be:fe root@node-1
The key's randomart image is:
+--[ RSA 2048]----+
|          o..    |
|          . =    |
|        o o =    |
|       . * o o   |
|      S + * . .  |
|       . = + .   |
|          = o    |
|           o .   |
|         o=oE    |
+-----------------+
```

Integrieren Sie den Schlüssel in Nova:

```
# nova keypair-add --pub_key ~/.ssh/id_rsa.pub rootkey
```

Booten Sie eine neue Instanz:

```
# nova  boot --flavor 1 --image Cirros-0.3.0 Cirros-Test-01
+--------------------------------------+--------------------------------------+
| Property                             | Value                                |
+--------------------------------------+--------------------------------------+
| OS-EXT-STS:task_state                | scheduling                           |
| image                                | Cirros-0.3.0                         |
| OS-EXT-STS:vm_state                  | building                             |
| OS-EXT-SRV-ATTR:instance_name        | instance-00000002                    |
| OS-SRV-USG:launched_at               | None                                 |
| flavor                               | m1.tiny                              |
| id                                   | 49ff5d21-e757-40c1-99c0-1fb990553062 |
| security_groups                      | [{u'name': u'default'}]              |
| user_id                              | f2fc1591548e480bace41034a193f9fa     |
| OS-DCF:diskConfig                    | MANUAL                               |
| accessIPv4                           |                                      |
| accessIPv6                           |                                      |
| progress                             | 0                                    |
| OS-EXT-STS:power_state               | 0                                    |
| OS-EXT-AZ:availability_zone          | nova                                 |
| config_drive                         |                                      |
| status                               | BUILD                                |
| updated                              | 2013-07-24T07:32:36Z                 |
| hostId                               |                                      |
| OS-EXT-SRV-ATTR:host                 | None                                 |
| OS-SRV-USG:terminated_at             | None                                 |
| key_name                             | None                                 |
| OS-EXT-SRV-ATTR:hypervisor_hostname  | None                                 |
| name                                 | Cirros-Test-01                       |
| adminPass                            | UqCQBRBCc6K7                         |
| tenant_id                            | 9e2cb9416cd2422b8cda3089a65d3604     |
| created                              | 2013-07-24T07:32:36Z                 |
| os-extended-volumes:volumes_attached | []                                   |
| metadata                             | {}                                   |
+--------------------------------------+--------------------------------------+
```

Lassen Sie sich die Instanz anzeigen:

```
# nova list
+--------------------------------------+----------------+-
| ID                                   | Name           |
+--------------------------------------+----------------+-
| 49ff5d21-e757-40c1-99c0-1fb990553062 | Cirros-Test-01 |
+--------------------------------------+----------------+-

-------+------------+-------------+-------------------+
Status | Task State | Power State | Networks          |
-------+------------+-------------+-------------------+
ACTIVE | None       | Running     | netz-42=10.0.42.3 |
-------+------------+-------------+-------------------+
```

Damit haben Sie die erste Instanz erfolgreich gestartet.

Cinder

Zunächst installieren Sie die erforderlichen Pakete und setzen die Startlinks:

```
# zypper install openstack-cinder-api \
  openstack-cinder-scheduler openstack-cinder-volume python-cinderclient \
  iscsitarget open-iscsi
# chkconfig openstack-cinder-api on
# chkconfig openstack-cinder-scheduler on
# chkconfig openstack-cinder-volume on
# chkconfig open-iscsi on
```

Außerdem erstellen Sie eine Volume Group namens `cinder-volumes`:

```
# pvcreate /dev/<partition>
# vgcreate cinder-volumes /dev/<partition>
```

Tipp: Loop-Device für LVM

Falls Ihnen keine freie Partition für LVM zur Verfügung steht, können Sie – mit Performance-Einbußen – auch eine Datei als Loop-Device verwenden:

```
dd if=/dev/zero of=cinder-volumes bs=1 count=0 seek=20G
losetup /dev/loop1 cinder-volumes
pvcreate /dev/loop1
vgcreate cinder-volumes /dev/loop1
```

Diese Methode ist jedoch rebootresistent!

Überprüfen Sie als Nächstes die Einträge in den Dateien `/etc/cinder/-cinder.conf` und `/etc/cinder/api-paste-ini` und passen Sie diese gegebenenfalls an:

`/etc/cinder/cinder.conf` (Auszug):

```
# vim /etc/cinder/cinder.conf
[DEFAULT]
verbose = true
log_dir = /var/log/cinder
auth_strategy = keystone
rootwrap_config = /etc/cinder/rootwrap.conf
state_path = /var/lib/cinder
sql_connection = mysql://cinder:cinderpw@localhost/cinder
volume_group = cinder-volumes
rabbit_host=<ip-adresse>
rabbit_port=5672
rabbit_password=rabbitpw
iscsi_helper=ietadm
```

In der Datei /etc/cinder/api-paste.ini konfigurieren Sie die korrekten Verbindungsdaten (Auszug):

```
[...]
[filter:authtoken]
paste.filter_factory = keystoneclient.middleware.auth_token:filter_factory
service_host = localhost
service_protocol = http
service_port = 5000
auth_host = localhost
auth_port = 35357
auth_protocol = http
admin_tenant_name = service
admin_user = cinder
admin_password = cinderpw
```

Abschließend synchronisieren Sie die Datenbank und starten die Dienste:

```
# cinder-manage db sync
# service openstack-cinder-api restart
# service openstack-cinder-scheduler restart
# service openstack-cinder-volume restart
# service iscsitarget restart
```

Eine Datei zum Einlesen der Zugangsdaten – zum Sourcen der Credentials – hat folgendes Aussehen:

```
# cat cindercreds
export OS_USERNAME=cinder
export OS_PASSWORD=cinderpw
export OS_TENANT_NAME=service
export OS_AUTH_URL=http://localhost:5000/v2.0/
```

Wie auch die anderen Dateien mit den Credential-Variablen der jeweiligen Komponente kann sie mit source (verkürzt: . – Punkt) aufgerufen werden:

```
# source cindercreds
```

Erstellen Sie ein Volume, das Sie später an eine Instanz anhängen:

```
cinder create --display-name vol-01-1 2
```

Tipp: NFS-Freigabe für ein Cinder Volume

Möchten Sie statt einer lokalen Volume Group eine NFS-Freigabe für ein Cinder Volume verwenden, passen Sie die folgenden Zeilen in der `cinder.conf` an:

```
volume_driver=cinder.volume.drivers.nfs.NfsDriver
```

Für eine Liste der einzubindenden NFS-Freigaben setzen Sie das Flag `nfs_shares_config`:

```
nfs_shares_config=/etc/cinder/shares.conf
```

Die Datei `/etc/cinder/shares.conf` wiederum enthält je eine Zeile für jede NFS-Freigabe mit IP-Adresse und Freigabename:

```
<ip-adresse>:/<nfs-freigabe>
```

Das zuvor vorbereitete Cinder Volume können Sie nun an die laufende Instanz hängen:

```
# nova volume-attach 3cf09cd8-7d99-4b1e-8c8e-139e68a0937c \
  17e23a47-5958-4b19-b9ec-aaa1302c64b7 /dev/vdb
+----------+--------------------------------------+
| Property | Value                                |
+----------+--------------------------------------+
| device   | /dev/vdb                             |
| serverId | 3cf09cd8-7d99-4b1e-8c8e-139e68a0937c |
| id       | 17e23a47-5958-4b19-b9ec-aaa1302c64b7 |
| volumeId | 17e23a47-5958-4b19-b9ec-aaa1302c64b7 |
+----------+--------------------------------------+
```

Das Volume sollte nun im Gast unter `/dev/vdb` adressierbar sein und kann für den weiteren Gebrauch partitioniert und formatiert werden.

Horizon

Installation der Pakete für das Dashboard und Setzen der Startlinks:

```
# zypper install apache2 apache2-mod_wsgi openstack-dashboard \
  python-python-memcached memcached
# chkconfig apache2 on
# chkconfig memcached on
```

Als Konfigurationsdatei für das Dashboard können Sie eine Kopie der mitgelieferten Beispieldatei verwenden:

```
# cp /etc/apache2/conf.d/openstack-dashboard.conf.sample \
  /etc/apache2/conf.d/openstack-dashboard.conf
```

Konfigurieren Sie das Dashboard in `/srv/www/openstack-dashboard/openstack_dashboard/local/local_settings.py`. Achten Sie auf die veränderten Einstellungen für den Cache:

```
CACHES = {
    'default': {
        'BACKEND' : 'django.core.cache.backends.memcached.MemcachedCache',
        'LOCATION' : '127.0.0.1:11211',
    }
}

# CACHES = {
# 'default': {
# 'BACKEND' : 'django.core.cache.backends.locmem.LocMemCache'
# }
#}
```

Laden Sie noch das WSGI-Modul:

```
# a2enmod wsgi
```

Schließlich starten Sie Apache und den Cache neu und aktivieren diese Dienste für den Systemstart:

```
# service apache2 restart
# chkconfig apache2 on
# service memcached restart
# chkconfig memcached on
```

Das Dashboard sollte nun unter der Adresse des Hosts im Browser erreichbar sein.

13.1.2 DevStack

DevStack (http://devstack.org/) ist eine gut dokumentierte Sammlung von Skripten und Werkzeugen für OpenStack, die recht einfach und schnell eine OpenStack-Umgebung einrichten kann und sich an Entwickler richtet. Es wurde für Debian- und Ubuntu-basierte, Fedora-basierte (Fedora, RHEL, CentOS) und SUSE-basierte (openSUSE, SLE) Distributionen angepasst. DevStack ist für ein Single-Node-Setup ausgelegt[2] und schon deswegen nicht für persistente Installationen gedacht. Doch eignet sich eine DevStack-Umgebung zum Testen und Ausprobieren für Entwickler oder als Ready-Made-Basis für ein zu erarbeitendes Proof-of-Concept (PoC) und kann dabei viel Konfigurationsarbeit ersparen.

Die DevStack-Skripte können Sie vom Github[3] holen:

```
$ sudo git clone git://github.com/openstack-dev/devstack.git
```

[2] Mit etwas Geschick kann das Skript auch für Multi-Node-Setups eingesetzt werden, indem es auf allen beteiligten Nodes mit entsprechenden Anpassungen ausgeführt wird; zu achten ist dabei auch auf die korrekte Konfiguration gemeinsamer Ressourcen wie MySQL und RabbitMQ.

[3] Falls noch nicht geschehen, müssen Sie die Versionsverwaltungssoftware Git zuvor noch installieren.

Im neu angelegten Verzeichnis `devstack` befinden sich nun die Skripte und Konfigurationsdateien von DevStack.

Das DevStack-Installationsskript setzt eine vorgegebene Umgebung auf. Passwörter werden dabei interaktiv erfragt. Um die DevStack-Umgebung mehr nach Ihren Bedürfnissen zu konfigurieren, editieren Sie zuvor im DevStack-Verzeichnis eine Datei namens `localrc`, in der Sie Netzwerkkonfiguration und Passwörter festschreiben können. DevStack liefert dazu eine Beispieldatei (`devstack/samples/localrc`) mit, die Sie einfachheitshalber anpassen können. Die folgenden Parameter spielen dabei eine Rolle:

`FLOATING_RANGE`
: konfiguriert einen IP-Adressbereich, der für Floating IPs genutzt wird. Verwenden Sie hier einen Bereich, der sonst nicht im lokalen Netz genutzt wird.

`FIXED_RANGE` **und** `FIXED_NETWORK_SIZE`
: werden zur Konfiguration des internen Adressbereichs für die Instanzen eingesetzt.

`FLAT_INTERFACE`
: gibt die physikalische Schnittstelle an, mit der der Host an das lokale Netz angebunden ist.

`ADMIN_PASSWORD`
: ist das administrative Passwort, das für die Erstellung weiterer Accounts dient.

`MYSQL_PASSWORD`
: setzt das RabbitMQ-Passwort.

`RABBIT_PASSWORD`
: definiert das RabbitMQ-Passwort.

`SERVICE_PASSWORD`
: setzt das Service-Passwort, das die OpenStack-Dienste wie Glance oder Nova zur Keystone-Authentifizierung nutzen.

Eine fertige `localrc` könnte etwa so aussehen:

```
ADMIN_PASSWORD=adminpw
MYSQL_PASSWORD=mysqlpw
RABBIT_PASSWORD=rabbitpw
SERVICE_PASSWORD=servicepw
HOST_IP=<IP-Adresse>

DEST=/opt/stack
LOGFILE=stack.sh.log
RECLONE=yes
KEYSTONE_CATALOG_BACKEND=sql
```

```
VOLUME_GROUP="stack-volumes"
VOLUME_NAME_PREFIX="volume-"
VOLUME_BACKING_FILE_SIZE=4096M
SERVICE_TOKEN=adminpw

FLOATING_RANGE=192.168.42.0/24
FIXED_RANGE=172.16.0.0/16
FIXED_NETWORK_SIZE=256
FLAT_INTERFACE=eth0
```

Um die OpenStack-Cloud einzurichten, führen Sie das Setup-Skript `stack.sh` aus:

```
$ sudo bash devstack/stack.sh
```

Das Skript installiert nach einigen Passwortabfragen die erforderliche Software und richtet dann in den folgenden Minuten eine vorkonfigurierte OpenStack-Umgebung ein.

```
[...]
Horizon is now available at http://172.23.0.1/
Keystone is serving at http://172.23.0.1:5000/v2.0/
Examples on using novaclient command line is in exercise.sh
The default users are: admin and demo
The password: geheim
This is your host ip: 172.23.0.1
stack.sh completed in 927 seconds.
```

Durch Ausführung des Deinstallationsskriptes `unstack.sh` kann die Konfiguration auch einfach wieder rückgängig gemacht werden; mit dem Skript `clean.sh` gilt das für die gesamte OpenStack-Installation.

13.2 Multi-Node-Setups

Ein wesentlicher Vorteil des Cloud Computing ist die massive Skalierbarkeit bei wachsendem Bedarf. Bei höheren Anforderungen an eine OpenStack-Umgebung – viele Instanzen, viele Kunden/Tenants, viele Ressourcen (Netzwerk, Storage, ...) – ist eine Verteilung der Anforderungen auf mehrere Hosts in einem Multi-Node-Setup angebracht. Wir können hier naturgemäß nicht alle Deployment-Szenarien in einem Buch abdecken, aber vielleicht helfen Ihnen die folgenden Hinweise weiter.

Zur Erweiterung einer Cloud setzt OpenStack auf eine sogenannte »horizontale« Skalierung, worunter ein einfaches, aber wirkungsvolles Designkonzept zu verstehen ist: Statt zu größeren, noch leistungsfähigeren Servern zu greifen, kann die Cloud mit funktionsidentischen Standardservern erweitert werden. So ist es kein Problem, auch einer bereits bestehenden OpenStack-Cloud zusätzliche Knoten und damit Ressourcen hinzuzufügen.

Eine OpenStack-Cloud benötigt für ihre Grundfunktionalität prinzipiell die Komponenten api, auth, compute, network, scheduler, die auf einem oder mehreren Nodes gebündelt werden.

Die zentrale Rolle übernimmt immer der *Cloud Controller* (siehe auch Abschnitt 5.1.3, S. 96). Von diesem ausgehend können nach Bedarf weitere Compute Nodes, Storage Nodes oder Network Nodes hinzugefügt oder auch wieder entfernt werden.

Aus Sicherheitsaspekten sollten Sie Keystone auf einem eigenen separaten Host installieren und damit von den restlichen APIs trennen. Gelingt ein Einbruch auf diese Komponente, so hat der Eindringling – unterschiedliche Benutzer und Passwörter auf Ihrer restlichen Infrastruktur vorausgesetzt – keine volle Kontrolle über Ihr Setup.

Abb. 13-1
OpenStack-Multi-Node-Setup

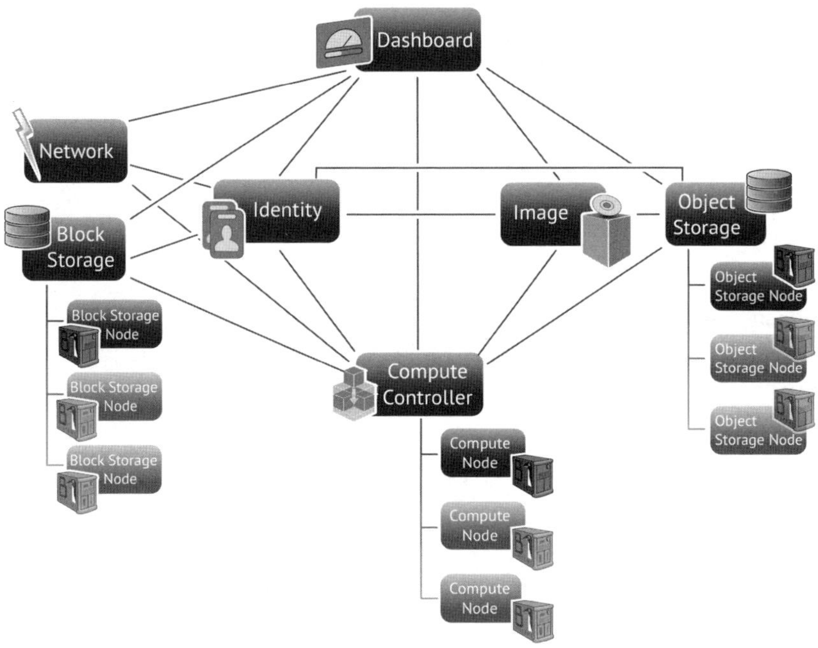

Um ein Setup bestehend aus mehreren Nodes zu installieren, können Sie als Basis einfach das Single-Node-Setup nutzen. Bei den neuen Nodes ersetzen Sie dann sämtliche Vorkommen von `localhost` in den Konfigurationsdateien durch die erreichbare IP-Adresse oder einen auflösbaren FQDN-Hostnamen.

In allen Konfigurationsdateien müssen Sie die Definition für RabbitMQ anpassen. Auch bietet sich hier pro Dienst ein eigener Benutzer an – selbstverständlich mit jeweils eigenem Passwort.

Bei der Verwendung von API-Zugängen, die per SSL abgesichert sind, gilt: Achten Sie auf den verwendeten Cipher. Unter Umständen haben Sie einen Cipher gewählt, der rechenintensiv ist. Dementsprechend lange brauchen die Verbindungen zum Initialisieren. In größeren Umgebungen besteht die Gefahr, dass dadurch, dass die Verbindung nicht schnell genug aufgebaut wird, Nachrichten abhanden kommen.

Ihre Cloud ist einfach und dynamisch erweiterungsfähig – nutzen Sie diese Möglichkeit. Konfigurieren Sie die einzelnen Komponenten nacheinander und erweitern Sie lauffähige Dienste durch Bereitstellung weiterer Knoten.

13.2.1 Compute Nodes

Für die Verteilung von Compute Nodes gilt: Installieren Sie auf den neuen Compute Nodes `openstack-nova-compute` und den Plug-in-Agent für Ihren Netzwerkmechanismus (als Beispiel hier `openstack-neutron-openvswitch-agent`). Sollten Sie die Nutzdaten für Ceilometer erfassen wollen, kommt zu den benötigten Paketen noch `ceilometer-agent-compute` hinzu. Kopieren Sie die `nova.conf` auf Ihren neuen Host und passen Sie die Werte für `my_ip`, `glance`, `cinder`, `vncserver` sowie `neutron` an. Diese Datei ist dafür prädestiniert, um mit einem Werkzeug für das Konfigurationsmanagement (siehe Abschnitt 14.3, S. 358) verteilt zu werden. Dasselbe gilt auch für die Konfigurationsdatei des Netzwerk-Plug-ins, bei Open vSwitch ist dies beispielsweise `/etc/neutron/plugins/ovs/ovs_neutron_plugin.ini`. Beachten Sie auch die Zuordnung bei den Netzwerkkarten. Eventuell ist hier nicht `eth1` einem gemeinsamen Datennetzwerk für die Compute Nodes zugewiesen, sondern `eth2`. Auf diese Unterschiede können Sie, dank Neutron, flexibel eingehen.

13.2.2 Network Controller

Verteilen Sie den Managementdienst Neutron (Server, L3-Agent, DHCP-Agent) auf einen eigenen Node. Hier könnte je nach Größe Ihrer Infrastruktur viel Traffic und Last anfallen. Abbildung 7-2 zeigt die mögliche Verteilung der Dienste in einem Multi-Node-Setup.

13.2.3 Storage Nodes

Für die Erreichbarkeit der Volume-Services von Cinder für Block Storage konfigurieren Sie die entsprechenden IP-Adressen in der Cinder-Konfiguration. Achten Sie dabei auf die Freigabe von iSCSI im Netzwerk.

Die Erweiterung um Storage Nodes für den Object Storage hängt stark von den eingesetzten Technologien ab.

14 Anhang

14.1 Openstackclient

Mit dem Havana-Release wurde ein einheitlicher Kommandozeilen-Client eingeführt, der mit dem Paket `python-openstackclient` geliefert wird. Er bietet eine (Sub-)Shell mit gleichförmiger Kommandostruktur für die bisher auf die verschiedenen Clients verteilten Befehle.[1] Da die Entwicklung hin zu einem universellen OpenStack-Kommandozeilen-Client wohl weitergehen wird – beispielsweise wurde die Verwaltung von Benutzergruppen zuerst in den `python-openstackclient` und noch nicht in den `python-keystoneclient` integriert (s.u.) —- folgt eine Übersicht über die aktuellen Subkommandos des Openstackclients.

Tab. 14-1
Einige Subkommandos des Python-Openstack-clients

Subkommando	Beschreibung	Komponente
`group create`	Gruppe erstellen	Keystone
`group delete`	Gruppe löschen	Keystone
`group list`	alle Gruppen auflisten	Keystone
`group set`	Attribute einer Gruppe setzen	Keystone
`group show`	Attribute einer Gruppe anzeigen	Keystone
...	...	...

[1] Genau genommen ist der Openstackclient lediglich ein Wrapper für die Kommandos der bisherigen sieben REST-API-Clients (`python-*client`).

14.1.1 Anwendungsbeispiele

```
havana:~ # openstack --os-username admin \
--os-tenant-id e8488bf6c4cd48bd92af5979584ced47 \
--os-auth-url http://192.168.122.20:5000/v2.0 \
user create --password geheim --tenant b1systems \
--disable user
Password:
+----------+----------------------------------+
| Field    | Value                            |
+----------+----------------------------------+
| email    | None                             |
| enabled  | False                            |
| id       | c223e3b998df4bccb801239291261d28 |
| name     | user                             |
| tenantId | e8488bf6c4cd48bd92af5979584ced47 |
+----------+----------------------------------+
```

```
havana:~ # openstack --os-username admin \
--os-tenant-id e8488bf6c4cd48bd92af5979584ced47 \
--os-auth-url http://192.168.122.20:5000/v2.0 help user
Command "user" matches:
  user show
  user set
  user delete
  user create
  user list
  user role list
```

```
havana:~ # openstack --os-username admin \
--os-tenant-id e8488bf6c4cd48bd92af5979584ced47 \
--os-auth-url http://192.168.122.20:5000/v2.0 user role list admin
Password:
+----------------------------------+-------+-----------+---------+
| ID                               | Name  | Tenant ID | User ID |
+----------------------------------+-------+-----------+---------+
| 8fccf36bf8214f4ca453c78ac01e8ca2 | admin | b1systems | admin   |
+----------------------------------+-------+-----------+---------+
```

```
havana:~ # openstack --os-username admin \
--os-tenant-id e8488bf6c4cd48bd92af5979584ced47 \
--os-auth-url http://192.168.122.20:5000/v2.0 user show user
Password:
+----------+----------------------------------+
| Field    | Value                            |
+----------+----------------------------------+
| email    | None                             |
| enabled  | False                            |
| id       | c223e3b998df4bccb801239291261d28 |
| name     | user                             |
| tenantId | e8488bf6c4cd48bd92af5979584ced47 |
+----------+----------------------------------+
```

```
havana:~ # openstack --os-username admin \
--os-tenant-id e8488bf6c4cd48bd92af5979584ced47 \
--os-auth-url http://192.168.122.20:5000/v2.0 \
user set --enable user
Password:

havana:~ # openstack --os-username admin \
--os-tenant-id e8488bf6c4cd48bd92af5979584ced47 \
--os-auth-url http://192.168.122.20:5000/v2.0 user show user
Password:
+----------+----------------------------------+
| Field    | Value                            |
+----------+----------------------------------+
| email    | None                             |
| enabled  | True                             |
| id       | c223e3b998df4bccb801239291261d28 |
| name     | user                             |
| tenantId | e8488bf6c4cd48bd92af5979584ced47 |
+----------+----------------------------------+

havana:~ # openstack --os-username admin \
--os-tenant-id e8488bf6c4cd48bd92af5979584ced47 \
--os-auth-url http://192.168.122.20:5000/v2.0 user role list user
Password:
+----------------------------------+----------+-----------+---------+
| ID                               | Name     | Tenant ID | User ID |
+----------------------------------+----------+-----------+---------+
| 9fe2ff9ee4384b1894a90878d3e92bab | _member_ | b1systems | user    |
+----------------------------------+----------+-----------+---------+
```

14.2 Community

OpenStack ist ein Community-Projekt!

Ursprünglich im Juli 2010 von der NASA und Rackspace initiiert, wurde OpenStack 2011 zu einem Community-Projekt. Auch wenn sich mittlerweile viele namhafte Firmen – genannt seien hier beispielsweise Red Hat, SUSE, Dell, Canonical, Citrix Systems, Hewlett-Packard, IBM, AMD und Intel – intensiv an der Entwicklung von OpenStack mitwirken, lebt das Projekt von der freiwilligen Mitarbeit vieler Beteiligter auf der ganzen Welt, der OpenStack-Gemeinschaft, d. h. der »Community« (http://www.openstack.org/community/). Die Community besteht aus über 16.000 Menschen in über 130 Ländern.[2]

Zusammengehalten wird das Projekt von der im September 2012 ins Leben gerufenen OpenStack Foundation (http://www.openstack.org), einer Non-Profit-Organisation zur Förderung von OpenStack.

---

[2] Zum neuen Icehouse-Release haben etwa 1200 »Contributors« beigetragen.

Innerhalb der OpenStack-Community gibt es viele Kommunikationsforen. Die wichtigsten sind:

Mailinglisten

Mailinglisten informieren über Neuerungen und wesentliche Ereignisse. Neben einer allgemeinen Liste (openstack@lists.openstack.org) werden für die verschiedenen Arbeitsbereiche, Projekte und Unterorganisationen eigene Mailinglisten geführt. Eintragen können Sie sich unter http://lists.openstack.org/cgi-bin/mailman/listinfo/openstack, eine Liste aller Listen finden Sie unter http://lists.openstack.org/cgi-bin/mailman/listinfo. Weitere Informationen gibt es unter folgender Adresse:
https://wiki.openstack.org/wiki/MailingLists

IRC

Der *Internet Relay Chat* (IRC) ist ein rein textbasiertes Chat-System, bei dem die Teilnehmer in sogenannten Channels (Gesprächskanälen) kommunizieren. Es sind auch Gespräche zwischen zwei Teilnehmern (Query) möglich. Neue Channels können frei eröffnet werden und jeder kann gleichzeitig an mehreren Channels teilnehmen. Die einzelnen OpenStack-Projekte haben jeweils ihre eigenen Channels, z. B. Nova den IRC Channel `#openstack-nova`. Die Channels werden auf chat.freenode.net zur Verfügung gestellt. Mehr dazu finden Sie unter folgender Adresse:
https://wiki.openstack.org/wiki/IRC

Ask OpenStack

Ask OpenStack ist das Forum für Fragen und Antworten rund um OpenStack. Hier finden Sie Antworten auf Fragen zu Installation, Konfiguration, Administration, Funktion etc. Bevor Sie selbst ein Frage stellen, sollten Sie vorher jedoch die einschlägigen Dokumentationen, FAQs und das Ask-OpenStack-Forum selbst durchwühlt haben, ob es auf Ihre Frage nicht bereits eine Antwort gibt. Die geduldigen Helfer werden es Ihnen danken. Näheres dazu erfahren Sie unter folgender Adresse:
https://ask.openstack.org/

Launchpad

Das *Launchpad* ist die Plattform für die Entwicklung von OpenStack und das »zentrale Organ« des Community-Austauschs. Eigentlich ist Launchpad ein allgemeines Webframework zur Softwareentwicklung, das von Canonical gewartet und auch zur Entwicklung von Ubuntu verwendet wird. Das Launchpad ist in Python programmiert und unterliegt der AGPL. Das Launchpad leistet hervorragende Hilfestellung bei Problemen. Es bietet dazu Pro-

jektseiten, ein System zum Fehlermanagement (⇒ »*Report a bug*«) und eine Wissensdatenbank, bei der Benutzer den Entwicklern öffentlich Fragen stellen können (⇒ »*Ask a question*«).
https://launchpad.net/openstack

Darüber hinaus finden Sie OpenStack in den bekannten Social Networks:

- Facebook
- LinkedIn
- Ohloh
- Twitter
- ...

14.2.1 Dokumentation und Wiki

Es gibt im Internet zwischenzeitlich eine unüberschaubare Menge an Dokumentationen, Artikeln, Anleitungen usw. Zwei »offizielle« Informationsquellen der OpenStack Foundation sind:

- http://docs.openstack.org/
- https://wiki.openstack.org/wiki/Main_Page

14.2.2 Mitarbeit an OpenStack

Es gibt viele Wege, zur Entwicklung von OpenStack beizutragen, u. a.:

Bug Reporting
Bugreports helfen bei der Weiterentwicklung, da die Entwickler unmöglich alle Szenarien vor der Veröffentlichung neuen Codes durchtesten können. Manche Fehler zeigen sich erst in anderen Umgebungen, abweichenden Konfigurationen, unterschiedlichen Kombinationen etc. Das Melden von Fehlern ist sehr wichtig und dient der Qualitätssicherung. Ein Fehler sollte nur dann gemeldet werden, wenn er reproduzierbar ist. Wichtig ist weiterhin, dass Sie vorher gewissenhaft überprüfen, ob nicht schon ein Bugreport zu Ihrem Thema eröffnet wurde. Auch gilt es, die Regeln bei Commit Messages zu beachten (siehe https://wiki.openstack.org/wiki/GitCommitMessages). Die Vorgehensweise zum Erstellen eines Bugreports wird unter der Adresse https://wiki.openstack.org/wiki/Gerrit_Workflow im Detail beschrieben. Der Umgang mit Bugs wird unter https://wiki.openstack.org/wiki/Bugs erläutert. Die Liste für das *Bugtracking* ist unter der Adresse https://bugs.launchpad.

net/ einsehbar. Ergänzen Sie die URL um den Projektnamen, dann erscheint eine Auswahl der Bugs zu diesem Projekt: So zeigt etwa https://bugs.launchpad.net/nova alle Nova-Bugs an.

Feature Requests und Blueprint Engagement
Auch *Feature Requests*, Anfragen nach erweiterten oder neuen Funktionen, treiben die Entwicklung voran. Sie werden unter *Blueprints* gesammelt, für Neutron also etwa unter der Adresse https://blueprints.launchpad.net/neutron.

Code Contributions
Wenn Sie Code beitragen können und wollen, wird es etwas aufwendiger. Aufgrund der Komplexität des Produkts und der weltweit verteilten Zusammenarbeit haben sich Prozesse und Abläufe gebildet, die zu berücksichtigen sind. Eingesetzt wird dabei ein ganzer Werkzeugkasten aus Open-Source-Tools für Entwickler und das zugehörige Framework, u. a. mit Git, GitHub, Gerrit, Jenkins (s.u.).

Codereviews
Codereviews helfen, in eingereichtem Quellcode Fehler zu finden, die Funktionalität zu gewährleisten und zu optimieren und letztlich die Qualität des Produkts zu sichern.

Mitarbeit an der OpenStack-Dokumentation
Die Dokumentation des OpenStack-Projekts wird im DocBook-Format erstellt und ebenfalls mittels Git verwaltet. Prinzipiell gelten die gleichen Regeln wie für Code Contributions. Bugs in der Dokumentation werden unter https://bugs.launchpad.net/openstack-manuals aufgelistet.

Der Weg, wie Sie selbst zum OpenStack-Projekt beitragen können, wird auf https://wiki.openstack.org/wiki/How_To_Contribute beschrieben. Eine gute Anleitung findet sich auch auf den Entwicklerseiten von IBM: http://www.ibm.com/developerworks/cloud/library/cl-contributecode-openstack/

Das Launchpad bietet unter der Adresse https://launchpad.net/openstack einen Bereich *Get Involved* an, dessen Links (*Report a bug*, *Ask a question*, *Help translate*, *Register a blueprint*) Sie weiterführen.

Nachfolgend seien die wichtigsten Werkzeuge und das Framework, die die Community zur Entwicklung von OpenStack einsetzt, kurz vorgestellt.

Git

Git ist eine freie Software zur verteilten Versionsverwaltung von Dateien. Ursprünglich von Linus Torvalds für die Verwaltung des Quellcodes für den Linux-Kernel seit April 2005 entwickelt, wird Git zwischenzeitlich für die Entwicklung vieler Open-Source-Projekte eingesetzt, u. a. für Android, Debian, Eclipse, Fedora, Git, Gnome, Joomla, LibreOffice, den Linux-Kernel, Linux Mint, MediaWiki, Node.js, PHP, PostgreSQL, Qt, Ruby on Rails, Ruby, Samba, TYPO3, VLC, Wine und X.org. Da für den Linux-Kernel viele weltweit verteilte Entwickler möglichst problemlos zusammenarbeiten sollten, waren weitere Anforderungen eine hohe Effizienz und eine möglichst große Sicherheit gegenüber unbeabsichtigten und böswilligen Verfälschungen. Genau diese Fähigkeiten einer Versionsverwaltung werden auch für die OpenStack-Entwicklung benötigt, weshalb sich die Community auf Git geeinigt hat.

Die Git-Repositories von OpenStack werden auf den Servern des OpenStack-Projekts (http://git.openstack.org/) und im GitHub (https://github.com/openstack, s.u.) gepflegt.

Haben Sie Git auf Ihrem System installiert, können Sie sich von dort den Quellcode eines bestimmten OpenStack-Projekts mit einem Befehl auf einen lokalen Rechner laden. Für das Compute-Projekt Nova z. B. würde der Befehl folgendermaßen lauten:

```
$ git clone git://git.openstack.org/openstack/nova
```

Dort können Sie den Quellcode dann lokal auswerten, verbessern usw. Änderungen oder Verbesserungen, die eventuell für alle OpenStack-Nutzer relevant sind, können Sie grundsätzlich in das ursprüngliche Repository mit einem sogenannten *Pull-Request* einreichen. Damit das Einpflegen solcher Änderungen oder Verbesserungen, der sogenannten *Commits*, geordnet verläuft, sind noch ein paar weitere Komponenten beteiligt: Neben dem Hosting-Dienst *GitHub* noch das Reviewsystem *Gerrit* und der Continuous Integration Server *Jenkins*.

Homepage von Git: http://git-scm.com/

GitHub

GitHub ist ein webbasierter Hosting-Dienst für Softwareentwicklungsprojekte, der auf dem Versionsverwaltungssystem Git basiert. Der Eigentümer, die GitHub, Inc., hat den Dienst im Februar 2008 gestartet. Öffentlich einsehbare Open-Source-Projekte können GitHub kostenfrei nutzen. Für nicht öffentliche, proprietäre Software gibt es kostenpflichtige Angebote mit sogenannten Private Repositories. Darüber hinaus bietet GitHub größeren Unternehmen GitHub Enterprise an, eine eigene, abgetrennte Github-Installation für die unternehmensinterne Softwareentwicklung. GitHub ist, gemessen an der Anzahl der Commits, bei Open-Source-Software der populärste Dienst seiner Art und hat mittlerweile über drei Millionen Nutzer. Einige bekannte Open-Source-Projekte setzen bei der Versionsverwaltung ihres Quelltextes auf GitHub, u. a. Django, Erlang, Perl, PHP, Linux Mint, Ruby on Rails, Joomla und Node.js. Seit September 2009 wird GitHub bei Rackspace betrieben.

Dem sogenannten »Social Coding« verschrieben, ist es ähnlich einem sozialen Netzwerk organisiert. Statt sich wie andere Open-Source-Hoster (z. B. SourceForge) um das Projekt herum zu organisieren, steht bei GitHub der Benutzer mit seinen Repositories im Mittelpunkt. Die Repositories sind einfach Verzeichnisse, die von Git kontrolliert werden.

Dem Erstellen und Wiedervereinigen von Forks wird besondere Bedeutung beigemessen, was auch die Beteiligung bei anderen Projekten erleichtert. Um einen Beitrag zu leisten, wird das betroffene Repository zunächst aufgespalten. Ein Benutzer fügt die zu übernehmenden Änderungen hinzu und stellt anschließend dem Besitzer des ursprünglichen Repository ein Pull-Request, d. h., dieser muss die Änderungen vor einer Aufnahme in das Ursprungs-Repository noch genehmigen, womit nicht zuletzt auch die Qualität gesichert werden soll.

Die Administration geschieht über eine Weboberfläche, bei der der eigentliche Quellcode stets im Vordergrund steht.

Homepage von GitHub: https://github.com/

Gerrit

Ursprünglich als System zur Quellcodeverwaltung für die Entwicklung des Betriebssystems Android von Google entstanden, hat sich *Gerrit* zu einem kollaborativen Reviewsystem für Git entwickelt. Gegenüber anderen Versionsverwaltungssystemen hat die Kombination von Git und Gerrit den Vorteil, dass sich alle Änderungen an einer Software, bevor sie in den offiziellen Quellcode übernommen werden, vorher komfortabel diskutieren und von anderen Benutzern bestätigen lassen. Dabei wird auch der automatische Build-Prozess von Jenkins zu Hilfe genommen.

Die auf Gerrit basierende Codereview-Seite von OpenStack ist unter folgender Adresse erreichbar:
https://review.openstack.org/. Dort kann eine Liste aller vorgeschlagenen Änderungen und deren Status eingesehen werden. Mit einem Launchpad-Account[3] können Sie selbst Reviews einreichen.

[3] Gerrit hängt sich an das Launchpad-OpenID-Single-Sign-on.

Weitere Informationen zur Integration von Gerrit in den OpenStack-Entwicklungsprozess finden Sie unter https://wiki.openstack.org/wiki/GerritJenkinsGit und ein Gerrit-Manual unter https://review.openstack.org/Documentation/user-upload.html.

Homepage von Gerrit: http://code.google.com/p/gerrit/

Jenkins

Jenkins ist ein Open Source Continuous Integration Server, d. h. ein erweiterbares, webbasiertes System zur kontinuierlichen Integration (engl. *Continuous Integration*) von Software. Statt die Software nur in größeren Zeitabständen und kurz vor der Auslieferung zu erstellen, hat Continuous Integration das Ziel, die Qualität der Software durch fortwährende Builds und Testen der Neuerungen zu steigern. Integrationsprobleme oder Fehler sollen dadurch frühzeitig erkannt werden. Fehler sind leichter zu finden und zu beheben. In OpenStack wird Jenkins zur Automatisierung des Build-Prozesses eingesetzt. Mit über 600 Plug-ins zur Konfiguration des eigenen Build-Prozesses kann der Build-Prozess gesteuert werden. Als Build-Tool wird Maven verwendet. Im Anschluss werden Tests und Codeanalysen durchgeführt. Die Entwickler werden über den Build-Vorgang benachrichtigt und haben die Möglichkeit, sich Ergebnisse, Logs und Analysen anzuschauen.

Voraussetzung für eine kontinuierliche Integration ist, dass der Quellcode in einem Versionskontrollsystem – Git bei OpenStack – verwaltet wird.

Ursprünglich unter dem Namen »Hudson« von einem Mitarbeiter bei Sun Microsystems entwickelt, wurde es nach Suns Übernahme durch Oracle in Jenkins umbenannt und steht unter der MIT-Lizenz. Das Programm ist in Java geschrieben und läuft in einem beliebigen Servlet-Container. Jenkins ist eine Webapplikation und verfügt über eine REST-basierte Programmierschnittstelle zur Steuerung durch andere Programme. Administration und Auswertung der Projekte erfolgt vollständig über den Browser.

Jenkins-Homepage: http://jenkins-ci.org/

14.2.3 Deployments

Unter der Adresse https://wiki.openstack.org/wiki/RealDeployments finden Sie eine Sammlung mit Informationen zu real existierenden OpenStack-Deployments, u. a. auch zur OpenStack-Umgebung beim CERN, die mit über 250 Hypervisoren und über 1000 laufenden Instanzen Referenzcharakter hat.

14.2.4 Python-Skripte

Eine umfangreiche Quelle für viele nützliche Python-Skripte – allgemein und speziell zu OpenStack – ist die folgende Adresse: https://pypi.python.org/pypi/.

Dort liegen neben den Client Libraries beispielsweise Skripte, die das Setzen des eigenen Passworts für Benutzer im Dashboard, ein automatisiertes Backup für den Object Store usf. ermöglichen. Für Entwickler gibt es mit `reviewday` einen *Report Generator for OpenStack Codereviews*. Auch hilfreiche Plug-ins für spezielle Umgebungen wie etwa ein *HP Cloud Auth Plugin for OpenStack Clients* sind dort zu finden.

14.3 Configuration Management

In IaaS-Clouds gibt es eine mehr oder weniger große Vielzahl von Rechnern, die konfiguriert werden wollen. Da sind zum einen die Nodes der Cloud selbst, zum anderen die darin befindlichen Instanzen. Für beides existiert eine Reihe von Werkzeugen, die den Administrator dabei unterstützen und die hier zur Übersicht kurz vorgestellt werden. Für Details zur Installation, Konfiguration und zum Betrieb verweisen wir auf das Internet.

14.3.1 CloudInit

CloudInit ist ein von Canonical erstelltes Framework für die Initialisierung von Cloud-Instanzen. Als Paket besteht es aus einer Sammlung von Python-Skripten und Werkzeugen. Es eignet sich für alle gängigen Linux-Distributionen und unterstützt u. a. die Konfiguration der folgenden Parameter:

- Hostname
- Locales
- Private SSH-Schlüssel
- Hinzufügen der SSH-Schlüssel zur Datei `.ssh/authorized_keys` eines Benutzers, um eine Anmeldung zu ermöglichen.
- Erstellen von vorübergehenden Mount Points.

Die Daten werden der Instanz beim Aufruf zur Erstellung mitgegeben. Dies geschieht entweder direkt über das Argument `--user-data` oder über eine Datei, die mit dem Argument `--user-data-file` adressiert wird.

CloudInit kann auch die Initialisierung eines weiteren Konfigurationsmanagement-Tools nach sich ziehen, durch das eine automatisierte Konfiguration dann weiter vervollständigt werden kann.

Weitere Informationen zu CloudInit:

[1] http://cloudinit.readthedocs.org/en/latest/
[2] https://help.ubuntu.com/community/CloudInit

14.3.2 Chef

Chef ist ein Open-Source-Werkzeug für das Konfigurationsmanagement und wurde von der 2008 gegründeten Firma Opscode, Inc. entwickelt, genauer gesagt ist es ein sogenanntes »Systems Integration Framework«. Es wurde ursprünglich in Ruby und Rails geschrieben und wird seit der neuesten Version 11 in Erlang unter der Apache-2.0-Lizenz entwickelt.

Chef bietet sowohl ein Client-Server-Konzept als auch ein Standalone-Konfigurationsmanagement für Single-Nodes (*chef-solo*).

Der Benutzer schreibt sogenannte Rezepte (*recipes*) in einem YAML-kompatiblen Format, die angeben, wie Chef bestimmte Serveranwendungen (Datenbanken, Webserver etc.) handhaben und konfigurieren soll. Zu einem Rezept gehört eine Reihe von Ressourcen (etwa zu installierende Pakete, bestimmte Dateien oder laufende Dienste), die sich in einem definierten Zustand befinden sollten. Chef stellt dann sicher, dass diese Rezepte angewendet werden, sodass jede Ressource einen sauber konfigurierten Endzustand erreicht.

Ein Beispiel (`cloud-config`), wie beim Booten einer Instanz automatisch der Chef-Client installiert und anschließend eine Liste von Rezepten ausgeführt wird, findet sich im Launchpad [3].

Als Plattformen werden Linux, Mac OS X, BSD, Solaris, Windows 7 und Windows Server unterstützt. Chef wird u. a. von Amazon, Facebook, Dreamhost und Rackspace eingesetzt.

Weitere Informationen zum Cloud-Management mit Chef:

[1] http://www.getchef.com/solutions/cloud-management/
[2] Beispiel zum Setzen von Hostnamen und FQDN: https://github.com/3ofcoins/chef-cookbook-hostname
[3] http://bazaar.launchpad.net/~cloud-init-dev/cloud-init/trunk/view/head:/doc/examples/cloud-config-chef.txt

14.3.3 Puppet

Puppet ist ein Werkzeug zum Konfigurationsmanagement von Rechnern mit Unix-artigen Betriebssystemen wie Unix, Linux und FreeBSD. Ein IT-Administrator kann damit an zentraler Stelle die Konfiguration von Rechnern in seinem Netzwerk verwalten. Puppet eignet sich sowohl für einzelne Rechner als auch für große Rechnerverbünde.

In der Programmiersprache Ruby geschrieben, gilt Puppet im Gegensatz zu Chef eher als administratororientiert. Puppet arbeitet als Client-Server-System mit einer REST-API. Der Administrator legt über Templates deklarativ den gewünschten Zustand eines Subsystems fest, den Puppet dann beim Ablauf umsetzt. Puppet haftet der Ruf an, relativ komplex zu sein. Dafür sind die Möglichkeiten recht weitreichend. So lässt sich die Installation einer gesamten OpenStack-Umgebung mittels Puppet automatisieren. Mit *Kickstack* für Ubuntu und *Packstack* für Red Hats eigener OpenStack-Distribution RDO stehen zwei distributionsspezifische Werkzeuge zur Verfügung, die auf Basis der gleichen Puppet-Module das Einrichten von Single- und Multi-Node-Setups und auch die anschließende Wartung in einigen Fällen stark vereinfachen können.

Puppet wird unter der Obhut der Firma Puppet Labs hauptsächlich von Luke Kanies seit 2005 entwickelt. Puppet ist freie Software und steht seit Version 2.7.0 unter der Apache-2.0-Lizenz. Puppet wird u. a. von Google, Sun/Oracle und der Wikimedia Foundation, aber auch von vielen anderen Firmen, Organisationen, Schulen und Universitäten eingesetzt.

In großen Umgebungen wird Puppet vielfach verwendet und ist auch vielen Administratoren bereits bekannt. Es bietet sich daher perfekt für das schnelle und ordentliche Deployment von OpenStack-Nodes an. Durch die machbare Integration in Heat (bzw. dessen Templates) ist auch die Integration von Instanzen möglich.

Weitere Informationen zu Puppet für OpenStack:

[1] http://puppetlabs.com/solutions/cloud-automation/compute/openstack
[2] Puppet-Module für das OpenStack-Projekt auf StackForge: http://ci.openstack.org/stackforge.html

14.3.4 SaltStack

Das Open-Source-Projekt *Salt* wurde 2011 ins Leben gerufen und entwickelt sich sehr schnell. *SaltStack*, der zugehörige System- und Konfigurationsmanagement-Stack speziell für Cloud-Infrastrukturen, bietet eine skalierbare und sichere Orchestrierung für OpenStack. In Python geschrieben, verspricht es eine vollständige Unterstützung speziell bei der Integration von Nova, Glance und Keystone.

Über ein reines Konfigurationsmanagement hinausgehend, bietet es ein sogenanntes »Infrastrukturmanagement«: So können auf den verwalteten Servern auch Kommandos abgesetzt und ausgeführt werden.

Weitere Informationen zu SaltStack für OpenStack:

[1] http://docs.saltstack.com
[2] http://docs.saltstack.com/en/latest/topics/cloud/openstack.html

14.3.5 Ansible

Ansible ist eine Open-Source-Lösung zur Orchestrierung und allgemeinen Konfiguration und Administration von Rechnern und erfreut sich seit seiner Erstveröffentlichung 2012 wachsender Beliebtheit. Ansible kombiniert Softwareverteilung, Kommandoausführung und Konfigurationsmanagement. Dabei verfolgt das Werkzeug einen pragmatischen Ansatz und legt – im Unterschied zu etablierten Lösungen – Wert auf Einfachheit und Lesbarkeit der Konfiguration.

Zur Formulierung der Beschreibungen von Systemen dient YAML. Die Module nutzen zur Ausgabe JSON und können prinzipiell in jeder beliebigen Programmiersprache geschrieben sein. Netzwerkcomputer werden über SSH verwaltet, sodass keinerlei zusätzliche Software auf dem zu verwaltenden Rechner notwendig ist (vom installierten SSH-Serverdienst einmal abgesehen).

Ansible benötigt wenigstens zwei Konfigurationsdateien, die beide im YAML-Format abgefasst werden: Zunächst ein sogenanntes Playbook, das die Regieanweisungen (= die auszuführenden Befehle) enthält, und dann eine Inventory-Datei, die beschreibt, welche Computer administriert werden sollen und in welche Gruppen diese aufgeteilt sind. Die Liste der Anweisungen wird von Ansible der Reihe nach abgearbeitet.

Ansible wurde zuerst von Michael DeHaan (dem Schöpfer von Cobbler) in Python programmiert und unter der GPL veröffentlicht. Seit März 2013 ist die neu gegründete Firma Ansible Works maßgeblich für die Entwicklung zuständig und bietet zusätzlich verschiedene Produkte, Support und eine browserbasierte Benutzerschnittstelle zu Ansible an. Ansible ist grundsätzlich mit allen Unix-artigen Betriebssystemen einsetzbar und in aktuellen Fedora-Distributionen bereits enthalten. Anwender von Ansible sind u. a. das Fedora-Projekt und Hewlett-Packard Deutschland.

Weitere Informationen zu Ansible:

[1] http://www.ansible.com/
[2] https://github.com/QafooLabs/ansible-example

14.3.6 Fuel

Die in der OpenStack-Entwicklung sehr engagierte Firma Mirantis hat unter dem Namen »Fuel« eine Sammlung von Werkzeugen zum Deployment von Clouds mit dem OpenStack-Framework entwickelt und unter der Apache-2.0-Lizenz freigegeben. Fuel ermöglicht die Bereitstellung einer Cloud-Infrastruktur auf der Basis von OpenStack und greift dazu wiederum u. a. auf Puppet und Cobbler zurück. Fuel kann alle benötigten Nodes einer OpenStack-Umgebung einschließlich RabbitMQ-Messaging, MySQL, High Availability, Logging und Monitoring (auch mit Nagios) automatisch installieren. Fuel wurde laut Mirantis schon zum Aufbau von Cloud-Infrastrukturen u. a. für Paypal, Webex und The Gap eingesetzt.

Download von Fuel (Registrierung erforderlich):

[1] http://fuel.mirantis.com

14.3.7 Crowbar

Crowbar ist ein von Dell für Dells OpenStack-Cloud-Lösung entwickeltes Framework für das Konfigurationsmanagement. Crowbar lässt sich gut mit Chef kombinieren. Es erleichtert die Einrichtung von umfangreichen OpenStack-Clouds: Das Crowbar-Software-Framework überwacht die OpenStack-Implementierung, angefangen vom ersten Booten der Server bis zur Konfiguration der zentralen OpenStack-Komponenten. Nach der Erstinstallation unterstützt Crowbar eine detaillierte Verwaltung der OpenStack-Umgebung. Dazu gehören u. a. BIOS-Konfiguration, Netzwerküberwachung, Status-Monitoring, Ermittlung von Performancedaten und Benachrichtigung bei Fehlern.

Crowbar wird auch bei SUSE Cloud[4] eingesetzt, einem OpenStack-basierten, komfortablen Cloud-Verwaltungssystem zur Einrichtung und Verwaltung privater und hybrider Clouds und Cloud-Services (https://www.suse.com/de-de/products/suse-cloud/). Dort kann es sogar für das automatisierte Einrichten einer High-Availability-Umgebung dienen.

[4] Hervorzuheben bei SUSE Cloud ist dessen weitreichende Hypervisor-Unterstützung: Neben KVM werden von Haus aus auch Xen, Linux Containers (LXC) und VMware vSphere durch Integration des VMware vCenter Server unterstützt.

Crowbar steht im Rahmen einer Apache-2.0-Lizenz zum kostenlosen Download zur Verfügung und wird von einer aktiven Community unterstützt.

Weitere Informationen zu Crowbar:

[1] https://github.com/DellCloudEdge/Crowbar
[2] http://crowbar.github.io/docs/getting-started/install-admin-node.html/
[3] http://jaegerandi.blogspot.de/2013/04/chef-and-crowbar-for-setting-up.html

14.4 Services und Ports

Hinweis: Die folgenden Portangaben geben die Defaultwerte wieder! (Die Ports können auch anders konfiguriert werden.)

Daraus ergeben sich in einer beispielhaften Grundkonfiguration die folgenden Firewall-Regeln, die je nach Bedarf zu ergänzen bzw. anzupassen sind:

```
-A INPUT --jump mysql
-A mysql -p tcp -m tcp --dport 5672 --jump ACCEPT
-A mysql -p tcp -m multiport --dports 3306 --jump ACCEPT
-A INPUT --jump keystone
-A keystone -p tcp -m multiport --dports 5000,35357 --jump ACCEPT
-A INPUT --jump swift-proxy
-A swift-proxy -p tcp -m multiport --dports 8080 --jump ACCEPT
-A INPUT --jump memcached
-A memcached -p tcp -m multiport --dports 11211 --jump ACCEPT
-A INPUT --jump glance
-A glance -p tcp -m multiport --dports 9292,9191 --jump ACCEPT
-A INPUT --jump cinder
-A cinder -p tcp -m multiport --dports 3260,8776 --jump ACCEPT
-A INPUT --jump neutron
-A neutron -p tcp -m multiport --dports 9696 --jump ACCEPT
-A INPUT --jump dashboard
-A dashboard -p tcp -m multiport --dports 80,443 --jump ACCEPT
-A INPUT --jump novnc
-A novnc -m state --state NEW -m tcp -p tcp --dport 6082 --jump ACCEPT
-A INPUT --jump nova
-A nova -p tcp -m multiport --dports 5900:5999,8773,8774,8775 --jump ACCEPT
-A novnc -p tcp -m multiport --dports 6080,6081,6082 --jump ACCEPT
-A INPUT --jump swift-node
-A swift-node -p tcp -m multiport --dports 6000,6001,6002,873 --jump ACCEPT
-A INPUT --jump heat
-A heat -p tcp -m multiport --dports 8000,8003,8004 --jump ACCEPT
-A INPUT --jump ceilometer
-A ceilometer -p tcp -m multiport --dports 8777 --jump ACCEPT
```

Tab. 14-2
OpenStack – Services und Ports (Default)

Service	Protokoll	Port(s)
Keystone API (Public Port)	TCP	5000
Keystone API (Admin Port)	TCP	35357
Nova API (EC2 API)	TCP	8773
Nova API (OpenStack API)	TCP	8774
Metadata Service	TCP	8775
S3 API (S3 API)	TCP	3333
Nova VNC	TCP	5800/5900
Nova novncproxy	TCP	6080,6081,6082
Glance API	TCP	9292
Glance Registry	TCP	9191
Cinder	TCP	8776
OSAPI Volume	TCP	5900
Swift Proxy	TCP	8080
Swift Nodes	TCP	873,6000,6001,6002
Neutron	TCP	9696
AMQP (RabbitMQ)	TCP	5672
memcached	TCP	11211
Ceilometer	TCP	8777
Heat	TCP	8000,8003,8004
HTTP	TCP	80
HTTPS	TCP	443
MySQL	TCP	3306
NFS	TCP,UDP	111,2049
iSCSI	TCP	3260

Abkürzungen

AMQP
: *Advanced Message Queuing Protocol*; ein offenes Protokoll der Anwendungsschicht für das zuverlässige Senden und Empfangen von Nachrichten über das verbindungsorientierte TCP. *Seite 17, 18, 95, 103, 151, 306, 307, 310, 311*

API
: *Application Programming Interface*; eine Schnittstelle, die von einem Programm für die Anbindung weiterer Programme zur Verfügung gestellt wird. *Seite xviii, 7, 9, 22, 25, 26, 28, 30–33, 35, 75, 76, 93–96, 98, 100, 101, 103, 106, 107, 115–117, 120, 122, 126, 142, 148, 151, 155, 173, 182, 185, 186, 224, 233, 234, 238, 241, 256, 260, 273, 306, 313, 314, 316, 318, 319, 328, 346, 360, 375*

AWS
: *Amazon Web Services*; eine Sammlung verschiedener Webservices des Onlinehändlers Amazon.com. *Seite 28, 260*

BLOB
: *Binary Large Objects*; im Zusammenhang mit Object Storage (z. B. OpenStack Swift oder Amazon S3) große, aus Datenbanksicht nicht weiter strukturierte binäre Objekte, wie z. B. Video- und Audiodateien, oder auch Images für Instanzen. *Seite 285*

CFN
: *CloudFormation*; ein Template-Format von Amazon für die Orchestrierung. *Seite 265, 268, 270*

CIFS
: *Common Internet File System*, eine erweiterte Version von SMB; bietet zusätzlich zu den Datei- und Druckerfreigaben von SMB weitere Dienste wie den Windows-RPC und den NT-Domänendienst an. *Seite 148*

CLI
: *Command Line Interface*; ein Kommandozeilenprogramm als Schnittstelle zur Verwaltung. *Seite 37, 41, 82, 95, 107, 127, 159, 161, 164, 182, 238, 243, 299, 304*

CSS
: *Cascading Style Sheets*; eine deklarative Auszeichnungssprache für Stilvorlagen von strukturierten Dokumenten; vor allem im Zusammenhang mit HTML und XML eingesetzt. *Seite 230, 232*

DHCP
: *Dynamic Host Configuration Protocol*; Protokoll zur Verteilung von Netzwerkkonfigurationen an Clients durch einen Server. *Seite 196, 204, 209, 225*

DNAT
: *Destination Network Address Translation*; Ändern der Zieladresse, um mehrere, unterschiedliche Serverdienste unter einer einzigen IP-Adresse anzubieten.
Auch *Dynamic Network Address Translation*, die die dynamische Adressenübersetzung meint, ein Verfahren, bei dem der Router nur die IP-Adresse, nicht aber die Portnummer, übersetzt und das beim Adress-Mapping von vielen internen Computern auf wenige öffentliche IP-Adressen benutzt wird. *Seite 106*

EC2
: *Elastic Compute Cloud* (Amazon EC2); ein Webservice von Amazon, der die Anpassung der Rechenleistung in der Cloud ermöglicht und darauf ausgelegt ist, Cloud Computing für Entwickler zu erleichtern. *Seite 7, 33, 41, 89, 93, 95, 96, 106, 142*

FQDN
: *Fully Qualified Domain Name*; vollständige Name einer Domain; im Zusammenhang mit OpenStack meist eine absolute Adresse eines dienstanbietenden Servers. *Seite 80*

GPL
: *General Public License*; Softwarelizenz, die allen die Freiheit garantiert, die mit ihr lizenzierte Software zu nutzen, zu studieren, zu verbreiten und zu ändern. Software, die diese Freiheitsrechte gewährt, wird »Freie Software« genannt. Die Lizenz wurde ursprünglich von Richard Stallman der Free Software Foundation (FSF) für das GNU-Projekt geschrieben. *Seite 20, 361*

GRE
: *Generic Routing Encapsulation*; ein Netzprotokoll, um andere Protokolle einzukapseln und so in Form eines Tunnels über das Internet Protocol (IP) zu transportieren. *Seite 176, 177, 180, 193–195, 205–207*

GUI
: *Graphical User Interface*; grafische Benutzeroberfläche. *Seite 227, 299, 304*

HOT
: *Heat Orchestration Template*; ein Template-Format, das CFN (CloudFormation) ablösen soll. *Seite 265*

HTTP
: *Hypertext Transfer Protocol*; ein Protokoll zur Übertragung von Daten über ein Netzwerk, das u. a. bei OpenStack eingesetzt wird, um API-Aufrufe zwischen den Komponenten zu übertragen. *Seite 25, 85, 106, 148, 227, 288, 319*

IaaS
: *Infrastructure as a Service*; ein Cloud-Dienst, um eine Rechnerinfrastruktur bei Bedarf bereitzustellen. *Seite vii, 5, 16, 93, 236, 261, 316*

IANA
: *Internet Assigned Numbers Authority*; eine Non-Profit-Organisation (genauer: eine Unterabteilung der ICANN (Internet Corporation for Assigned Names and Numbers)), die für die Zuordnung von Nummern und Namen im Internet, insbesondere von IP-Adressen, zuständig ist; koordiniert die Namensauflösung, indem sie Root-Nameserver und Network Information Center registriert und publiziert, und registriert viele in Spezifikationen von Netzwerkprotokollen enthaltene Codes. *Seite 142*

IPMI
: *Intelligent Platform Management Interface*; standardisierte Verwaltungs- und Wartungsschnittstellen in Hardware und Firmware; auch zum Reporting über auftretende Fehler genutzt; entwickelt von Dell, HP, Intel und NEC. *Seite 316*

iSCSI
: *Internet Small Systems Computer Interface*; Schnittstelle, die die Nutzung von SCSI-Laufwerken über TCP ermöglicht. *Seite 24, 150, 152, 154, 158, 314, 347*

JeOS
Just Enough Operating System; für Betriebssystem-Images mit minimaler Funktionalität, die zu Testzwecken speziell für den Einsatz in virtuellen Maschinen optimiert wurden. *Seite 74, 270*

JSON
JavaScript Object Notation; ein an JavaScript angelehntes, einfaches Datenformat für den Datenaustausch zwischen Anwendungen. *Seite 106, 143, 262, 268, 304, 318, 361*

KVM
Kernel-based Virtual Machine; eine Virtualisierungslösung für Linux, die seit Version 2.6.20 im Linux-Kernel enthalten ist; läuft auf x86-Hardware mit den Hardware-Virtualisierungstechniken von Intel (VT) oder AMD (AMD-V) und auf der System-z-Architektur. *Seite vii, 24, 73, 109–111, 156, 321, 331, 362*

LDAP
Lightweight Directory Access Protocol; Verzeichniszugriffsprotokoll für die Abfrage und die Modifikation von Informationen eines Verzeichnisdienstes über ein IP-Netzwerk. *Seite 31, 41*

LVM
Logical Volume Management; logische Schicht zwischen Festplatten, Partitionen und Dateisystem. Ermöglicht dynamisch veränderbare Partitionen. *Seite 152*

LXC
Linux Container; Methode zur Virtualisierung von mehreren, voneinander isoliert laufenden Linux-Systemen auf einem einzigen Host. *Seite 24, 73, 110*

MAC
Media Access Control; eine MAC-Adresse ist die 48 Bit lange physikalische Adresse von Netzwerkschnittstellen auf Schicht 2 des OSI-Modells, die in Hexadezimalform dargestellt wird, wobei jeweils zwei Stellen (entsprechend einem Byte) durch einen Doppelpunkt abgetrennt werden. *Seite 168, 169, 177*

MOM
Message-oriented Middleware; Middleware, beruhend auf synchronem oder asynchronem Nachrichtenaustausch. Als Basisformat für die Nachrichten wird oft XML genutzt. MOM kennt Message Passing, Message Queuing und Publish & Subscribe. *Seite 306*

NAS
Network Attached Storage; (Festplatten-)Speicher auf Dateiservern, der über das Netzwerk angeboten wird. *Seite 148*

NAT
Network Address Translation; ein Verfahren, das zumeist auf Routern eingesetzt wird, bei dem zur Verbindung unterschiedlicher Netze automatisiert Adressinformationen in den Datenpaketen ersetzt werden. *Seite 126, 142, 170, 171, 174, 181, 182, 198*

NBD
Network Block Device; ein virtuelles Speichermedium, das über einen Server per TCP/IP für den Zugriff über das Netzwerk bereitgestellt wird. *Seite 90, 91*

NFS
Network File System; Protokoll zum Zugriff auf Dateien über das Netzwerk. *Seite 148*

NIC
Network Interface Card; Bezeichnung für eine (ursprünglich physikalische) Netzwerkschnittstelle. *Seite 169, 171, 172, 182, 193*

NIST
National Institute of Standards and Technology; Bundesbehörde der Vereinigten Staaten für Standardisierungsprozesse. *Seite 3*

OVSDB
Open vSwitch Database Management Protocol; ein OpenFlow-Konfigurationsprotokoll, das entwickelt wurde, um OpenvSwitch-Implementierungen zu verwalten. *Seite 176*

PaaS
Platform as a Service; ein Cloud-Dienst, um Computer-Plattformen für Laufzeitumgebungen (typischerweise für Webanwendungen) oder Entwicklungsumgebungen bereitzustellen und der oft auch als Basis für Software as a Service (SaaS) genutzt wird. *Seite 5, 261*

PKI
Public Key Infrastructure; System zur Verteilung, Ausstellung und Prüfung digitaler Zertifikate. *Seite 35*

PXE
Preboot Execution Environment; ermöglicht das netzwerkbasierte (Fern-)Starten von Computern. *Seite 316, 317*

QEMU
Quick Emulator; ein freier Emulator, der die vollständige Hardware eines Computers emulieren kann. *Seite 24, 73, 90, 109, 314*

RBAC
: *Role Based Access Control*; ein Verfahren zur Zugriffskontrolle, das – statt direkter Rechtevergabe – Rollen definiert und diese dann Benutzern zuweist. *Seite 33, 100*

REST
: *Representational State Transfer*; ein Konzept, mit dem Ressourcen auf Servern in verteilten Systemen – im Zusammenhang mit OpenStack die Schnittstellen (= APIs) der OpenStack-Dienste – über einheitliche Adressen und das Hypertext Transfer Protocol (HTTP) von einer Vielzahl von Clients mit unterschiedlichen Sprachen angesprochen werden. *Seite 7, 25, 35, 357, 360*

RHEL
: *Red Hat Enterprise Linux*, bezeichnet die Enterprise-Distribution von Red Hat. *Seite 20*

RPC
: *Remote Procedure Call*; eine Technik zur Interprozesskommunikation, die den Aufruf von Funktionen über das Netzwerk in anderen Adressräumen ermöglicht, um die Anfragen (Requests) auf anderen Rechnern auszuführen. *Seite 193, 319*

S3
: *Simple Storage Service*; Amazon S3 ist ein Online-Speicherservice innerhalb der Cloud der AWS. *Seite 22, 85, 313*

SaaS
: *Platform as a Service*; ein Dienst in Clouds, um Software bei einem externen IT-Dienstleister zu betreiben, wobei der Zugriff im Allgemeinen über einen Webbrowser erfolgt. *Seite 4*

SLES
: Kurzform für *SUSE Linux Enterprise Server*, bezeichnet die Serverversion der Enterprise-Distribution von SUSE. *Seite 37, 74, 154, 158*

SMB
: *Server Message Block*; ein Kommunikationsprotokoll für Datei-, Druck- und andere Serverdienste in Netzwerken und Kern der Netzwerkdienste von Microsofts LAN-Manager, der Windows-Produktfamilie und des LAN-Servers von IBM; wird weiterhin von Samba und Samba-TNG verwendet, um den Austausch zwischen Windows-Systemen und Unix-basierten Systemen zu ermöglichen. *Seite 148*

SNAT
: *Source Network Address Translation*; Ändern der Quelladresse, oft eingesetzt, um mehrere interne (private) IP-Adressen in nur eine externe (öffentliche) IP-Adresse umzusetzen und/oder aus Sicherheitsgründen interne von externen Netzen zu trennen (*siehe auch* NAT). *Seite 178, 186, 225*

SNMP
: *Simple Network Management Protocol*; einfaches Netzwerkprotokoll zur zentralen Verwaltung und Überwachung von Netzwerkelementen (Computer, Drucker, Router, Switches etc.). *Seite 317*

SOA
: *Service Oriented Architecture*; Architekturmuster in der Informationstechnik, um bei verteilten Systemen Dienste gemäß den vorhandenen Geschäftsprozessen möglichst optimal zu strukturieren. *Seite 184*

SOL
: *Serial Over LAN*; Umleitung des Datenverkehrs auf einer seriellen Schnittstelle des Mainboards per IPMI-Session; erlaubt Fernzugriff über Netzwerk auf BIOS, Bootloader oder Textkonsole, wenn dies konfiguriert ist. *Seite 316*

SSH
: *Secure SHell*; ermöglicht verschlüsselte Verbindungen zwischen Rechnern im Allgemeinen und – im Zusammenhang mit OpenStack – zu Instanzen im Speziellen. *Seite 74, 133, 143, 282, 361*

SSL
: *Secure Sockets Layer*, Vorgängerbezeichnung von TLS, Verschlüsselungsprotokoll für die Übertragung im Internet. *Seite 43, 310, 346*

STP
: *Spanning Tree Protocol*; ein Protokoll für Bridges/Switches in Netzwerken mit redundanten Pfaden, das eine optimierte Topologie eindeutiger Verbindungen erstellt, um Switching-Loops zu verhindern. *Seite 176*

TAP
: Virtuelle Netzwerkschnittstelle in Form von Netzwerk-Kerneltreibern, die Netzwerkgeräte mittels Software emulieren; ein TAP-Device stellt eine virtuelle Ethernet-Schnittstelle dar, das auf OSI-Layer 2 arbeitet Ethernet-Frames sendet und empfängt. *Seite 195*

TCP
: *Transmission Control Protocol*; verbindungsorientiertes, paketvermitteltes und zuverlässiges Transportprotokoll der Internetprotokollfamilie, das auf Schicht 4, der Transportschicht, des OSI-Modells arbeitet; stellt Verbindungen zwischen zwei Endpunkten her, bei der Daten in beide Richtungen übertragen werden können (sogenannte Sockets). *Seite 17, 37, 90, 101, 138, 139*

TFTP
: *Trivial File Transfer Protocol*; sehr rudimentäres Dateiübertragungsprotokoll; meist genutzt zum Laden von Betriebssystemen und Konfigurationsdateien über das Netzwerk; im Zusammenhang mit PXE zum Herunterladen des Kernels genutzt. *Seite 316*

TLS
: *Transport Layer Security*; ein Verschlüsselungsprotokoll zur sicheren Datenübertragung in TCP/IP-Netzen. *Seite 17*

UDP
: *User Datagram Protocol*; ein einfaches, verbindungsloses Netzwerkprotokoll auf der Transportschicht der Internetprotokollfamilie, das nur für die Adressierung zuständig ist, ohne dabei die Datenübertragung zu sichern. *Seite 101*

URI
: *Uniform Resource Identifier*; einheitlicher Bezeichner, um im Internet abstrakte oder physische Ressource wie Webseiten, Dateien, Webdienste etc. zu adressieren. *Seite 85, 144*

URL
: *Uniform Resource Locator*; identifiziert und lokalisiert eine Ressource in Computernetzwerken über die zu verwendende Zugriffsmethode und den Ort der Ressource. *Seite 34, 99, 137*

UUID
: *Universal Unique Identifier*; ein Verfahren, um Informationen in verteilten Systemen eindeutig zu identifizieren; in OpenStack-Umgebungen erhalten alle Ressourcen UUIDs, mit denen sie intern verwaltet und auch von außen angesprochen werden können. *Seite 35, 83, 85, 133, 134, 163, 165, 171, 181*

VLAN
: *Virtual Local Area Network*; Technik, um ein bestehendes einzelnes (ursprünglich physisches) Netzwerk auf OSI-Schicht 2 in mehrere logische Netzwerke zu unterteilen. *Seite 25, 32, 99, 172, 176, 177, 180, 185, 192–195, 205–207, 210, 211, 215*

VM
: *Virtuelle Maschine*; ein virtualisiertes System, das – auch in IaaS-Umgebungen – auf einem Hypervisor läuft; auch Gast, Domain, Container oder Instanz genannt. *Seite 107, 159, 304*

VNC
: *Virtual Network Computing*; erlaubt das Teilen des Bildschirminhalts mit einem entfernten Rechner. *Seite 27, 123, 124, 137, 144*

VXLAN
: *Virtual Extensible LAN*; neue VLAN-Technik, durch die auch auf unterschiedlichen (sogar über mehrere Standorte verteilten) Hosts eingerichtete VM in Broadcast-Domains auf OSI-Schicht 2 gruppiert werden können. VXLAN wird von Open vSwitch unterstützt. *Seite 177*

WSGI
: *Webserver Gateway Interface*; spezifiziert eine Schnittstelle zwischen Webservern und Web Application Servern/Frameworks mit dem Ziel, Webanwendungen auf unterschiedlichen Webservern zu gewähleisten. *Seite 37, 318, 343*

XML
: *Extensible Markup Language*; eine Auszeichnungssprache für die Darstellung von Textdaten in strukturierter Form. *Seite 318*

YAML
: *YAML Ain't Markup Language* (ursprünglich *Yet Another Markup Language*), eine einfache Auszeichnungssprache zur Darstellung von Textdaten in strukturierter Form, angelehnt an die Datenstrukturen in den Sprachen C, Perl und Python sowie dem E-Mail-Format nach RFC 2822; ähnelt XML (s. o.), ist aber durch die vereinfachte Darstellung leichter lesbar. *Seite 262, 359, 361*

YaST
: *Yet another Setup Tool*, eine Anwendung von SUSE zur System- und Softwareverwaltung. *Seite 323*

Index